U0088820

臺灣歷史與文化 研究輯刊

十 編

第 2 冊

閩南婚俗研究
——以金門朱子《家禮》體系爲主（上）

林麗寬 著

花木蘭文化出版社

國家圖書館出版品預行編目資料

閩南婚俗研究——以金門朱子《家禮》體系為主（上）／
林麗寬 著 — 初版 — 新北市：花木蘭文化出版社，2016〔民
105〕
目 8+238 面：19×26 公分
（臺灣歷史與文化研究輯刊 十編：第 2 冊）
ISBN 978-986-404-782-6（精裝）
1. 家禮 2. 婚姻習俗 3. 福建省金門縣
733.08   105014932

ISBN-978-986-404-782-6

9 789864 047826

臺灣歷史與文化研究輯刊
十 編 第 二 冊   ISBN：978-986-404-782-6

閩南婚俗研究
——以金門朱子《家禮》體系爲主（上）

作　　者　林麗寬
總 編 輯　杜潔祥
副總編輯　楊嘉樂
編　　輯　許郁翎、王筑　美術編輯　陳逸婷
出　　版　花木蘭文化出版社
社　　長　高小娟
聯絡地址　235 新北市中和區中安街七二號十三樓
　　　　　電話：02-2923-1455／傳眞：02-2923-1452
網　　址　http://www.huamulan.tw 信箱 hml810518@gmail.com
印　　刷　普羅文化出版廣告事業
初　　版　2016 年 9 月
全書字數　462978 字
定　　價　十編 18 冊（精裝）台幣 36,000 元

版權所有·請勿翻印

閩南婚俗研究
——以金門朱子《家禮》體系爲主（上）

林麗寬　著

作者簡介

　　林麗寬，新北市汐止人，遠嫁金門。逢甲大學中文博士，金門大學兼任助理教授。金門金沙和金湖二鎮的鎮志總編纂、金門國中小鄉土藝術教材撰稿、金門學叢書撰稿。

2016、2015《認識金門小百科》歲節篇、概述篇兩項計畫主持人

2015「金門太武山海印寺暨東南佛教國際學術研討會」副召集人

2014　第十二屆 SUPER 教師獎

2013、2011　績優導師兩次

2012「金門瓊林蔡氏家廟祭祖儀典計畫」協同主持人

2009　金門縣模範婦女

2007　臺北市文獻會弘揚鄉土文化獎

1997　逢甲大學學術研究獎勵研發成果優等獎

1995、1994　教育部研究著作優等獎兩次

1995　金門縣教師寫作優等獎

1994　臺省中等學校論文佳作獎

1993　金門縣優良教師。教育部研究著作甲等獎

1990　教育部研究著作乙等獎

1989　教育部研究著作入選獎、金門縣教師進修寫作乙等獎

提　要

　　婚禮，將合兩姓之好，是「五禮」之要，也是人倫之始。自上古以來，即被列爲終身大事，非但維繫一個氏族的香火承續，亦維繫一個家族的繁榮與發展。

　　南宋大儒朱熹以「閩學」涵養世人，更於任職同安主簿時，數度過化金門，大力倡導《家禮》，導使金門島民涵詠詩書，民風儉約、敦樸醇厚，日常婚喪喜慶祭儀悉以《家禮》爲依歸，金門婚俗因而深具閩南文化特色。雖則《家禮》是朱子歿後始現的一部尚未完成禮學作品，且朱熹在其文集中亦鮮少直接言及。故元儒武林應氏；清人王懋竑與紀昀皆以爲僞書，唯後來學者不斷從文集與語錄內，尋繹出朱子創作《家禮》的線索及證據，基本上已證明《家禮》並非僞作。

　　金門雖是蕞爾小島，但自魏晉南北朝伊始，即肩負中原人士移民海外的跳板，也直接承受移民定居的世外桃源，致使遷居金門的閩南移民多數留存「原鄉信仰」的閩南民情風俗而未廢，甚而普及全島。尤其自一九五六年至一九九二年期間施行「戰地政務」，深受戰地政策封閉性的箝制，直接和間接對閩南傳統文化的護持影響至鉅。映照大陸地區一九六六年文革興起，大肆破壞固有禮樂文化，導致原有傳統禮儀泰半湮滅而難以存續；臺灣社會則迭受西方外來文化衝擊與融合而多所變動，促使金門躍居爲觀照傳統閩南文化的聖地，更是閩南婚俗最好禮儀實踐的場域。

　　中國傳統婚禮概以《儀禮》的六禮爲根基，一切婚儀既多且雜。朱子《家禮・昏禮》雖已改易納采、問名、納吉、納徵、請期、親迎「六禮」爲納采、納幣、親迎三禮，但檢視承繼朱子《家禮》的閩南婚俗，其禮法仍顯繁縟，也型塑閩南婚俗文化大量瑣細儀次的特色。舉凡議婚、訂婚、合婚或婚後行儀，莫不充分展現當地經濟行爲的特點，及爲求和諧美滿的吉祥諧音寓意。

　　大婚之禮，是傳宗接代的禮教大本，又貴爲人倫之始和萬世之嗣。職是之故，本文選擇以此爲研究主體，聚焦於金門婚俗儀節的爬梳，積稿成尺，艸成全文。現今欲梳理閩南文化的精髓，唯有金門乙塊淨土而已。禮失求諸野，經過本文的尋繹探索，深受朱子《家禮》薰陶的金門閩南婚俗的內涵與底蘊，得以有整體的呈現；也得在斷代、史實研究面向上，推展出具時代階段性的婚禮觀察體系，並添新頁，更全面地認識瞭解閩南的婚姻禮俗文化，拓展金門的研究領域。

本論文榮獲

福建省政府
2012 年
研究福建省文化優良學術論文
── 特優博士論文獎勵

表目次

書影目次

照片目次

第一章　緒　論

　　「禮儀之邦」爲我中華民族素有的美稱，依著禮，數千年的君王得以管控朝政；依著禮，從古至今的道德思想得以傳續不墜；依著禮，國人遵行的行爲方式得以受到制約，因而《禮記・中庸》曰：「優優大哉，禮儀三百，威儀三千，待其人，然後行。」〔註1〕《孝經・廣要道章》孔子（公元前551～前479年）也曰：「安上治民，莫善於禮。」〔註2〕《左傳・昭公二十四年》亦曰：「夫禮，天之經也，地之義也，民之行也。」〔註3〕《左傳》又曰：「禮，上下之紀、天地之經緯也，民之所以生也，是以先王尙之。」〔註4〕另《史記・禮書》有云：「故禮，上事天，下事地，尊先祖而隆君師，是禮之三本也。」〔註5〕《史記・禮書》又云：「禮者，人道之極也。然而不法禮者不足禮，謂之無方之民。」

〔註1〕〔清〕阮元（1764～1849）等校勘，《十三經注疏——禮記》卷53〈中庸〉（重刊宋本）。〔漢〕鄭玄注；〔唐〕孔穎達等正義，臺北：藝文印書館，1976年5月第6版，頁897。

〔註2〕〔清〕阮元等校勘，《十三經注疏——孝經》卷6〈廣要道章〉第12，唐元宗明皇帝御注；〔宋〕邢昺疏，臺北：藝文印書館，1976年5月6版，頁43。另〔清〕阮元等校勘，《十三經注疏——禮記》卷50〈經解第26〉（重刊宋本），〔漢〕鄭玄注；〔唐〕孔穎達等正義，臺北：藝文印書館，1976年5月第6版，頁846，也有相同的載記。

〔註3〕〔清〕阮元等校勘，《十三經注疏——左傳》卷51〈昭公24年〉，〔晉〕杜預注；〔唐〕孔穎達等正義，臺北：藝文印書館，1976年5月6版，頁888。

〔註4〕〔清〕阮元等校勘，《十三經注疏——左傳》卷51〈昭公24年〉，〔晉〕杜預注；〔唐〕孔穎達等正義，臺北：藝文印書館，1976年5月6版，頁891。

〔註5〕〔漢〕司馬遷撰；〔宋〕裴駰集解，《史記・禮書》卷23，臺北：藝文印書館，2005年2月初版4刷，頁461。

〔註6〕《高麗史・列傳・鄭夢周》接云：「儒者之道，皆日用平常之事，飲食男女人所同也，至理存焉，堯舜之道亦不外此。」〔註7〕明人章潢（1527～1608年）《圖書編》亦云：「禮也者，禮也。人之有禮也，猶其有是體也。體不備，不可以成人；禮不備，其得謂之人乎？」〔註8〕正是古人重禮的明證。

禮的起源，《史記・禮書》載道：「禮由人起。人生有欲，欲而不得，則不能無忿，忿而無度量則爭……故禮者，養也。」〔註9〕依周何（1932～2003年）《禮學概論》歸納爲節制欲望、適應人情、政教要求、社會需要、聖人制作等五項：

《荀子・禮論》有言：「禮起於何也？曰：人生而有欲，欲而不得，則不能無求。求而無度量分界，則不能不爭；爭則亂，亂則窮。先王惡其亂也，故制禮義以分之，以養人之欲，給人之求。使欲必不窮（盡也）乎物，物必不屈（竭也）於欲。兩者相持而長（久也），是禮之所起也。」〔註10〕係就起於欲望之說。《禮記・問喪》曰：「此孝子之志也，人情之實也，禮義之經也，非從天降也，非從地出也，人情而已矣。」〔註11〕係就起於適應人情之說。《禮記・祭義》道：「合鬼與神，教之至也。」〔註12〕《禮記・祭義》又曰：「因物之精，制爲之極，明命鬼神，以爲黔首則。百眾以畏，萬民以服。」〔註13〕係就起於政教要求之說。《禮記・曲禮上》云：「道德仁義，非禮不成。教訓

〔註6〕〔漢〕司馬遷撰；〔宋〕裴駰集解，《史記・禮書》卷23，臺北：藝文印書館，2005年2月初版4刷，頁463。

〔註7〕〔朝鮮〕鄭麟趾等纂修，《高麗史》卷117〈列傳・鄭夢周〉第30，臺北：文史哲出版社，1972年2月，頁446。

〔註8〕〔明〕章潢，《圖書編》卷111〈四禮總論〉，《文淵閣四庫全書本・子部》972冊，臺北：臺灣商務印書館，1986年7月，頁383。

〔註9〕〔漢〕司馬遷撰；〔宋〕裴駰集解，《史記・禮書》卷23，臺北：藝文印書館，2005年2月初版4刷，頁459。

〔註10〕〔周〕荀況原著；〔清〕楊倞注，王先謙集解，《荀子集解・禮論》卷13，臺北：藝文印書館，2007年3月初版8刷，頁583。

〔註11〕〔清〕阮元等校勘，《十三經注疏——禮記》卷56〈問喪〉第35（重刊宋本）。〔漢〕鄭玄注；〔唐〕孔穎達等正義，臺北：藝文印書館，1976年5月第6版，頁947～948。

〔註12〕〔清〕阮元等校勘，《十三經注疏——禮記》卷47〈祭義〉第24（重刊宋本）。〔漢〕鄭玄注；〔唐〕孔穎達等正義，臺北：藝文印書館，1976年5月第6版，頁813。

〔註13〕〔清〕阮元等校勘，《十三經注疏——禮記》卷47〈祭義〉第24（重刊宋本）。〔漢〕鄭玄注；〔唐〕孔穎達等正義，臺北：藝文印書館，1976年5月第6版，頁814。

正俗，非禮不備。分爭辨訟，非禮不決。君臣上下父子兄弟，非禮不定。宦學事師，非禮不親。班朝治軍，蒞官行法，非禮威嚴不行。禱祠祭祀，供給鬼神，非禮不誠不莊。」〔註14〕則就起於社會需要之說。《禮記・曲禮上》再云：「是故聖人作（起也），爲（制作）禮以教人。使人以有禮，知自別於禽獸。」〔註15〕則就起於聖人制作之說。〔註16〕

　　至於禮的意涵，東漢許慎（約 58～147 年）《說文解字》云：「禮，履也，所以事神致福也。」〔註17〕《禮記・祭義》卷四十八曰：「禮者，履此者也。」〔註18〕皆明述禮的最終目的在奉祀神祇以求福庇。《禮記・仲尼燕居》第二十八亦言：「禮也者，理也。君子無禮不動。」〔註19〕《管子・心術上》道：「故禮者謂有理也，理也者，明分以諭義之意也。」〔註20〕《禮記・樂記》曰：「禮者，天地之序也。」〔註21〕《禮記・樂記》又道：「故禮者，理之不可易者也。」〔註22〕顯現禮與理的直接關連。《禮記・經解》卷五十亦稱：「禮之於正國也：猶衡之於輕重也，繩墨之於曲直也，規矩之於方圓也。」〔註23〕曾國藩（1811

〔註14〕〔清〕阮元等校勘，《十三經注疏——禮記》卷 1〈曲禮上〉第 1（重刊宋本）。〔漢〕鄭玄注；〔唐〕孔穎達等正義，臺北：藝文印書館，1976 年 5 月第 6 版，頁 14～15。

〔註15〕〔清〕阮元等校勘，《十三經注疏——禮記》卷 1〈曲禮上〉第 1（重刊宋本）。〔漢〕鄭玄注；〔唐〕孔穎達等正義，臺北：藝文印書館，1976 年 5 月第 6 版，頁 15。

〔註16〕周何，《禮學概論》，臺北：三民書局，1998 年 1 月，頁 1。

〔註17〕〔東漢〕許慎撰；〔清〕段玉裁注，《說文解字注》卷 1 第 1 篇注上示部，臺北：天工書局，1998 年 8 月，頁 2。

〔註18〕〔清〕阮元校勘，《十三經注疏——禮記・祭義》卷 48，（重刊宋本），〔漢〕鄭玄注；〔唐〕孔穎達等正義，臺北：藝文印書館，1976 年 5 月 6 版，頁 821。

〔註19〕〔清〕阮元等校勘，《十三經注疏——禮記》卷 50〈仲尼燕居〉第 28（重刊宋本）。〔漢〕鄭玄注；〔唐〕孔穎達等正義，臺北：藝文印書館，1976 年 5 月第 6 版，頁 854。

〔註20〕〔周〕管仲原著；謝浩範、朱迎平，《管子・心術上》卷 36，臺北：臺灣古籍出版社，2000 年 4 月初版 1 刷，頁 697。

〔註21〕〔清〕阮元等校勘，《十三經注疏——禮記》卷 37〈樂記〉第 19（重刊宋本）。〔漢〕鄭玄注；〔唐〕孔穎達等正義。臺北：藝文印書館，1976 年 5 月第 6 版，頁 669。

〔註22〕〔清〕阮元等校勘，《十三經注疏——禮記》卷 38〈樂記〉（重刊宋本）。〔漢〕鄭玄注；〔唐〕孔穎達等正義。臺北：藝文印書館，1976 年 5 月第 6 版，頁 684。

〔註23〕〔清〕阮元等校勘，《十三經注疏——禮記》卷 50〈經解〉第 26（重刊宋本），〔漢〕鄭玄注；〔唐〕孔穎達等正義，臺北：藝文印書館，1976 年 5 月 6 版，頁 846。

～1872 年）〈聖哲畫像記〉中也云：「先王之道，所謂修己治人，經緯萬彙者何歸乎？亦曰禮而已矣。」〔註 24〕則述證禮是國家社會奠基的當行本色。明人章潢（1527～1608 年）《圖書編・禮總序》卷九十三則說：「禮者，理也。在天曰天理，在地曰地理，在人曰眽（脈）理，在人倫曰倫理，在木曰條理。支分節解，眽絡貫通，至纖至悉，秩然不淆，此禮之所以嚴而明、經而等、曲而中也。觀於天澤，則天地自然之理了然於卑高上下之陳。聖人制爲五禮，豈能於自然之理加減毫末哉？故曰親親之殺、尊賢之等，禮所生也。」〔註 25〕除認同禮相當於理的眞諦外，章氏還將天理、地理、眽（脈）理、倫理、條理歸稱爲「五禮」。

收關「五禮」之說，首見於《尚書・舜典》：『修五禮』。」〔漢〕孔安國《傳》：「修吉、凶、賓、軍、嘉之禮。」〔註 26〕《尚書・虞書・皋陶謨》又曰：「天秩有禮，自我五禮有庸哉！」孔氏《傳》曰：「天次秩有禮，當用我公、侯、伯、子、男五等之禮。」〔註 27〕另據民國・錢宗武、江灝譯注：「五禮：天子也、諸侯也、卿大夫也、士也、庶民也。」〔註 28〕則此乃見「五禮」的涵義眾家紛紜，各自成說，但大抵不出《史記・本紀》卷一所言：「脩五禮。」〔宋〕裴駰《集解》：「馬融曰：『吉、凶、賓、軍、嘉也。』」〔註 29〕，以及《禮記・序・禮記正義》載言：「案舜典云：類于上帝，則吉禮也。百姓如喪考妣，則凶禮也。群后四朝，則賓禮也。舜征有苗，則軍禮也。嬪于虞，則嘉禮也。是舜時，五禮具備。直云，典朕三禮者，據事天地與人爲，三禮其實事天

〔註 24〕 姜濤主編，《中國文學欣賞全集》冊 38，散文小品・卷 10〈元明清文〉，臺北：莊嚴出版社，1985 年 11 月再版，頁 473。

〔註 25〕 〔明〕章潢，《圖書編・禮總序》卷 93，《文淵閣四庫全書本・子部》971 冊，臺北：臺灣商務印書館，1986 年 7 月，頁 807。

〔註 26〕 就周何《禮學概論》，臺北：三民書局，1998 年 1 月，頁 11 中，原論「五禮之說」首見於《尚書・堯典》，但翻查〔清〕阮元等校勘，《十三經注疏——尚書》卷 3〈虞書・舜典〉（重刊宋本）。〔漢〕鄭玄注；〔唐〕孔穎達等正義，臺北：藝文印書館，1976 年 5 月第 6 版，頁 38，始見到該詞條，恐是版本差異或筆誤所致。

〔註 27〕 〔清〕阮元等校勘，《十三經注疏——尚書》卷 4〈虞書・皋陶謨〉（重刊宋本）。〔漢〕鄭玄注；〔唐〕孔穎達等正義，臺北：藝文印書館，1976 年 5 月第 6 版，頁 62。

〔註 28〕 秦・原著不詳，《尚書・虞夏書・皋陶謨》；錢宗武、江灝譯注；周秉鈞審校，臺北：臺灣古籍出版社，1996 年 11 月，頁 57。

〔註 29〕 〔漢〕司馬遷撰；〔宋〕裴駰集解，《史記・本紀》卷 1，臺北：藝文印書館，2005 年 2 月初版 4 刷，頁 34。

地，唯吉禮也，其餘四禮，並人事兼之也。」〔註30〕所指稱的「五禮」為大宗。

　　依《周禮・春官・大宗伯》卷十八述記：「以吉禮事邦國之鬼神示，以凶禮哀邦國之憂，以賓禮親邦國，以軍禮同邦國，以嘉禮親萬民。」〔註31〕《周禮・春官・小宗伯》卷十九亦言：「掌五禮之禁令與其用等。」〔漢〕鄭玄《注》：「鄭司農云：五禮：吉凶軍賓嘉。」〔註32〕《周禮・地官・大司徒》卷十也云：「以五禮防萬民之偽而教之中」〔漢〕鄭玄《注》：「鄭司農曰：『五禮，謂吉凶賓軍嘉。』」〔註33〕《周禮・地官・保氏》卷十四再云：「掌諫王惡，而養國子以道。乃教之六藝：一曰五禮，二曰六樂，三曰五射，四曰五馭，五曰六書……。」鄭氏《注》：「五禮：吉凶賓軍嘉也。六樂：雲門、大咸、大韶、大夏、大濩、大武也。鄭司農云：『五射：白矢參連剡』注：襄尺井儀也。五馭：鳴和鸞、逐水曲、過君表、舞交衢、逐禽左。六書：象形、會意、轉注、處事、假借、諧聲也。……」〔註34〕均取吉、凶、賓、軍、嘉以釋五禮。再後杜佑（735～812 年）《通典・禮一・禮序一》：「自伏羲以來，五禮始彰。堯舜之時，五禮咸備。」〔註35〕，及歷代會要之作，以至秦蕙田（1702～1764 年）《五禮通考・禮制因革上》卷首第三：「虞書舜典修五禮……皋陶謨，天秩有禮，自我五禮有庸哉……通典自伏羲以來，五禮始彰。堯舜之時，五禮咸備。」〔註36〕及「地官大司徒……以五禮防萬民之偽而教

〔註30〕　〔清〕阮元等校勘，《十三經注疏——禮記》〈禮記正義〉（重刊宋本）。〔漢〕鄭玄注；〔唐〕孔穎達等正義。臺北：藝文印書館，1976 年 5 月第 6 版，頁 6。

〔註31〕　〔清〕阮元等校勘，《十三經注疏——周禮》卷 18〈春官・大宗伯〉（重刊宋本），〔漢〕鄭玄注；〔唐〕賈公彥疏，臺北：藝文印書館，1976 年 5 月第 6 版，頁 270～277。

〔註32〕　〔清〕阮元等校勘，《十三經注疏——周禮》卷 19〈春官・小宗伯〉（重刊宋本），〔漢〕鄭玄注；〔唐〕賈公彥疏，臺北：藝文印書館，1976 年 5 月第 6 版，頁 290。

〔註33〕　〔清〕阮元等校勘，《十三經注疏——周禮》卷 10〈地官・大司徒〉（重刊宋本），〔漢〕鄭玄注；〔唐〕賈公彥疏，臺北：藝文印書館，1976 年 5 月第 6 版，頁 161。

〔註34〕　〔清〕阮元等校勘，《十三經注疏——周禮》卷 14〈地官・保氏〉（重刊宋本），〔漢〕鄭玄注；〔唐〕賈公彥疏，臺北：藝文印書館，1976 年 5 月第 6 版，頁 212。

〔註35〕　〔唐〕杜佑原著；王文錦、王永興、劉俊文、徐庭雲、謝方點校，《通典》第二冊，北京：中華書局，2003 年 5 月 1 版 4 刷，頁 1119。

〔註36〕　〔清〕秦蕙田，《五禮通考》，味經窩初刻試印本，桃園：聖環圖書公司，1994 年 5 月，頁 1～2。

之中」〔註37〕等，皆依此五禮分立篇目。〔註38〕由此據見一般泛稱的「五禮」，當是指涉與人事息息相關的吉、凶、賓、軍、嘉五禮而言，而婚禮隸屬於「五禮」中的嘉禮，正是本文研究的主軸。

表 1-1：「五禮」的不同說法

年代	提出人	提出文獻	五禮內容	原 文 引 錄	備 註
周代	〔漢〕孔安國《傳》	《尚書·舜典》卷3，頁38	吉禮、凶禮、賓禮、軍禮、嘉禮	『修五禮』。」〔漢〕孔安國《傳》：「修吉凶賓軍嘉之禮。」	周何《禮學概論》頁11提出五禮最早之說
周代	〔漢〕孔安國《傳》	《尚書·虞書·皋陶謨》卷4，頁62	公侯伯子男	「天秩有禮，自我五禮有庸哉！」孔氏《傳》曰：「天次秩有禮，當用我公侯伯子男五等之禮。」	
周代	〔漢〕鄭玄注	《周禮·地官·大司徒》卷10，頁161	吉禮、凶禮、賓禮、軍禮、嘉禮	「以五禮防萬民之僞而教之中」鄭玄《注》：「鄭司農曰：『五禮，謂吉凶賓軍嘉。』」	
周代	〔漢〕鄭玄注	《周禮·地官·保氏》卷14，頁212	吉禮、凶禮、賓禮、軍禮、嘉禮	「掌諫王惡，而養國子以道。乃教之六藝：一曰五禮，二曰六樂，三曰五射，四曰五馭，五曰六書，六曰九數。」	
周代	〔漢〕鄭玄注	《周禮·春官·大宗伯》卷18，頁270～277	吉禮、凶禮、賓禮、軍禮、嘉禮	「以吉禮事邦國之鬼神示，以凶禮哀邦國之憂，以賓禮親邦國，以軍禮同邦國，以嘉禮親萬民。」	
周代	〔漢〕鄭玄注	《周禮·春官·小宗伯》卷19，頁290	吉禮、凶禮、賓禮、軍禮、嘉禮	「掌五禮之禁令與其用等。」〔漢〕鄭玄《注》：「鄭司農云：五禮：吉凶軍賓嘉。」	
秦代	民國·錢宗武、江灝譯注	《尚書·虞夏書·皋陶謨》，頁57	天子也、諸侯也、卿大夫也、士也、庶民也	「天秩有禮，自我五禮有庸哉！」注：「五禮：天子也、諸侯也、卿大夫也、士也、庶民也。」	

〔註37〕〔清〕秦蕙田，《五禮通考》，味經窩初刻試印本，桃園：聖環圖書公司，1994年5月，頁1～2。
〔註38〕周何，《禮學概論》，臺北：三民書局，1998年1月，頁11。

年代	提出人	提出文獻	五禮內容	原 文 引 錄	備 註
漢代	〔漢〕司馬遷	《史記・本紀》卷1，頁34	吉禮、凶禮、賓禮、軍禮、嘉禮	「脩五禮。」〔宋〕裴駰《集解》：「馬融曰：『吉、凶、賓、軍、嘉也。』」	
漢代	〔唐〕孔穎達	《禮記・序・禮記正義》頁6	吉禮、凶禮、賓禮、軍禮、嘉禮	「案舜典云：類于上帝，則吉禮也。百姓如喪考妣，則凶禮也。群后四朝，則賓禮也。舜征有苗，則軍禮也。嬪于虞，則嘉禮也。是舜時，五禮具備。直云，典朕三禮者，據事天地與人為，三禮其實事天地，唯吉禮也，其餘四禮，並人事兼之也。」	
唐代	杜佑	《通典・禮一・禮序一》冊2，頁1119	吉禮、凶禮、賓禮、軍禮、嘉禮	「自伏羲以來，五禮始彰。堯舜之時，五禮咸備。」	
明代	章潢	《圖書編・禮總序》卷93，頁807	天理（禮）、地理（禮）、脈理（禮）、倫理（禮）、條理（禮）	「禮者，理也。在天曰天理，在地曰地理，在人曰脈（脈）理，在人倫曰倫理，在木曰條理。支分節解，脈絡貫通，至纖至悉，秩然不清，此禮之所以嚴而明、經而等、曲而中也。觀於天澤，則天地自然之理了然於卑高上下之陳。聖人制為五禮，豈能於自然之理加減毫末哉？故曰親親之殺、尊賢之等，禮所生也。」	章氏將天理、地理、脈（脈）理、倫理、條理歸稱為「五禮」。
清代	秦蕙田	《五禮通考・禮制因革上》卷首第3，頁1～2	吉禮、凶禮、賓禮、軍禮、嘉禮	「虞書舜典修五禮……皋陶謨，天秩有禮，自我五禮有庸哉……通典自伏羲以來，五禮始彰。堯舜之時，五禮咸備。」「地官大司徒……以五禮防萬民之偽而教之中。」	

資料來源：本論文整理製表。

目前對於禮學的研究，就周何（1932～2003 年）所言，大致有禮文、禮制、禮義、禮器、禮圖、禮容六個方向：「禮文」是指記載禮的文字，現存最早者應是《儀禮》所載之十七篇，研究古禮遂以《儀禮》爲第一目標。「禮制」係依規範對象而設定的制度，可藉之明曉各時代的文物制度、社會狀況，及社會人情趨向等。「禮義」係爲初始設計安排立禮的寓意或用心。「禮器」大多爲祭祀行禮時所用的器具，現今所見大抵爲出土的青銅器文物。「禮圖」爲注釋三禮的一支，與文字之注疏相輔相成，爲各種專禮進行儀式的圖解，便於讀者對照瀏覽。「禮容」即「禮頌」，亦即進退揖讓盤辟起坐等的儀態容貌。〔註39〕

古往今來，「禮」素居一切社會制度奠定的根元處，唯有「禮作，然後萬物安。」〔註40〕《左傳‧僖公十一年》也言：「禮，國之幹也，敬，禮之輿也，不敬則禮不行，禮不行則上下昏，何以長世。」〔註41〕古聖先王有鑑於此，亦莫不以禮「以承天之道，以治人之情。」〔註42〕故是《史記‧禮書》乃言：「緣人情而制禮，依人性而作儀。」〔註43〕而「民之所由生，禮爲大。」〔註44〕也因爲有禮，「所以正民也。」〔註45〕國家社會一旦禮儀崩裂，則「非禮無以節事天地之神也，非禮無以辨君臣上下長幼之位也，非禮無以別男女父子兄弟之親、昏姻疏數之交也。」〔註46〕，則「淫則昏

〔註39〕周何，《禮學概論》，臺北：三民書局，1998 年 1 月，頁 7～9。

〔註40〕〔清〕阮元等校勘，《十三經注疏——禮記》卷 26〈郊特牲〉，（重刊宋本）。〔漢〕鄭玄注；〔唐〕孔穎達等正義。臺北：藝文印書館，1976 年 5 月第 6 版，頁 506。

〔註41〕〔清〕阮元等校勘，《十三經注疏——左傳》卷 13〈僖公 11 年〉，〔晉〕杜預注；〔唐〕孔穎達等正義。臺北：藝文印書館，1976 年 5 月 6 版，頁 222。

〔註42〕〔清〕阮元等校勘，《十三經注疏——禮記》卷 21，〈禮運〉第 9 孔子所言，（重刊宋本）。〔漢〕鄭玄注；〔唐〕孔穎達等正義。臺北：藝文印書館，1976 年 5 月第 6 版，頁 414。

〔註43〕〔漢〕司馬遷撰；〔宋〕裴駰集解，《史記‧禮書》卷 23，臺北：藝文印書館，2005 年 2 月初版 4 刷，頁 458。

〔註44〕〔清〕阮元等校勘，《十三經注疏——禮記》卷 50〈哀公問〉第 27（重刊宋本）。〔漢〕鄭玄注；〔唐〕孔穎達等正義。臺北：藝文印書館，1976 年 5 月第 6 版，頁 848。

〔註45〕〔周〕左丘明原著，黃永堂編，《國語》上冊卷 4〈魯語上‧曹劌諫莊公如齊觀社〉，臺北：台灣古籍出版公司，2002 年 5 月初版 2 刷，頁 192。

〔註46〕〔清〕阮元等校勘，《十三經注疏——禮記》卷 50〈哀公問〉第 27（重刊宋本）。〔漢〕鄭玄注；〔唐〕孔穎達等正義。臺北：藝文印書館，1976 年 5 月第 6 版，頁 848。

亂，民失其性。」〔唐〕孔穎達《疏》:「味以養口、色以養目、聲以養耳，此三者雖復用以養人，人用不得過度，過度則爲昏亂，使人失其恆性，故須爲禮以節之。」〔註47〕豈能不慎哉？

有道是「禮，時爲大。」〔註48〕探賾人的一生，從誕生起始，而成年，而嫁娶成家，而歿葬，而喪祭等，層層階段的儀節莫不依禮而行，繁瑣縟雜，對家族及個人影響甚鉅，自古以來向爲人們依循的準則，雖「名位不同，禮亦異數。」〔註49〕因隨各時代的變遷而致禮儀各有變異，但因「禮，新不間舊。」〔註50〕新禮在無法完全替代舊禮之下，傳統禮儀精神大抵仍是國人行事的規矩和基準，傳統禮儀也仍有其可供研究的屬性和意義。

第一節　研究動機與目的

一、研究動機

由於「昏禮者，將合二姓之好，上以事宗廟，而下以繼後世也。故君子重之。」〔註51〕《禮記》卷五十〈哀公問〉第二十七亦稱「合二姓之好，以繼先聖之後，以爲天地宗廟社稷之主。」〔註52〕《周易正義・序卦》亦云:「有天地，然後有萬物;有萬物，然後有男女;有男女，然後有夫婦;

〔註47〕〔清〕阮元等校勘，《十三經注疏——左傳》卷51〈昭公24年〉，〔晉〕杜預注;〔唐〕孔穎達等正義。臺北:藝文印書館，1976年5月6版，頁889。

〔註48〕〔清〕阮元等校勘，《十三經注疏——禮記》卷23〈禮器〉第10，(重刊宋本)。〔漢〕鄭玄注;〔唐〕孔穎達等正義。臺北:藝文印書館，1976年5月第6版，頁450。另見〔明〕章潢，《圖書編》卷108〈從俗祭儀〉，《文淵閣四庫全書本・子部》972冊，臺北:臺灣商務印書館，1986年7月，頁317，則云:「禮，以時爲大。」

〔註49〕〔漢〕班固撰;〔清〕王先謙補注，《漢書補注・列傳》卷43〈韋賢傳〉，臺北:藝文印書館，1996年8月初版4刷，頁1385。

〔註50〕〔周〕左丘明原著，黃永堂編，《國語》上冊卷2〈周語中・富辰諫襄王以狄伐鄭及以狄女爲后〉，臺北:台灣古籍出版公司，2002年5月初版2刷，頁68。

〔註51〕〔清〕阮元等校勘，《十三經注疏——禮記》卷61〈昏義〉第44(重刊宋本)。〔漢〕鄭玄注;〔唐〕孔穎達等正義。臺北:藝文印書館，1976年5月第6版，頁999。

〔註52〕〔清〕阮元等校勘，《十三經注疏——禮記》卷50〈哀公問〉第27(重刊宋本)。〔漢〕鄭玄注;〔唐〕孔穎達等正義。臺北:藝文印書館，1976年5月第6版，頁849。

有夫婦，然後有父子；有父子，然後有君臣；有君臣，然後有上下；有上下；然後禮義有所錯。夫婦之道，不可以不久也，故受之以恆。」〔註53〕《禮記‧經解》又言：「故昏姻之禮廢，則夫婦之道苦，而淫辟之罪多矣。」〔註54〕《中華漢語工具書書庫‧釋名疏證補‧釋天》再道：「陰陽不和，婚姻錯亂，淫風流行。」〔註55〕據此可見「昏禮」在人生禮儀中備受儒家推崇之一斑，而有「萬世之嗣。」〔註56〕之說；又因婚姻爲整個封建社會尊卑等級制度的基礎，而有「人倫之始」之論。〔註57〕

　　古代之所以稱婚禮爲「昏禮」，乃因「婚言壻親迎，用昏，又恆以昏夜成禮。」〔註58〕即古人多於黃昏時進行婚禮所致，故是「士娶妻之禮，以昏爲期，因而名焉。」〔註59〕又爲何娶妻「必以昏者」〔註60〕呢？原來是「取其陽往而陰來，日入三商爲昏。」〔註61〕有以致之，與現今多於白晝

〔註53〕〔清〕阮元等校勘，《十三經注疏——周易正義》卷9〈序卦〉，〔魏〕王弼、韓康伯注；〔唐〕孔穎達等正義。臺北：藝文印書館，1976年5月6版，頁187～188。

〔註54〕〔清〕阮元等校勘，《十三經注疏——禮記》卷50〈經解〉第26（重刊宋本）。〔漢〕鄭玄注；〔唐〕孔穎達等正義。臺北：藝文印書館，1976年5月第6版，頁847。

〔註55〕〔清〕長沙王先謙撰；李學勤主編《中華漢語工具書書庫‧釋名疏證補》雅書部第51冊卷一〈釋天〉，合肥：安徽教育出版社，2002年1月，頁497。

〔註56〕「大昏，萬世之嗣也」參見〔清〕阮元等校勘，《十三經注疏——禮記》卷50〈哀公問〉第27（重刊宋本）。〔漢〕鄭玄注；〔唐〕孔穎達等正義。臺北：藝文印書館，1976年5月第6版，頁849。

〔註57〕段塔麗，〈唐代婚姻習俗與婦女地位探析〉，《陝西師範大學學報》31卷2期，2002年3月，頁82。

〔註58〕〔漢〕劉熙撰；〔明〕吳琯校。李學勤主編《中華漢語工具書書庫‧釋名》雅書部第51冊卷3〈釋親屬〉，合肥：安徽教育出版社，2002年1月，頁465。另長沙王先謙撰；李學勤主編《中華漢語工具書書庫‧釋名疏證補》雅書部第51冊卷1〈釋天〉，頁527亦有相近之說：「婦之父曰婚，言壻親迎，用昏，又恆以昏夜成禮也。壻之父曰姻，姻，因也，女往因媒也。」

〔註59〕參見錢玄、錢興奇編著，《三禮辭典‧士昏禮》，南京：江蘇古籍出版社，1998年3月第1版2刷，頁74。另〔清〕阮元等校勘，《十三經注疏——禮記》卷61〈昏義〉第44（重刊宋本）。〔漢〕鄭玄注；〔唐〕孔穎達等正義。臺北：藝文印書館，1976年5月第6版，頁999《疏》引鄭昏禮目錄亦云：「娶妻之禮，以昏爲期，因名焉」。

〔註60〕錢玄、錢興奇編著，《三禮辭典‧士昏禮》，南京：江蘇古籍出版社，1998年3月第1版2刷，頁74。

〔註61〕同註60。

進行婚娶景況較有差異。昔稱「日入三商者，商謂商量，是漏刻之名，故三光靈曜亦日入三刻為昏，不盡為明。」〔註62〕換言之，「日未出、日沒後，皆云二刻半，前後共五刻，今云三商者，據整數而言，其實二刻半也。」〔註63〕亦此見出古昔婚儀「昏時」舉行的一般性。之所以娶婦必以「昏」者，清儒劉師培（1884～1919年）以為當係古代劫略婦女，必備婦家不備，而以昏時為便，後世沿用其法，遂以昏禮為名。〔註64〕

　　再就《禮記・曾子問》所云：「孔子曰：『嫁女之家，三夜不息燭，思相離也。取婦之家，三日不舉樂，思嗣親也。』」〔註65〕陳顧遠《中國婚姻史》即言是與最早期行嫁娶方法的掠奪婚有關：蓋女家三夜不熄燭，乃因族內女子被奪而思其相離；男家三夜不舉樂，乃因恐女家來犯而加以隱密。〔註66〕又《禮記・郊特牲》載錄：「昏禮不用樂，幽陰之義也，樂陽氣也。昏禮不賀，人之序也。」〔註67〕陳顧遠也以為其原意恐是出此緣由所致。〔註68〕

　　對於婚禮，孔子（前551～前479年）曾曰：「古之為政，愛人為大；所以治愛人，禮為大；所以治禮，敬為大；敬之至矣，大昏為大。大昏至矣！」〔註69〕《禮記・昏義》也云：「夫禮始於冠，本於昏，重於喪祭，尊

〔註62〕〔清〕阮元等校勘，《十三經注疏——儀禮》卷4〈士昏禮第二〉（重刊宋本），〔漢〕鄭玄注；〔唐〕賈公彥疏，臺北：藝文印書館，1976年5月6版，頁39。

〔註63〕〔清〕阮元等校勘，《十三經注疏——儀禮》卷4〈士昏禮第二〉（重刊宋本），〔漢〕鄭玄注；〔唐〕賈公彥疏，臺北：藝文印書館，1976年5月6版，頁39。

〔註64〕〔清〕劉師培，《中國歷史教科書・古代之體制上・昏禮》冊1第24課，史部・史鈔類，1934～1936年寧武南氏排印本，國圖線裝善本書，頁50b。

〔註65〕〔清〕阮元等校勘，《十三經注疏——禮記》卷18〈曾子問〉第7（重刊宋本）。〔漢〕鄭玄注；〔唐〕孔穎達等正義。臺北：藝文印書館，1976年5月第6版，頁365。

〔註66〕參見陳顧遠，《中國婚姻史》，臺北：臺灣商務印書館，1992年9月臺一版8刷，頁79。

〔註67〕〔清〕阮元等校勘，《十三經注疏——禮記》卷26〈郊特牲〉（重刊宋本）。〔漢〕鄭玄注；〔唐〕孔穎達等正義。臺北：藝文印書館，1976年5月第6版，頁506。

〔註68〕參見陳顧遠，《中國婚姻史》，臺北：臺灣商務印書館，1992年9月臺一版8刷，頁78～79。

〔註69〕〔清〕阮元等校勘，《十三經注疏——禮記》卷50〈哀公問〉第27（重刊宋本）。〔漢〕鄭玄注；〔唐〕孔穎達等正義。臺北：藝文印書館，1976年5月第6版，頁849。

於朝聘，和於射鄉，此禮之大體也。」〔註70〕《禮記‧昏義》又云：「敬慎、重正，而後親之，禮之大體，而所以成男女之別，而立夫婦之義也。男女有別，而後夫婦有義；夫婦有義，而後父子有親；父子有親，而後君臣有正。故曰：昏禮者，禮之本也。」〔註71〕乃見婚禮即為禮儀的根本，亦是治禮的極致，長久以來無不被個人、家族、社會、國家極度重視，實良有以也。

　　筆者於 1979 年自台北遠嫁金門，初次抵臨「戰地」〔註72〕，體略迥異於臺灣的「戰地」風光之餘，尚躬逢深受朱子（1130～1200 年）所撰《家禮》影響之金門閩南傳統婚俗的洗禮，依稀記得足蹬高跟鞋，身穿白紗新娘長服，步履維艱跟隨樂隊來往村廟和宗祠之間繁縟的拜儀，〔註73〕以及被宗親們圍堵在宗祠門前，玩弄新郎抱新娘跨越板凳架疊的高門檻嬉戲的場景，堪稱是筆者長居台北二十多年來的首見，其歷歷難忘的深刻印象，及朱子《家禮》長久以來普行金門的景況，仍為婚後三十餘年來的今日難以忘懷，直接和間接均促發本文抉選為撰述題蘊的動機。

〔註70〕〔清〕阮元等校勘，《十三經注疏──禮記》卷 61〈昏義〉第 44（重刊宋本）。〔漢〕鄭玄注；〔唐〕孔穎達等正義。臺北：藝文印書館，1976 年 5 月第 6 版，頁 1000～1001。

〔註71〕〔清〕阮元等校勘，《十三經注疏──禮記》卷 61〈昏義〉第 44（重刊宋本）。〔漢〕鄭玄注；〔唐〕孔穎達等正義。臺北：藝文印書館，1976 年 5 月第 6 版，頁 1000。

〔註72〕1956 年 6 月 23 日至 1992 年 11 月 7 日期間，因戰略需要，金門與馬祖一同被畫歸為「戰地政務實驗區」，分受金門和馬祖的「防衛司令部政務委員會」特別管轄，以維持金門和馬祖地區的行政權責，以建立軍政一元、軍民一體的戰地政務體制，簡稱「戰地政務」。在「戰地政務」統轄之下，金門民眾生活有較多限制，譬諸夜間十時以後實行宵禁，人或車經過路口均需查驗通行證；全島道路一律不設路燈，即連民宅內燈火也限用燈罩遮掩，燈光不准外露；縣長、鄉鎮長概用官派，不予民選；交通設施全以軍機、軍船為主，搭乘時間不易掌控……等。尤其是出入金門，皆須先向「警備總部」申辦「出入境證」，最是影響學者專家進行調查研究之主因。

〔註73〕朱子《家禮‧婚禮》中，「承襲了（司馬光）《書儀》鋪房、婿親迎乘馬、婿婦交拜等新設的儀節，而改納采前一日告祖為納采當日清晨『告於祠堂』；將三月廟見和『拜先靈』折衷為親迎後三日，『主人以婦見於祠堂』。」得見定新婦三日參拜祠堂，暨其他婚禮活動中，諸多重要事項也都與先祖聯繫起來的「重宗法」觀念，皆始自朱熹。參見楊志剛，〈《司馬氏書儀》和《朱子家禮》研究〉，《浙江學刊》第 1 輯（總第 78 期），1993 年 1 期，頁 111。

照片 1-1：朱文公遺像　　　　　照片 1-2：朱文公蠟像

（取材自陳榮捷著，《朱子新探　　　　（攝於同安孔廟）
索》，上海：華東師範大學出版社）

二、研究目的

　　民俗者，民間之約定俗成是也。「人們在慣習中衍生出一套風俗內容後，俗就在我們日常生活不斷進行改變。」〔註74〕傳統婚禮納采、問名、納吉、納徵、請期、親迎等「六禮」儀節，因隨時代的變化亦時有更動，唯一不變的，是歷代以來對於並稱「人生三大事」〔註75〕之一的婚禮之高度重視。又因「百里不同風，千里不同俗。」〔註76〕緣由，致使各地區的婚儀亦迭有差異，即便是面積僅有一五三‧○五六平方公里的金門，倘以金湖鎮瓊林村為分界點，也有俗稱「前面」的金城鎮與金寧鄉、俗稱「後面」的金湖鎮與金沙鎮，及俗稱「小金門」的烈嶼鄉三種略有小差異的婚俗情事產出，無怪明人呂坤（1536～1618 年）《四禮疑》有「禮因人從宜。」〔註77〕之說。

〔註74〕向元玲，《苗栗地區客家婚俗研究——以苗栗市、公館鄉、銅鑼鄉為例》，國立中興大學中國文學研究所碩士論文，2000 年 7 月，頁 6。
〔註75〕出生、婚禮和死亡，乃俗稱的人生三大事。
〔註76〕〔漢〕班固撰；〔清〕王先謙補注，《漢書補注‧列傳》卷 42〈王貢兩龔鮑傳〉，臺北：藝文印書館，1996 年 8 月初版 4 刷，頁 1365。
〔註77〕〔明〕呂坤撰，《呂坤全集》下冊〈四禮疑〉卷 2〈冠禮‧笄〉，北京：中華書局，2008 年 5 月，頁 1301。

《漢書補注・本志》中，「仲尼有言：『禮失而求諸野。』」〔註 78〕正是今日金門地區躍身爲觀察閩南文化最佳場域的寫照。緣於 1956 年 6 月 23 日至 1992 年 11 月 7 日期間，「戰地政務」〔註 79〕的護持和框限，使金門鮮少受到外來文化的衝擊，而得保有傳統閩南婚禮、喪禮、祭禮……等儀節，映照臺灣地區迭受西方外來文明的深化影響，映照大陸地區因「文化大革命」掃除舊有傳統科儀導致多湮滅不存的大肆破壞，金門堪稱存續閩南文化的最佳淨土，欲探勘閩南婚俗的全相觀察，若捨金門又其誰呢？

結合「戰地政務」的箝制，金門有幸得以締造閩南文化、僑鄉文化、戰地文化、宗族文化等獨樹一幟的文化遺珍，得以賡續朱子教化的金門閩南傳統婚姻禮儀的全貌。唯今在「地球村」各式綿密的網絡、交通、文化交流中，在深諳固有禮樂文化的耆老日漸凋零下，無法避免的，有朝一日閩南婚禮將因隨時代潮流而改動，將因隨老輩佚失而不易做田調載錄，故是藉此得將現時金門閩南婚俗提出全景反映，既是文獻資料的奠立與留存，以提供未來研究者的實質助益，亦是鈎沉其他民系敏察金門風土民情的些許構面，則爲本文最大與最終的目的。

第二節　研究材料與方法

一、研究範圍

本論文的研究範圍係以閩南地區的金門爲主要投射，並以朱子（1130～1200 年）的《家禮》體系中的昏禮爲主力著眼。之所以在題目明晰標示出金門的地域斷限之餘，仍在研究範圍特別指稱朱子《家禮》作時代的斷限，目的即在凸顯主題論述著重於承繼自《儀禮・昏禮》的朱子《家禮・昏禮》爲向度，一則彰顯朱子《家禮》的儒家婚姻禮儀精神，二則闡揚中共「文革」大破固有傳統之後，臺灣又迭受外來文化合流影響之後，現階段金門地區仍能留存朱子《家禮》昏儀的時代意義。

《家禮》一書是朱子禮學運用於現實社會生活的根元處，更是朱子禮學的代表作，卻因「朱熹講明詳備，嘗欲取《儀禮》、《周官》、《二戴記》爲本，

〔註 78〕〔漢〕班固撰；〔清〕王先謙補注，《漢書補注・本志》卷 10〈藝文志〉，臺北：藝文印書館，1996 年 8 月初版 4 刷，頁 899。

〔註 79〕相關「戰地政務」事宜，請參見本章，頁 9，註 72。

編次朝廷公卿大夫士民之禮，盡取漢、晉而下及唐諸儒之說，考訂辨正，以
爲當代之典，未及成書而沒。」〔註80〕以及「（乾道）辛卯七年（1171 年），
四十二歲。十二月，服闋。朱子居喪盡禮。既葬，日居墓側，且望則歸奠几
筵。蓋自始死，至祥禫，參酌古今，咸盡其變，因成喪、祭禮。又推之於冠、
婚，共爲一編，命曰《家禮》。既成，爲一童行竊去。至易簀後，其書始出。」
〔註81〕即因該書在朱熹生前並未審定公告，致有部分學者疑爲「僞作」之
說，議論紛歧，各有說項，姑不論持讚同或持否定之說，朱子《家禮》一書
對庶民生命禮儀之規範，及其影響之深遠，則是毋庸置疑，亦爲筆者所贊同。
茲就同意和否定兩派說論提出說明：

（一）力主朱子撰《家禮》說派

據朱熹《家禮》書前所附，朱熹自撰的〈家禮序〉探稱：

> 凡禮有本有文。自其施於家者言之，則名分之守、愛敬之實，其本
> 也。冠、昏、喪、祭儀章度數者，其文也。其本者，有家日用之常
> 體，固不可以一日而不修；其文又皆所以紀綱人道之終始。雖其行
> 之有時，施之有所，然非講之素明，習之素熟，則其臨事之際，亦
> 無以合宜而應節，是不可以一日而不講且習焉也。

> 三代之際，禮經備矣。然其存於今者，宮廬器服之制、出入起居之
> 節，皆已不宜於世。世之君子雖或酌以古今之變，更爲一時之法，
> 然亦或詳或略，無所折衷。至或遺其本而務其末，緩於實而急於文。
> 自有志好禮之士，猶或不能舉其要，而困於貧窶者，尤患其終不能
> 有以及於禮也。

> 熹之愚蓋兩病焉，是以嘗獨觀古今之籍，因其大體之不可變者而少
> 加損益於其間，以爲一家之書。大抵謹名分、崇愛敬以爲之本，至
> 其施行之際，則又略浮文、敦本實，以竊自附於孔子從先進之遺意。
> 誠願得與同志之士熟講而勉行之，庶幾古人所以修身齊家之道、愼

〔註80〕 參見《宋史‧禮志》卷 98。另見錢穆，《朱子之禮學》，載於《朱子新學案》
　　　　第 4 冊，臺北：三民書局，1980 年 9 月，頁 151 則曰：「朱子嘗欲取《儀禮》、
　　　　《周官》、《禮記》爲本，編次朝廷公卿、大夫、士民之禮，盡取漢晉而下及
　　　　唐諸儒之說，考訂辨正以爲當代之典，未及成書（《家禮》）而歿。」大抵雷
　　　　同，僅有些許字不同而已。
〔註81〕 〔清〕鄭士範編，《朱子年譜》，載錄於于浩輯《宋明理學家年譜》，北京：北
　　　　京圖書館出版社，2005 年 4 月，頁 591～592。

終追遠之心猶可以復見，而於國家所以敦化導民之意，亦或有小補

云。〔註82〕

內中朱熹自言觀覽古今禮儀書籍之後，擷取合宜易行者稍加改動而成，當是
朱子撰述《家禮》成書的明證。自此之後，亦多學者提出歷史動因贊同朱熹
著作《家禮》之說，今呈示刊布如下：

1、宋儒朱熹門人李方子曰：

A「乾道五年（1169年）九月，先生丁母祝令人憂，居喪盡禮，參酌
古今，因成喪葬祭禮，推之於冠昏，共爲一編，命日《家禮》。」

〔註83〕

〔註82〕〔宋〕朱熹撰；〔明〕丘濬重編；《文公家禮儀節》共八卷，〔明〕弘治3年（1490
年）順德知縣吳廷舉刊，嘉靖己亥18年（1539年）修補本，珍藏國家圖書館
善本書，頁（序）7a～8a。此序亦見於一樣撰者、編者、書名、卷名，明萬曆
戊申36年（1608年）常州府推官錢時刊本，常州府出版。臺北：國家圖書館
四樓善本室，頁（序）1a～2a。及〔宋〕朱熹撰；郭齊、尹波點校，《朱熹集·
家禮序》卷75，四川：四川教育出版社，1997年5月第1版第2刷，頁3940。
及〔明〕胡廣等奉敕撰，《性理大全書·家禮二》卷19，《文淵閣四庫全書本·
子部》710～711冊，臺北：臺灣商務印書館，1935年，頁1a。此序另見於〔宋〕
朱熹撰，《家禮·序》，載《孔子文化大全·家禮》（宋刻本。南宋淳祐5年杭
州刻（1245年）五卷本加附錄一卷），1992年11月第1次印刷，頁587～590，
唯此南宋淳祐本的內容竟有兩字的差異，其文爲：「凡禮有本有文，自其施於
家者言之，則名分之守、愛敬之實，其本也。冠、昏、喪、祭儀章度數者，其
文也。其本者，有家日用之常體，固不可以一日而不脩；其文又皆所以紀綱人
道之始終。雖其行之有時，施之有所，然非講之素明，習之素熟，則其臨事之
際，亦無以合宜而應節，是亦不可以一日而不講且習焉者也。

三代之際，禮經備矣。然其存於今者，宮廬器服之制、出入起居之節，
皆已不宜於世。世之君子雖或酌以古今之變，更爲一時之法，然亦或詳或略，
無所折衷。至或遺其本而務其末，緩於實而急於文。自有志好禮之士，猶或
不能舉其契，而困於貧窶，尤患其終不能有以及於禮也。

熹之愚蓋兩病焉。是以嘗獨究觀古今之籍，因其大體之不可變者，而少加
損益於其間，以爲一家之書。大抵謹名分、崇愛敬以爲之本。至其施行之際，
則又略浮文、務本實，以竊自附於孔子從先進之遺意。誠願得與同志之士熟講
而勉行之，庶幾古人所以脩身齊家之道、謹終追遠之心，猶可以復見，而於國
家所以崇化導民之意，亦或有小補云。」即「是不可以一日而不講且習焉也。」
之句多出「亦」、「者」兩字，書寫成「是亦不可以一日而不講且習焉者也。」

〔註83〕〔宋〕朱熹撰；〔明〕丘濬重編；《文公家禮儀節》共八卷，〔明〕弘治3年（1490
年）順德知縣吳廷舉刊，嘉靖己亥18年（1539年）修補本，珍藏國家圖書館
善本書，頁（序）10b。另見一樣撰者、編者、書名、卷次，明萬曆戊申36
年（1608年）常州府推官錢時刊本，常州府出版，臺北：國家圖書館四樓善
本室，頁（序）4b。及〔清〕王懋竑，《白田雜著·家禮後考》卷2，《文淵閣

B「『（宋孝宗）乾道六年庚寅（1170 年）』，下有『《家禮》成』條。」
〔註84〕此據楊志剛紹述李方子字公晦，號果齋，所作《朱子年譜》
有是說。〔註85〕

2、洪去蕪曰：「先生居喪盡禮，既葬日，居墓側，朔望則歸奠几筵，自
始死至祥禮，參酌古今，咸盡其變，因成《喪祭禮》；又推之于冠、
昏，共為一編，命曰《家禮》。既成，未嘗為學者道。易簀之後，其
書始出于人家，其間有先生晚歲之論不合者。」〔註86〕

3、宋儒朱熹門人黃有曰：「其書始成，為一行童竊以牴（即逃），先生易
簀，其書始出，今行於世。然其間有與先生晚歲之論不合者，故未嘗
為學者道也。」〔註87〕

4、宋儒朱熹門人陳淳曰：

A「嘉定辛未歲（嘉定四年，公元 1211 年）過溫陵，先生季子敬之倅
郡出示《家禮》一編云，此往年僧寺所亡本也。有士人錄得，會先
生葬日攜來，因得之。」〔註88〕

四庫全書本・子部》859 冊，臺北：臺灣商務印書館，1986 年 7 月，頁 663。
及〔宋〕朱熹撰，《家禮・家禮附錄》，南宋淳祐 5 年（1245 年）五卷本加附
錄一卷，載《孔子文化大全》，山東：友誼書社，1992 年 11 月，頁 841 也都
有相同的刊錄。

〔註84〕據楊志剛，《中國禮儀制度研究》，上海：華東師範大學出版社，2001 年 5 月，
頁 190 紹述。

〔註85〕參看楊志剛，《中國禮儀制度研究》，上海：華東師範大學出版社，2001 年 5
月，頁 190。

〔註86〕參見束景南，〈朱熹《家禮》真偽考辨：從《祭儀》到《家禮》〉，言洪去蕪《（朱
子）年譜》所鋪陳，載束氏編著《朱熹佚文輯考》，江蘇：古籍出版社，1991
年 12 月，頁 675～676。另見楊志剛，《中國禮儀制度研究》，上海：華東師範
大學出版社，2001 年 5 月，頁 190 亦敍「洪去蕪本《朱子年譜》亦作此說（案
指乾道六年庚寅，下有『《家禮》成』條。）」。

〔註87〕〔宋〕朱熹撰；〔明〕丘濬重編：《文公家禮儀節》共八卷，〔明〕弘治 3 年（1490
年）順德知縣吳廷舉刊，嘉靖己亥 18 年（1539 年）修補本，珍藏國家圖書館
善本書，頁（序）10a。另見一樣撰者、編者、書名、卷名，明萬曆戊申 36
年（1608 年）常州府推官錢時刊本，常州府出版，臺北：國家圖書館四樓善
本室，頁（序）4a，則載為「其書始成，為一行童竊以牴，先生易簀，其書
始出，今行於世。然其間有與先生晚歲之論不合者，故未嘗為學者道也。」
僅「牴」字改成「逃」字之差而已。另見〔清〕王懋竑，《白田雜著・家禮後
考》卷 2，《文淵閣四庫全書本・子部》859 冊，臺北：臺灣商務印書館，1986
年 7 月，頁 663 也有相同的刊錄。

〔註88〕〔宋〕朱熹撰；〔明〕丘濬重編：《文公家禮儀節》共八卷，〔明〕弘治 3 年（1490

B「〔宋〕紹熙庚戌元年（1190 年）於臨漳郡齋，嘗以冠婚喪祭禮請諸先生，先生曰：『溫公有成儀，罕見行於世者，只為閒詞繁冗，長篇浩瀚，令人難讀，往往未及習行，而已畏憚退縮，蓋嘗深病之，欲為之裁訂增損，舉綱張目，別為一書，令人易曉而易行，舊亦略有成編矣，在僧寺為行童竊去，遂亡本子，更不復修。』」

〔註 89〕

5、宋儒朱熹門人黃榦曰：

A「先儒取其施於家者，著為一家之書，為斯世慮至切也。晦菴先生以其本末詳略，猶有可疑，斟酌損益，更為《家禮》，務從本實以惠後學。蓋以天理不可一日而不存，則是禮亦不可一日而間缺也。」

〔註 90〕是文完稿於宋寧宗嘉定九年（1216 年）夏至，時為朱熹逝世後十六年，爰此楊志剛故言「因此這也是朱熹作《家禮》的一個明證。」〔註 91〕

B「又嘗編次禮書，用工尤苦，竟亦未能脫藁。所輯《家禮》，世多用之，然其後亦多損益，未遑更定。」〔註 92〕

6、宋儒朱熹門人楊復曰：

年）順德知縣吳廷舉刊，嘉靖己亥 18 年（1539 年）修補本，珍藏國家圖書館善本書，頁（序）10a～10b。另見一樣撰者、編者、書名、卷名，明萬曆戊申 36 年（1608 年）常州府推官錢時刊本，常州府出版，臺北：國家圖書館四樓善本室，頁（序）4a～4b。及〔清〕王懋竑，《白田雜著・家禮後考》卷 2，《文淵閣四庫全書本・子部》859 冊，臺北：臺灣商務印書館，1986 年 7 月，頁 663 也有相同的刊錄。

〔註 89〕〔宋〕陳淳，《北溪大全集・代陳憲跋家禮》卷 14，《四庫全書珍本》四集，臺北：臺灣商務印書館，1935 年，頁 1b。

〔註 90〕〔宋〕黃榦著，〈家禮後〉，載《家禮》（宋刻本），南宋淳祐 5 年杭州刻（1245 年）五卷本加附錄一卷，頁 573～577。另見黃氏著《勉齋集》，《四庫全書珍本》二集，頁 7b～9a。又見〔宋〕朱熹撰；〔明〕丘濬重編；《文公家禮儀節》共八卷，〔明〕弘治 3 年（1490 年）順德知縣吳廷舉刊，嘉靖己亥 18 年（1539 年）修補本，珍藏國家圖書館善本書，頁（序）9a～9b。續見〔宋〕朱熹撰；〔明〕丘濬重編；《文公家禮儀節》共八卷，明萬曆戊申 36 年（1608 年）常州府推官錢時刊本，常州府出版，臺北：國家圖書館四樓善本室，頁（序）3a～3b。

〔註 91〕楊志剛，〈論《朱子家禮》及其影響〉，《朱子學刊》（總第 6 輯），黃山書社出版，1994 年 12 月第 1 刷，頁 13。

〔註 92〕〔宋〕黃榦撰，《朱文公（熹）行狀》（一名《宋侍講朱文公行狀》），《叢書集成續編》260 冊，臺北：新文豐出版社，1989 年 7 月，頁 23。

A「先生服母喪，參酌古今，咸盡其變，因成《喪葬祭禮》。又推之於冠、昏，名曰《家禮》。既成，爲一童行竊之以逃。先生易簀，其書始出行於世。今按先生家鄉、侯國、王朝之禮，專以《儀禮》爲經，及自述《家禮》，則又通之以古今之宜。」〔註93〕

B「《家禮》始成而失之，不及再加考訂。先生既歿而書始出。愚嘗竊取先生後來之考訂議論，以與朋友共參考云。」〔註94〕

7、宋儒周復曰：「文公門人三山楊復，附註於逐條之下者，可謂有功於《家禮》矣，復別出之以附于書之後，恐其間斷文公本書也，抑文公此書欲簡便而易行，故與《儀禮》或有不同；其所同者，又不能無詳略之異。楊氏……復竊謂：《儀禮》存乎古，《家禮》通於今，《儀禮》備而詳，《家禮》舉其要，蓋並行而不悖也。故文公雖著《家禮》，而尤拳拳於編集《儀禮》之書，遺命治喪必令參酌《儀禮》、《書儀》而行之，其意蓋可見矣。」〔註95〕

8、元儒脫脫曰：「其後朱熹講明詳備，嘗欲取《儀禮》、《周官》、《二戴記》爲本，編次朝廷公卿大夫士民之禮，盡取漢晉而下及唐諸儒之說，考訂辨正，以爲當代之典，未及成書而沒（即歿）。」〔註96〕

9、明儒丘濬曰：

〔註93〕〔宋〕朱熹撰；〔明〕丘濬重編：《文公家禮儀節》共八卷，〔明〕弘治3年（1490年）順德知縣吳廷舉刊，嘉靖己亥18年（1539年）修補本，珍藏國家圖書館善本書，頁（序）12a。另見一樣撰者、編者、書名、卷名，明萬曆戊申36年（1608年）常州府推官錢時刊本，常州府出版，臺北：國家圖書館四樓善本室，頁（序）6a有相同的刊錄。又見〔明〕胡廣等奉敕撰，《性理大全書》，《文淵閣四庫全書本・子部》710～711冊，卷19《家禮二・注》，臺北：臺灣商務印書館，1935年，頁2a，則有相近之說，僅將侯國→邦國、王朝之禮→王朝禮兩字之差而已。

〔註94〕〔清〕王懋竑撰，《白田雜著・家禮後考》卷2，《文淵閣四庫全書本・子部》859冊，臺北：臺灣商務印書館，1986年7月，頁663。

〔註95〕〔宋〕朱熹撰；〔明〕丘濬重編：《文公家禮儀節》共八卷，〔明〕弘治3年（1490年）順德知縣吳廷舉刊，嘉靖己亥18年（1539年）修補本，珍藏國家圖書館善本書，頁（序）13b～14a。另見一樣撰者、編者、書名、卷名，明萬曆戊申36年（1608年）常州府推官錢時刊本，常州府出版，臺北：國家圖書館四樓善本室，頁（序）7b～8a也有相同的載記。

〔註96〕〔元〕脫脫等奉敕撰，《宋史》卷98，〈志〉第51，〈禮一・吉禮一〉，楊家駱主編《中國學術類編・新校本宋史并附編三種》，臺北：鼎文書局，1980年5月再版，頁2424。

A「文公因《溫公書儀》，參以程、張二家之說，而爲《家禮》一書，實萬世人家通行之典也。……《家禮》一書，誠闢邪說，正人心之本也。使天下之人，人誦此書，家行此禮。愼終有道，追遠有儀，則彼自息矣。」〔註97〕

B「宋儒朱熹本儀禮，及程、張、司馬氏諸家禮書，作爲家禮一書，酌古準今，實爲簡易可行。」〔註98〕

10、明儒楊愼《文公家禮儀節・家禮序》曰：「（文公）先生于《周禮》、《儀禮》外，集《家禮》五卷，而瓊山先生復爲衍以圖式，參酌而編次之。凡係家之中，冠昏喪祭，咸極其微細而周至。其極微細而周至者，正極其鄭重而鴻鉅者也。……公定《家禮》以補《周官》之未備，是姬公修之于朝，而文公修之于野。修之于朝者，其類博而其法嚴；修之于野者，其制約而其義廣。《周禮》、《家禮》二經並重，如日月之代明。」〔註99〕

11、明儒馮善《家禮集說・序》曰：「謹按楊氏復附註，謂《家禮》爲朱子初年本，其書甫成，未及脩改，被一童行竊之以逃。至朱子葬日，陳安卿袖至葬所，其書始出，多與朱子後來所行不同。故楊氏復於不同處，特詳註之。後世因其同異，莫之適從，或遂棄置。」〔註100〕

〔註97〕〔宋〕朱熹撰；〔明〕丘濬重編：《文公家禮儀節・家禮儀節序》共八卷，〔明〕弘治3年（1490年）順德知縣吳廷舉刊，嘉靖己亥18年（1539年）修補本，珍藏國家圖書館善本書，頁（序）1b～3b。另見〔明〕邱濬撰，〈文公家禮儀節序〉，載汪紱《六禮或問》，《叢書集成三編》，臺北：新文豐出版社，1996年，頁82～83有相同載錄。又見〔宋〕朱熹撰；〔明〕丘濬重編：《文公家禮儀節・家禮儀節序》共八卷，明萬曆戊申36年（1608年）常州府推官錢時刊本，常州府出版，臺北：國家圖書館四樓善本室，頁（序）1a～1b，及〔宋〕朱熹舊題；〔明〕丘濬重編：《文公家禮儀節》，日本慶安元年（1648年）風月宗知刊本，珍藏國家圖書館四樓善本室，頁1～4，則同樣提出「秦火之厄，所餘無幾。漢魏以來，王朝郡國之禮，雖或有所施行，而民庶之家，則蕩然無餘矣。士夫之好禮者，在唐有孟詵，在宋有韓琦諸人，雖或有所著述，然皆略而未備，駁而未純。文公先生因溫公《書儀》，參以程、張二家之說，而爲《家禮》一書，實萬世人家通行之典也。」類似的載記。

〔註98〕〔明〕丘濬撰，《大學衍義補》卷49〈家鄉之禮上之上〉，王雲五主編《四庫全書珍本》2集，臺北：台灣商務印書館，1935年，頁4a。

〔註99〕〔明〕楊愼輯，《文公家禮儀節・家禮序》，明啓禎間（1621～1644年間）刻本，美國：國會圖書館珍藏，頁1a～5b。

〔註100〕〔明〕馮善編集，《家禮集說・序》，明成化己亥（15年，公元1479年）刊本，臺北：國家圖書館善本書室珍藏微卷，頁5。

12、明儒管志道《從先維俗議・訂四大禮議》曰：「冠婚喪祭，人間世之四大禮也。載在《儀禮》十七篇中，從違不一。而朱子參合古今事宜，裁有《家禮》一書。」〔註101〕

13、清儒夏炘《述朱質疑・跋家禮》曰：「家禮一書，朱子所編輯。以爲草創之所未定則可，以爲他人之所僞託，則不可也。……楊信齋《家禮坿注》引朱子曰：『某定昏禮，親迎用溫公，入門以後則從伊川。是二條者，雖不明言《家禮》，然所定者必有一書。今《家禮》昏禮親迎用《書儀》，入門以後用伊川說，與葉楊所記者合，然則所定者，即指所傳之《家禮》無疑。」〔註102〕

14、清儒宋犖〈重刻朱子家禮序〉曰：「洎乎世教衰微，鮮克由禮。有宋大儒朱子出而集其大成，命曰《家禮》。明丘文莊公又衍之爲《儀節》。」〔註103〕

15、清儒鄭士範《朱子年譜》曰：「（乾道）辛卯七年（1171年），四十二歲。十二月，服闋。朱子居喪盡禮。既葬，日居墓側，且望則歸奠几筵。蓋自始死，至祥禫，參酌古今，咸盡其變，因成喪、祭禮。又推之於冠、婚，共爲一編，命曰《家禮》。既成，爲一童行竊去。至易簀後，其書始出。」〔註104〕

16、清儒汪祁〈《溫公書儀》跋〉曰：「書儀爲溫公考諸《儀禮》，通以後世可行者。文公定《家禮》，于冠禮多取之，婚與喪祭參用不一。」〔註105〕

17、錢穆《朱子之禮學》，載於《朱子新學案》第四冊曰：

〔註101〕〔明〕管志道著，《從先維俗議・訂四大禮議》卷3〔影印明刊本〕，《叢書集成續編》61冊，臺北：新文豐出版社，1989年7月臺一版，頁578。

〔註102〕〔清〕夏炘，《述朱質疑・跋家禮》卷7，咸豐壬子新鐫；景紫山房藏板，《續修閣四庫全書》，上海：古籍出版社，2003年5月，頁78～79。另見錢穆，《朱子之禮學》，載於《朱子新學案》第4冊，臺北：三民書局，1980年9月，頁166～167。

〔註103〕〔清〕宋犖撰，〈重刻朱子家禮序〉，載於〔宋〕朱熹著《家禮》，清康熙40年（1701年）線裝書，紫陽書院定本，中央研究院傅斯年圖書館珍藏，頁1b。

〔註104〕〔清〕鄭士範編，《朱子年譜》，載錄於于浩輯，《宋明理學家年譜》，北京：北京圖書館出版社，2005年4月，頁591～592。

〔註105〕〔清〕汪祁，〈《溫公書儀》跋〉，載〔宋〕司馬光，《溫公書儀》，據清嘉慶張海鵬輯刊學津討原本影印，《百部叢書集成》46冊，臺北：藝文印書館，1966年，頁（跋）1a。

A「朱子季子在有〈跋儀禮經傳通解目錄〉云：『先君所著家禮五卷，鄉禮三卷，學禮十一卷，邦國禮四卷，王朝禮十四卷，其曰經傳通解者凡二十三卷。蓋先君晚歲之所親定，是為絕筆之書。惟書數一篇，缺而未補。而大射禮，聘禮，公侯大夫禮，諸侯相朝禮八篇，則猶未脫稿也。其曰集傳集注者，此書之舊名也……至於喪、祭二禮，則嘗以規模次第囑之門人黃榦，俾之類次。他日書成，亦當相從於此，庶幾此書本末具備。』」〔註106〕

B「（〈跋古今家祭禮〉一）文在（宋孝宗）淳熙元年（1174年）五月，朱子年四十五歲。上距丁祝孺人憂已五年。其書與《家禮》不同。《家禮》乃修定之書，主要采溫公、伊川兩家，加以增損，力求可行。此書乃蒐輯之書，網羅諸家，以廣流傳。」〔註107〕

C「熹近讀易，覺有味。又欲修呂氏鄉約鄉儀，及約冠昏喪祭之儀，削去書過行罰之類，為貧富可通行者。苦多出入，不能就。又恨地遠，無由質正。然且夕草定，亦當寄呈，俟可否然後改行也。」〔註108〕

D「文成於紹熙甲寅八月，朱子年六十五。上距纂次《古今家祭禮》，則又二十年矣。朱子告葉味道，謂某之祭禮不成書，只是將溫公書減却幾處。其告陳安卿，謂某修祭禮，只將溫公儀中行禮處分作五、六段，甚簡易曉。」〔註109〕

E「《朱子語類卷九十》又曰：『問舊嘗收得先生一本祭儀，時祭皆是卜日，今聞却用二至二分祭，如何？曰：卜日無定，慮有不虔，溫公亦云：只用分至亦可。』」〔註110〕此條輔廣所錄甲寅朱子年六十五以後所聞。是輔廣確曾收得朱子所為之祭儀，此祭儀必是在

〔註106〕錢穆，《朱子之禮學》，載於《朱子新學案》第4冊，臺北：三民書局，1980年9月，頁150。

〔註107〕錢穆，《朱子之禮學》，載於《朱子新學案》第4冊，臺北：三民書局，1980年9月，頁168～169。

〔註108〕錢穆，《朱子之禮學》，載於《朱子新學案》第4冊，臺北：三民書局，1980年9月，頁172。

〔註109〕錢穆，《朱子之禮學》，載於《朱子新學案》第4冊，臺北：三民書局，1980年9月，頁170。

〔註110〕（宋）黎靖德編，《朱子語類》卷90，收錄於《景印四庫全書・子部》701冊，臺北：臺灣商務印書館，1986年7月，頁886。

《家禮》中散出，是《家禮》雖爲未定之書，而確爲朱子親撰，夫復何疑。」〔註111〕

18、束景南〈朱熹《家禮》眞僞考辨：從《祭儀》到《家禮》〉曰：「朱熹《家禮》，不僅其弟子曾有臆測增改，且宋元以來被人竄亂移易……凡此均爲使人致疑《家禮》爲僞之因素，然無論後世有如何竄亂，朱熹之作《家禮》則無可懷疑。……至於王懋竑以《家禮》爲僞之理由，均屬疑點，一無實據。」〔註112〕

19、陳來〈朱子《家禮》眞僞考議〉曰：

A「朱子確有《祭禮》一書，且完成於喪母之前。」〔註113〕

B「考定今《家禮》一書中之祭禮部分確爲朱子所作，雖然還不就是百分之百證實了《家禮》全書爲朱子所作，但在證實《家禮》爲朱子之書方面進了一大步。因爲《祭禮》可以說是《家禮》中最重要的部分。」〔註114〕

20、高明〈朱子的禮學・家禮・序〉，載《輔仁學誌》曰：

A「古禮本來就不宜於後世，朱子酌古今之變，成一家之言，自然不會拘於古禮，〈家禮考〉誤引古禮來辨難，可說是不知「古今之變」，如何能駁倒朱子呢？」〔註115〕

B「家禮序是朱子自己寫的，而且載在文集，這是無可懷疑的；行狀、年譜、家禮附錄不出於一人之手，自難免有些參錯不一的話，這並不能否定朱子曾寫這部《家禮》。」〔註116〕

21、盧仁淑《朱子家禮與韓國之禮學》曰：

A「明邱濬於《家禮儀節》力駁應說，而〔清〕夏炘於《述朱質疑》

〔註111〕錢穆，《朱子之禮學》，載於《朱子新學案》第 4 冊，臺北：三民書局，1980 年 9 月，頁 173。

〔註112〕束景南，〈朱熹《家禮》眞僞考辨：從《祭儀》到《家禮》〉，載束景南編著《朱熹佚文輯考》，江蘇：古籍出版社，1991 年 12 月，頁 684。

〔註113〕陳來，〈朱子《家禮》眞僞考議〉，原載《北京大學學報》1989 年第 3 期，收入林慶彰主編《中國經學史論文選集》下冊，臺北：文史哲出版社，1993 年 3 月，頁 266。

〔註114〕陳來，〈朱子《家禮》眞僞考議〉，載林慶彰編，《中國經學史論文選集》（下冊），臺北：文史哲出版社，1992 年 10 月，頁 258〜275。

〔註115〕高明撰，《朱子的禮學》，載《輔仁學誌》（文學院之部），輔仁大學輔仁學誌編輯委員會編輯，臺北新莊：輔仁大學，1982 年 6 月，頁 38。

〔註116〕同註115。

卷 7〈跋家禮〉一文，於王氏之說多所糾辨；今人錢穆、高仲華亦不信王說。……試就朱子《文集》、《語類》中，有關冠、昏、喪、祭諸節以觀，其主張與《家禮》所云並無二致，況朱門諸高弟，亦從無懷疑《家禮》非朱子所作之說。蓋《文公家禮》本是朱子之作，特其書失竊，雖晚歲欲有所增益改訂，而無由也。」〔註 117〕

B「《文公家禮》之東傳，鄭夢周或成為第一關係之人。若此推測無誤，鄭夢周為明洪武（公元 1368～1397 年）初年之人，可見《文公家禮》東傳時間，蓋在十四世紀前半期。」〔註 118〕

22、粟品孝〈文本與行為：朱熹《家禮》與其家禮活動〉曰：「《家禮》的規定在朱熹的家庭活動中基本上得到了實現。這不但印證了《家禮》確為朱熹所作的事實，而且也說明朱熹言行相顧，不僅是一位突出的家禮理論探索者，注意家禮的意義思索、禮文條貫和行為設計，而且也是一位堅決的實踐者，十分重視家禮的躬行踐履。」〔註 119〕

23、楊志剛《中國禮儀制度研究》曰：「在目前所據有的材料情況下，筆者傾向于認為朱熹曾作《家禮》，今傳《家禮》係朱熹所作。」〔註 120〕楊氏針對清人王懋竑質疑朱熹撰《家禮》說，在該書中提出反駁意見：〔註 121〕

A「（朱熹）幾位門人眾說不一，言語『參差』，確可令人生疑……但這都不足以否定朱熹作《家禮》。……由於《家禮》是亡而復出，有些過程不太清楚（記載比較晦澀），也當在情理之中。」

B「除《家禮序》外，現存的朱熹文字幾乎未提到《家禮》，這也是一個難以解釋的疑點，不過這仍構不成推翻成說的充分理由。」

〔註 117〕〔韓〕盧仁淑，《朱子家禮與韓國之禮學》，北京：人民文學出版社，2000 年 8 月，頁 3～19。

〔註 118〕〔韓〕盧仁淑，《朱子家禮與韓國之禮學》，北京：人民文學出版社，2000 年 8 月，頁 109。

〔註 119〕粟品孝撰，〈文本與行為：朱熹《家禮》與其家禮活動〉，《安徽師範大學學報》（人文社會科學版）第 32 卷第 1 期，2004 年 1 月，頁 104。

〔註 120〕楊志剛，《中國禮儀制度研究》，上海：華東師範大學出版社，2001 年 5 月，頁 195。

〔註 121〕楊志剛，《中國禮儀制度研究》，上海：華東師範大學出版社，2001 年 5 月，頁 194～195。

C「《家禮序》爲後人的仿冒之作一說，有證據表明不能成立。〔清〕
　瞿鏞《鐵琴銅劍樓藏書目錄》卷四載《纂圖集注文公家禮》十卷
　（現藏北京圖書館），內中序文由朱子手書。瞿鏞言：『白田王氏
　以此序爲依仿《禮範》跋者，由未見是本故耳。』」

D「《年譜》所言之不可信據，前已有述。至於王懋竑所指出的《書家
　禮後》的『微意』，筆者則很難體認。」

E「《家禮後考》、《家禮考誤》試圖從內容上進行證僞，此在方法論上
　存在缺陷。《家禮》既定位于一部通俗讀物，俾使士民簡便易行，
　且序文已經申明三代之制有許多『皆已不宜于世』，則其與《儀禮》
　等相比有不一致之處，完全是順理成章的。」

F 舉凡黃榦、黃有、陳淳、楊復、朱敬之諸人，「他們對《家禮》直信
　不疑，是朱熹撰有《家禮》，今本《家禮》（失而復得）出自朱熹手
　筆的最有力的證據。」〔註122〕

24、安國樓〈朱熹的禮儀觀與《朱子家禮》〉曰：「《家禮》是朱熹未及最
　終寫成的草稿，而非他人著述。」〔註123〕

25、李師豐楙〈朱子《家禮》與閩臺家禮〉曰：「朱子確有撰修《家禮》之
　事，只是未能在生前定稿，並通行於論學諸友及門弟子間。」〔註124〕

（二）否定朱子撰《家禮》說派

相較於贊同朱熹撰《家禮》的多數學者，持否定派者僅是少數，茲分述
如下：

1、元儒武林應氏撰《家禮辨》率先提出質疑

《家禮》的真偽問題，元至正年間（1341～1368年）武林應氏撰《家禮
辨》率先提出否定，認爲《家禮》並非朱熹所作。惜《家禮辨》之後亡佚，
僅見明代丘濬重編的《文公家禮儀節》（八卷本）注中提及此事：

〔註122〕楊志剛，《中國禮儀制度研究》，上海：華東師範大學出版社，2001年5月，
　　　　頁194。
〔註123〕安國樓，〈朱熹的禮儀觀與《朱子家禮》〉，《鄭州大學學報》第38卷第1期，
　　　　2005年1月，頁143～144。
〔註124〕李師豐楙，〈朱子家禮與閩臺家禮〉，原爲漢學研究中心、中央研究院中國文
　　　　哲所、國立清華大學中國文學系共同主辦，「朱子學與東亞文明研討會——紀
　　　　念朱子逝世八百週年朱子學會議」論文，2000年11月16～18日。之後由臺
　　　　北：漢學研究中心編印成《朱子學的開展：東亞篇》，2002年6月，頁28。

澔按：武林應氏作《家禮辨》，謂文公先生於紹熙甲寅（案 1194 年）
八月〈跋三家禮範〉云：「某嘗欲因司馬氏之書，參考諸家之說，
裁訂增損，舉綱張目，以附其後，顧以衰病不能及已。」勉齋先生
〈家禮後序〉云：「文公以先儒之書，本末詳略猶有可疑，斟酌損
益，更爲《家禮》，迨其晚年討論家鄉、侯國、王朝之禮，未及脫
藁而先生沒（歿），此百世之遺恨也。」今且以其書之出不同置之，
姑以年月考之，宋光宗紹熙甲寅文公已於〈三家禮範〉自言：「顧
以衰病不能及已，豈於孝宗乾道己丑（案 1169 年）已有此書？況
勉齋先生亦云，未及脫藁而文公沒（歿），則是書非文公所編，不
待辨而明矣。」〔註 125〕

種因於《家禮辨》語多疏略，後人並不完全認同，武氏之說致未引起大的迴
響。〔註 126〕

2、清儒王懋竑《白田雜記》之〈《家禮》考〉和〈《家禮》後考〉亦予否定

清人王懋竑（1668～1741 年）不認同朱熹撰《家禮》之說，當以《白田
雜記》卷二〈家禮考〉一文最具震撼力和影響力，其文爲：

《家禮》非朱子之書也。《家禮》載於《行狀》；其〈序〉載於《文
集》；其成書之歲月載於《年譜》；其書亡而復得之由，載於《家禮
附錄》。自宋以來，遵而用之。其爲朱子之書，幾無可疑者。乃今反
復考之，而知決非朱子之書也。

李公晦敍《年譜》：《家禮》成於庚寅，居祝孺人喪時。《文集·序》
不紀年月，而〈序〉中絕不及居喪事。〈家禮附錄〉陳安卿述朱敬之
語，以爲此往年僧寺所亡本，有士人錄得，會先生葬日攜來，因得之
其錄，得攜來，不言其何人，亦不言其得之何所也。黃勉齋作《行狀》，
但云所輯《家禮》，世所遵用，其後多有損益，未及更定。既不言成
於居母喪時，亦不言其亡而復得其書，〈家禮後〉亦然。敬之，朱子

〔註 125〕參見〔宋〕朱熹撰；〔明〕丘濬重編《文公家禮儀節》（共 8 卷），明萬曆戊申
36 年（1608 年）常州府推官錢時刊本，常州府出版。臺北：國家圖書館善本
室，《家禮·序》4b～5a。
〔註 126〕參見楊志剛，《中國禮儀制度研究》，上海：華東師範大學出版社，2001 年 5
月，頁 193。

季子。公晦、勉齋、安卿皆朱子高第弟子，而其言參錯不可考據。

如此按《文集》朱子〈答汪尚書書〉、〈與張敬夫書〉、〈呂伯恭書〉，其論《祭儀》、《祭說》，往復甚詳。汪、呂書在壬辰、癸巳，張書不詳其年，計亦其前後也。壬辰、癸巳，距庚寅僅二、三年，《家禮》既有成書，何爲絕不之及，而僅以《祭儀》、《祭說》爲言耶？陳安卿錄云，向作《祭儀》、《祭說》甚簡而易曉，今已亡之矣。則是所亡者，乃《祭儀》、《祭說》，而非《家禮》也明矣。《文集》、《語錄》自《家禮·序》外，無一語及《家禮》者，惟〈與蔡季通書〉有已取《家禮》四卷納一哥之語，此《儀禮經傳通解》中《家禮》六卷之四，而非今所傳之《家禮》也。

甲寅八月〈跋三家禮範〉後云：嘗欲因司馬氏之書，參考諸家，裁訂增損，舉綱張目，以附其後，顧以衰病不能及已。後之君子，必有以成吾志也。甲寅距庚寅二十年，庚寅已有成書，朱子雖耄老，豈盡忘之？至是而乃爲是語耶？竊嘗推求其故，此必有因《三家禮範跋語》而依仿以成之者，蓋自附於後之君子而傳者，遂以託之朱子所自作，其序文亦依仿〈禮範跋語〉，而於《家禮》反有不合。《家禮》重宗法，此程、張、司馬氏所未及，而〈序〉中絕不言之，以〈跋語〉所未有也。其《年譜》所云居母喪時所作，則或者以意附益之爾。敬之但據所傳，不加深考，此如司馬季思刻溫公書，之比公晦從遊在戊申後。其於早年固所不詳，祇敍所聞以爲譜，而勉齋《行狀》之作，在朱子沒（歿）後二十餘年。其時《家禮》已盛行，又爲敬之所傳錄，故不欲公言其非，但其辭略而不盡，其書〈家禮後〉，謂《經傳通解》未成爲百世之遺恨，則其微意亦可見矣。後之人以朱子家季子所傳，又見《行狀》、《年譜》所載，廖子晦、陳安卿皆爲刊刻，三山楊氏、上饒周氏復爲之考訂，尊而用之，不敢少致其疑。然雖云尊用其書，實未有能訂者，故於其中謬誤亦不及察，徒口相傳，以熟《文公家禮》云爾。

惟元應氏作《家禮辨》，其文亦不傳，見於明丘仲深濬所刻《家禮》中，其辨專據〈三家禮範跋〉，語多疎略，未有以解世人之惑，仲深亦不然之。故余今徧考《年譜》、《行狀》，及《朱子文集》、《（朱子）

語錄》所載，俱附於後，而一一詳注之，其應氏、丘氏語亦並附焉，其他所摘謬誤亦數十條，庶來者有以知《家禮》決非朱子之書，而余亦得免於鑿空妄研之罪也夫。」〔註127〕

攸關王懋竑〈家禮考〉主要駁斥的觀點，據束景南和楊志剛評議計有下列數端：

其一、王（懋竑）氏曰：「李公晦（案李方子）敍《（朱子）年譜》，《家禮》成於庚寅（宋孝宗乾道六年，1170年），居祝孺人喪時。《（朱子）文集・序》（即《家禮》序〔註128〕）不紀年月，而〈序〉中絕不及居喪事。《家禮附錄》陳安卿（案陳淳）述朱敬之語，以爲此往年僧寺所亡本，有士人錄得，會先生葬日攜來，因得之其錄，得攜來，不言其何人，亦不言其得之何所也。黃勉齋（案黃榦）作《行狀》（一名《宋侍講朱文公行狀》），但云所輯《家禮》，世所遵用，其後多有損益，未及更定。既不言成於居母喪時，亦不言其亡而復得，其書〈家禮後〉亦然。……其言參錯不可考據」〔註129〕如此。

束景南辯稱李方子《年譜》並未言《家禮》成于庚寅（宋孝宗乾道六年，1170年），乃洪去蕪和李方子《年譜》誤推。陳淳言《家禮》由士人錄得，意思已明，不願道出姓名，不能證明《家禮》爲僞。黃榦《行狀》，以行狀體例，凡敍述朱熹生平著述均簡明扼要，不能以此獨疑《家禮》。王氏只提及《家禮》所附錄陳淳語，而未察閱陳淳集中兩篇《家禮》跋文，其一系列誤考誤推均從此而來，以致對各家所說不能去誤存眞，反認爲是「參錯不可考據」。〔註130〕

楊志剛論言朱子「幾位門人眾說不一，言語參差，確可令人生疑。有些記載明顯有問題，如《年譜》云《家禮》成于乾道六年庚寅（陳來、束景南已斥其說）。但這都不足以否定朱熹作《家禮》。何況，由於《家禮》是亡而復出，有些過程不太清楚（記載比較晦澀），也當在情理之中。」〔註131〕

〔註127〕〔清〕王懋竑，《白田雜著・家禮考》卷2，載《文淵閣四庫全書》子部，859冊，臺北：臺灣商務印書館，1986年7月，頁662～663。

〔註128〕若就〔宋〕朱熹撰，《家禮》，南宋淳祐5年（1245年）五卷本加附錄一卷，收入《孔子文化大全》，山東：友誼書社，1992年11月，頁587～590所載則稱〈家禮敍〉。

〔註129〕〔清〕王懋竑，《白田雜著・家禮考》卷2，載《文淵閣四庫全書》子部，859冊，臺北：臺灣商務印書館，1986年7月，頁662。

〔註130〕束景南，〈朱熹《家禮》眞僞考辨：從《祭儀》到《家禮》〉，載束景南編著《朱熹佚文輯考》，江蘇：古籍出版社，1991年12月，頁684～685。

〔註131〕楊志剛，《中國禮儀制度研究》，上海：華東師範大學出版社，2001年5月，頁194。

其二、王（懋竑）氏曰：朱子答「汪〈案答汪尙書書〉、呂書〈案呂伯恭
書〉在壬辰（案宋孝宗乾道八年，1172 年）、癸巳（案宋孝宗乾道九年，1173
年），張書（案《朱子文集》卷三十〈與張敬夫書〉九）不詳其年，計亦其前
後也。壬辰、癸巳，距庚寅（案宋孝宗乾道六年，1170 年）僅二、三年，《家
禮》既有成書，何爲絕不之及，而僅以《祭儀》、《祭說》爲言耶？」〔註 132〕
束氏反駁道，〈與張敬夫書〉已考證作于乾道五年（1169 年），朱熹《家禮》
稿成于宋孝宗淳熙三年（1176 年），故汪、呂、張壬辰、癸巳年的書函未有言
及。壬辰前後是《祭儀》寫成，故以「《祭儀》、《祭語》爲言。〔註 133〕換言之，
「朱熹於（宋孝宗）乾道六年（1170 年）草成《祭儀》，於乾道九年全面修訂。」
〔註 134〕或言第二次修訂《祭儀》，已在乾道七年（1171 年）以後；而《家禮》
之成當在淳熙二年（1175 年）以後。〔註 135〕

其三、王（懋竑）氏曰：「陳安卿錄云，向作《祭禮》，甚簡而易曉，今
已亡之矣。則是所者乃《祭禮》而非《家禮》也明矣。」〔註 136〕束氏辯證亡
失之書，已考證爲《家禮》而非《祭儀》，王氏未見陳淳集中兩篇《家禮》跋
文，故有此誤說。〔註 137〕

其四、王（懋竑）氏曰：「《文集》、《語錄》自《家禮・序》外，無一語
及《家禮》者。」〔註 138〕束景南論斷〈呂伯恭書〉三十九、四十七爲《朱熹》
作《家禮》鐵證；《語類》、陳淳集等均言及作《家禮》，王氏蓋未細讀使然。
〔註 139〕楊志剛評析現存的朱熹文字除〈家禮序〉外，幾未再提論《家禮》，確

〔註 132〕〔清〕王懋竑，《白田雜著・家禮考》卷 2，載《文淵閣四庫全書》子部，859
　　　　冊，臺北：臺灣商務印書館，1986 年 7 月，頁 662。

〔註 133〕束景南，〈朱熹《家禮》眞僞考辨：從《祭儀》到《家禮》〉，載束景南編著《朱
　　　　熹佚文輯考》，江蘇：古籍出版社，1991 年 12 月，頁 685。

〔註 134〕束景南，《朱熹年譜長編》，上海：華東師範大學出版社，2001 年 9 月，頁 505。

〔註 135〕束景南，《朱熹年譜長編》，上海：華東師範大學出版社，2001 年 9 月，頁 422
　　　　～424。

〔註 136〕〔清〕王懋竑，《白田雜著・家禮考》卷 2，載《文淵閣四庫全書》子部，859
　　　　冊，臺北：臺灣商務印書館，1986 年 7 月，頁 662。

〔註 137〕束景南，〈朱熹《家禮》眞僞考辨：從《祭儀》到《家禮》〉，載束景南編著《朱
　　　　熹佚文輯考》，江蘇：古籍出版社，1991 年 12 月，頁 685。

〔註 138〕〔清〕王懋竑，《白田雜著・家禮考》卷 2，載《文淵閣四庫全書》子部，859
　　　　冊，臺北：臺灣商務印書館，1986 年 7 月，頁 662。

〔註 139〕束景南，〈朱熹《家禮》眞僞考辨：從《祭儀》到《家禮》〉，載束景南編著《朱
　　　　熹佚文輯考》，江蘇：古籍出版社，1991 年 12 月，頁 685。

爲一難以解釋的疑點，不過仍構不成推翻成說的充足理由。〔註140〕

其五、王（懋竑）氏曰：「甲寅（案宋光宗紹熙五年，1194 年）八月〈跋三家禮範〉後云：嘗欲因司馬氏之書，參考諸家，裁訂增損，舉綱張目，以附其後，顧以衰病不能及已。後之君子，必有以成吾志也。甲寅距庚寅（案宋孝宗乾道六年，1170 年）二十年，庚寅已有成書，朱子雖臺老，豈盡忘之？至是而乃爲是語耶？」〔註141〕束氏證稱朱熹因《家禮》未全脫稿即竊失不見，如今年邁多病，不及重修，故發「不能及已」之嘆，並非說未嘗作《家禮》。〔註142〕

其六、王（懋竑）氏曰：「甲寅八月〈跋三家禮範〉後云：嘗欲因司馬氏之書，參考諸家，裁訂增損，舉綱張目，以附其後，顧以衰病不能及已。後之君子，必有以成吾志也。……《家禮》重宗法，此程、張、司馬氏所未及，而序中絕不言之，以跋語所未有也。」〔註143〕案朱子〈跋古今家祭禮〉在淳熙元年（案宋孝宗淳熙元年，1174 年）甲午，距庚寅（宋孝宗乾道六年，1170 年）五年，不言其有《家禮》。其云：有能采集附益，通校而廣傳之，相與損益折衷，共成禮俗。與《跋三家禮範後》雖前後絕遠，而其意大概相同。《家禮》之非朱子書，此亦王懋竑的一項例證。〔註144〕

束景南辯駁曰：《古今家祭禮》在薈萃眾家家祭禮，而不以司馬氏爲本。《跋三家禮範後》則言本之司馬之說而參考諸家，如何能說「其意大概相同？」；《家禮》草于淳熙三年（1176 年），《古今家祭禮》成于淳熙元年（1174 年），其跋自無言其作有《家禮》。如淳熙元年《祭儀》早成，而《跋古今家祭禮》不言朱熹作《祭儀》，豈非《祭儀》亦爲僞作乎？〔註145〕

其七、王（懋竑）氏曰：「竊嘗推求其故，此必有因《三家禮範跋語》而依仿以成之者，蓋自附於後之君子而傳者，遂以託之朱子所自作，其序文亦

〔註140〕楊志剛，《中國禮儀制度研究》，上海：華東師範大學出版社，2001 年 5 月，頁 194～195。

〔註141〕〔清〕王懋竑，《白田雜著·家禮考》卷 2，載《文淵閣四庫全書》子部，859 冊，臺北：臺灣商務印書館，1986 年 7 月，頁 662。

〔註142〕束景南，〈朱熹《家禮》眞僞考辨：從《祭儀》到《家禮》〉，載束景南編著《朱熹佚文輯考》，江蘇：古籍出版社，1991 年 12 月，頁 685。

〔註143〕〔清〕王懋竑，《白田雜著·家禮考》卷 2，載《文淵閣四庫全書》子部，859 冊，臺北：臺灣商務印書館，1986 年 7 月，頁 662。

〔註144〕束景南，〈朱熹《家禮》眞僞考辨：從《祭儀》到《家禮》〉，載束景南編著《朱熹佚文輯考》，江蘇：古籍出版社，1991 年 12 月，頁 686。

〔註145〕束景南，〈朱熹《家禮》眞僞考辨：從《祭儀》到《家禮》〉，載束景南編著《朱熹佚文輯考》，江蘇：古籍出版社，1991 年 12 月，頁 686。

依仿〈禮範跋語〉，而於《家禮》反有不合。」〔註146〕王氏此言的〈三家禮範跋語〉，亦即《朱熹集》卷八十三〈跋三家禮範〉篇，其原文曰：

> 嗚呼！禮廢久矣。士大夫幼而未嘗習於身，是以長而無以行於家。長而無以行於家，是以進而無以議於朝廷，施於郡縣，退而無以教於閭里，傳之子孫，而莫或知其職之不脩也。
>
> 長沙郡博士邵君囷得吾亡友敬夫所次《三家禮範》之書而刻之學宮，蓋欲吾黨之士相與深考而力行之，以厚彝倫而新陋俗，其意美矣！然程、張之言猶頗未具，獨司馬氏爲成書。而讀者見其節文度數之詳有若未易究者，往往未及習行而已有望風退怯之意。又或見其堂室之廣、給使之多、儀物之盛而竊自病其力之不足，是以其書雖布，而傳者徒爲篋笥之藏，未能舉而行之者也。
>
> 殊不知禮書之文雖多，而身親試之，或不過於頃刻；其物雖博，而亦有所謂不若禮不足而敬有餘者。今乃以安於驕佚而逆憚其難，以小不備之故而反就於大不備，豈不誤哉？故熹嘗欲因司馬氏之書，參考諸家之說，裁訂增損，舉綱張目，以附其後，使覽之者得提其要以及其詳，而不憚其難行之者。雖貧且賤，亦得以具其大節、略其繁文而不失其本意也。顧以病衰，不能及已。今感邵君之意，輒復書以識焉。嗚呼！後之君子其尚有以成吾之志也夫。〔註147〕

對此，楊志剛駁言：「〈家禮序〉爲後人的仿冒之作一說，有證據表明不能成立。〔清〕瞿鏞《鐵琴銅劍樓藏書目錄》卷四載《纂圖集注文公家禮》十卷（現藏北京圖書館），內中序文由朱子手書。瞿鏞言：『白田王氏以此序爲依仿〈禮範〉跋者，由未見是本故耳。』」〔註148〕攸關瞿鏞《鐵琴銅劍樓藏書目錄》該書卷四《纂圖集注文公家禮》〔註149〕十卷，其形式爲「每半葉七行，行十四字，註雙行，行二十一字，字體古雅，刻版清朗，序文尚是朱子

〔註146〕〔清〕王懋竑，《白田雜著·家禮考》卷2，載《文淵閣四庫全書》子部，859冊，臺北：臺灣商務印書館，1986年7月，頁662。

〔註147〕〔宋〕朱熹撰；郭齊、尹波點校，《朱熹集·跋三家禮範》卷83，四川：四川教育出版社，1997年5月第1版第2刷，頁4284～4285。

〔註148〕楊志剛，《中國禮儀制度研究》，上海：華東師範大學出版社，2001年5月，頁195。

〔註149〕依據〔宋〕朱熹撰，《家禮》，南宋淳祐5年（1245年）五卷本加附錄一卷，載《孔子文化大全》，山東：友誼書社，1992年11月，頁570，則寫成《纂圖集「註」文公家禮》，即將「注」寫爲「註」。

手書。」〔註150〕

　　關於王懋竑斷然以〈《家禮》考〉論斷《家禮》爲僞之說，束氏駁言其證據不過如上六條，且係考據洪去蕪、李方子《年譜》中「壬寅《家禮》成」一句來引申推說，而洪、李《年譜》此條既已考證爲由李方子《年譜》中含混之語引出的誤說，故是《白田雜記・家禮考》一文之考，豈非以誤証誤？

　　束氏又言，除開〈《家禮》考〉六項論調，王懋竑另有〈家禮後考〉十七條，引諸人之說以相印證；〈家禮考誤〉四十六條，引古禮以相辨難；又以《家禮》與朱熹晚年所說多有不合，以證《家禮》爲僞。然《家禮》原爲朱熹早年未定之稿，與晚年定論有異，恰可證實《家禮》不僞；如《家禮》與晚年之說全合，反倒有作僞之嫌。〔註151〕楊氏亦就此駁斥道：「〈家禮後考〉、〈家禮考誤〉試圖從內容上進行證僞，此在方法論上存在缺陷。《家禮》既定位于一部通俗讀物，俾使士民簡便易行，且序文已經申明三代之制，有許多皆已不宜于世，則其與《儀禮》等相比有不一致之處，完全是順理成章的。」〔註152〕

　　實則上，在王懋竑發端聲討朱熹撰作《家禮》後，清人夏炘即以《述朱質疑》卷七〈跋家禮〉篇加以駁反，力主《家禮》確爲朱熹作品。以下即夏炘〈跋家禮〉內文：

> 《家禮》一書，朱子所編輯。以爲草創之所未定則可，以爲他人之所僞託，則不可也。黃勉齋、楊信齋、李果齋、陳安卿、黃子耕諸公，皆朱子升堂入室之高第弟子也，敬之先生亦能傳朱子之家學者也，甫易簀而此書即出，六先生不以爲疑。直至元至正間，武林應氏作《家禮辨》，以爲非朱子之書，斷斷出於門人附會無疑。明邱瓊山斥之爲妄，而以〈家禮序〉決非朱子不能作，其見卓矣。乃王白田復拾應氏之唾餘，以爲徧檢《文集》、《語錄》，自〈家禮序〉外無一語及《家禮》者。又謂〈家禮序〉依仿〈三家禮範跋〉後爲之，以發明應氏之說。炘謂朱子之書，如《論語要義》、《論語訓蒙口義》、《困學恐聞》諸書不傳於後者，今亦無如何矣。幸而好焉者，如《家

〔註150〕〔宋〕朱熹撰，《家禮》，南宋淳祐 5 年（1245 年）五卷本加附錄一卷，載《孔子文化大全》，山東：友誼書社，1992 年 11 月，頁 571。

〔註151〕束景南，〈朱熹《家禮》眞僞考辨：從《祭儀》到《家禮》〉，載束景南編著《朱熹佚文輯考》，江蘇：古籍出版社，1991 年 12 月，頁 686。

〔註152〕楊志剛，《中國禮儀制度研究》，上海：華東師範大學出版社，2001 年 5 月，頁 195。

禮》一書，又必多方以斥之爲僞，則吾未之敢信也。

按《文集》、《語錄》，固無明言《家禮》者，然其輯禮之意，豈無言及者乎？《葉味道錄》云：「問喪祭之禮，今之士固難行，而冠昏自行可乎？」

曰：「亦自可行。某今所定者，前一截（家禮）依溫公，後一截依伊川。」楊信齋《家禮坿注》引朱子曰：「某定昏禮，親迎用溫公，入門以後則從伊川。是二條者，雖不明言《家禮》，然所定者必有一書。」今《家禮·昏禮·親迎》用《書儀》，入門以後用伊川說，與葉、楊所記者合，然則所定者，即指今所傳之《家禮》無疑矣。

《文集·答汪尚書書》云：「嘗因程子之說，草具祭寢之儀，將以行於私家，而連年遭喪，未及盡試。」〈答張欽夫書〉云：「祭禮修定處甚多，大抵多本程氏，而參以諸家。」〈與蔡季通書〉云：「祭禮只是於《溫公書儀》內少增損之。」《葉味道錄》云：「某之祭禮不成書，只是將司馬公書減卻幾處。」《陳安卿錄》云：「某嘗脩祭禮，只就溫公儀中間行禮處分作五、六段，甚簡易曉。後被人竊去，亡之矣。」以上諸條，雖不明言《家禮》，然曰草具，曰修定，曰嘗脩，非朱子祭禮明有一書乎？

今細校《家禮》仲冬祭始祖，立春薦先祖，季秋祭禰，皆用程子說，與〈答汪尚書書〉、〈張欽夫書〉合。四時正祭儀節，皆因溫公之書而增損之，與答蔡季通及葉、陳諸錄合。然則曰草具、曰脩定、曰嘗修者，非指今所傳之《家禮》乎？必以爲不見家禮二字，遂一掃而空之，以爲他人僞託，其汰亦已甚矣。

至於《禮範·跋》後所云：『某嘗欲因司馬公之書，參考諸家之說，裁訂損益，舉剛張目，以附其後，顧以衰病未能及已，後之君子必有以成吾志也云云。』此跋作於紹興甲寅〔註153〕，朱子年六十五歲，所修之《家禮》，亡之已久。迫於桑榆，不能補輯，而深有望於後人，

〔註153〕據〔宋〕朱熹撰：郭齊、尹波點校，《朱熹集·附錄一·傳記資料》，四川：四川教育出版社，1997 年 5 月第 1 版第 2 刷，頁 5782 刊記：「先生姓朱氏，諱熹，字仲晦甫。……先生以建炎四年九月十五日午時生南劍尤溪之寓舍。」案建炎四年即宋高宗庚戌年，公元 1130 年，距宋高宗紹興四年甲寅（1134年）僅間隔四年，是時朱熹亦僅四、五歲而已，何來「朱子年六十五歲」之說，故此處夏炘記載的年代顯然有誤。

故作此言。若據此以爲朱子實未嘗有是書，則《文集》、《語錄》所云「脩定、嘗脩、草具」者，豈皆爲誑語哉？此可以片言而解其惑矣。

總之，《家禮》爲未成之書，其中議論節目，不能無待於修補，儒者更以《書儀》及諸家之說，參酌而行之可矣。然其大體則已得之，烏得以爲非朱子之書哉？〔註154〕

文中夏炘自各方面向的辯駁顯而易見，亦令人折服。今人錢穆《朱子新學案・朱子之禮學》因此評考曰：「比之雙方，夏說爲允。即邱濬〈家禮序〉非朱子不能作一語，已足爲此案定讞。若謂序中絕不及居憂，或是先定喪祭，後增冠昏，隔時稍久，故不復提。此實無足深疑。若謂所亡乃祭禮，非家禮，則無法說於文集家禮序一文。又此喪禮究爲手書，似亦不當避去不題。故知當以夏說爲允。」〔註155〕

3、清儒紀昀纂《欽定四庫全書總目》，錄入《白田雜記・家禮考》

清儒紀昀採納王懋竑不贊同朱熹撰作《家禮》的理念，在其編纂《欽定四庫全書總目》中，全文錄入王氏《白田雜記・家禮考》，並於《欽定四庫全書總目》載記：「（王懋竑）其考證最明，又有〈家禮後考〉十七條，引諸說以相印證，〈家禮考誤〉四十六條，引古禮以相辨難，其說並精核有據。懋竑之學篤信朱子獨於是書，斷斷辨論不宜附會，則是書（《家禮》）之不出朱子，可灼然無疑。自元明以來，流俗沿用，故仍錄而存之，亦記所謂禮從宜、使從俗也。」〔註156〕其否定朱子撰《家禮》之義甚明。

姑不論武林應氏之《家禮辨》、王懋竑之《白田雜記》，及紀昀之《欽定四庫全書總目》三書，對朱子撰《家禮》之說深存疑慮，且詳加辯證。但就學界絕大多數贊同《家禮》實爲朱子所作言之，及見朱子《家禮》在婚、喪、冠、祭諸儀中歷歷可見的重大影響，尤其《家禮》的婚禮中，省倂「六禮」爲納采、納幣、親迎三禮的最大變革，〔註157〕據知朱子《家禮》「所闡揚的變

〔註154〕〔清〕夏炘著，《述朱質疑》（咸豐壬子新鐫，景紫山房藏板），載《續修四庫全書》子部・儒家類，上海：上海古籍出版社，2003 年 5 月，頁 78～89。
〔註155〕錢穆，《朱子之禮學》，載於《朱子新學案》第 4 冊，臺北：三民書局，1980 年 9 月，頁 167。
〔註156〕〔清〕紀昀纂，《欽定四庫全書總目》卷 22，經部 24・禮類四〈《家禮》五卷附錄一卷〉（武英殿版），臺北：藝文印書館，1997 年 9 月初版 7 刷，頁 470。
〔註157〕楊志剛，〈《司馬氏書儀》和《朱子家禮》研究〉，《浙江學刊》第 1 輯（總第78 期），1993 年 1 期，頁 111。

通性、時宜性，其後仍一再提醒儒士而能信守不渝，也才能在面對的社會變遷時，猶能權變地維持持禮儀形式及其基本結構，故時至於今，也維持了儒家在禮儀實踐中不可或缺的關鍵角色。」〔註158〕易言之，朱子《家禮》是否僞作，實不撼動其價值和影響，亦深值探討和研究。

論及閩南，「何謂閩南？閩之南也。臺灣閩南同鄉會出版的《思源》雜誌指出說：閩南包括興、泉、永、漳、龍等屬，有晉江、南安、惠安、同安、龍溪、永春、德化、廈門、金門、安溪、詔安、南靖、漳平、雲霄、華安、東山、漳浦、平和、海澄、長泰、寧洋、大田、龍岩、莆田、仙遊等二十五縣市。」〔註159〕換言之，「閩南，顧名思義，是在福建的南部，即現在的泉州市、漳州市、廈門市一帶，東臨大海，晉江和九龍江貫穿其中，……是福建省、也是全國的著名的僑鄉。」〔註160〕

如眾所周知，「福建簡稱閩，地處我國東南部，古稱東越。」〔註161〕至於福建爲何稱閩呢？據漢代《說文解字》曰：「閩，東南越。」〔清〕段玉裁（1735～1815 年）《注》云：「《釋名》曰：『越，夷蠻之國也，度越禮義，無所拘也。』職方氏：『七閩』。鄭司農曰：『南方曰蠻。』後鄭曰：『閩，蠻之別也。』」〔註162〕《太平御覽》卷一百七十〈江南道上·福州〉亦道：「閩州，越地，即古東甌，今建州亦其地，皆蛇種。」「人們解釋說，福建自古多蛇，居住於福建地區的古代先民遂以蛇作爲圖騰崇拜。周朝時有七個屬國。」〔註163〕《周禮·夏官司馬·職方氏》卷三十三亦稱：「掌天下之圖，以掌天下之地，辨其邦國，都鄙四夷、八蠻、七閩、九貉、五戎、六狄之人民，與其財用、九穀、六

〔註158〕李師豐楙，〈朱子家禮與閩臺家禮〉，「朱子學與東亞文明研討會——紀念朱子逝世八百週年朱子學會議」論文抽印本（漢學研究中心、中央研究院中國文哲所、國立清華大學中國文學系共同主辦），2000 年 11 月 16～18 日，頁 1～22。之後由臺北：漢學研究中心編印成《朱子學的開展：東亞篇》，2002 年 6 月，頁 49。

〔註159〕施宣圓，〈閩南·閩南人·閩南學〉，福建省炎黃文化研究會主編，《閩南文化研究》，頁 108～109。

〔註160〕鄭炳山，〈海外華僑對閩越文化的影響〉，中共泉州市委宣傳部編，《閩南文化研究》，北京：中央文獻出版社，2003 年 9 月，頁 14。

〔註161〕施宣圓，〈閩南·閩南人·閩南學〉，福建省炎黃文化研究會主編，《閩南文化研究》，頁 108～109。

〔註162〕〔東漢〕許慎撰；〔清〕段玉裁注，《說文解字注》卷 25 第 13 篇注上虫部，臺北：天工書局，1998 年 8 月，頁 673。

〔註163〕施宣圓，〈閩南·閩南人·閩南學〉，福建省炎黃文化研究會主編，《閩南文化研究》，頁 108～109。

畜之數要，周知其利害。」。〔漢〕鄭玄（127～200 年）《注》曰：「閩，蠻之別也；四、八、七、九、五、六，周之所服國數也。」〔註164〕則時乃見「閩」在古早時代，當屬多蛇的蠻荒之地。此外，「福建又有八閩之稱，八閩始於南宋。北宋時代，福建行政區域包括福州、建州、泉州、漳州、汀州以及南劍州六州和邵武、興化二軍。南宋改建州爲建寧府，福建遂有一府、五州、二軍之稱。府、州、軍同屬一級行政機構，共有八個。元代分爲八路，是爲八閩。」〔註165〕

據載「早在先秦時期，就有古越族人在閩南居住。秦始皇（前 259～前210 年）統一中國後（案分天下爲三十六郡），在福建設置閩中郡，開啓了中原文化與閩南土著文化的交流與融合。漢晉時期，大批中原漢民遷入閩南地區，推動了閩南文化的形成。隋唐時期，閩南地區漢民人口劇增，經濟迅速發展，政教管理體制日臻完善，閩南文化得到了發展。宋元時期，泉州成爲『海上絲綢之路』啓航點和東方大港，阿拉伯人與波斯人到泉州經商，帶來了伊斯蘭文化，閩南文化得到了豐富。明清時期，歐洲商人和傳教士東來，傳入了西方文化，閩南文化進一步得到繁榮。」〔註166〕其中，「王潮兄弟（案王潮846～898 年、王審知862～925 年）（於唐末）南下進入福建，建立閩國，閩首次以國爲名。閩國雖偏安東南，但社會安定，經濟發展，爲宋元時期泉州港的繁榮昌盛奠定了基礎，王潮兄弟稱爲『開閩王』，閩人至今沒有忘其業績。」〔註167〕是此得見福建地區以「閩」稱國早於唐末之時。

憑靠閩南地區瀕臨海洋的特殊地理景觀，「閩南人自古以來就有出洋謀生、艱苦創業的精神。閩南文化隨著閩南人向外的移居而流播廣遠。自古以來，閩南人就有『飄洋過海，過蕃謀生』的情況，特別是二十世紀以來，閩南人到東南亞等國家謀生形成了熱潮。」〔註168〕至於閩南人何時遷移臺灣地區呢？「宋元時期，閩南人就開始移居臺灣，成爲閩南文化在臺灣傳播的使

〔註164〕〔清〕阮元等校勘，《十三經注疏——周禮》卷33〈夏官・司馬・職方氏〉（重刊宋本），〔漢〕鄭玄注；〔唐〕賈公彥疏，臺北：藝文印書館，1976 年 5 月第 6 版，頁 498。

〔註165〕施宣圓，〈閩南・閩南人・閩南學〉，福建省炎黃文化研究會主編，《閩南文化研究》，頁 108～109。

〔註166〕林曉東，〈閩南文化在臺灣的傳播及其影響〉，中共泉州市委宣傳部編，《閩南文化研究》，北京：中央文獻出版社，2003 年 9 月，頁 153。

〔註167〕施宣圓，〈閩南・閩南人・閩南學〉，福建省炎黃文化研究會主編，《閩南文化研究》，頁 108～109。

〔註168〕林兆樞，《閩南文化研究・序一》，中共泉州市委宣傳部編，《閩南文化研究》，北京：中央文獻出版社，2003 年 9 月，頁（序）1～2。

者。明清時期，大量的閩南人遷徙臺灣，爲閩南文化在臺灣傳播奠定了基礎。」
〔註169〕故言閩南文化「形成分布於福建及臺灣，以及廣東及海南部分地區。」
〔註170〕論及閩南的農耕文化，「是由中原傳入並與閩越原有的農耕技術相結合
而形成的。……閩南農耕文化隨著大量移民的遷徙，必然出現向臺灣傳播的
現象，從而爲臺灣農業生產的發展提供了有利條件。」〔註171〕據此可見臺灣
地區的各面發展均含融閩南文化，亦與閩南文化難脫干係。

　　閩南因地處東南沿海之濱，有迤邐數百公里長的海岸線，及廣闊的海域
和眾多天然的良港，亙古以來，融入古越族土著文化和中原文化，逐步形成
了閩南文化。〔註172〕爰因「閩南文化是閩南人共同創造的物質財富和精神財
富的結晶，是閩南人傳承、發展與創新的地域性文化，是中華優秀傳統文化
不可分割的組成部分。」〔註173〕因而「閩南文化歷經千百年的傳承與發展，
在保留自身文化特質基礎上，兼收並蓄外來文化精華，形成了具有鮮明特色、
內涵豐富的地域文化，成爲中華民族文化中的一朵奇葩。」〔註174〕迄今仍然
一支獨秀。

　　談述閩南文化，「定義很多，有人說，係指『閩南』和『臺灣』的文化。
因此，有人稱爲『閩臺文化』。兩者之間，有大『共性』，亦有小『個性』。
……臺灣四大族群中，『閩南人』居首位，來自福建省，佔百分之八十左右。
其次爲『客家人』，『外省人』，最後爲『原住民』。」〔註175〕其中「最顯著、

〔註169〕同註168。

〔註170〕郭俊次，〈閩臺一家親，我們都是中國人：一個「政治文化」的觀點〉，中共
　　　　泉州市委宣傳部編，《閩南文化研究》，北京：中央文獻出版社，2003年9月，
　　　　頁33。

〔註171〕林仁川，〈閩南農耕文化向臺灣的傳播〉，中共泉州市委宣傳部編，《閩南文化
　　　　研究》，北京：中央文獻出版社，2003年9月，頁1。

〔註172〕林兆樞，《閩南文化研究·序一》，中共泉州市委宣傳部編，《閩南文化研究》，
　　　　北京：中央文獻出版社，2003年9月，頁（序）1。

〔註173〕同註172。

〔註174〕林兆樞，《閩南文化研究·序一》，中共泉州市委宣傳部編，《閩南文化研究》，
　　　　北京：中央文獻出版社，2003年9月，頁（序）1。另林曉東，〈閩南文化
　　　　在臺灣的傳播及其影響〉，收入同書頁153，也有類同之說：「千百年來，
　　　　閩南文化在保留自身文化特質的基礎上，兼收並蓄外來文化的精華，形成
　　　　具有鮮明特色、內容豐富的地域文化，成爲中華民系文化中的一朵奇葩。」

〔註175〕郭俊次，〈閩臺一家親，我們都是中國人：一個「政治文化」的觀點〉，中共
　　　　泉州市委宣傳部編，《閩南文化研究》，北京：中央文獻出版社，2003年9月，
　　　　頁33。

最穩定的特性，表現爲進取性、務實性、傳統性、包容性四個方面。」〔註176〕關於包容性，許維勤（1960～）明言「閩南民俗文化也體現出極大包容性。一方面，移民聚族而居的特點使大量漢族古老習俗得以世代相傳；另一方面，作爲人文資源多樣性的痕跡，一些顯然來自古閩越遺風和異域風情的習俗，也得以相襲。」〔註177〕至於閩南文化的內涵，「包括閩南方言、閩南風俗、閩南宗族、閩南宗教、閩南文學、閩南藝術、閩南建築等方面，包含著深厚的歷史底蘊和豐富的思想內容，博大精深，淵源流長。」〔註178〕堪稱獨樹一幟。

　　觀注閩南文化的源流，有三個重要組成部分：一是原土著居民（古越族）的文化；二是中原原文化，並與原住民的文化融爲一體；三是國外文化。過去不少人稱這種文化叫「外來文化」，實則上應叫「國外文化」較爲合適。國外文化主要有兩大部分，一是宋、元時代，許多阿拉伯等外國商人來閩南（主要是泉州）經商，甚至與閩南人結婚，定居在閩南，在閩南蕃衍生息。二是廣大華僑從海外帶來的文化。因閩南華僑出國歷史非常悠久，人數眾多。〔註179〕「閩南多元文化的『海洋性格』，即『心懷四海』，『喜愛到海上航行』。華僑甘冒風濤，投荒萬里，衝風突浪，爭利於海島絕夷之墟。近者歲一歸，遠者數歲始歸，以異域爲家，謂之『過番』，其樂於冒險放洋出海的精神，爲其他地區居民所罕見。」〔註180〕

　　至若閩南文化的特色爲何呢？「首先，閩南文化屬於移民文化。閩南人聚居的核心地帶，主要在晉江下游的泉州平原和九龍江下游的漳州平原。其

〔註176〕許維勤，〈移民傳統與海洋文化──詮釋閩南文化的兩大基點〉，福建省炎黃文化研究會主編，《閩南文化研究》，頁105。

〔註177〕許維勤，〈移民傳統與海洋文化──詮釋閩南文化的兩大基點〉，福建省炎黃文化研究會主編，《閩南文化研究》，頁104。

〔註178〕林兆樞，《閩南文化研究‧序一》，中共泉州市委宣傳部編，《閩南文化研究》，北京：中央文獻出版社，2003年9月，頁（序）1。另林曉東，〈閩南文化在臺灣的傳播及其影響〉，收入同書頁153，則將閩南文化包括範圍爲「閩南方言、民間信仰、民俗習慣、宗教信仰、文學藝術、傳統建築風格等方面」，兩說頗爲近似。

〔註179〕鄭炳山，〈海外華僑對閩越文化的影響〉，中共泉州市委宣傳部編，《閩南文化研究》，北京：中央文獻出版社，2003年9月，頁14。

〔註180〕李亦園、李少園，〈從閩南華僑詩詞看閩南文化的多元一體性〉，中共泉州市委宣傳部編，《閩南文化研究》，北京：中央文獻出版社，2003年9月，頁174。

次，閩南文化有較強的兼容性和開放性。」〔註181〕閩南一帶因地瘠民稠，陵山地眾多，尤在沿海的平原地區，出現「人滿爲患」，擁有土地和農耕已不足於養家糊口，形成閩南人游離當時的政治和權威中心的邊緣環境，敢於冒險犯禁、勇於進取和積極開拓的人文精神，及特有的叛逆意識和鋌而走險的自立精神，亦促使大量的閩南人挈妻攜子移居海外和臺灣地區，實現了「貸海爲市」。〔註182〕種因於閩南文化的這般邊緣形態，閩南人的人文精神遂呈顯與中原和閩南沿海之外其他地區民眾相當不同的特色：

1、冒險與進取精神：百越族的抗爭精神、移民行爲本身所激發的好鬥與進取精神，遷離祖居地所需的判逆意識使閩南人民養成離經叛道，鋌而走險的民俗。這種習俗與「山高皇帝遠」的地理環境結合，形成閩南文化的重要特徵之一。

2、重商與務實逐利精神：閩南人更重事功實利，具有強烈的務實逐利心態。由於移民傳統的影響和生存環境之惡劣，閩南人的價值體系重物質利益和改善生存條件。勾勒閩南人崇尚工商的習俗應始於宋元時期，但閩南人的重商主義，卻屢受中國政府海禁驗限與抑商政策的摧殘，這也是邊緣文化形態的特色之一。尚商工的傳統，正是閩南人的務實精神的外化，重商趨利與鋌而走險的精神結合，使閩南人在通商逐利時特別的無所畏懼。中國大陸改革開放以後，閩南人的重商逐利本性再次被充分激發。

3、兼容性與開放性：相對於民風較爲保守的中國北方和內地，閩南人更具開放和向外開拓意識。傳統文化注重的安土重遷，「父母在不遠遊」，在閩南幾乎沒有什麼影響力。他們唯利是趨，與臺灣人一樣，捨祖宗之丘墓，族黨之團圓，隔重洋之渡險，處於天盡海飛之地。至少在宋元時期，閩南男兒就視出洋爲正途。明清時期，閩南人移民海外絡繹於途。明代以後的海外移民活動更爲閩南文化注入異域文化的活力。尤其是近代以來，閩南大規模向東南亞地區移民，導使閩南的鄉土文化習俗，有著濃郁的西洋特色。〔註183〕

誠然，閩南文化的多重人文精神雖值推崇，但仍有其侷限性：缺乏堅定的政治理念又爲之奮鬥的獻身精神，此其一；缺乏大團隊精神，此其二；缺

〔註181〕李鴻階、嚴正，〈閩南文化是海外華商發展的源泉〉，中共泉州市委宣傳部編，《閩南文化研究》，北京：中央文獻出版社，2003 年 9 月，頁 23～25。

〔註182〕同註 181。

〔註183〕莊國土，〈閩南人文精神的特質與局限〉，中共泉州市委宣傳部編，《閩南文化研究》，北京：中央文獻出版社，2003 年 9 月，頁 319～324。

乏法制意識和社會均衡意識,此其三。〔註184〕唯不論如何,「本省(案指臺澎金馬地區)人民大多是屬於漢民族,其祖先於數百年前,由福建和廣東移民而來,因此風俗習慣和福建、廣東一樣,但因種族不同,彼此風俗習慣也不同」〔註185〕而已。

二、研究方法

金門位處東經 118 度 24 分,北緯 24 度 27 分,爲一東西端寬長、中間狹小的群島地形,含括金門本島(俗稱大金門)、烈嶼(俗稱小金門)、大膽、二膽……等島嶼,總面積爲 153.056 平方公里。緊臨大陸九龍江口,隸屬於閩南地區之一,雖是蕞爾小島,互古以來卻是臺灣與大陸之間的交通中繼站,也是臺灣海峽的海防樞紐,更是移民外遷就近快選的世外桃源。

爰因閩南人士的大舉遷入,金門地區的民情風俗自然而然由閩南移民直接帶進,而深具閩南色彩。復因「戰地政務」近四十年的框限與制約,得使金門地區的閩南風習,不致受到外來文化的衝擊或融合而生變異,相較於深受西方外來文化融入多致蛻變的臺灣,以及迭遭文革破壞而幾近蕩然無存的大陸,金門地區的民俗文化儼然已成「閩南文化」的風標,亦是觀察閩南文化的不二場域。

一項研究計畫的完臻,率皆有其研究的方法與研究成果,隨歸研究方式的迥異,研究成果亦往往因之而殊異。本論文稟此基調,得將金門地區的婚嫁禮俗調昇至閩南位階,並以下列方法研究之:

不容免俗地,傳統文獻資料是從事研究議題最便捷、最基本之要津,舉凡經、史、子、集古籍中的相關史料;各地方鄉鎮志書;各姓氏流傳查記的族譜;各方文史工作者的研究專書……等,無不爲本論文搜羅的基石,此其一。將蒐集的文獻資料精讀之後,重新鑑別,並加整理,此其二。再依文獻的型類、主題、內容酌情歸納分類,此其三。攸關本論文主軸論調者,特別抽離載錄,予以分析,此其四。就相關文獻詳加整理分析之餘,並就性質相近範疇者綜合提示之、比較之,以見出異同,此其五。針對部分史料載記不

〔註184〕莊國土,〈閩南人文精神的特質與局限〉,中共泉州市委宣傳部編,《閩南文化研究》,北京:中央文獻出版社,2003 年 9 月,頁 324～327。
〔註185〕林明義編,《臺灣冠婚喪祭家禮全書》,臺北:武陵出版公司,1995 年 12 月 4 版 6 刷,頁 5。

足者，抑或是民間禮俗節次變革及各鄉鎮差異情事者，則深度訪問當地耆老，以資印證與探源，此其六。田野現場實地觀察記錄，亦是民俗調查研究不可或缺的佐證，此其七。

三、論文要義

本論文內文共分八章，後面爲參考文獻及附錄，茲就各章旨蘊紹述如下：

第一章　緒論

主述論文寫作背景及論文要義。首先就研究動機與研究目的提出說明；再就研究的金門閩南範圍與研究方法的澄清，特別昭揭金門地區朱子《家禮》體系爲主的婚俗考察。並就近代相關婚嫁禮俗之文獻，依照婚俗、朱子《家禮》及其他相關者共三種類別加以鋪陳，便於瀏覽與研究。其中與婚俗相關之研究爲第一類，又細分爲以區域之婚俗爲研究主軸；以朝代、個人或專著之婚俗爲中心；以生命禮俗及家庭爲研究面向、以婚禮用語及用物爲研究對象等。第二類與朱子《家禮》相關之研究，則酌分爲以家禮、家訓爲研究中心；以朱子及《書儀》爲探討對象；以禮爲研究議題等。除此兩大類外，與主旨攸關者概歸分爲第三類：其他相關之研究。最末再簡明扼要說解本論文各章要義。

第二章　文獻探討

在龐雜紛紜的文獻中，彙集與本論文相關者加以提敘，並概分爲基本文獻與前人研究成果兩大主軸予以探討。

第三章　從《禮經》到《家禮》的婚禮

本章乃由傳統禮經中的婚禮，及至普行於金門庶民社會的朱熹《家禮》中的婚禮說談。首論婚禮的意義與目的，包含婚禮重要性及功能。接述傳統婚禮儀節由《儀禮》、《禮記》到《書儀》、《家禮》的歷來變革，顯現「六禮」儀次古禮今用，有古有變的流變。次就朱子《家禮》的歷史成因、特色、普行，及其對福建地區的影響，暨福建地區家禮、《家禮大成》、《家禮會通》、《家禮大全》與朱子《家禮》之關係加以爬梳，以陳說禮經和禮俗的結合與衝突。再就金門住民對朱子《家禮》的深切實踐，非但締造「海濱鄒魯」美名，且確切強化金門地區宗族的思想和宗族之聯誼，尤能加強教育深化培育人才，並保存傳統閩南古風，成就金門最大文化資產。

第四章　金門議訂婚的儀節

著重金門地區各項議婚儀節的觀照，含括議婚之前的說媒、問名、供神、合八字、探門風等儀注，以及挑選訂盟吉日、男女家採辦各種訂婚用品器物等。接後再明論訂婚儀式過程中聘禮、訂盟、食茶、宴客、請期（乞日）等節次，攸關金門五大鄉鎮儀節的小差異，則併於文中說明。

第五章　金門合婚成禮儀式

本章對金門地區正婚禮儀節的述論有兩大主線，前爲婚禮前的各種籌備，諸如請神、裁衣、印製婚束、賀禮、鋪房（安床、送嫁粧）、翻鋪、備辦結婚用品、搓圓、拜圓、勁轎腳、敬天公、盤擔（俗稱插定）、挽面、上頭、禮服、掛母舅聯、掛新郎燈與新娘燈等。後爲婚禮迎娶的各方情狀，譬如親迎之儐相、花童、喜轎（車）、食「雞蛋湯」、食「見緣桌」、過火上轎（車）、繞行街道；進門之敬天公、拜王爺、進洞房、換圓、換茶、換花舅、送茶、拜宮廟、拜宗祠、拜祖先、拜高堂、摸箸籠、撈飯、拜灶君、切發粿、分相、吃茶、鬧洞房等，均於此章明述之。

第六章　金門婚後行儀規範與特殊婚俗

本章分就金門地區婚後行儀的規範，以及金門特殊婚俗提出探討。舉凡婚禮之後，新婦於夫家入廳、替公婆送洗臉水、奉茶儀式之檢露；新人回娘家歸寧（做客）；新人宴請宗族親人做「新婚頭」；與新婚夫婦在日常生活中的約束等，均屬此章第一節說明的要義。除開一般婚儀之外，金門地區尚有其他相關的現象：指腹爲婚、童養媳婚、招贅婚、冥婚、續絃、再醮等；以及自古以來備受推崇的貞烈節孝氣節；兄弟各自婚娶後分爨情形，一併列於此章。

第七章　金門婚儀禁忌與用品器物象徵意義

婚禮，行兩家之好，當屬家族大事，長久以來即有諸多婚姻禮俗的限度。又因屬五禮中的嘉禮，許多用品、器物皆取其吉祥意涵，而別具意義。

本章先就擇偶條件與習俗的禁制，譬若婚齡、才德、財富、門第、族群、體貌、生肖、命相、禮法、祖訓、仇隙……等。再就婚前禮中，攸關訂婚、請期的禁制；正婚禮上，吉祥用語、新房、新娘、迎親的禁制；婚後新人行禮上的禁制等分別提出陳述。之後並就婚俗裡使用之用品、器物，因其諧音意涵、物件意涵、物件形態等面向取譬的象徵意義加以載記，以洞悉民間習俗的慣例所在，亦得以對婚儀的認識更爲深入。

第八章　結論

　　針對金門地區婚俗的探討之後，所衍生禮制、經濟層面、婚姻觀念與條件、鬧洞房與婚後做客……等諸多與合婚相關問題的闡明，得以檢討之餘，釐訂改進之道，俾使結婚禮儀能更切合時宜，更符合人性化。

第二章　文獻探討

　　婚禮，結「合二姓之好。」〔註1〕自古以來即被列爲「五禮」〔註2〕之一，又被視爲人生大事，攸關其文獻，自是繁雜眾多。舉凡歷朝以來的古籍，多依其性質的不同而概分爲經部、史部、子部、集部四大部分：

　　1、經部——包含儒家的經典及小學方面的書籍。譬如清人阮元等校勘的《十三經注疏》各經版本、《書儀》、《家禮》……等，以及與之相關的各式古典文獻。

　　2、史部——包含正史、編年史、紀事本末、別史、雜史、傳記、地理、職官、政書等。爲便於說項，再區分爲史書類、方志類、譜牒類三大主軸。

　　3、子部——包含諸子、技藝、術數等著作。

　　4、集部——包括詩、文、詞、曲、詩文評等各種體裁的文學著作。

　　今就基本文獻與前人研究成果兩大主軸加以論述之。

第一節　基本文獻

　　本論文的文獻基礎可分列爲朱子《家禮》，及金門志書與族譜二個面向，以下分別載述：

〔註1〕　〔清〕阮元等校勘，《十三經注疏——禮記》卷50〈哀公問〉第27（重刊宋本）。
　　　　〔漢〕鄭玄注；〔唐〕孔穎達等正義。臺北：藝文印書館，1976年5月第6版，頁849。

〔註2〕　〔漢〕司馬遷撰；〔宋〕裴駰集解，《史記‧本紀》卷1：「脩五禮。」〔宋〕裴駰《集解》：「馬融曰：『吉、凶、賓、軍、嘉也。』」，臺北：藝文印書館，2005年2月初版4刷，頁34。

一、朱子《家禮》

金門自「朱子於宋紹興二十三年癸酉（公元 1153 年）抵泉州同安主簿任所，時金門亦朱子教化之地。」〔註3〕，金門即因有朱子（1130～1200 年）強力倡導教育，並大肆普及《家禮》的教化，導使島民溫文儉約、文風鼎盛而素有「海濱鄒魯」〔註4〕之稱。又因明代的科舉、清代的武功，以至今日博士和將軍的輩出，益使金門人更加津津樂道，也更加深信是為朱子教化所致。

對於朱熹（1130～1200 年）的經學，「於禮特所重視。」〔註5〕因朱熹幼年時期，即深受父親朱松的嚴格教育，很小時候就注意觀察外界事物，對朱熹哲學思想的產生有重要作用。〔註6〕據《朱子語類》卷九十載述：「某自十四歲而孤，十六而免喪。是時祭祀，只依家中舊禮。禮文雖未備，却甚整齊。先妣執祭事甚虔。及某年十七八，方考訂得諸家禮，禮文稍備。」當可見知朱子早年即明曉禮教之要，且「在免其父韋齋先生喪後，十七八歲時，即已有考訂諸家禮之事。」〔註7〕

又因朱子自任同安主簿後，為政三十餘年間，與下屬頗為接近，親自目睹許多人民的悲慘生活；再因參與和經歷朝野的一系列鬥爭，明白部分統治階級內部之腐敗光景，〔註8〕因而深諳「禮不難行於上，而欲其行於下者難」〔註9〕之道，遂在其學說中摻合封建社會獨裁者長期統治人民的經驗，及對各種社會和自然現象較過去更嚴密、更完整的解釋，故能適合中國後期封建

〔註3〕 李錫回主編，《金門史蹟源流》，金門縣政府出版，1987 年 11 月修訂再版，頁 47。

〔註4〕 金門因受朱子教化，民情溫良禮讓，並創下明代好文治與清代強武功盛事，宛若孔孟時代而得美稱。

〔註5〕 錢穆，《朱子之禮學》，載於《朱子新學案》第 4 冊，臺北：三民書局，1980 年 9 月，頁 112。

〔註6〕 高令印、陳其芳，《福建朱子學》，福州：福建人民出版社，1986 年 10 月，頁 43。

〔註7〕 錢穆，《朱子之禮學》，載於《朱子新學案》第 4 冊，臺北：三民書局，1980 年 9 月，頁 171。

〔註8〕 高令印、陳其芳，《福建朱子學》，福州：福建人民出版社，1986 年 10 月，頁 39。

〔註9〕 此語分別見於〔宋〕朱熹撰；郭齊、尹波點校，《朱熹集》卷 69〈雜著・民臣禮議〉，四川：四川教育出版社，1997 年 5 月第 1 版第 2 刷，頁 3628、頁 3630。亦見於錢穆，《朱子之禮學》，載於《朱子新學案》第 4 冊，臺北：三民書局，1980 年 9 月，頁 115～116。

專制統治的需要。〔註 10〕爲此乃見「朱子重今禮尤甚於古禮，重行禮尤重於
考禮。」〔註 11〕質言之，「朱子治禮，其意在於博古而通今，明禮以致用。」
〔註 12〕

書影 2-1：朱熹受學李延平暨授同安主簿圖

（取材自〔明〕彭濱編，〔明〕余良相刊本，《重刻申閣老校正文公家禮正
衡八卷》卷 1，頁 3）

　　眾所週知，宋代民間編著的禮書不勝枚舉，重要的「禮儀學儀制撰作方
面有《司馬氏書儀》和《文公家禮》。」〔註 13〕《司馬氏書儀》又稱《溫公書

〔註 10〕 高令印、陳其芳，《福建朱子學》，福州：福建人民出版社，1986 年 10 月，頁
　　　　 64。
〔註 11〕 錢穆，《朱子之禮學》，載於《朱子新學案》第 4 冊，臺北：三民書局，1980
　　　　 年 9 月，頁 116。
〔註 12〕 錢穆，《朱子之禮學》，載於《朱子新學案》第 4 冊，臺北：三民書局，1980
　　　　 年 9 月，頁 117。
〔註 13〕 關於中國古代的禮學，楊志剛分爲禮經學、禮儀學、禮論、泛禮學四類，其
　　　　 中禮儀學再析分爲儀制的研究和儀制的撰作兩部分。參見楊志剛，《中國禮儀
　　　　 制度研究》，上海：華東師範大學出版社，2001 年 5 月，頁 187。

儀》，簡稱《書儀》；《朱子家禮》又稱《文公家禮》，簡稱《家禮》最為著名，對後世影響也最卓著。〔註 14〕故攸關朱子《家禮》的研究文獻，自是本論文爬梳的軸線之一。

二、金門志書與族譜

攸關金門的地方志書、各姓氏族譜及官方發皇付梓的出版品，具為現緣參考的必要素材。

其中《金門縣志》又因賡續修訂所致，衍生諸多版本，林焜熿於清朝較早撰作的是《金門志十六卷》，光緒壬午年（1882 年）10 月開雕，版藏浯江書院。後依前揭書修訂為《金門志》，原收入臺灣銀行經濟研究室編輯之《臺灣文獻叢刊》第八十種，臺北：臺灣銀行一九六〇年十月出版。之後，改收入南投：臺灣省文獻委員會於一九九三年九月出版之《臺灣歷史文獻叢刊》。民國以來的《金門縣志》依序為：一九二二年民國本、一九六八年重修版、一九七九年重編版、一九九九年增修版及二〇〇九年之「九六年續修版」，各版本有異有同，不一而足，當有所引用時，則於文中加註詳盡說明之。

第二節　前人研究成果

除開古籍、廿五史禮制和傳記，及地方志書為必要素材之外，近人亦多有鑽研，以下分就婚俗、文公家禮暨其他類三個面向加以紹述近人研究的成果：

一、婚俗相關研究

依撰述內容之不同，再概分為區域婚俗；朝代、個人或專著婚俗；生命禮俗、婦女及家庭；婚禮用語及用物等四個平臺提出說明：

（一）以區域婚俗為研究主軸

1、專　書

自清末以降至光復前的研究以日據時期為鉅。《臺灣慣習記事》雜誌於明治三十四年（民前 11 年，1901 年）由民間「臺灣慣習研究會」刊行，首開民俗研究的先河。同年，臺灣總督為推行殖民政策，並作治臺施政參考，秉持「治國要

〔註 14〕楊志剛，《中國禮儀制度研究》，上海：華東師範大學出版社，2001 年 5 月，頁 180。

先知民情」理念，設立「臨時臺灣舊慣調查會」，刊行《臺灣私法》套書，皆是
研究民初臺灣漢人一般通行婚喪喜慶……等慣例不可或缺的重要文獻。〔註15〕

　　日人片岡巖於大正十年（民國 10 年，1921 年），著《臺灣風俗誌》，記
述臺灣同胞的家庭起居與社會生活，是一部研究臺灣舊有風俗習慣極具價值
的空前鉅著，但該書只偏重現象的載記，是隸屬於橫的鋪展；已由馮作民、
陳金田譯成中文本出版。昭和三年（民國 17 年，1928 年），日人依能嘉矩（1867
～1925 年）撰《臺灣文化志》，能考究產生臺灣風俗現象的社會因素，堪稱
有關臺灣縱的敘寫。昭和九年（民國 23 年，1934 年），日人鈴木清一郎（1934
～？年）撰《臺灣舊慣冠婚葬祭與年中行事》，含括臺灣民族性與一般信仰
觀念；出生、冠婚、葬祭等慣習；民間信仰神祇起源和沿革等，範圍涉獵雖
不及片岡巖氏《臺灣風俗誌》廣泛，但深度卻大為勝過；已由高賢治編、馮
作民譯成中文本，並易名《臺灣舊慣習俗信仰》出版。昭和十六年（民國 30
年，1941 年），日人池田敏雄（1916～1981 年）主編《民俗臺灣》月刊，專
載臺灣風俗習慣，〔註16〕亦是研究臺灣地區婚喪喜慶祭儀的文化遺珍。

　　光復後，阮昌銳（1937 年～）於 1982 年撰《中外婚姻禮俗之比較研究》
〔註17〕，主要在比較中國和世界其他地區諸民族的婚姻禮俗，以明瞭各種習
俗之起因與我國婚姻禮俗的特色。1989 年阮氏再就中國傳統婚俗拋出探討，
撰文《中國婚姻習俗之研究》〔註18〕，分述婚禮的意義；我國婚姻制度的體
制、變遷、儀式；從族譜和婚俗透顯我國倫理傳統和夫婦倫理；說論臺灣冥
婚、過房與原住民婚禮等特殊婚儀，及其原始意義、社會功能與文化反映……
等，其中曾談述閩南社會的婚禮，但概就婚前禮、正婚禮、婚後禮部份禮俗
摘錄整理，並未對閩南或金門地區的婚儀做全面性的陳述。1992 年阮氏又與
辛意雲合著《中國人的生命禮俗》（嘉禮篇）〔註19〕，內文仍就婚禮做大幅
度展演。

〔註15〕 參見黃得時撰〈光復前之臺灣研究（代序）〉，收入〔日〕片岡巖著；陳金田、
　　　　 馮作民合譯，《臺灣風俗誌》，臺北：大立出版社，1981 年，頁 1～8。
〔註16〕 參見黃得時撰〈光復前之臺灣研究（代序）〉，收入〔日〕片岡巖著；陳金田、
　　　　 馮作民合譯，《臺灣風俗誌》，臺北：大立出版社，1981 年，頁 8～14。
〔註17〕 阮昌銳，《中外婚姻禮俗之比較研究》，《中華文化叢書》系列之一，臺北：中
　　　　 央文物，1982 年。
〔註18〕 阮昌銳，《中國婚姻習俗之研究》，臺北：臺灣省立博物館出版部，1989 年 5 月。
〔註19〕 阮昌銳、辛意雲合著，《中國人的生命禮俗》（嘉禮篇），臺北：行政院文建會
　　　　 策劃出版，1992 年。

　　針對時代變遷，民間婚喪喜慶祭儀日益浮華鋪張景象，楊炯山先於 1988 年應邀編輯《結婚禮儀手冊》，及《結婚禮儀範本》；1990 年再編定《婚喪喜慶禮儀大全》；1997 年始印行《結婚禮儀大全》單行本，簡稱《結婚禮儀》〔註20〕，為談述民間婚禮舉足輕重之作。臺灣省政府為求改善社區華而不實的生活型態，並廣泛推動國民生活禮儀定制，曾責由黃維憲、李師豐楙（1947 年～）、徐福全、李文獻等於 1992 年共同主持撰述《臺灣省推行國民生活禮儀研究》〔註21〕，以成年禮、婚禮、喪葬禮為範疇，詳述其意義、衍變、現況與檢討。鍾福山於 1995 年，受內政部委託，為改善禮俗，端正社會風氣，主編《禮儀民俗論述專輯‧婚禮禮儀篇》〔註22〕，詳查婚禮禮儀、婚禮實務演練、婚禮應用語文、臺灣禮俗源流、婚禮基本意義與功能、我國傳統婚禮儀節之根源等。1999 年，李文獻和徐福全再就時代、地域不同而有更迭的婚禮情事，共同主持撰寫《臺灣傳統婚禮儀節之研究》〔註23〕，對臺灣閩客婚禮之流變和節次有頗為詳實的載記。另為配合國立空中大學教學所需，李師豐楙於 2010 年出版《慶典禮俗》〔註24〕，攸關臺灣婚姻禮俗儀節、現代式婚禮、婚姻雜俗信皆有周詳的撰記。

　　福建省民俗學會於 1991 年編《閩臺婚俗》〔註25〕，內容選錄專以閩南地區和臺灣婚俗為主述對象。莊英章於 1994 年著《家族與婚姻——臺灣北部兩個閩客村落之研究》〔註26〕，對閩客間家族與婚姻的綜合比較剖析甚詳。姚漢秋於 1999 年撰《臺灣婚俗古今談》〔註27〕，通論臺灣地區古往今來婚俗的古禮和今變，兼敘原住民、受刑人和留學生等特殊婚俗。方川於 2000 年撰《媒

〔註20〕楊炯山編，《結婚禮儀》，新竹：竹林書局，2001 年 7 月再版。
〔註21〕黃維憲主持；李豐楙、徐福全、李文獻協同主持，《臺灣省推行國民生活禮儀研究》，臺北：國立政治大學社會學系執行，臺灣省政府民政廳委託，1992 年 6 月。
〔註22〕鍾福山主編，《禮儀民俗論述專輯‧婚禮禮儀篇》，臺北：內政部，1995 年 5 月。
〔註23〕李文獻主持；徐福全協同主持，《臺灣傳統婚禮儀節之研究》，行政院國家科學委員會專題研究計畫成果報告，NSC88-2411-H-226-001，臺北：國立僑生大學先修班執行，1999 年 10 月。
〔註24〕李師豐楙，《慶典禮俗》，臺北：國立空中大學，2010 年 8 月。
〔註25〕福建省民俗學會編，《閩臺婚俗》，廈門：廈門大學出版社，1991 年 8 月。
〔註26〕莊英章，《家族與婚姻——臺灣北部兩個閩客村落之研究》，臺北：中央研究院民族學研究所，1994 年 12 月，頁 7。
〔註27〕姚漢秋，《臺灣婚俗古今談》，收入《協和臺灣叢刊》第 21，臺北：臺原出版社，1999 年 6 月初版 5 刷。

妁史》，詳細論述和分析媒妁的起源，及其在各歷史階段發展的狀況，對中國歷來的媒妁文化現象深作剖析，並作較為客觀公正的評價；文中亦採用大量民間傳說、稗官野史和趣聞逸事，展現不同社會歷史風貌下的媒約文化。

完顏紹元（1955 年～）於 2003 年撰《婚嫁趣談》〔註 28〕，則概略探討中國婚姻制度、婚姻類型，及婚姻方式之源起、發展和沿革，並對各種婚俗事象的表現與衍變加以說明。李勝基於同年撰《中國漢民族傳統鬧房習俗論析》〔註 29〕，則以婚俗相關儀節──鬧洞房做表述。岳娟娟於 2004 年撰《嫁娶》〔註 30〕，明指婚娶、擇門、媒妁、問名、下聘、備嫁、迎娶、洞房、妻妾、貞節牌坊等相關儀次。彭美玲、呂敦華、羅健蔚等於 2008 年合著《深情相約──婚嫁禮俗面面觀》〔註 31〕，除依各式婚禮層次，詳述訂婚、結婚至歸寧眾基本儀節程序，亦深究各節次所代表的意涵，與各類婚禮在儀式行進中反映對婚姻、家庭的價值觀或神聖性，俾提供多元華人社會各色人士結婚時的參考。

以歷代婚姻史為主要訴求者，陳顧遠（1896～1981 年）撰《中國婚姻史》〔註 32〕較先於 1992 年付梓，分別陳述婚姻範圍、婚姻人數、婚姻方法、婚姻成立、婚姻效力與婚姻消滅等。1994 年則有蘇冰、魏林合著《中國婚姻史》〔註 33〕，列舉先秦、兩漢、魏晉南北朝、隋唐五代、宋元、明清各朝代的婚姻結構、程序、要件、儀程、法制、效力……等，述之甚詳。1998 年則有魯達編著《中國歷代婚禮》〔註 34〕，分述傳統婚姻禮制、婚姻禮儀與上下層文化分野、民間社會婚姻類型和禮俗、少數民族婚姻禮俗諸議題。2003 年則有顧鑒塘、顧鳴塘合編《中國歷代婚姻與家庭》〔註 35〕。2005 年則有陳鵬撰《中

〔註 28〕完顏紹元，《婚嫁趣談》，上海：上海古籍出版社，2003 年 8 月。

〔註 29〕李勝基，《中國漢民族傳統鬧房習俗論析》，遼寧大學民俗學碩士論文，2003 年 5 月。

〔註 30〕岳娟娟，《嫁娶》，收入《雅俗中國叢書》套書，山東：畫報出版社，2004 年 1 月。

〔註 31〕彭美玲、呂敦華、羅健蔚等合著，葉國良審訂，《深情相約──婚嫁禮俗面面觀》，臺北：國家出版社，2008 年 3 月。

〔註 32〕陳顧遠，《中國婚姻史》，臺北：臺灣商務印書館，1992 年 9 月臺一版 8 刷。

〔註 33〕蘇冰、魏林合著，《中國婚姻史》，臺北：文津出版社，1994 年 4 月。

〔註 34〕魯達編著，《中國歷代婚禮》：收入李無未、張黎明主編《中國歷代禮儀文化叢書》套書，北京：北京圖書館出版社，1998 年 9 月。

〔註 35〕顧鑒塘、顧鳴塘合編，《中國歷代婚姻與家庭》，臺北：臺灣商務印書館，2003 年 5 月初版 3 刷。

國婚姻史稿》〔註 36〕，詳盡說解婚姻之形態、婚禮、定婚、結婚、離婚、媵妾、贅婚與養媳等之沿革與遞變。

　　以古代婚儀爲主軸介紹者，有馬之驌於 1981 年撰《中國的婚俗》〔註 37〕，內文縱觀歷代的婚俗，及全國各地的婚俗，能增進現代青年對固有文化的認識，亦能提供研究婚姻史和社會發展史的人士若干資料。澎湖縣政府於 1984 年由澎湖縣文獻小組編印《古婚禮》〔註 38〕記述傳統婚禮活動。王潔卿於 1988 年撰《中國婚姻——婚俗、婚禮與婚律》〔註 39〕，先從《詩經》、《易經》、《禮記》爲婚姻之觀察，以察見古代婚姻觀念的由來；再述各時各地不同形態之婚俗，以反映時代背景與時代意識；續闡明依循婚禮軌範訂定的婚姻制度；又將舊律與今法中之婚姻析解，以推知婚姻與法律制度之得失及演進，如是以婚俗儀節兼談相關婚律，主題較爲特殊。郭興文於 1994 年撰《中國傳統婚姻風俗》〔註 40〕，專對中國婚姻的歷史形態、風俗觀念、婚禮儀式程序做討論。徐福全 1994 年撰《當前婚禮儀節規範之研究》〔註 41〕，係內政部民政司研究專題報告。宮欽科（1927～2005）於 1998 年撰《婚禮的風采——中華嫁娶》〔註 42〕，將知識性和趣味性熔爲一爐，系統介紹從雜亂的群婚至一夫一妻的演化過程，還提及九個民族結婚儀式的全過程。任寅虎於 2001 年撰《中國古代婚姻》〔註 43〕，談述群婚、準偶婚、夫與妻、定婚與成婚、婚姻禁規、門當戶對、特殊婚娶、離婚等議題。同年尚有蔡利民（1964 年～）撰《掀起你的紅蓋頭——中國婚禮》〔註 44〕，係以婚禮探源、中國的婚姻神、中國傳統婚姻禮俗、傳統婚禮中的性風格、婚禮文化的變遷等做析論。

　　又 2003 年有李鑒踪撰《姻緣、良緣、孽緣——中國民間婚戀習俗》〔註 45〕，

〔註36〕陳鵬，《中國婚姻史稿》，北京：中華書局，2005 年 1 月。
〔註37〕馬之驌，《中國的婚俗》，臺北：經世書局，1981 年 12 月。
〔註38〕澎湖縣文獻小組編，《古婚禮》，澎湖：澎湖縣文獻小組出版，1984 年。
〔註39〕王潔卿，《中國婚姻——婚俗、婚禮與婚律》，臺北：三民書局，1988 年 8 月。
〔註40〕郭興文，《中國傳統婚姻風俗》，陝西：人民出版社，1994 年 7 月。另於 2002 年 9 月第 2 版。
〔註41〕徐福全，《當前婚禮儀節規範之研究》，內政部民政司研究專題報告，1994 年 4 月。
〔註42〕宮欽科，《婚禮的風采——中華嫁娶》，李治亭、苗壯、李家巍主編《中國歷史文化叢書》第 30，瀋陽市：遼海出版社，1998 年 8 月。
〔註43〕任寅虎，《中國古代婚姻》，臺北：臺灣商務印書館，2001 年 6 月初版 2 刷。
〔註44〕蔡利民，《掀起你的紅蓋頭——中國婚禮》，上海：文藝出版社，2001 年 11 月。
〔註45〕李鑒踪，《姻緣、良緣、孽緣——中國民間婚戀習俗》，收入《中華民俗文化叢書》，四川：人民出版社，2003 年 1 月第 2 刷。

專以婚姻史話、婚姻模式、婚姻限制、婚姻示愛、婚姻禮儀、婚姻終結作主軸說論。鴻宇於 2004 年編著《婚嫁》〔註46〕，則以普及民俗知識爲原則，並汲取有關專家學者研究成果，大量採用歷史掌故與神話傳說的形象資料，加配豐富的彩色插圖，與一般專以文字敘事方式稍異。2005 年有吳存浩撰《中國民俗通志・婚嫁志》〔註47〕，概說婚姻形態、婚姻關係、提親相親與訂親、待嫁、迎親、拜堂、撒帳鬧房與拜公婆、回門、離婚與續娶再嫁等民俗事象。同年亦有吉國秀（1971 年～）著《婚姻儀禮變遷與社會網絡重建：以遼寧省東部山區清原鎭爲個案》〔註48〕，則藉遼寧東部清原鎭爲例證，概論婚禮儀次的遞嬗與社會網絡及其檢討，原爲吉氏 2004 年北京師範大學博士論文出版。接後 2006 年，李樹茁、靳小怡、（美）費爾德曼、（加）李南、朱楚珠合著《當代中國農村的招贅婚姻》〔註49〕，專以農村特殊招贅婚姻爲主。

　　將婚喪合併一書談論者，1933 年有楊樹達（1885～1956 年）撰《漢代婚喪禮俗考》〔註50〕，特別強調漢族婚嫁喪葬的禮俗與考證，是研究漢代文化史的必讀之書。1991 年有周銳（1953 年～）、張琳合著《中國民間婚喪禮俗通書》，對庶民婚嫁喪葬禮俗儀節論述甚詳。1995 年李仲祥、張發嶺合撰《中國古代漢族婚喪風俗》〔註51〕，乃就古時漢族婚姻風俗與喪葬風俗予以全貌展示。同年尙有嚴汝嫻、劉宇合著《中國少數民族婚喪風俗》〔註52〕，則點名少數民族傳統的婚禮和喪儀爲談論對象。2005 年有左玉河（1964 年～）撰《婚喪嫁娶》〔註53〕，專論民國時期舊式和新式的婚禮與喪葬習俗，併論少數民族及各地的奇特婚俗暨葬禮。2006 年有邵先崇撰《近代中國的新式婚喪》

〔註46〕鴻宇編著，《婚嫁》（彩圖版），北京：宗教文化出版社，2004 年 5 月。

〔註47〕吳存浩著，《中國民俗通志・婚嫁志》，齊濤主編，山東：教育出版社，2005年 3 月。

〔註48〕吉國秀，《婚姻儀禮變遷與社會網絡重建：以遼寧省東部山區清原鎭爲個案》，北京：中國社會科學出版社，2005 年 7 月。

〔註49〕李樹茁、靳小怡、（美）費爾德曼、（加）李南、朱楚珠合著，《當代中國農村的招贅婚姻》，北京：社會科學文獻出版社，2006 年 5 月。

〔註50〕楊樹達，《漢代婚喪禮俗考》，收入《楊樹達文集》，上海：世紀出版公司、上海古籍出版社，2007 年 4 月。此書臺北：臺灣商務印書館，早於 1933 年 10月即有出版。

〔註51〕李仲祥、張發嶺，《中國古代漢族婚喪風俗》，收入《中國文化史知識叢書》第 42，臺北：臺灣商務印書館，1995 年 5 月初版 2 刷。

〔註52〕嚴汝嫻、劉宇合著，《中國少數民族婚喪風俗》，《中國文化史知識叢書》第43，臺北：臺灣商務印書館，1995 年 5 月初版 2 刷。

〔註53〕左玉河，《婚喪嫁娶》，北京：中國文史出版社，2005 年 1 月。

〔註 54〕，則主述近世普行的新式婚喪儀節，此書可與 1991 年周銳、張琳合著《中國民間婚喪禮俗通書》〔註 55〕，兩者相互印證比較。

以客家禮俗爲主力著眼者，有 1996 年陳運棟編著《臺灣的客家禮俗》〔註 56〕，論點有生育、婚姻、喪葬及歲時祭儀等面向。李建興、蔡雅琪於 2003 年合著《嘉義地區客家禮俗研究》〔註 57〕，則專門以嘉義的客家禮儀爲論述主角。

專以金門現行婚禮儀次爲主線報導者少之又少，僅有 1998 年筆者與楊天厚合著田調實錄的《金門婚嫁禮俗》〔註 58〕，及 2009 年拙著的《生命的歷程：金門的節慶與禮俗》〔註 59〕等。

2、期刊論文

以中國婚姻制度及六禮爲主訴者，1967 年有黃美幸撰〈中國婚姻制度之演變〉〔註 60〕，內容著重於中國舊式傳統婚姻和西方文化傳入後的新式自由婚姻的流變和差異。1985 年有孟繁舉撰〈中國古代的婚禮制度〉〔註 61〕。1988 年有殷登國撰〈典型的中國婚禮〉〔註 62〕。1991 年有翟婉華撰〈試論中國古代的婚姻六禮及其實質〉〔註 63〕。

1993 年有張軍撰〈中國古代婚嫁「六禮」說〉〔註 64〕。1994 黏有劉昌安、溫勤能合撰〈婚姻「六禮」的文化內涵〉〔註 65〕。1997 年彭牧撰〈進入「圍

〔註 54〕邵先崇，《近代中國的新式婚喪》，北京：人民文學出版社，2006 年 5 月。

〔註 55〕周銳、張琳，《中國民間婚喪禮俗通書》，湖南：三環出版社，1991 年。

〔註 56〕陳運棟編著，《臺灣的客家禮俗》，臺北：臺原出版社，1996 年 5 月 1 版 5 刷。

〔註 57〕李建興、蔡雅琪合著，《嘉義地區客家禮俗研究》，牛斗山文史工作室出版，或臺北：行政院客家委員會，2003 年。

〔註 58〕楊天厚、林麗寬合著《金門婚嫁禮俗》有兩種版本，先有金門：金門縣史蹟維護基金會，1997 年。續有臺北：稻田出版公司，1998 年元月，內容酌有加增。

〔註 59〕林麗寬，《生命的歷程：金門的節慶與禮俗》，金門：金門縣文化局，2009 年 11 月。

〔註 60〕黃美幸，〈中國婚姻制度之演變〉，《臺灣風物》17 卷 4 期，1967 年 8 月，頁 70～73。

〔註 61〕孟繁舉，〈中國古代的婚禮制度〉，《中華文化復興月刊》第 18 卷第 1 期（總號 202），1985 年 1 月，頁 5～10。

〔註 62〕殷登國，〈典型的中國婚禮〉，《海華雜誌》第 4 卷第 6 期（總號 42），1988 年 7 月，頁 54～58。

〔註 63〕翟婉華，〈試論中國古代的婚姻六禮及其實質〉，《蘭州學刊》，1991 年 2 月。

〔註 64〕張軍，〈中國古代婚嫁「六禮」說〉，《天水師範學院學報》，1993 年 Z1 月。

〔註 65〕劉昌安、溫勤能，〈婚姻「六禮」的文化內涵〉，《漢中師範學院學報》第 2 期，1994 年 2 月。

城」：婚禮「六禮」的文化闡釋〉〔註66〕。

　　以古婚禮為研究面向者，1959 年朱鋒撰〈臺灣的古昔婚禮〉〔註67〕年代較早。接後阮昌銳（1937 年～）撰述許多古婚禮篇章，先後是 1983 年之〈從婚俗看中國的倫理傳統〉〔註68〕；1984 年之〈臺灣民間的婚禮〉傳薪集（19）〔註69〕、〈臺灣民間的婚制〉傳薪集（23）〔註70〕；1985 年之〈臺灣民間的婚禮〉〔註71〕、〈族譜凡例中的夫婦倫理〉〔註72〕；1986 年之〈從中外婚禮的比較談婚禮的意義〉〔註73〕；1992 年之〈從婚俗看中國的倫理傳統〉〔註74〕，皆為研究傳統婚禮不可或缺的文獻。其後李文獻對傳統婚禮專研亦精也撰述頗多，分別是 1993年撰〈婚俗的傳統、現況與檢討〉〔註75〕、1994 年撰〈臺灣傳統婚禮儀式覡辭初探〉〔註76〕、1999 年撰〈臺灣傳統婚禮中祀神祭祖儀式之研究〉〔註77〕、2000年撰〈從閩客俗諺看民間的婚配與婚禮儀式〉〔註78〕、2003 年撰〈試探臺灣閩客婚俗中的議婚儀式〉〔註79〕，提供傳統婚姻節次重要的參考史料。

〔註66〕彭牧，〈進入「圍城」：婚禮「「六禮」的文化闡釋〉，《尋根》，1998 年 5 月。

〔註67〕朱鋒，〈臺灣的古昔婚禮〉，《臺北文物》第 8 卷第 1 期，1959 年。

〔註68〕阮昌銳，〈從婚俗看中國的倫理傳統〉，《中華文化復興月刊》第 16 卷 1 期，1983 年，頁 74～84。

〔註69〕阮昌銳，〈臺灣民間的婚禮〉傳薪集（19），《海外學人》第 140 期，1984 年 3月，頁 52～58。

〔註70〕阮昌銳，〈臺灣民間的婚制〉傳薪集（23），《海外學人》第 143 期，1984 年 6月，頁 66～71。

〔註71〕阮昌銳，〈臺灣民間的婚禮〉，《今日中國》第 164 期，1985 年 1 月，頁 96～103。

〔註72〕阮昌銳，〈族譜凡例中的夫婦倫理〉，《今日中國》第 167 期，1985 年 4 月，頁81～88。

〔註73〕阮昌銳，〈從中外婚禮的比較談婚禮的意義〉，臺北：中華文化復興運動推行委員會編印《生命禮俗研討會論文集》，1986 年 9 月再版，頁 55～70。

〔註74〕阮昌銳，〈從婚俗看中國的倫理傳統〉，《社會建設》第 81 期，1992 年，頁 86～92。

〔註75〕李文獻，〈婚俗的傳統、現況與檢討〉，《國立僑生大學先修班學報》第 1 期，1993 年，頁 37～86。

〔註76〕李文獻，〈臺灣傳統婚禮儀式覡辭初探〉，《國立僑生大學先修班學報》第 2 期，1994 年，頁 25～84。

〔註77〕李文獻，〈臺灣傳統婚禮中祀神祭祖儀式之研究〉，《國立僑生大學先修班學報》第 7 期，1999 年 7 月，頁 33～74。

〔註78〕李文獻，〈從閩客俗諺看民間的婚配與婚禮儀式〉，《國立僑生大學先修班學報》第 8 期，2000 年，頁 51～168。

〔註79〕李文獻，〈試探臺灣閩客婚俗中的議婚儀式〉，《國立僑生大學先修班學報》第11 期，2003 年 12 月，頁 59～105。

　　此外，聯奎於 1973 年和 1974 年撰〈婚姻禮俗〉〔註80〕。雅士於 1979
年撰〈中國古代的婚俗〉〔註81〕。范珍輝於 1986 年撰〈婚俗之演變及其問題〉
〔註82〕。1987 年有江重文撰〈中國人生活觀念系列：古婚禮探尋〉〔註83〕。鐘
彝於 1991 年撰〈戲女婿與鬧新房〉〔註84〕。1992 年有鮑宗豪撰〈中國婚俗
的文化意蘊〉〔註85〕。1993 年有李辛儒、焦海清、波‧少布合著〈民間婚俗
系列〉〔註86〕。1994 年有張濤撰〈中國古代的婚姻形式〉〔註87〕；梁景和撰
〈論中國傳統婚姻陋俗的特徵〉〔註88〕；馮浩菲撰〈試論夜婚習俗的由來〉
〔註89〕；劉寧波撰〈生死轉換與角色認證：中國傳統婚禮的民俗意象〉〔註90〕。
葉志興於 1995 年撰〈行舅禮〉〔註91〕；燕集撰〈中國的愛神與婚俗〉〔註92〕。
1996 年有王同策撰〈閑話新婚鬧房習俗〉〔註93〕；憶玫撰〈婚禮的習俗與傳
統〉〔註94〕。1997 年有李盛仙撰〈悄然嬗變的婚俗觀念〉〔註95〕；呂友仁
撰〈說「共牢而食」〉〔註96〕；馮友蘭撰〈儒家對于婚喪祭禮之理論〉〔註97〕。

〔註80〕聯奎，〈婚姻禮俗〉，《國魂》第 337 期，1973 年 12 月，頁 41～43；及《國魂》
　　　　第 338 期，1974 年 1 月，頁 41～46。

〔註81〕雅士，〈中國古代的婚俗〉，《中國文選》第 150 期，1979 年 10 月，頁 41～52。

〔註82〕范珍輝，〈婚俗之演變及其問題〉，臺北：中華文化復興運動推行委員會編印
　　　　《生命禮俗研討會論文集》，1986 年 9 月再版，頁 71～98。

〔註83〕江重文，〈中國人生活觀念系列：古婚禮探尋〉，《民俗曲藝》第 45 期，1987
　　　　年，頁 50～56。

〔註84〕鐘彝，〈戲女婿與鬧新房〉，《嶺南文史》，1991 年 2 月。

〔註85〕鮑宗豪，〈中國婚俗的文化意蘊〉，《社會科學研究》，1992 年第 5 期，頁 66～70。

〔註86〕李辛儒、焦海清、波‧少布，〈民間婚俗系列〉，《漢聲》第 50 期，1993 年，
　　　　頁 1～25。

〔註87〕張濤，〈中國古代的婚姻形式〉，《歷史教學》，1994 年 4 月。

〔註88〕梁景和，〈論中國傳統婚姻陋俗的特徵〉，《遼寧師範大學學報》第 5 期，1994
　　　　年 5 月。

〔註89〕馮浩菲，〈試論夜婚習俗的由來〉，《民俗研究》，1994 年 2 月。

〔註90〕劉寧波，〈生死轉換與角色認證：中國傳統婚禮的民俗意象〉，《民間文學論
　　　　壇》，1994 年 1 月。

〔註91〕葉志興，〈行舅禮〉，《華夏星火》，1995 年 1 月。

〔註92〕燕集，〈中國的愛神與婚俗〉，《旅游》，1995 年 2 月。

〔註93〕王同策，〈閑話新婚鬧房習俗〉，《文史知識》，1996 年 11 期，頁 49～53+62。

〔註94〕憶玫，〈婚禮的習俗與傳統〉，《英語沙龍》，1996 年 4 月。

〔註95〕李盛仙，〈悄然嬗變的婚俗觀念〉，《現代交際》，1997 年 9 月。

〔註96〕呂友仁，〈說「共牢而食」〉，《孔孟月刊》第 35 卷 8 期（總號 416），1997 年，
　　　　頁 25～27。

〔註97〕馮友蘭，〈儒家對于婚喪祭禮之理論〉，《燕京學報》第 3 期，北京大學出版社，
　　　　1997 年 8 月。

1998 年寇改美撰〈婚禮的變遷〉〔註98〕。2000 年有彭美玲撰〈近代民間婚禮或不親迎問題之研究〉〔註99〕；秦永洲撰〈古代婚姻風俗的特點與中國人的婚姻觀念〉〔註100〕。李寧、龔世俊於 2001 年撰〈媒妁起源考論〉〔註101〕。2002 年有孫致文撰〈「婚娶遭喪」問題的討論及其意義初探〉〔註102〕；彭林撰〈合二姓之好：婚禮〉〔註103〕。2003 年有周清源撰〈人生儀禮（1）——婚嫁禮儀〉〔註104〕、林素娟撰〈古代婚禮「廟見成婦」說問題探究〉〔註105〕。2004 年有周清源再撰〈人生禮儀系列（2）——婚俗禮儀〉〔註106〕；汪化雲、陳金仙合撰〈「拜堂」釋義商補〉〔註107〕。2005 年有李金玉撰〈略論中國古代的婚禮〉〔註108〕、易卉撰〈中國古代婚俗文化論略〉〔註109〕。2006 年不著撰人述〈納采禮〉〔註110〕和〈廟見禮、朝見禮〉〔註111〕；續於 2008 年撰〈中國婚俗文化〉〔註112〕、〈中國各地婚俗〉〔註113〕。榮新於 2007 年撰〈婚禮在古代〉〔註114〕。2008 年又有朱建軍撰〈從中國傳統的婚禮談起〉〔註115〕、

〔註98〕寇改美，〈婚禮的變遷〉，《對外大傳播》，1998 年 6 月。

〔註99〕彭美玲，〈近代民間婚禮或不親迎問題之研究〉，《國立臺灣大學文史哲學報》第 52 期，2000 年 6 月，頁 205～207+209～242。

〔註100〕秦永洲，〈古代婚姻風俗的特點與中國人的婚姻觀念〉，《山東師大學報》，2000 年 4 月。

〔註101〕李寧、龔世俊，〈媒妁起源考論〉，《學術交流》，2001 年 3 月

〔註102〕孫致文，〈「婚娶遭喪」問題的討論及其意義初探〉，《國立中央大學中國文學研究所論文集刊》第 8 期，2002 年 6 月，頁 1～12。

〔註103〕彭林，〈合二姓之好：婚禮〉，《文史知識》，2002 年 8 月。

〔註104〕周清源〈人生儀禮（1）——婚嫁禮儀〉，《烘焙工業》第 108 期（總號 179），2003 年 3 月，頁 64～68。

〔註105〕林素娟，〈古代婚禮「廟見成婦」說問題探究〉，《漢學研究》第 21 卷第 1 期（總號 42），2003 年 6 月，頁 47～76。

〔註106〕周清源，〈人生禮儀系列（2）——婚俗禮儀〉，《烘焙工業》第 118 期（總號 189），2004 年 11 月，頁 34～39。

〔註107〕汪化雲、陳金仙，〈「拜堂」釋義商補〉，《成都大學學報》，2004 年 1 期，頁 28～30。

〔註108〕李金玉，〈略論中國古代的婚禮〉，《新鄉師范高等專科學校學報》第 19 卷第 1 期，2005 年 1 月。

〔註109〕易卉，〈中國古代婚俗文化論略〉，《湖北大學成人教育學院學報》第 23 卷第 5 期，2005 年 10 月。

〔註110〕不著撰人，〈納采禮〉，《紫禁城》，2006 年 8 期，頁 13～23。

〔註111〕不著撰人，〈廟見禮、朝見禮〉，《紫禁城》，2006 年 8 期，頁 107～109。

〔註112〕不著撰人，〈中國婚俗文化〉，《中國地名》，2008 年 10 期，頁 6～12。

〔註113〕不著撰人，〈中國各地婚俗〉，《中國地名》，2008 年 10 期，頁 13～25。

〔註114〕榮新，〈婚禮在古代〉，《中華文化畫報》，2007 年 5 月。

李文娟撰〈中國傳統婚禮及其蘊涵的倫理思想〉〔註116〕。2009 年楊牧文撰〈民間婚嫁禮俗初探〉〔註117〕。

　　以大陸各地婚姻禮俗爲主軸而較有相關者，較早爲 1980 年鶴僧撰〈漫談襄陽的婚姻禮俗〉〔註118〕。有 1985 年周一良撰〈敦煌寫本書儀中所見的唐代婚喪禮俗〉〔註119〕。有 1986 年稀客撰〈臺州的婚俗〉〔註120〕。有 1987 年劉象勝撰〈江南婚俗禮儀多〉〔註121〕。有 1991 年喬健撰〈惠東的長住娘家婚俗、解釋與再解釋〉〔註122〕。有 1993 年朱青撰〈宣化節俗、婚俗、喪俗簡述〉〔註123〕。1994 年樂斗彈撰〈婚事六步曲——舊時廣東化州縣民間婚俗〉〔註124〕。1996 年辛菊、潘家懿、翟維琦合撰〈晉南婚俗及其用語〉〔註125〕。有 1997 年倪怡中撰〈敦煌壁畫中的古代婚俗〉〔註126〕、楊兆貴撰〈岱嵩村八、九十年代同姓婚俗探討〉〔註127〕。有 1999 年張邦建撰〈中國古代婚俗文化特點述論〉〔註128〕。

　　2006 年劉續兵、管杰合撰〈曲阜古典婚禮〉〔註129〕。鄢維新於 2007 年撰〈掀起你的蓋頭來——荊楚婚俗之傳統與演變〉〔註130〕。2008 年有阿依

〔註115〕朱建軍，〈從中國傳統的婚禮談起〉，《讀書文摘》，2008 年 6 期，頁 59～60。

〔註116〕李文娟，〈中國傳統婚禮及其蘊涵的倫理思想〉，《忻州師範學院學報》，2008 年 6 期，頁 66～69。

〔註117〕楊牧文，〈民間婚嫁禮俗初探〉，《大眾文藝》（理論），2009 年 2 月。

〔註118〕鶴僧，〈漫談襄陽的婚姻禮俗〉，《湖北文獻》第 54 期，1980 年 1 月，頁 75～79。

〔註119〕周一良，〈敦煌寫本書儀中所見的唐代婚喪禮俗〉，《文物》，1985 年 7 期，頁 17～25。

〔註120〕稀客，〈臺州的婚俗〉，《民俗曲藝》第 44 期，1986 年 11 月，頁 53～64。

〔註121〕劉象勝，〈江南婚俗禮儀多〉，《民俗曲藝》第 45 期，1987 年 1 月，頁 40～49。

〔註122〕喬健，〈惠東的長住娘家婚俗、解釋與再解釋〉，《國立臺灣大學考古人類學刊》，第 47 期，1991 年 12 月，頁 78～83。

〔註123〕朱青，〈宣化節俗、婚俗、喪俗簡述〉，《察哈爾省文獻》第 31 期，1993 年 2 月。

〔註124〕樂斗彈，〈婚事六步曲——舊時廣東化州縣民間婚俗〉，《嶺南文史》，1994 年 2 月。

〔註125〕辛菊、潘家懿、翟維琦，〈晉南婚俗及其用語〉，《民俗曲藝》第 99 期，1996 年，頁 27～45。

〔註126〕倪怡中，〈敦煌壁畫中的古代婚俗〉，《歷史月刊》第 109 期，1997 年，頁 92～93。

〔註127〕楊兆貴，〈岱嵩村八、九十年代同姓婚俗探討〉，《民俗曲藝》第 109 期，1997 年 9 月，頁 173～190。

〔註128〕張邦建，〈中國古代婚俗文化特點述論〉，《學術界》，1999 年 6 月。

〔註129〕劉續兵、管杰，〈曲阜古典婚禮〉，《河北畫報》，2006 年 12 月。

〔註130〕鄢維新，〈掀起你的蓋頭來——荊楚婚俗之傳統與演變〉，《湖北畫報》，2007 年 6 月。

古麗撰〈中國古代婚姻制度與中國少數民族婚禮之比較——以哈薩克族爲例〉〔註131〕；阿達萊提‧塔伊爾撰〈城市維吾爾族婚俗文化變遷——以烏魯木齊市維吾爾族居民爲例〉〔註132〕；孫迎慶撰〈蘇州水鄉又見傳統婚禮習俗〉〔註133〕；賀喜焱撰〈土族婚禮的文化價值探析〉〔註134〕；楊梓彬撰〈論潮州婚俗的文化特色〉〔註135〕。

　　以臺灣各地婚俗爲爬梳者，有1955年曹甲乙撰〈臺灣婚俗一瞥〉〔註136〕。有1964年和1984年盧嘉興撰〈臺灣的婚禮〉〔註137〕。有1984年陳壬癸撰〈臺灣現行婚俗改進之探討〉〔註138〕。有1987年董復蓮、陳春秀、陳羅古、李國俊、林茂賢、張安等合撰〈臺灣各地婚俗〉〔註139〕。有1993年董芳苑撰〈面對臺灣婚俗——談基督徒對傳統婚姻禮俗應有的態度〉〔註140〕。有2004年林曉蓉撰〈從女兒到媳婦：臺灣童養媳的自我認同〉〔註141〕。2005年爲潘慧生、劉瑞芝合撰〈關于五臺山地區婚喪禮俗的思考——以永豐莊爲例〉〔註142〕。又有2006年林正芳、邱彥貴合撰〈蘭陽婚姻禮俗的演變——以光復前的宜蘭城爲例〉〔註143〕。2007年有鄧蘭英撰〈土族婚嫁中的文化遺風〉〔註144〕。

〔註131〕阿依古麗，〈中國古代婚姻制度與中國少數民族婚禮之比較——以哈薩克族爲例〉，《湖北民族學院學報》第26卷第6期，2008年6期。

〔註132〕阿達萊提‧塔伊爾，〈城市維吾爾族婚俗文化變遷——以烏魯木齊市維吾爾族居民爲例〉，《新疆大學學報》第36卷6期，2008年11月。

〔註133〕孫迎慶，〈蘇州水鄉又見傳統婚禮習俗〉，《文化交流》，2008年11月。

〔註134〕賀喜焱，〈土族婚禮的文化價值探析〉，《青海師範大學學報》（哲學社會科學版），2008年5月。

〔註135〕楊梓彬，〈論潮州婚俗的文化特色〉，《社科縱橫》（總第23卷），2008年12月。

〔註136〕曹甲乙，〈臺灣婚俗一瞥〉，《臺灣文獻》第6卷第3期，1955年9月，頁43～56。

〔註137〕盧嘉興，〈臺灣的婚禮〉，《臺灣文獻》第15卷第3期，1964年。另於，《臺灣研究彙集》第24期，1984年4月，頁105～114，亦有相同篇名的單篇論文。

〔註138〕陳壬癸，〈臺灣現行婚俗改進之探討〉，《臺灣文獻》第35卷2期，1984年6月，頁153～169。

〔註139〕董復蓮、陳春秀、陳羅古、李國俊、林茂賢、張安等，〈臺灣各地婚俗〉，《民俗曲藝》第45期，1987年1月，頁57～112。

〔註140〕董芳苑，〈面對臺灣婚俗——談基督徒對傳統婚姻禮俗應有的態度〉，《臺灣神學論刊》第15期，1993年3月，頁29～46。

〔註141〕林曉蓉，〈從女兒到媳婦：臺灣童養媳的自我認同〉，《史繹》第34卷，2004年7月，頁39～79。

〔註142〕潘慧生、劉瑞芝，〈關于五臺山地區婚喪禮俗的思考——以永豐莊爲例〉，《太原師範學院學報》，2005年3月。

〔註143〕林正芳、邱彥貴，〈蘭陽婚姻禮俗的演變——以光復前的宜蘭城爲例〉，《宜蘭文獻雜誌》第77、78期，2006年12月，頁63～93。

再有 2009 年黃小蓁撰〈臺灣婚俗「回門」儀式淵源探微〉〔註145〕。

又以閩臺和外國婚俗爲鋪展攸關者，劉惠萍於 1996 年撰〈閩臺傳統婚俗的民俗意象──死亡、危機與再生〉〔註146〕。楊亞其於 2006 年撰〈談閩人婚俗〉〔註147〕。1997 年田毅鵬撰〈西洋婚俗入華始末〉〔註148〕。2007年有楊波、照靜合撰〈中英傳統婚前習俗比較〉〔註149〕。2008 年有王金霞撰〈從中韓婚俗看兩國人文共性〉〔註150〕；席曉撰〈淺談中西方婚禮文化異同〉〔註151〕；張媛撰〈現代中日民間典型婚禮禮儀比較研究〉〔註152〕；潘文晉撰〈從中西婚禮文化看中西方文化差異〉〔註153〕。2009 年有陳賽撰〈從中西婚姻比較看社會差異〉〔註154〕。

特別標明客家婚姻禮儀爲觀注焦點者，廖素菊先於 1966 年撰〈現代美濃客家的婚俗〉〔註155〕，1967 年撰〈臺灣客家婚姻禮俗之研究〉〔註156〕，再於 1970 年撰〈臺灣客家變相婚姻的禮俗〉〔註157〕。另有 1995 年陳運棟撰〈客家婚姻禮俗〉〔註158〕。有羅煥光於 1996 年撰〈清末民初臺灣客家婚

〔註144〕鄧蘭英，〈土族婚嫁中的文化遺風〉，《藝術與設計》（理論），2007 年 6 月。

〔註145〕黃小蓁，〈臺灣婚俗「回門」儀式淵源探微〉，《東吳中文線上學術論文》第 7 期，2009 年 9 月，頁 45～66。

〔註146〕劉惠萍，〈閩臺傳統婚俗的民俗意象──死亡、危機與再生〉，《東方工商學報》第 19 期，1996 年 3 月，頁 34～61。

〔註147〕楊亞其，〈談閩人婚俗〉，《臺灣源流》第 34 期，2006 年 3 月，頁 125～130。

〔註148〕田毅鵬，〈西洋婚俗入華始末〉，《中外文化交流》，1997 年 4 期，頁 43～44。

〔註149〕楊波、照靜，〈中英傳統婚前習俗比較〉，《湖北廣播電視大學學報》第 27 卷第 5 期，2007 年第 5 月。

〔註150〕王金霞，〈從中韓婚俗看兩國人文共性〉，《通化師範學院學報》，2008 年 5 期，頁 73～75。

〔註151〕席曉，〈淺談中西方婚禮文化異同〉，《科教文匯》（中旬刊），2008 年 8 月。本文亦於同年同月的《讀與寫》（教育教學刊）刊登。

〔註152〕張媛，〈現代中日民間典型婚禮禮儀比較研究〉，《哈爾濱學院學報》，2008 年 10 月。

〔註153〕潘文晉，〈從中西婚禮文化看中西方文化差異〉，《今日南國》（理論創新版），2008 年 3 月。

〔註154〕陳賽，〈從中西婚姻比較看社會差異〉，《金卡工程》（經濟與法，2009 年 2 月。

〔註155〕廖素菊，〈現代美濃客家的婚俗〉，分別載於《中原》第 30 期，1966 年 8 月，頁 12～13；及《中原》第 31 期，1966 年 9 月，頁 12+8。

〔註156〕廖素菊，〈臺灣客家婚姻禮俗之研究〉，《臺灣文獻》1967 年。

〔註157〕廖素菊，〈臺灣客家變相婚姻的禮俗〉，《家政教育通訊》第 4 卷 11 期，1970 年 4 月，頁 5～7+10。

〔註158〕陳運棟，〈客家婚姻禮俗〉，《苗栗文獻》第 10 期，1995 年 6 月，頁 134～147。

姻禮俗〉〔註159〕。有 1997 年吳韋璉撰〈客家婚俗沿革「儀禮・士昏禮」初探〉〔註160〕；嚴恩萱撰〈「六禮」古今談──客家婚俗考略〉〔註161〕。有 2002 年彭學堯撰〈客家嫁娶禮俗〉〔註162〕。有 2004 年張天周撰〈客家婚姻與中原古風〉〔註163〕。韓碧琴於 2007 年撰〈抄本客家吉凶。書儀「餪女」禮俗研究〉〔註164〕；韓氏又於 2009 年撰〈客家「鋪房」禮俗研究〉〔註165〕。同年還有李小華撰〈客家傳統婚育文化的女性主義觀照〉〔註166〕。另以集團結婚做研究標的者，有李凱鴻於 1994 年撰〈「集團結婚」的由來〉〔註167〕。

3、學位論文

1993 學年度劉秀櫻撰《東港的開拓與童養媳婚之研究》〔註168〕，是針對東港地區特別童養媳婚做專題介紹。以臺灣各地婚俗為論文標的者，有 2002 年翁素杏撰《關廟地區的婚俗研究》〔註169〕、2006 學年度郭文箏撰《閩南族群傳統婚俗研究──以汐止地區為例》〔註170〕、2008 年涂素珠撰《雲林縣林內鄉閩南婚姻禮俗探討》〔註171〕等。直接以臺灣為稱名者，有 2009 年陳玟錦

〔註159〕羅煥光，〈清末民初臺灣客家婚姻禮俗〉，《國立歷史博物館學報》第 2 期，1996 年 6 月，頁 69～83。

〔註160〕吳韋璉，〈客家婚俗沿革「儀禮・士昏禮」初探〉，《壢商學報》第 5 期，1997 年，頁 169～156。

〔註161〕嚴恩萱，〈「六禮」古今談──客家婚俗考略〉，《贛南師範學院學報》，1997 年 1 月。

〔註162〕彭學堯，〈客家嫁娶禮俗〉，《新竹文獻》第 10 期，2002 年 8 月，頁 90～99。

〔註163〕張天周，〈客家婚姻與中原古風〉，《尋根》，2004 年第 1 期，頁 25～29。

〔註164〕韓碧琴，〈抄本客家吉凶。書儀「餪女」禮俗研究〉，《興大中文學報》第 21 期，2007 年 6 月，頁 155～190。

〔註165〕韓碧琴，〈客家「鋪房」禮俗研究〉，《興大中文學報》第 25 期，2009 年 6 月，頁 315～355。

〔註166〕李小華，〈客家傳統婚育文化的女性主義觀照〉，《華南農業大學學報》第 8 卷，2009 年第 1 期。

〔註167〕李凱鴻，〈「集團結婚」的由來〉，《民國春秋》，1994 年 3 期，頁 28～30。

〔註168〕劉秀櫻，《東港的開拓與童養媳婚之研究》，國立中正大學歷史學系碩士論文，1993 學年度。

〔註169〕翁素杏，《關廟地區的婚俗研究》，臺南師範學院鄉土文化所碩士論文，2002 年 6 月。

〔註170〕郭文箏，《閩南族群傳統婚俗研究──以汐止地區為例》，淡江大學中國文學系碩士在職專班論文，2006 學年度。

〔註171〕涂素珠，《雲林縣林內鄉閩南婚姻禮俗探討》，國立臺東大學華語文學系碩士論文，2008 年 9 月。

撰的《臺灣傳統婚俗與禁忌之研究》〔註172〕，內文含括臺灣傳統的婚俗與禁忌。

另高金豪於 2004 年撰《起源敘事、婚禮政治與階序實踐：一個排灣族村落的例子》〔註 173〕，係以排灣族的一個村落做實例，論述其婚禮儀節與政治層面、民間傳說的各種系聯；吉國秀於同年撰《婚姻儀禮變遷與社會網路重建——以遼寧省東郭山區清原鎮爲個案》〔註174〕，係以傳統婚禮因隨社會遞嬗而有所變異提出說明，兩方主題投射較爲特殊。又因時代蛻變，結婚與離婚一念之轉似已成社會常態，黃觀鴻遂於 2000 年撰《新中國婚姻法制對農村婚姻行爲的影響：十中個村的實證分析》〔註175〕即以新式婚姻禮制爲探討中心。游蕙菁亦稟承此種意涵，於 2002 年撰述《大陸新婚姻法之研究——兼論兩岸婚姻法上關於『結婚』與『離婚』規定之比較》〔註176〕，專以兩岸結婚與離婚的規制予檯面上詳加尋索；同年，《內地與澳門婚禮制度比較研究》〔註 177〕乃爲劉雪飛以內地和澳門兩地做比較，分別列述攸關婚禮的異同。《清末民初江浙地區女性婚姻價值觀研究》〔註 178〕是賣小麗於 2006 年以江浙地區的女性，其在清末民初時期之婚姻價值觀作剖析載體。《1912～1936 年華北地區的婚俗研究》〔註 179〕是 2007 年朱麗辰針對華北地區，1912 年至 1936 年間婚俗所作之探討。崔欣亦於同年撰《民國時期蘭州婚俗研究及其旅遊開發》〔註 180〕則以區域婚俗及旅遊開發做解讀，內容較

〔註172〕陳玟錦，《臺灣傳統婚俗與禁忌之研究》，長榮大學台灣研究所碩士論文，2009 年 7 月。

〔註173〕高金豪，《起源敘事、婚禮政治與階序實踐：一個排灣族村落的例子》，國立清華大學人類學研究所碩士論文，2004 年 7 月。

〔註174〕吉國秀，《婚姻儀禮變遷與社會網路重建——以遼寧省東郭山區清原鎮爲個案》，北京師範大學博士論文，2004 年 4 月。

〔註175〕黃觀鴻，《新中國婚姻法制對農村婚姻行爲的影響：十中個村的實證分析》，中國農業大學社會學碩士論文，2000 年 5 月。

〔註176〕游蕙菁，《大陸新婚姻法之研究——兼論兩岸婚姻法上關於『結婚』與『離婚』規定之比較》，東吳大學法學院法律學系碩士論文，2002 年 7 月。

〔註177〕劉雪飛，《內地與澳門婚禮制度比較研究》，湖南師範大學碩士論文，2002 年 4 月，但原書缺第 7 頁。

〔註178〕賣小麗，《清末民初江浙地區女性婚姻價值觀研究》，陝西師範大學碩士學位論文，2006 年 4 月。

〔註179〕朱麗辰，《1912～1936 年華北地區的婚俗研究》，河南大學中國近現代史碩士論文，2007 年。

〔註180〕崔欣，《民國時期蘭州婚俗研究及其旅遊開發》，西北師範大學專門史碩士論文，2007 年。

爲新穎別致。又 2010 學年度《日治時期臺灣漢人婚俗研究》〔註181〕一書，是陳庭芳對早前日治時期，臺灣地區漢人的婚禮儀節所做的梳理。

此外，專以客家婚禮或婚俗爲研究議題者，向元玲於 2000 年撰《苗栗地區客家婚俗研究——以苗栗市、公館鄉、銅鑼鄉爲例》〔註182〕較早，同樣這個主題的研究，2009 年續有鄭秀貞撰《現代苗栗客家聚落婚禮研究——以苗市、公館、銅鑼爲主軸》〔註183〕。李文獻則於 2002 年撰《臺灣閩客傳統婚禮之研究》〔註184〕博士論文，除開詳述閩南及客家傳統婚禮，亦就閩南諺語中與婚禮相關部分別列載記，意義非凡。劉薇玲於 2003 年撰《屏東客家婚俗變遷之研究——以六堆中區爲例》〔註185〕、邱曉玲於 2004 年撰《臺灣高屏六堆客家傳統婚禮之研究》〔註186〕則不約而同均以屏東六堆地區的客家婚俗作探討。再就關西地區客家婚俗爲研究面向者，乃爲陳霖於 2010 年撰的《關西地區客家婚俗變遷之研究（1935～2010 年）》〔註187〕，不過該書僅以 1935 年至 2010 年爲探討年限。

金門地區因屬離島邊陲之地，又受羈於「戰地政務」〔註188〕圈限，早前能深入田調作研究的文獻資材並不多見，攸關於婚俗者亦然，目今以金門婚禮爲碩博士論文主題尚未得見。

（二）以朝代、個人或專著婚俗為中心

1、專　書

以較早的春秋時代婚禮爲探研者，有 2000 年陳筱芳撰《春秋婚姻禮俗與社會倫理》〔註 189〕，分就春秋的一夫多妻制、媵制、三禮、婚姻形態之

〔註181〕陳庭芳，《日治時期臺灣漢人婚俗研究》，國立台北大學民俗藝術研究所碩士論文，2010 學年度。

〔註182〕向元玲，《苗栗地區客家婚俗研究——以苗栗市、公館鄉、銅鑼鄉爲例》，國立中興大學中國文學研究所碩士論文，2000 年 7 月。

〔註183〕鄭秀貞，《現代苗栗客家聚落婚禮研究——以苗市、公館、銅鑼爲主軸》，靜宜大學中國文學研究所碩士論文，2009 年 7 月。

〔註184〕李文獻，《臺灣閩客傳統婚禮之研究》，中國文化大學中國文學研究所博士論文，2002 年。

〔註185〕劉薇玲，《屏東客家婚俗變遷之研究——以六堆中區爲例》，國立臺南大學鄉土文化研究所碩士論文，2003 年 6 月。

〔註186〕邱曉玲，《臺灣高屏六堆客家傳統婚禮之研究》，銘傳大學應用中國文學研究所碩士論文，2004 年 5 月。

〔註187〕陳霖，《關西地區客家婚俗變遷之研究（1935～2010）》，國立新竹教育大學人資處社會學習領域碩士論文，2010 學年度。

〔註188〕攸關「戰地政務」事宜，請參見第一章，第 9 頁，註 72。

〔註189〕陳筱芳，《春秋婚姻禮俗與社會倫理》，四川：巴蜀書社，2000 年 6 月。

特點、男尊女卑禮俗，及貞節觀、父子兄弟君臣倫理……等春秋社會各式倫理道德做剖析。以大唐時代律令中的夫妻關係為主述者，為 2007 年劉燕儷撰《唐律中的夫妻關係》〔註 190〕，經由唐代夫妻關係之研究，有助於快速掌握傳統中國夫妻關係的主要特質，並反應現代夫妻關係的本質與未來進程。以魏晉南北朝各種習俗做專輯者，有 1994 年梁滿倉撰《中國魏晉南北朝習俗史》〔註 191〕，內容包含節令、衣食居處、婚姻、喪葬、鬼神崇拜與宗教、娛樂等習俗。以宋朝婚姻風俗做論調者，為 1988 年彭利芸撰《宋代婚俗研究》〔註 192〕，藉宋代婚俗之體察，昭揭今世婚習之來由與演變；以及徐吉軍、方建新、方健、呂鳳棠等於 2001 年合著《中國風俗通史：宋代卷》〔註 193〕。

　　以清代時期為鑽研的論著較為多些：2000 年有郭松義撰《倫理與生活：清代的婚姻關係》〔註 194〕，係以清代婚姻中的倫理生活為基調探索。2003 年有王躍生撰《清代中期婚姻衝突透析》〔註 195〕，乃以晚清時期中國傳統社會婚姻與時代衝突加以解讀，主要集中在婚姻裡之越軌行為及婚姻中的矛盾來理解，對其中緣由說解詳悉。2005 年有郭松義、定宜莊合著《清代民間婚書研究》〔註 196〕，對清朝時期民間的婚書調查甚詳。2006 年有程郁撰《清至民國蓄妾習俗之變遷》〔註 197〕，考察清末民初蓄妾習俗之流變、社會態度和法律上的身分地位。以民國時期社會調查為主述者，2006 年有李文海主編《民國時期社會調查叢編‧婚姻家庭卷》〔註 198〕，係由當時國內外各主要政治力

〔註 190〕劉燕儷，《唐律中的夫妻關係》，高明士主編《中國法制史叢書》1W60，臺北：五南圖書出版公司，2007 年 2 月。

〔註 191〕梁滿倉，《中國魏晉南北朝習俗史》，收入史仲文、胡曉林主編《百卷本中國全史》第 8 卷，北京：人民出版社，1994 年 4 月。

〔註 192〕彭利芸，《宋代婚俗研究》，臺北：新文豐出版公司，1988 年 8 月臺 1 版。

〔註 193〕徐吉軍、方建新、方健、呂鳳棠等，《中國風俗通史：宋代卷》，上海：上海文藝出版社，2001 年 11 月。

〔註 194〕郭松義，《倫理與生活：清代的婚姻關係》，北京：商務印書館，2000 年 8 月，頁 183～184。

〔註 195〕王躍生，《清代中期婚姻衝突透析》，收入《東方歷史學術文庫》，北京：社會科學文獻出版社，2003 年 1 月。

〔註 196〕郭松義、定宜莊，《清代民間婚書研究》，北京：人民出版社，2005 年 11 月。

〔註 197〕程郁，《清至民國蓄妾習俗之變遷》，上海：世紀出版公司、上海古籍出版社，2006 年 6 月。

〔註 198〕李文海主編，《民國時期社會調查叢編‧婚姻家庭卷》，福建：教育出版社，2006 年 3 月初版 2 刷。

量和政治派別、各地政府、各學術團體和學校及學者個人所進行的社會調查彙編而成，共收入十五篇論文手稿，對當時的婚姻與家庭有詳實的梳理。

2、期刊論文

以歷代適婚年齡爲考述範疇者，2006 年岳純之撰〈唐代法定適婚年齡考〉〔註 199〕，專就唐太宗和唐玄宗先後頒布有關結婚年齡的詔令提出檢討。以婚姻習俗與婦女地位做探究者，2002 年有段塔麗撰〈唐代婚姻習俗與婦女地位探析〉〔註 200〕，係就唐代婚姻習俗堅持男本位習俗之餘，竟出現「男到女家成婚」、「夫從妻居」婚姻生活的新格局，及在婚姻習俗中婦女有較高地位的反映。戴麗桑於 2005 年撰〈《儀禮》之外——關於女子〉〔註 201〕。

以周代傳統婚儀爲說談者，姜惠發較早於 1989 年撰〈西周婚姻六禮對于現代風俗的惡劣影響〉〔註 202〕。黃維華於 1998 年撰〈從周代婚姻禮俗看《關雎》〉〔註 203〕。楊軍於 2000 年撰〈周代婚制中的周人舊俗〉〔註 204〕。姚儀敏於 2004 年撰〈周代「主婚」與「媒妁」禮俗考〉〔註 205〕。復於 2005 年撰〈周代「休妻」與「再醮」婚姻問題探討〉〔註 206〕。勾承益於 2007 年撰〈論春秋時代親迎之禮的「正時」〉〔註 207〕。

以秦漢婚姻文化爲探討者，2005 年有李志紅、宋穎惠合撰〈先秦傳統婚姻禮俗研究〉〔註 208〕。吳偉偉於 2007 年撰〈淺談兩漢婚禮的變異及原因〉

〔註 199〕岳純之，〈唐代法定適婚年齡考〉，《歷史教學》，2006 年 5 期（總 510 期），頁 18～21。

〔註 200〕段塔麗，〈唐代婚姻習俗與婦女地位探析〉，《陝西師範大學學報》31 卷 2 期，2002 年 3 月，頁 82～88。

〔註 201〕戴麗桑，〈《儀禮》之外——關於女子〉，《雄中學報》第 8 卷，2005 年.12 月，頁 271～283。

〔註 202〕姜惠發，〈西周婚姻六禮對于現代風俗的惡劣影響〉，《東疆學刊》，1989 年 Z1 期，頁 10～16。

〔註 203〕黃維華，〈從周代婚姻禮俗看《關雎》〉，《社會科學戰線》，1998 年 6 月。

〔註 204〕楊軍，〈周代婚制中的周人舊俗〉，《史學集刊》第 1 期，2000 年 2 月。

〔註 205〕姚儀敏，〈周代「主婚」與「媒妁」禮俗考〉，《復興崗學報》第 82 卷，2004 年 12 月，頁 415～437。

〔註 206〕姚儀敏，〈周代「休妻」與「再醮」婚姻問題探討〉，《復興崗學報》第 83 卷，2005 年 6 月，頁 327～353。

〔註 207〕勾承益，〈論春秋時代親迎之禮的「正時」〉，《中華文化論壇》，2007 年 3 期，頁 36～41。

〔註 208〕李志紅、宋穎惠，〈先秦傳統婚姻禮俗研究〉，《文博》總 129 期，2005 年 6 期，頁 90～93。

〔註209〕。2008 年有姜瀅撰〈漢代婚姻特點略談〉〔註210〕；有劉洋撰〈從賀婚和侈婚看漢代婚禮的演變〉〔註211〕。2009 年有王凱旋撰〈漢代婚俗瀏覽〉〔註212〕。

　　以魏晉南北朝婚禮爲主述對象者，1981 年陳韻撰〈魏晉婚禮研究〉〔註213〕。1991 年林麗眞撰〈魏晉人對傳統禮制與道德之反省—從喪服論、同姓婚論與忠孝論談起〉〔註214〕。梁滿倉於 1994 年撰〈中國魏晉南北朝習俗史〉〔註215〕。張承宗、孫立於 1995 年合撰〈魏晉南北朝婚俗初探〉〔註216〕。吳成國於 1996 年撰〈論東晉南朝婚姻禮制的地域差異〉〔註217〕。易圖強於 1998 年撰〈論兩晉南朝門第婚姻的影響〉〔註218〕。郭善兵在 2001 年撰〈二十世紀八十年代以來魏晉南北朝時期婚喪禮俗研究概述〉〔註219〕。詹慧蓮於 2002 年撰〈魏晉南北朝夫婦關係之研究〉〔註220〕。2004 年陳燕梅撰〈魏晉時期「爲人後」禮議初探〉〔註221〕。2006 年有莊麗霞撰〈「胡化」色彩的北朝婚禮習俗〉〔註222〕；

〔註209〕吳偉偉，〈淺談兩漢婚禮的變異及原因〉，《山東省農業管理干部學院學報》，2007 年 1 期，頁 143+146。

〔註210〕姜瀅，〈漢代婚姻特點略談〉，遼寧經濟職業技術學院《遼寧經濟管理干部學院學報》，2008 年第 3 期，頁 121～122。

〔註211〕劉洋，〈從賀婚和侈婚看漢代婚禮的演變〉，《科教文匯》（上旬刊），2008 年 1 月。

〔註212〕王凱旋，〈漢代婚俗瀏覽〉，《歷史月刊》第 258 期，2009 年 7 月，頁 65～70。

〔註213〕陳韻撰，〈魏晉婚禮研究〉，《國立臺灣師範大學國文研究所集刊》第 25 期，1981 年 6 月，頁 1～191。

〔註214〕林麗眞撰，〈魏晉人對傳統禮制與道德之反省——從喪服論、同姓婚論與忠孝論談起〉，《臺大中文學報》第 4 期，1991 年 6 月，頁 109～141。

〔註215〕梁滿倉，〈中國魏晉南北朝習俗史〉，收入史仲文、胡曉林主編《百卷本中國全史》第八卷，北京：人民出版社，1994 年 4 月。

〔註216〕張承宗、孫立，〈魏晉南北朝婚俗初探〉，《浙江學刊》，1995 年 6 月。

〔註217〕吳成國，〈論東晉南朝婚姻禮制的地域差異〉，《湖北大學學報》，1996 年 3 期。

〔註218〕易圖強，〈論兩晉南朝門第婚姻的影響〉，《湖南教育學院學報》第 16 卷第 6 期，1998 年 12 月，頁 36～40。

〔註219〕郭善兵，〈二十世紀八十年代以來魏晉南北朝時期婚喪禮俗研究概述〉，《貴州文史叢刊》，2001 年第 4 期，頁 21～27。

〔註220〕詹慧蓮，〈魏晉南北朝夫婦關係之研究〉，《國立臺灣師範大學國文研究所集刊》第 46 號，2002 年 6 月，頁 1～161。

〔註221〕陳燕梅，〈魏晉時期「爲人後」禮議初探〉，《中國文學研究》第 19 卷，2004 年 12 月，頁 1+3～24。

〔註222〕莊麗霞，〈「胡化」色彩的北朝婚禮習俗〉，《昭通師範高等專科學校學報》，2006 年 4 月。

有莊麗霞撰〈從北朝的婚禮習俗看民族融合〉〔註223〕。

以隋唐代婚姻禮俗為載記者，段塔麗於 2001 年撰〈唐代婚俗「繞車三匝」漫議〉〔註224〕。段氏續於 2002 年撰〈唐代婚姻習俗與婦女地位探析〉〔註225〕。2004 年鄭炳林、徐曉莉合撰〈晚唐五代敦煌歸義軍政權的婚姻關係研究〉〔註226〕，專以敦煌歸義軍為議題。2005 年劉惠萍撰〈唐代冥婚習俗初探——從敦煌書儀談起〉〔註227〕。2006 年有岳純之撰〈唐代法定適婚年齡考〉〔註228〕；有孫運鵬撰〈唐代婚姻禮俗考〉〔註229〕。2007 年有蔡靜波、苟小紅合著〈唐五代筆記小說中的婚俗現象〉〔註230〕。以宋元婚嫁為研究面向者，1996 年陳家秀撰〈宋代眉州士大夫的婚姻關係〉〔註231〕。

以明清婚俗當研究主軸者，莊金德於 1963 年撰〈清代臺灣的婚姻禮俗〉〔註232〕。陳捷先於 1990 年撰〈清代滿族婚俗漢化略考〉〔註233〕。杜家驥於 1996 年撰〈清代皇族婚俗〉〔註234〕。梁景時於 1999 年撰〈清末民初婚俗的演變述論〉〔註235〕。郭松義於 2000 年撰〈清代的童養媳婚姻〉〔註236〕。蕭倩於 2003

〔註223〕莊麗霞，〈從北朝的婚禮習俗看民族融合〉，《河南科技大學學報》，2006 年 2 月。

〔註224〕段塔麗，〈唐代婚俗「繞車三匝」漫議〉，《中國典籍與文化》，2001 年第 3 期，頁 114-117。

〔註225〕段塔麗，〈唐代婚姻習俗與婦女地位探析〉，《陝西師範大學學報》31 卷 2 期，2002 年 3 月，頁 82～88。

〔註226〕鄭炳林、徐曉莉，〈晚唐五代敦煌歸義軍政權的婚姻關係研究〉，《敦煌學》第 25 卷，2004 年 9 月，頁 559～587。

〔註227〕劉惠萍，〈唐代冥婚習俗初探——從敦煌書儀談起〉，《敦煌學》第 26 卷，2005 年 12 月，頁 155～175。

〔註228〕岳純之，〈唐代法定適婚年齡考〉，《歷史教學》，2006 年 5 期（總 510 期），頁 18～21。

〔註229〕孫運鵬，〈唐代婚姻禮俗考〉，《牡丹江教育學院學報》，2006 年 5 月。

〔註230〕蔡靜波、苟小紅，〈唐五代筆記小說中的婚俗現象〉，《蘭臺世界》，2007 年 13 月。

〔註231〕陳家秀撰，〈宋代眉州士大夫的婚姻關係〉，《第二屆宋史學術研討會論文集》，臺北：中國文化大學出版，1996 年 3 月，頁 95～126。

〔註232〕莊金德，〈清代臺灣的婚姻禮俗〉，《臺灣文獻》第 14 卷第 2 期，1963 年 9 月。

〔註233〕陳捷先，〈清代滿族婚俗漢化略考〉，《國立臺灣大學歷史學系學報》第 15 期，1990 年 12 月，頁 207～215。

〔註234〕杜家驥，〈清代皇族婚俗〉，《歷史月刊》第 97 期，1996 年，頁 120～126。

〔註235〕梁景時，〈清末民初婚俗的演變述論〉，《山西師大學報》第 26 卷第 1 期，1999 年 1 月。

〔註236〕郭松義，〈清代的童養媳婚姻〉，收入李中清、郭松義、定宜莊編《婚姻家庭與人口行為》，北京：北京大學出版社，2000 年 1 月，頁 33～60。

年撰〈清代江西民間溺女與童養〉〔註237〕。宋立永於 2007 年撰〈清代蘇北運河沿岸婚俗變遷〉〔註238〕。王傳滿於 2009 年撰〈明清時期徽州地區宗族勢力對節烈婦女的控制〉〔註239〕。

以民國時期做主述者，楊晉生於 1995 年撰〈當代婚俗現象透視〉〔註240〕。羅檢秋於 1996 年撰〈民國初年的婚俗革變〉〔註241〕。林昭吟於 2005 年撰〈臺灣現代小說中童養媳形象析論〉〔註242〕；同年鄧玉娜撰〈新舊婚禮儀式在民國時期的碰撞〉〔註243〕，《尋根》，2005 年第 6 期。

以專書婚儀爲尋索主角者，內容較多：宋鼎宗學 1972 年撰〈春秋左氏傳賓禮嘉禮考〉〔註244〕。周何於 1973 年撰〈春秋昏禮餘論〉〔註245〕。季旭昇於 1984 年撰〈吉經吉禮研究〉〔註246〕，同年王爾敏撰〈馬之驌著《中國的婚俗》評介〉〔註247〕。魏靖峰於 1988 年撰〈從「儀禮‧士昏禮」管窺古今婚禮〉〔註248〕。張武、梅珍生於 1994 年合撰〈《周易》與人類婚俗〉〔註249〕。白顯鵬於 1995 年撰〈《詩經》束薪與上古婚俗〉〔註250〕。翟振業在 1996 年撰〈詩

〔註237〕 蕭倩，〈清代江西民間溺女與童養〉，《古今藝文》第 29 第 2 期，2003 年 2 月，頁 65～72。

〔註238〕 宋立永，〈清代蘇北運河沿岸婚俗變遷〉，《華北水利水電學院學報》，2007 年 3 期，頁 116～118。

〔註239〕 王傳滿，〈明清時期徽州地區宗族勢力對節烈婦女的控制〉，《中華女子學院山東分院學報》總第 88 期，2009 年 6 期，頁 28～36。

〔註240〕 楊晉生，〈當代婚俗現象透視〉，《中國民政》，1995 年 4 月。

〔註241〕 羅檢秋，〈民國初年的婚俗革變〉，《婦女研究論叢》，1996 年 1 月。

〔註242〕 林昭吟，〈臺灣現代小說中童養媳形象析論〉，《南師語教學報》第 3 卷，2005 年 4 月，頁 159～178。

〔註243〕 鄧玉娜，〈新舊婚禮儀式在民國時期的碰撞〉，《尋根》，2005 年第 6 期，頁 82～85。

〔註244〕 宋鼎宗學，〈春秋左氏傳賓禮嘉禮考〉，《國立臺灣師範大學國文研究所集刊》第 16 號上冊，1972 年 6 月，頁 1～178。

〔註245〕 周何，〈春秋昏禮餘論〉，《國文學報》第 2 期，1973 年 4 月，頁 63～68。

〔註246〕 季旭昇撰，〈吉經吉禮研究〉，《國立臺灣師範大學國文研究所集刊》第 28 期，1984 年 6 月，頁 1～108。

〔註247〕 王爾敏撰〈馬之驌著《中國的婚俗》評介〉，《中華文化復興月刊》第 17 卷 12 期（總號 201），1984 年，頁 64～66。

〔註248〕 魏靖峰，〈從「儀禮‧士昏禮」管窺古今婚禮〉，《中國語文》第 62 卷第 6 期（總號 372），1988 年 6 月，頁 64～66。

〔註249〕 張武、梅珍生，〈《周易》與人類婚俗〉，《江漢論壇》，1994 年 12 月。

〔註250〕 白顯鵬，〈《詩經》束薪與上古婚俗〉，《文史知識》，1995 年 5 期，頁 117～120。

騷婚俗文化比較（下）〕〔註251〕。蕭淑貞於 1998 年撰〈從《詩經・桃夭》淺談婚禮的習俗〉〔註252〕。彭林於 1999 年撰《士昏禮》的禮法與禮義〉〔註253〕。王志芳於 2000 年撰〈六禮之制──《詩經》興象的民俗文化內涵〉〔註254〕。2002 年為盧鳴東撰〈「詩經・綢繆」「三星」毛鄭異解探究：婚禮「仲春為期」的「易」學根據〉〔註255〕；左洪濤撰〈論《詩經》時代婚俗〉〔註256〕；江林撰〈《太平廣記》中所見唐代婚禮、婚俗略考〉〔註257〕。

山鄉於 2004 年撰〈由「窈窕淑女,鐘鼓樂之」看周代婚禮的革新〉〔註258〕、〈女子嫁前要祭高禖──《詩經・召南・采蘋》解讀〉〔註259〕。同年李貴生、李天保合撰〈從《詩經》看先秦的婚禮制度〉〔註260〕。2005 年有（韓）辛銀美撰〈《金瓶梅》中婚嫁禮俗的考察〉〔註261〕；有金榮權撰〈論《詩經》時代婚俗〉〔註262〕；有董雪靜撰〈《詩經》東門戀歌與周代禮俗〉〔註263〕。2006 年孫德華撰〈從《詩經》的愛情詩看周代的聘婚禮及婚制特點〉〔註264〕；

〔註251〕翟振業，〈詩騷婚俗文化比較（下）〉，《常熟高專學報》，1996 年 4 月。
〔註252〕蕭淑貞，〈從《詩經・桃夭》淺談婚禮的習俗〉，《新埔學報》第 16 期，1998 年 9 月，頁 1～14。
〔註253〕彭林，〈《士昏禮》的禮法與禮義〉，《文史知識》，1999 年 9 月。
〔註254〕王志芳，〈六禮之制──《詩經》興象的民俗文化內涵〉，《貴州文史叢刊》，2000 年 5 期，頁 45～47。
〔註255〕盧鳴東，〈「詩經・綢繆」「三星」毛鄭異解探究：婚禮「仲春為期」的「易」學根據〉，《中國文化研究所學報》第 11 期（總號 42），2002 年，頁 327～342。
〔註256〕左洪濤，〈論《詩經》時代婚俗〉，《西北工業大學學報》，2002 年 3 期，頁 20～24。
〔註257〕江林，〈《太平廣記》中所見唐代婚禮、婚俗略考〉，《湖南大學學報》，2002 年 4 期，頁 20～22。
〔註258〕山鄉，〈由「窈窕淑女,鐘鼓樂之」看周代婚禮的革新〉，《集寧師專學報》，2004 年 2 月。
〔註259〕山鄉，〈女子嫁前要祭高禖──《詩經・召南・采蘋》解讀〉，《集寧師專學報》第 26 卷 1 期，2004 年 3 月。
〔註260〕李貴生、李天保，〈從《詩經》看先秦的婚禮制度〉，《社科縱橫》，2004 年 5 期，頁 136～137。
〔註261〕〔韓〕辛銀美，〈《金瓶梅》中婚嫁禮俗的考察〉，《明清小說研究》（總第 75 期），2005 年 1 期，頁 92～103。
〔註262〕金榮權，〈論《詩經》時代婚俗〉，《信陽師範學院學報》第 25 卷第 1 期，2005 年 1 期，頁 83～87。
〔註263〕董雪靜，〈《詩經》東門戀歌與周代禮俗〉，《淮陰師範學院學報》第 27 卷，2005 年 5 月。
〔註264〕孫德華，〈從《詩經》的愛情詩看周代的聘婚禮及婚制特點〉，《長春大學學報》，2007 年 7 月。

趙莉撰〈《孔雀東南飛》與漢代婚姻家庭〉〔註265〕。2007 年陳戍國撰〈《周易》之婚俗婚禮考論〉〔註266〕；戰學成撰〈婚冠之禮與《詩經》婚俗詩〉〔註267〕。2008 年有楊婉甄撰〈從《儀禮・士昏禮》論先民婚禮習俗〉〔註268〕；田率撰〈《詩經》中的「束薪」看古代婚俗〉〔註269〕；付以瓊撰〈從《詩經》看周人的婚戀觀〉〔註270〕；吳曉峰撰〈《詩經》「二南」所反映的先秦求婚禮俗〉〔註271〕；武倩撰〈《禮記・昏義》所體現的先秦婚姻觀〉〔註272〕；唐霞撰〈《救風塵》婚俗探析〉〔註273〕；羅婕撰〈從《詩經》看先秦時期的婚時之禮〉〔註274〕，《荊門職業技術學院學報》，2008 年 8 月。姜川子於 2009 年撰〈從《酉陽雜俎》看唐朝婚俗〉〔註275〕。另以專人的婚禮學做檢測者，杜明德於 1999 年撰〈「毛奇齡婚禮學研究」摘要〉〔註276〕。

3、學位論文

以朝代的婚制爲研究風標之論文不乏多有，其中以周代爲訴求者，有 2004 年高兵之《周代婚姻制度研究》〔註277〕；2006 年郭豔娜之《周代婚禮研究》〔註278〕。以春秋戰國時期爲訴求者較少，闕如石天煜撰《試論春秋

〔註265〕趙莉，〈《孔雀東南飛》與漢代婚姻家庭〉，《桂林師範高等專科學校學報》，第 20 卷第 3 期，2006 年 9 月。

〔註266〕陳戍國，〈《周易》之婚俗婚禮考論〉，《北方論叢》，2007 年 1 月。

〔註267〕戰學成，〈婚冠之禮與《詩經》婚俗詩〉，《北方論叢》，2007 年 4 月。

〔註268〕楊婉甄，〈從《儀禮・士昏禮》論先民婚禮習俗〉，《明道通識論叢》第 5 期，2008 年 11 月，頁 27～33。

〔註269〕田率，〈《詩經》中的「束薪」看古代婚俗〉，《寧夏社會科學》，2008 年 6 期，頁 158～160。

〔註270〕付以瓊撰，〈從《詩經》看周人的婚戀觀〉，《史料研究》，2008 年 2 期，頁 55～56。

〔註271〕吳曉峰，〈《詩經》「二南」所反映的先秦求婚禮俗〉，《長春師範學院學報》，2008 年 5 期，頁 34～39。

〔註272〕武倩，〈《禮記・昏義》所體現的先秦婚姻觀〉，《安徽文學》，2008 年 2 期，頁 290。

〔註273〕唐霞，〈《救風塵》婚俗探析〉，《湖南工業職業技術學院學報》，2008 年 3 期，頁 79～80+109。

〔註274〕羅婕，〈從《詩經》看先秦時期的婚時之禮〉，《荊門職業技術學院學報》，2008 年 8 月。

〔註275〕姜川子，〈從《酉陽雜俎》看唐朝婚俗〉，《消費導刊》，2009 年 8 期，頁 217。

〔註276〕杜明德，〈「毛奇齡婚禮學研究」摘要〉，《高雄師大學報》第 10 期，1999 年，頁 187～228。

〔註277〕高兵，《周代婚姻制度研究》，吉林大學中國古代史博士論文，2004 年。

〔註278〕郭豔娜，《周代婚禮研究》，陝西師範大學碩士論文，2006 年 4 月。

時期的婚姻形態》〔註279〕。以漢代爲研究議題者亦少有，劉增貴撰《漢代婚姻制度》〔註280〕是其類之書。以魏晉南北朝爲研究意議題者稍多，分別爲 1980 學年度陳韻之《魏晉婚禮研究》〔註281〕；2008 年陳嘉琪之《南朝婚姻研究》〔註282〕；2010 年方慈珮之《北朝皇室婚禮研究》〔註283〕。以唐代爲探討主軸者亦較多些，有 1986 學年度向淑雲撰《唐代婚姻法與婚姻實態》〔註284〕；1995 年呂敦華撰《唐代婚禮研究》〔註285〕；2007 年張伯晉撰《唐代婚姻法制與婚俗矛盾關系研究》〔註286〕；2008 年鳳鳳撰《唐代婚服與婚俗關係初探》〔註287〕。以宋夏金時期爲主要研究面向者，有劉箏箏之《宋夏金時期的婚制婚俗研究》〔註288〕。以明代爲主要研究面向者，則有張皓政之《明代常州士人的婚姻圈》〔註289〕。以清代爲探討主軸者，分別是 2003 年張曉蓓撰《清代婚姻制度研究》〔註290〕；2009 學年度阮玉如撰《清代台灣婚姻禮俗研究》〔註291〕。

　　除開上述以朝代的婚儀爲研究標的外，也有專門以個人的禮學觀作釋讀者，如 1999 年杜明德撰《毛西河及其昏禮、喪禮學研究》〔註292〕，係以清儒

〔註279〕石天煜，《試論春秋時期的婚姻形態》，遼寧師範大學專門史碩士論文，2004 年。

〔註280〕劉增貴，《漢代婚姻制度》，國立臺灣大學歷史研究所碩士論文，1976 學年。

〔註281〕陳韻，《魏晉婚禮研究》，國立臺灣師範大學中國文學研究所碩士論文，1980 學年度。

〔註282〕陳嘉琪，《南朝婚姻研究》，國立臺南大學國語文學系碩士論文，2008 年 6 月。

〔註283〕方慈珮，《北朝皇室婚禮研究》，國立臺南大學國語文學系碩士班，2010 年 6 月。

〔註284〕向淑雲，《唐代婚姻法與婚姻實態》，國立台灣大學歷史研究所碩士論文，1986 學年度。

〔註285〕呂敦華，《唐代婚禮研究》，國立臺灣大學中國文學研究所碩士論文，1995 年 5 月。

〔註286〕張伯晉，《唐代婚姻法制與婚俗矛盾關系研究》，吉林大學法律史學碩士論文，2007 年。

〔註287〕鳳鳳，《唐代婚服與婚俗關係初探》，山東大學考古學與博物館學碩士論文，2008 年 4 月。

〔註288〕劉箏箏，《宋夏金時期的婚制婚俗研究》，西北師範大學中國古代史碩士論文，2009 年。

〔註289〕張皓政，《明代常州士人的婚姻圈》，國立臺灣大學歷史研究所碩士論文，2006 年 7 月。

〔註290〕張曉蓓，《清代婚姻制度研究》，中國政法大學中國法律史博士論文，2003 年。

〔註291〕阮玉如，《清代台灣婚姻禮俗研究》，國立臺南大學國語文學系碩士論文，2009 學年度。網際網路公開日期：20130702。

〔註292〕杜明德，《毛西河及其昏禮、喪禮學研究》，國立高雄師範大學國文研究所博士論文，1999 年 6 月。

毛奇齡爲研究對象。以古籍專書中之婚禮爲觀注焦點者則爲另類書寫，吳文龍於 1976 年撰《儀禮婚禮與臺俗婚禮比較研究》〔註293〕較早；潘澤黃於 2003 年撰《中國古代生命禮儀中婚禮之文化意義研究——以《儀禮·士昏禮》爲探討中心》〔註294〕；羅曉蓉於 2005 年撰《婚姻禮制和社會生活中的春秋婦女——對《春秋經傳》與《儀禮·士昏禮》的初步比較研究》〔註295〕；李文娟於 2006 年撰《《儀禮》倫理思想研究》〔註296〕；皆不約而同以《儀禮》做鋪展中心。韓琳琳於 2004 年撰《《禮記》與西漢社會——以「孝」爲中心的考察》〔註297〕；姚宣仔於 2008 年撰《《禮記·昏義》所呈現的婚禮習俗與社會意義研究》〔註298〕，均以《禮記》爲重點觀察，其中姚氏著眼於「訓詁學」的角度試釋「昏」、「昏」、「婚」之意涵和字體流變，並就《禮記·昏義》中之婚姻形式、制度、風俗與教育意義詳加分述，探討其對後世婚禮的影響。張石川撰《春秋經傳所見婚姻及其制度》〔註299〕則以《春秋經傳》爲商討主題。

以《詩經》爲說談對象的論著最多樣，2003 年先有林昭陽之《《詩經》國風貴族婚禮詩研究——以〈葛覃〉、〈桃夭〉、〈匏有苦葉〉、〈碩人〉爲主要考據對象》〔註300〕，接續 2004 年有孔德凌之《《詩經》宴飲詩與周代禮樂文化的變遷》〔註301〕，再後 2007 年有鄭群《《詩經》與周代婚姻禮俗研究》〔註302〕；

〔註293〕吳文龍，《儀禮婚禮與臺俗婚禮比較研究》，私立中國文化學院中國文學研究所碩士論文，1976 年 6 月。

〔註294〕潘澤黃，《中國古代生命禮儀中婚禮之文化意義研究——以《儀禮·士昏禮》爲探討中心》，南華大學生死學研究所碩士論文，2003 年 6 月。

〔註295〕羅曉蓉，《婚姻禮制和社會生活中的春秋婦女——對《春秋經傳》與《儀禮·士昏禮》的初步比較研究》，四川大學碩士論文，2005 年 1 月。

〔註296〕李文娟，《《儀禮》倫理思想研究》，中央民族大學碩士論文，2006 年 5 月。

〔註297〕韓琳琳，《《禮記》與西漢社會——以「孝」爲中心的考察》，南京師範大學碩士論文，2004 年 4 月。

〔註298〕姚宣仔，《《禮記·昏義》所呈現的婚禮習俗與社會意義研究》，國立臺北教育大學語文與創作學系語文教學碩士班碩士論文，2008 年 7 月。

〔註299〕張石川，《春秋經傳所見婚姻及其制度》，南京師範大學中國古代文學碩士論文，2003 年 5 月。

〔註300〕林昭陽，《《詩經》國風貴族婚禮詩研究——以〈葛覃〉、〈桃夭〉、〈匏有苦葉〉、〈碩人〉爲主要考據對象》，國立臺灣師範大學國文系在職進修碩士論文，2003 學年度。

〔註301〕孔德凌，《《詩經》宴飲詩與周代禮樂文化的變遷》，曲阜師範大學中國古代文學系碩士論文，2004 年 4 月。

〔註302〕鄭群，《《詩經》與周代婚姻禮俗研究》，揚州大學中國古代文學博士論文，2007 年。

李雯撰《《詩經》婚制婚俗探究》〔註303〕；羅婕撰《《詩經》中反映的先秦婚禮》〔註304〕；黃倫峰撰《周代婚俗下的《詩經》婚戀詩研究》〔註305〕；趙鋒撰《《國風》所反映的婚俗與婚制》〔註306〕等。《左氏春秋婚俗考》〔註307〕和《《左傳》中的婚俗與兩性關係研究》〔註308〕二書，分別是黃耀能於1967年和李春秀於2006學年度對《左傳》婚俗的紹述。

此外，另以民間文學為指涉要角者，有2000年余懷瑾撰《元雜劇「桃花女」之婚俗儀式研究》〔註309〕；2008學年度張倩雯撰《「三言」小說中的民俗題材研究——以節日、婚俗、數術為中心》〔註310〕；2008年郭貴榮撰《《醒世姻緣傳》婚俗解讀》〔註311〕等。

（三）以生命禮俗、婦女及家庭為研究面向

由於婚、喪、喜、慶等生命禮俗關係著人生，與婦女和家庭同為婚嫁禮俗中息息相關的元素，故同質性的研究文本亦予列入文獻探討。

1、專　書

談說生命禮俗者，有1992年喬繼堂撰《中國人生禮俗》〔註312〕，對現實人生從生到死各階段的禮俗述之甚詳，對有關人生信仰——觀念的人生史，及某些禮俗的歷史本書亦常有說明和分析。有同年阮昌銳、辛意雲合著《中國人的生命禮俗》（嘉禮篇）〔註313〕，以「嘉禮」喜慶相歡之事的「昏禮」與「冠禮」為主。

〔註303〕李雯，《《詩經》婚制婚俗探究》，福建師範大學中國古代文學碩士論文，2007年。
〔註304〕羅婕，《《詩經》中反映的先秦婚禮》，華中師範大學古代文學碩士論文，2007年。
〔註305〕黃倫峰，《周代婚俗下的《詩經》婚戀詩研究》，廣西師範大學中國古代文學碩士論文，2007年。
〔註306〕趙鋒，《《國風》所反映的婚俗與婚制》，首都師範大學中國古代文學碩士論文，2007年。
〔註307〕黃耀能，《左氏春秋婚俗考》，國立臺灣大學中國文學研究所碩士論文，1967年1月。
〔註308〕李春秀，《《左傳》中的婚俗與兩性關係研究》，高雄師範大學中文碩士論文，2006學年度。
〔註309〕余懷瑾，《元雜劇「桃花女」之婚俗儀式研究》，南華大學文學研究所碩士論文，2000年6月。
〔註310〕張倩雯，《「三言」小說中的民俗題材研究——以節日、婚俗、數術為中心》，臺灣大學中國文學研究所碩士論文，2008學年度。
〔註311〕郭貴榮，《《醒世姻緣傳》婚俗解讀》，山東大學民俗學碩士論文，2008年。
〔註312〕喬繼堂，《中國人生禮俗》，天津：人民出版社，1992年2月初版2刷。
〔註313〕阮昌銳、辛意雲合著，《中國人的生命禮俗》（嘉禮篇），臺北：行政院文建會策劃出版，1992年白露。

有 2005 年李秀娥撰《臺灣傳統生命禮儀》〔註314〕，舉凡漢人傳統出生禮、成年禮、婚禮、壽禮與喪禮的祭祀內容與意義無不羅列。有 2008 年歐瑞雲撰《細說義・美人生：關於你我的生命禮俗書》〔註315〕，沿用參考閩南地區河洛支派為主，整理出配合臺灣生活的誕生、成長、婚嫁、壽誕與壽慶、年節時慶、生活習俗各界文化。另林素英 1997 年撰《古代生命禮儀中的生死觀——以《禮記》為主的現代詮釋》〔註316〕，則以《禮記》中之生與死觀點為訴求。筆者 2009 年撰《生命的歷程：金門的節慶與禮俗》〔註317〕，詳述金門地區歲時節慶，及慶生、成年、婚嫁、壽誕、喪葬等人生禮俗，但研究範疇僅限於金門區塊。

以婦女為議事主題者，有 1978 年李甲孚撰《中國古代的婦女生活》〔註318〕，由婚俗、終身大事（出嫁）、新娘拜見舅姑、媳婦怎樣侍奉公婆、兩性情愛生活、夫婦、妾、出妻、再嫁、母與子……等十五篇關繫於古代婦女生活的篇章編輯而成。有 1991 年高洪興、徐錦鈞、張強邊合編《婦女風俗考》〔註319〕，匯錄服飾、纏足、婚禮、婚制、性民俗、貞操、娼妓、社會生活等和婦女風俗系聯的篇章。韋溪、張葚 1994 年合著《中國古代婦女禁忌禮俗》〔註320〕，則特別從中國古代封建社會婦女的降生悲劇、閨媛清規、婚嫁之儀、事夫之禮、性的禁忌、宗教祭祀、守寡戒律及婦女喪葬等八方面向的禁忌禮俗陋習，進行集中又深入的紹介和評析，並直接提出許多新見解。有 1998 年高世瑜撰《中國古代婦女生活》〔註321〕，著眼於中國古代的婦女生活描繪。2000 年盧玲撰《屈辱與風流：圖說中國女性》〔註322〕，分別議論女性的屈辱與苦難、女性的婚姻、宮女、妓女與妾、中國女性的性、女性的發現、當代

〔註314〕李秀娥，《臺灣傳統生命禮儀》，臺中：星辰出版社，2005 年 3 月初版 2 刷。

〔註315〕歐瑞雲，《細說義・美人生：關於你我的生命禮俗書》，臺北，典藏藝術家庭，2008 年 1 月。

〔註316〕林素英，《古代生命禮儀中的生死觀——以《禮記》為主的現代詮釋》，臺北：文津出版社，1997 年 8 月。

〔註317〕林麗寬，《生命的歷程：金門的節慶與禮俗》，金門：金門縣文化局，2009 年 11 月。

〔註318〕李甲孚，《中國古代的婦女生活》，臺北：黎明文化事業公司，1978 年 2 月。

〔註319〕高洪興、徐錦鈞、張強邊合編，《婦女風俗考》，收入《中國民俗文化研究叢書》，上海：文藝出版社，1991 年 10 月。

〔註320〕韋溪、張葚，《中國古代婦女禁忌禮俗》，陝西：人民出版社，1994 年 6 月。

〔註321〕高世瑜，《中國古代婦女生活》，李學勤、馮爾康主編《中國古代社會生活叢書》第 22，臺北：臺灣商務印書館 1998 年 12 月。

〔註322〕盧玲，《屈辱與風流：圖說中國女性》，北京：團結出版社，2000 年（出版月日未標明）。

女性的陣痛、中國的女名等意涵，文中穿插許多圖照，令人印象深刻。2006
年有常建華撰《婚姻內外的古代女性》〔註323〕，從風俗入手，將古代有關婚
姻思想、政策、制度與社會實際狀況結合考察。同年有李文海主編《婚姻內
外的古代女性》〔註324〕。林素娟2007年撰《空間、身體與禮教規訓：探討秦
漢之際的婦女禮儀教育》〔註325〕，以秦漢婦女實際上之禮儀教育當標的，相
當引人注目。高錦花於2008年撰〈周代婦女的社會地位探析〉〔註326〕。

　　以家庭、社會和婚姻做系聯梳平者，有1968年陶希聖撰《婚姻與家庭》
〔註327〕。有1981年馬漢寶撰〈儒家思想法律化與中國家庭關係的發展〉〔註
328〕。陳其南於1985年撰〈房與傳統中國家族制度──兼論西方人類學的中
國家族研究〉〔註329〕。有1987年陳其南撰《婚姻、家庭與社會》〔註330〕。
有張彥修1994年著《婚姻‧家族‧氏族與文明：《家庭私有制和國家的起源
研究》》〔註331〕。揚杰1995年撰《宋明家族制度史論》〔註332〕，探究領域則
稍有不同，乃以宋、明兩代家族制度史爲依歸。王玉波於1998年撰《中國古
代的家》〔註333〕。有2000年李中清、郭松義、定宜莊編《婚姻家庭與人口行
爲》〔註334〕。有2003年費成康撰《中國家族傳統禮儀》〔註335〕。有2009
年彭懷眞撰《婚姻與家庭》〔註336〕，含括性別角色；兩性、親密與權力關係；

〔註323〕常建華，《婚姻內外的古代女性》，收入《古代社會生活圖記》套書，北京：
　　　　中華書局，2006年5月。
〔註324〕李文海主編，《婚姻內外的古代女性》，北京：中華書局社，2006年5月。
〔註325〕林素娟，《空間、身體與禮教規訓：探討秦漢之際的婦女禮儀教育》，臺北：
　　　　臺灣學生書局，2007年5月。
〔註326〕高錦花，〈周代婦女的社會地位探析〉，《延安大學學報》，2008年1月。
〔註327〕陶希聖，《婚姻與家庭》，臺北：臺灣商務印書館，1968年，頁36。
〔註328〕馬漢寶，〈儒家思想法律化與中國家庭關係的發展〉，《中央研究院國際漢學會
　　　　議論文集》，臺北：中央研究院，1981年10月，頁171～182。
〔註329〕陳其南，〈房與傳統中國家族制度──兼論西方人類學的中國家族研究〉，《漢
　　　　學研究》第3卷第1期，1985年6月，頁127～184。
〔註330〕陳其南，《婚姻、家庭與社會》，臺北：允晨出版社，1987年10月。
〔註331〕張彥修著，《婚姻‧家族‧氏族與文明：《家庭私有制和國家的起源研究》》，
　　　　北京：中國社會科學出版社，2007年11月。
〔註332〕徐揚杰，《宋明家族制度史論》，北京：中華書局，1995年11月。
〔註333〕王玉波，《中國古代的家》，臺北：臺灣商務印書館，1998年9月。
〔註334〕李中清、郭松義、定宜莊編，《婚姻家庭與人口行爲》，北京：北京大學出版
　　　　社，2000年1月。
〔註335〕費成康，《中國家族傳統禮儀》，上海：社會科學院出版社，2003年7月。
〔註336〕彭懷眞，《婚姻與家庭》，臺北：巨流圖書公司，2009年8月修訂第4版。

擇偶；婚姻基本概念；婚姻方式；單身、同居及其他選擇；外遇；離婚；婚姻問題與諮商輔導；家庭的概念、功能、類型、生命周期、系統、暴力與防治等多角度、全方位、兼顧理論與實務、考慮西方知識和臺灣現狀之書，係作者累積長期學習、思考和各種實務心得費心寫成。

2、期刊論文

以生命禮儀為論述基準較有關連者，林衡道於 1986 年撰〈臺灣的生命禮俗〉〔註337〕。曾昭旭在 1993 年撰〈儒家義理與生命禮俗〉〔註338〕。林茂賢於 2007 年撰〈臺灣生命禮俗禁忌揭密〉〔註339〕。

以女性議題做探討者，柳立言於 1991 年撰〈淺談宋代婦女的守節與再嫁〉〔註340〕。1996 年有朱明安撰〈婚姻中的女人〉〔註341〕。1998 年有姚周輝撰〈論傳統婚禮習俗中的性別歧視〉〔註342〕。陳曉於 1999 年撰〈先秦時期婦女的離婚問題〉〔註343〕。陳昭容於 2001 年撰〈周代婦女在祭祀中的地位——青銅器銘文中的性別、身份與角色研究（之一）〉〔註344〕。張良蕙在 2002 年撰〈從父權制分析中國婚禮中的女性角色〉〔註345〕。劉斐玟於 2005 年撰〈文本與文境的對話：女書三朝書與婦女的情意音聲〉〔註346〕。彭美玲於 2007 年撰〈傳統婚嫁活動中的婦女待遇——以近代方志風俗門述論為主〉〔註347〕。2009

〔註337〕林衡道，〈臺灣的生命禮俗〉，臺北：中華文化復興運動推行委員會編印《生命禮俗研討會論文集》，1986 年 9 月再版，頁 177～208。

〔註338〕曾昭旭，〈儒家義理與生命禮俗〉，《鵝湖月刊》第 221 期，1993 年 11 月，頁 1～10。

〔註339〕林茂賢，〈臺灣生命禮俗禁忌揭密〉，《傳藝》第 71 期，2007 年 8 月，頁 30～33。

〔註340〕柳立言，〈淺談宋代婦女的守節與再嫁〉，《新史學》第 2 卷 4 期，中國婦女史專號，1991 年 12 月，頁 37～76。

〔註341〕朱明安，〈婚姻中的女人〉，《心理世界》，1996 年 5 期，頁 12～13。

〔註342〕姚周輝，〈論傳統婚禮習俗中的性別歧視〉，《雲南師範大學學報》，1998 年 3 期。

〔註343〕陳曉，〈先秦時期婦女的離婚問題〉，《文史雜誌》，1999 年第 4 期。

〔註344〕陳昭容，〈周代婦女在祭祀中的地位——青銅器銘文中的性別、身份與角色研究（之一）〉，《清華學報》第 31 卷第 4 期，2001 年 12 月，頁 395～440。

〔註345〕張良蕙，〈從父權制分析中國婚禮中的女性角色〉，《景女學報》第 2 期，2002 年 1 月，頁 107～117。

〔註346〕劉斐玟，〈文本與文境的對話：女書三朝書與婦女的情意音聲〉，《臺灣人類學刊》，第 3 卷第 1 期，2005 年 6 月，頁 87～142。

〔註347〕彭美玲，〈傳統婚嫁活動中的婦女待遇——以近代方志風俗門述論為主〉，《臺大中文學報》第 26 期，2007 年 6 月，頁 191～240。

年程方、馬曉雪合著〈清代山東婦女的婚姻與生育狀況〉〔註 348〕。

　　以家庭儀軌當主軸者，1962 年王夢鷗撰〈中國古代家族之形成及其流變〉〔註 349〕較早。1963 年戴炎輝撰〈清代臺灣之家制及家產〉〔註 350〕。接著王崧興先後於 1981 年撰〈漢學與中國人類學——以家族與聚落型態之研究爲例〉〔註 351〕、1985 年撰〈論漢人社會的家戶與家族〉〔註 352〕、1989 年撰〈漢人的家族制——試論「有關係、無組織」的社會〉〔註 353〕，皆以家族爲探討中心。1981 年另有黃紹祖撰〈重建中國家庭制度的重要〉〔註 354〕；楊亮功撰〈中國家族制度與儒家倫理思想〉〔註 355〕；戴東雄撰〈論中國家制的現代化〉〔註 356〕。李亦園亦於 1985 年撰〈中國家族與其儀式：若干觀念的探討〉〔註 357〕；同年瞿海源撰〈宗教信仰與家庭觀念〉〔註 358〕。1993 年有李師豐楙撰〈道教與中國人的生命禮俗〉〔註 359〕；有陳進傳撰〈清代宜蘭家族的發展〉〔註 360〕；

〔註 348〕程方、馬曉雪，〈清代山東婦女的婚姻與生育狀況〉，《東岳論叢》第 30 卷第 11 期，2009 年 11 月，頁 87～92。

〔註 349〕王夢鷗，〈中國古代家族之形成及其流變〉，《國立政治大學學報》第 5 期，1962 年 5 月，頁 5～39。

〔註 350〕戴炎輝，〈清代臺灣之家制及家產〉，《臺灣文獻》第 14 卷第 3 期，1963 年 9 月，頁 1～19。

〔註 351〕王崧興，〈漢學與中國人類學——以家族與聚落型態之研究爲例〉，《中央研究院國際漢學會議論文集》，1981 年 10 月，頁 399～411。

〔註 352〕王崧興，〈論漢人社會的家戶與家族〉，《中央研究院民族所集刊》第 59 期，1985 年春季，頁 123～129。

〔註 353〕王崧興，〈漢人的家族制——試論「有關係、無組織」的社會〉，《中央研究院第二屆國際漢學會議論文集》，1989 年 6 月，頁 271～279。

〔註 354〕黃紹祖，〈重建中國家庭制度的重要〉（一），《孔孟月刊》第 19 卷第 6 期，1981 年 2 月，頁 40～46。接後又於《孔孟月刊》同卷第 7 期撰〈重建中國家庭制度的重要〉（二），同年 3 月，頁 20～25。

〔註 355〕楊亮功，〈中國家族制度與儒家倫理思想〉，《中央研究院國際漢學會議論文集》，臺北：中央研究院，1981 年 10 月，頁 937～950。

〔註 356〕戴東雄，〈論中國家制的現代化〉，《中央研究院國際漢學會議論文集》，臺北：中央研究院，1981 年 10 月，頁 147～170。

〔註 357〕李亦園，〈中國家族與其儀式：若干觀念的探討〉，《中央研究院民族學研究所集刊》第 59 期，1985 年春季，頁 47～61。

〔註 358〕瞿海源，〈宗教信仰與家庭觀念〉，《中央研究院民族學研究所集刊》第 59 期，1985 年春季，頁 111～122。

〔註 359〕李師豐楙，〈道教與中國人的生命禮俗〉。第四屆宗教與文化研討會（臺北市：內政部主辦，1993 年 10 月），頁 182～242。

〔註 360〕陳進傳，〈清代宜蘭家族的發展〉，《臺北文獻》直字第 103 期，1993 年 3 月，頁 87～137。

有羅彤華撰〈漢代分家原因初探〉〔註361〕；有熊鐵基撰〈以敦煌資料證傳統家庭〉〔註362〕。1994 年有岳慶平撰〈近代婚姻家庭的變遷〉〔註363〕；有馬憶南著〈中國婦女在古代婚姻家庭法上之地位〉〔註364〕。暢引婷於 2001 年撰〈男女平權新世紀──從《婚姻法》看中國婦女地位的歷史變遷〉〔註365〕。王明霞於 2003 年撰〈從滿族家庭禮俗看其民族的倫理道德觀〉〔註366〕。陳惠馨於 2005 年撰〈《唐律》中家庭與個人的關係──透過教育與法制建構「家內秩序」〉〔註367〕。陸越於 2008 年撰〈女部漢字與婚俗文化〉〔註368〕。

3、學位論文

以聘金制度及婦女之法律地位變遷爲探討議題者，有 2000 學年度沈靜萍撰《百餘年來臺灣聘金制度之法律分析──兼談臺灣女性法律地位之變遷》〔註369〕。以女性社會地位爲主要檢露者，爲同年周惠菁撰《由《說文》女部見古代女性的社會地位》〔註370〕，但限制在《說文》女部之字。以童養媳爲描記者，有 2001 學年度李宜芳之《清代民間文學與社會慣俗之研究──以童養媳故事爲中心》〔註371〕。以養女爲探討者，有 2005 學年度徐美雲之

〔註361〕羅彤華，〈漢代分家原因初探〉，《漢學研究》第 11 卷第 1 期，1993 年 6 月，頁 135～157。

〔註362〕熊鐵基，〈以敦煌資料證傳統家庭〉，《敦皇研究》，1993 年第 3 期，頁 73～78。

〔註363〕岳慶平撰〈近代婚姻家庭的變遷〉，《文史知識》，1994 年 5 期，頁 18～24。

〔註364〕馬憶南，〈中國婦女在古代婚姻家庭法上之地位〉，《中國典籍與文化》，1994 年 3 月。

〔註365〕暢引婷，〈男女平權新世紀──從《婚姻法》看中國婦女地位的歷史變遷〉，《滄桑》，2001 年 2 月。

〔註366〕王明霞，〈從滿族家庭禮俗看其民族的倫理道德觀〉，《吉林師範大學學報》第 3 期，2003 年 6 月，頁 33～34。

〔註367〕陳惠馨，〈《唐律》中家庭與個人的關係──透過教育與法制建構「家內秩序」〉，《東亞傳統家禮、教育與國法（一）：家族、家禮與教育》論文集，臺北：國立臺灣大學出版中心，2005 年 9 月，頁 87～128。

〔註368〕陸越，〈女部漢字與婚俗文化〉，《浙江工商大學學報》（總第 93 期），2008 年第 6 期。

〔註369〕沈靜萍，《百餘年來臺灣聘金制度之法律分析──兼談臺灣女性法律地位之變遷》，國立臺灣大學法律學研究所碩士論文，2000 學年度。

〔註370〕周惠菁，《由《說文》女部見古代女性的社會地位》，玄奘大學中國語文研究所碩士論文，2005 年 7 月。

〔註371〕李宜芳，《清代民間文學與社會慣俗之研究～以童養媳故事爲中心》，國立花蓮師範學院民間文學研究所碩士論文，2001 學年度。

《臺灣文學作品中養女形象研究》〔註372〕。以婦女生活爲研究主軸者，有2003學年度黃佳蓉撰《從閩南歌謠探討臺灣早期的婦女婚姻生活》〔註373〕、張磊2009年撰《清代貴州女性生活研究》〔註374〕。專門以家爲議題者，有2002年邱馨慧撰《家、物與階序：以一個排灣社會爲例》〔註375〕，及德田幸惠2007年撰《日本統治下臺灣的「內臺共婚」：日本與臺灣的「家」制度的衝突和交流》〔註376〕。

（四）以婚禮用語及用物為研究對象

1、專　書

烏爾沁2002年編著《民間喜事》〔註377〕，以風雅頌分類，分述喜氣、喜日、喜節、喜舞、喜花、喜會、喜靈、喜意、喜身、喜訊、喜業、喜禮、喜壽、喜稱、喜客、喜婚、喜辰、喜食、喜味、喜居、喜福、喜劇、喜藝、喜神、喜景、喜聯等全與喜事有關連者，內容包羅萬象，有諸多婚姻用語與用物的探討。鴻宇2004年編著《服飾》（中國民俗文化彩圖版）〔註378〕，以彩圖穿插，對古代的服飾、飾物、髮式、化妝介紹令人一目瞭然。殷偉、殷斐然2005年編著《中國喜文化》〔註379〕，有喜神、洞房花燭、喜事頌歌、民間喜俗等篇章陳述。

攸關離島金門婦女古時妝點文物的傳釋，1998年金門縣立社會教育館編印《金門婦女古妝飾文物展專輯》〔註380〕能一窺究竟。

〔註372〕徐美雲，《臺灣文學作品中養女形象研究》，中國文化大學中國文學研究所碩士在職專班論文，2005學年度。
〔註373〕黃佳蓉，《從閩南歌謠探討臺灣早期的婦女婚姻生活》，國立花蓮師範學院民間文學研究所碩士論文，2003學年度。
〔註374〕張磊，《清代貴州女性生活研究》，中央民族大學中國少數民族史博士論文，2009年。
〔註375〕邱馨慧，《家、物與階序：以一個排灣社會爲例》，國立臺灣大學人類學研究所碩士論文，2002年1月。
〔註376〕德田幸惠，《日本統治下臺灣的「內臺共婚」：日本與臺灣的「家」制度的衝突和交流》（摘錄），淡江大學歷史學系碩士論文，2007年6月。
〔註377〕烏爾沁編著，《民間喜事》，北京：中國致公出版社，2002年1月。
〔註378〕鴻宇編著，《服飾》（中國民俗文化彩圖版），北京：宗教文化出版社，2004年5月。
〔註379〕殷偉、殷斐然編著，《中國喜文化》，雲南：人民出版社，2005年2月。
〔註380〕金門縣立社會教育館編印，《金門婦女古妝飾文物展專輯》，金門：金門縣立社會教育館，1998年10月。

2、期刊論文

以婚嫁禮服、季節做探討者，李建國於 1995 年撰〈古代的婚月和婚會〉〔註 381〕。1996 年有付淑芳撰〈婚慶服飾，亂花漸欲迷人眼〉〔註 382〕。李師豐楙於 1999 年撰〈服飾與禮儀：〈離騷〉的服飾中心說〉〔註 383〕。洪定國、楊靜於 2004 年合撰〈現今臺灣傳統婚嫁儀式及嫁妝用品之探討〉〔註 384〕。徐強於 2005 年撰〈淺析中西審美差異對中國婚紗流行的影響〉〔註 385〕。2006 年有王宏付撰〈民國時期上海婚禮服中的「西化」元素〉〔註 386〕；有吳國華、蒲軍合著〈中西方婚禮服飾文化研究〉〔註 387〕；有許星撰〈蘇州地區民間傳統婚禮儀俗及衣著飾物探析〉〔註 388〕。2007 年有王兆梅、周莉英合撰〈芻議中國嫁衣〉〔註 389〕。李晨於 2008 年撰〈紙材料在女性婚禮服上的應用研究〉〔註 390〕；同年袁秋薈撰〈民國時期婚禮服的城鄉比較〉〔註 391〕。2009 年有吳曉峰撰〈先秦嫁娶季節新論〉〔註 392〕；唐瓊撰〈婚禮服〉〔註 393〕。

以婚嫁用品、器物爲對象者，許嘉明於 1979 年撰〈中國的婚俗改變了嗎？〉〔註 394〕，針對婚俗的搓圓仔、喜幛、尾後擔、八卦米篩等用物的象徵意義，

〔註 381〕李建國，〈古代的婚月和婚會〉，《文史知識》，1995 年 8 期，頁 26～29。

〔註 382〕付淑芳，〈婚慶服飾，亂花漸欲迷人眼〉，《文化月刊》，1996 年 7 期。

〔註 383〕李師豐楙，〈服飾與禮儀：〈離騷〉的服飾中心說〉，《中國文哲研究集刊》第 14 期，1999 年 3 月，頁 1～50。

〔註 384〕洪定國、楊靜，〈現今臺灣傳統婚嫁儀式及嫁妝用品之探討〉，《工業設計》第 32 卷 2 期（總號 111），2004 年 11 月，頁 208～215。

〔註 385〕徐強，〈淺析中西審美差異對中國婚紗流行的影響〉，《飾》，2005 年 3 月。

〔註 386〕王宏付，〈民國時期上海婚禮服中的「西化」元素〉，《裝飾》，2006 年 5 期，頁 20～21。

〔註 387〕吳國華、蒲軍〈中西方婚禮服飾文化研究〉，《美與時代》，2006 年 12 月，頁 59～61。

〔註 388〕許星，〈蘇州地區民間傳統婚禮儀俗及衣著飾物探析〉，《裝飾》，2006 年 3 月。

〔註 389〕王兆梅、周莉英，〈芻議中國嫁衣〉，《藝術與設計》（理論），2007 年 10 期，頁 173～175。

〔註 390〕李晨，〈紙材料在女性婚禮服上的應用研究〉，《裝飾》，2008 年 3 期，頁 96～97。

〔註 391〕袁秋薈，〈民國時期婚禮服的城鄉比較〉，《江蘇紡織》，2008 年 12 月。

〔註 392〕吳曉峰，〈先秦嫁娶季節新論〉，《常熟理工學院學報》，2009 年 9 期，頁 65～69。

〔註 393〕唐瓊，〈婚禮服〉，《藝海》，2009 年 3 期，頁 7～9。

〔註 394〕許嘉明，〈中國的婚俗改變了嗎？〉，《今日中國》第 97 期，1979 年 5 月，頁 120～122。

論述婚姻禮儀有無改變。1986 年有張文智撰〈中國婚禮中顏色的象徵與變遷〉〔註395〕；陳其南撰〈中國人的『房』事情結〉〔註396〕。胡必華 1987 年撰〈婚禮中的器物象徵〉〔註397〕。劉桂秋於 1988 年撰〈古代婚俗──「撒帳」和「撒豆谷」〉〔註398〕，《民俗研究》，1988 年 2 月簡榮聰 1992 年撰〈臺灣舊時富家「奩單」與嫁粧──鹿港士紳所遺「奩單」淺探〉〔註399〕。湯志成 1993 年撰〈古代婚禮用秤釋疑〉〔註400〕。1996 年有葉淑珍撰〈敦煌寫本書儀中的「用雁」婚俗商榷〉〔註401〕。鄭垣玲於 1997 年撰〈臺灣傳統婚姻──「昏四禮」之禮物研究〉〔註402〕。1998 年有咏君撰〈鳳鳥雙聯杯──反映古代婚姻禮俗的一件楚文物〉〔註403〕；吳成國、喻學忠合撰〈「茶禮」與「聘禮」〉〔註404〕。張豔雲於 1999 年撰〈唐代婚俗中的障車與障車文〉〔註405〕。陳運造於 2001 年撰〈客家生育與結婚禮俗植物初探〉〔註406〕；同年林繼富、張科合撰〈棗的禮俗精神與文學傳承〉〔註407〕。2003 年有傅仰止、陳志柔、林南等合著〈喜宴：華人社會中的社會資本運作場域〉〔註408〕，是屬於調查研究之作；有胡

〔註395〕張文智，〈中國婚禮中顏色的象徵與變遷〉，《人類與文化》第 22 期，1986 年 6 月，頁 15～19。

〔註396〕陳其南，〈中國人的『房』事情結〉，《文化的軌跡》下冊：《婚姻家族與社會》，臺北：允晨出版社，1986 年，書中沒註明何月，頁 91。

〔註397〕胡必華，〈婚禮中的器物象徵〉，《民俗曲藝》第 45 期，1987 年，頁 113～117。

〔註398〕劉桂秋，〈古代婚俗──「撒帳」和「撒豆谷」〉，《民俗研究》，1988 年 2 月。

〔註399〕簡榮聰，〈臺灣舊時富家「奩單」與嫁粧──鹿港士紳所遺「奩單」淺探〉，《臺灣文獻》第 43：3 期，1992 年 9 月，頁 153～164。

〔註400〕湯志成，〈古代婚禮用秤釋疑〉，《民俗研究》，1993 年 4 月。

〔註401〕葉淑珍，〈敦煌寫本書儀中的「用雁」婚俗商榷〉，《中華學苑》第 47 期，1996 年 3 月，頁 35～48。

〔註402〕鄭垣玲，〈臺灣傳統婚姻──「昏四禮」之禮物研究〉，《臺灣人文（師大）》第 1 期，1997 年 6 月，頁 73～98。

〔註403〕咏君，〈鳳鳥雙聯杯──反映古代婚姻禮俗的一件楚文物〉，《故宮文物月刊》第 15 卷 10 期（總號 178），1998 年 1 月，頁 132～133。

〔註404〕吳成國、喻學忠合撰，〈「茶禮」與「聘禮」〉，《湖北大學學報》，1998 年 2 期。

〔註405〕張豔雲，〈唐代婚俗中的障車與障車文〉，《歷史月刊》第 133 期，1999 年 2 月，頁 118～122。

〔註406〕陳運造，〈客家生育與結婚禮俗植物初探〉，《苗栗文獻》第 1 期（總號 15），2001 年 3 月，頁 47～57。

〔註407〕林繼富、張科，〈棗的禮俗精神與文學傳承〉，《商丘師範學院學報》第 17 卷第 1 期，2001 年 1 期，頁 24～26。

〔註408〕傅仰止、陳志柔、林南等，〈喜宴：華人社會中的社會資本運作場域〉，《調查研究》，第 13 期，2003 年 4 月，頁 147～154。

漸達撰〈薪在古婚禮中的實際作用〉〔註409〕；有楊美維撰〈傳統吉祥圖案於婚禮商品裝飾之設計應用研究〉〔註410〕。劉瑞明於 2005 年撰〈婚禮中的「避煞」民俗探析──兼論處女紅禁忌始源〉〔註411〕。2006 年陳郁翔、蔡淳伊合著〈喜宴──臺灣餐飲業婚禮宴會飲食文化〉〔註412〕；曾昱山撰〈屏東縣排灣族與鞦韆在其婚禮的獨特意涵〉〔註413〕；劉立承撰〈從「越鄉婚俗館」看中國傳統婚禮家具〉〔註414〕。2007 年有羅志慧撰〈試論明清女性的妝奩問題〉〔註415〕；胡新生撰〈《儀禮‧士昏禮》用雁問題新證〉〔註416〕；張勃撰〈紅蓋頭〉〔註417〕；陳華陽撰〈花甲老人重拾舊業：「抬花轎」抬出婚嫁新時尚〉〔註418〕；瞿明安撰〈中國少數民族婚禮驅邪儀式中的象徵符號〉〔註419〕。張藝芬於 2008 年撰〈中英婚俗中的吉祥文化對比〉〔註420〕。2009 年有魯瑞菁撰〈說「結髮」──從「過渡禮儀」與「頭髮巫術」視角的研究〉〔註421〕；李小米撰〈婚禮上的那塊繡花手帕〉〔註422〕。

〔註409〕胡漸達，〈薪在古婚禮中的實際作用〉，《文史知識》，2003 年 9 期，頁 126～127。

〔註410〕楊美維，〈傳統吉祥圖案於婚禮商品裝飾之設計應用研究〉，《商業設計學報》第 7 期，2003 年 7 月，頁 365～385。

〔註411〕劉瑞明，〈婚禮中的「避煞」民俗探析──兼論處女紅禁忌始源〉，《四川大學學報》，2005 年 6 月。

〔註412〕陳郁翔、蔡淳伊，〈喜宴──臺灣餐飲業婚禮宴會飲食文化〉，《中華飲食文化基金會會訊》第 12 卷第 1 期，2006 年 2 月，頁 18～26。

〔註413〕曾昱山，〈屏東縣排灣族與鞦韆在其婚禮的獨特意涵〉，《臺南大學體育學報》第 1 期，2006 年 12 月，頁 47～54。

〔註414〕劉立承，〈從「越鄉婚俗館」看中國傳統婚禮家具〉，《裝飾》，2006 年 8 月。

〔註415〕羅志慧，〈試論明清女性的妝奩問題〉，《國文天地》第 22 卷第 8 期（總號 260），2007 年 1 月，頁 12～20。

〔註416〕胡新生，〈《儀禮‧士昏禮》用雁問題新證〉，《文史哲》，2007 年 1 期，頁 23～36。

〔註417〕張勃，〈紅蓋頭〉《中華文化畫報》，2007 年 5 月。

〔註418〕陳華陽，〈花甲老人重拾舊業：「抬花轎」抬出婚嫁新時尚〉，《時代人物》，2007，Z1 月。

〔註419〕瞿明安，〈中國少數民族婚禮驅邪儀式中的象徵符號〉，《宗教學研究》，2007 年 3 月。

〔註420〕張藝芬，〈中英婚俗中的吉祥文化對比〉，《湖北第二師範學院學報》，2008 年 7 月。

〔註421〕魯瑞菁，〈說「結髮」──從「過渡禮儀」與「頭髮巫術」視角的研究〉，《民間文學年刊》增刊卷第 2 期，2009 年 2 月，頁 53～72。

〔註422〕李小米，〈婚禮上的那塊繡花手帕〉，《健康生活》（下半月），2009 年 6 期，頁 50～51。

　　以婚嫁歌謠、詞語爲載記者，馬之驌於 1986 年撰〈婚禮中的哭與歌〉
〔註 423〕，就新娘的金蘭姐妹，在新娘出嫁吉期的前三天，聚集女家高聲慟哭，
迭相和唱，及至送新娘至男家婚禮完成後始返的特書情景。陳華文於 1990 年
撰〈一組古老的文化符號──漢民族婚禮對歌「洞房經」溯源〉〔註 424〕。許
英國於 1997 年撰〈青海婚姻儀式歌與民俗事象談藪〉〔註 425〕。2003 年有王
盛婷撰〈試說漢碑婚喪詞〉〔註 426〕。2006 年有方玲玲撰〈土家族哭嫁歌淺
論〉〔註 427〕；高以璇撰〈從傳統婚禮儀式中的睨辭看臺灣社會的文化意涵〉
〔註 428〕；崔玲玲撰〈青海臺吉乃爾蒙古人婚禮與婚禮儀式音樂研究〉〔註 429〕。
2007 年有祁延梅撰〈淺析土族「哭嫁歌」的文化內涵〉〔註 430〕；魏紅撰〈從
《醒世姻緣傳》方言詞看明清山東婚嫁禮俗〉〔註 431〕；臧藝兵撰〈透視眞
實民間生活儀式──漢族婚禮中的活態音樂、口頭文學與民俗考察〉〔註 432〕。

　　以婚嫁消費爲釋讀者，有 2008 年卓怡君撰〈臺灣結婚消費發展趨向〉
〔註 433〕；程民生撰〈宋代婚喪費用考察〉〔註 434〕。2009 年張春艷撰〈中國
當代婚姻儀式及消費習俗的變遷〉〔註 435〕。

〔註 423〕馬之驌，〈婚禮中的哭與歌〉，《大學雜誌》第 194 期，1986 年 6 月，頁 39～44。

〔註 424〕陳華文，〈一組古老的文化符號──漢民族婚禮對歌「洞房經」溯源〉，《浙江
師範大學學報》，1990 年 3 月。

〔註 425〕許英國，〈青海婚姻儀式歌與民俗事象談藪〉，《青海民族學院學報》，1997 年
第 4 期。

〔註 426〕王盛婷，〈試說漢碑婚喪詞〉，《黔東南民族師範高等專科學校學報》，2003 年
4 期，頁 83～85。

〔註 427〕方玲玲，〈土家族哭嫁歌淺論〉，《綏化學院學報》，2006 年 5 期，頁 179～181。

〔註 428〕高以璇，〈從傳統婚禮儀式中的睨辭看臺灣社會的文化意涵〉，《國立歷史博物
館學報》第 33 期，2006 年 5 月，頁 55～105。

〔註 429〕崔玲玲，〈青海臺吉乃爾蒙古人婚禮與婚禮儀式音樂研究〉，《中央音樂學院學
報》，2006 年 1 月。

〔註 430〕祁延梅，〈淺析土族「哭嫁歌」的文化內涵〉，《遼寧行政學院學報》，2007 年
9 期，頁 113～114。

〔註 431〕魏紅，〈從《醒世姻緣傳》方言詞看明清山東婚嫁禮俗〉，《民俗研究》，2007
年 2 月。

〔註 432〕臧藝兵，〈透視眞實民間生活儀式──漢族婚禮中的活態音樂、口頭文學與民
俗考察〉，《交響──西安音樂學院學報》，2007 年 4 月。

〔註 433〕卓怡君，〈臺灣結婚消費發展趨向〉，《臺灣經濟研究月刊》第 31 卷 12 期（總
號 372），2008 年 12 月，頁 37～44。

〔註 434〕程民生，〈宋代婚喪費用考察〉，《文史哲》，2008 年 5 月。

〔註 435〕張春艷，〈中國當代婚姻儀式及消費習俗的變遷〉，《文化學刊》，2009 年 6 月。

3、學位論文

以結婚儀式空間爲透顯目標者，有 2006 學年度湯程雯撰《後現代婚禮的異質空間之文本分析》〔註436〕；楊聿升 2010 學年度撰《發現台灣空間文化——從婚禮脈絡探掘》〔註437〕等。以結婚吉祥用語爲鋪展議題者，有許蓓苓 2000 年撰《臺灣諺語反映的婚姻文化》〔註438〕；葉雅宜 2001 學年度撰《婚禮「四句聯吉祥話」研究》〔註439〕；韓冬 2003 年撰《論婚禮禮品包裝的情感定位》〔註440〕；張麗平 2004 學年度撰《哭嫁歌研究——以土家族歌謠爲範圍》〔註441〕；黃璨君 2005 年撰《民間習俗諧音現象之研究——以漢族婚俗、年俗爲主》〔註442〕；張翠蘭 2008 學年度撰《臺灣閩南語歌仔中所反映的臺灣婚姻現象研究——以竹林書局版本爲例》〔註443〕；呂學興 2009 學年度撰《臺灣閩南社會婚喪儀式吉祥話研究》〔註444〕；等。以結婚用物爲研究面向者，爲 2004 年侯小寧撰《鞋在中國傳統婚俗中的符號意義》〔註445〕；楊索瑞 2006 年撰《漢族傳統婚禮服研究》〔註446〕；陳曉鷗 2006 年撰《以「婚紗產業」爲例探討文化創意事業產業化關鍵成功因素》〔註447〕；劉文

〔註436〕湯程雯，《後現代婚禮的異質空間之文本分析》，中原大學室內設計研究所碩士論文，2006 學年度。

〔註437〕楊聿升，《發現台灣空間文化——從婚禮脈絡探掘》，華梵大學建築學系碩士論文，2010 學年度。

〔註438〕許蓓苓，《臺灣諺語反映的婚姻文化》，東吳大學中國文學研究所碩士論文，2000 年 5 月。

〔註439〕葉雅宜，《婚禮「四句聯吉祥話」研究》，國立臺南師範學院鄉土文化研究所碩士論文，2001 學年度。

〔註440〕韓冬，《論婚禮禮品包裝的情感定位》，南京藝術學院碩士論文，2003 年。

〔註441〕張麗平，《哭嫁歌研究——以土家族歌謠爲範圍》，國立花蓮師範學院民間文學研究所碩士論文，2004 學年度。

〔註442〕黃璨君，《民間習俗諧音現象之研究——以漢族婚俗、年俗爲主》，國立高雄師範大學國文學系教學碩士論文，2005 年 1 月。

〔註443〕張翠蘭，《臺灣閩南語歌仔冊中所反映的臺灣婚姻現象研究——以竹林書局版本爲例》，國立臺南大學國語文學系教學碩士論文，2008 學年度。

〔註444〕呂學興，《臺灣閩南社會婚喪儀式吉祥話研究》，輔仁大學宗教學系碩士論文，2009 學年度。

〔註445〕侯小寧，《鞋在中國傳統婚俗中的符號意義》，遼寧大學碩士學位論文，2004 年 5 月。（原文缺 44 頁）

〔註446〕楊索瑞，《漢族傳統婚禮服研究》，北京服裝學院碩士學位論文，2006 年 3 月。

〔註447〕陳曉鷗，《以「婚紗產業」爲例探討文化創意事業產業化關鍵成功因素》，國立中山大學企業管理學系碩士論文，2006 年 7 月。

2007 年撰《中國古代服飾閨訓探析》〔註 448〕、鳳鳳 2008 年撰《唐代婚服與婚俗關係初探》〔註 449〕；陳明妙 2008 學年度撰《手工紙之臺灣婚俗物件設計應用》〔註 450〕；孫緒靜 2008 年撰《面花巧手飾婚嫁》〔註 451〕……等。

二、文公《家禮》相關研究

內容將依家禮、家訓；朱子及《書儀》；禮制等三個面向為研究議題，分別論述如下：

（一）以家禮、家訓為研究中心

1、專　書

〔清〕呂子振羽仲氏輯，《家禮大成》，先於 1971 年臺灣竹林書局出版，續於 1974 年臺中瑞成書局再版，對家庭婚喪喜慶禮儀論述甚詳。婁子匡於 1979 年主編《國立北京大學中國民俗學會民俗叢書‧家範篇》〔註 452〕，係將諸家撰著攸關家範的總論加以集結成書。1980 年錢穆（1895～1990 年）撰《朱子新學案》〔註 453〕，共計六冊，分就朱子學中思想和學術撰著面向闡述，以發揮理學之意義與價值，其中思想之部再分為理氣與心性；學術之部則分為經、史、文學；介於思想和學術兩部之間者，則專做濂溪、橫渠、二程……等評述，及朱陸異同、禪學闡明諸篇，專以發明朱子在當時理學界中之地位。1989 年李曉東撰《中國封建家禮》〔註 454〕，顯明照射出中國封建家庭、社會及民族最深處的禮儀規定特質，為研究中華民族自身潛在心理和民族性格的重要鎖鑰。1992 年東方望編，《家禮集成》〔註 455〕。1994 年劉守

〔註 448〕劉文，《中國古代服飾閨訓探析》，天津師範大學美術學研究所碩士論文，2007年 3 月。

〔註 449〕鳳鳳，《唐代婚服與婚俗關係初探》，山東大學考古學與博物館學碩士論文，2008 年 4 月。

〔註 450〕陳明妙，《手工紙之臺灣婚俗物件設計應用》，朝陽科技大學設計研究所碩士論文，2008 學年度。網際網路公開日期：**20140101**。

〔註 451〕孫緒靜，《面花巧手飾婚嫁》，山西大學美術學碩士論文，2008 年。

〔註 452〕婁子匡主編，《國立北京大學中國民俗學會民俗叢書‧家範篇》，臺北：東方文化書局，1979 年春季。

〔註 453〕錢穆，《朱子新學案》，臺北：三民書局，1980 年 9 月。

〔註 454〕李曉東，《中國封建家禮》，收入《中國風俗叢書》第 4，臺北：文津出版社，1989 年 8 月臺灣初版。另陝西：人民出版社，2002 年 9 月第 2 版。

〔註 455〕東方望編，《家禮集成》，臺北：滿庭芳出版社，1992 年 8 月。

松編著《家禮常識》〔註456〕。1998年陸益龍編著《中國歷代家禮》〔註457〕，則以家族中的婚姻禮俗、夫婦禮制、親子孝親、兄弟之禮、婆媳之禮、閨媛之禮、理財之禮、家際之禮等各式禮儀做爲主論，兼談各代家禮的變遷與文化現代化。2001年彭美玲主持；黃才容、林碧珠研究助理，《家禮源流群書述略考異》（簡易版）〔註458〕，目標在將《家禮》的源流及相關群書做系統性的論述與考證，爲研究《家禮》文化的重要史料。

2003年費成康撰《中國家族傳統禮儀》〔註459〕（圖文本），乃將傳統家族中所須施行的各式禮儀加以解構，並以圖照佐證，足令人望文生義，不致錯解。郭堯齡撰《朱子與金門》〔註460〕。分就朱子與金門、朱子生平著作、朱子的教育思想與政治思想、朱子與四書、朱子學派及影響、朱子一生大事紀、朱子主簿同安文獻、金門朱子祠等九個面向，闡釋朱子與金門的點點滴滴，爲探討金門和朱子關連重要典籍。2004年盧正言主編《中國歷代家訓觀止》〔註461〕，係就前人整理研究基礎上，廣泛搜索總集、別集、類書、叢書、正史、野史、尺牘、隨筆等歷代書籍中，影響較大的家訓編印而成，系統反映出我國傳統家庭教育的發展軌跡。2004年乙力編，《中國古代聖賢家訓》〔註462〕，係針對古昔賢聖人物所作之家訓釐整成篇，讀其文如見其人，對後世深具教化意義。同年，程燕青譯注《顏氏家訓‧朱子家訓》〔註463〕，爲《顏氏家訓》與《朱子家訓》加注解和翻譯，便於古籍今讀。

2006年莊輝明、章義和撰《顏氏家訓譯注》〔註464〕，係將《顏氏家訓》做出翻譯和注釋，方便現代人觀覽。2007年陳榮捷（1901～1994年）撰《朱

〔註456〕劉守松編著，《家禮常識》，先登出版社，1994年元月6版。

〔註457〕陸益龍編著《中國歷代家禮》，收入李無未、張黎明主編《中國歷代禮儀文化叢書》套書，北京：北京圖書出版社，1998年9月。

〔註458〕彭美玲主持；黃才容、林碧珠研究助理，《家禮源流群書述略考異》（簡易版），行政院國家科學委員會專題研究計畫成果報告，NSC89-2411-H-002-053，臺北：國立臺灣大學中國文學系執行，2001年10月。

〔註459〕費成康，《中國家族傳統禮儀》（圖文本），上海：社會科學院出版社，2003年7月。

〔註460〕郭堯齡，《朱子與金門》，金門：金門縣政府，2003年9月。

〔註461〕盧正言主編，《中國歷代家訓觀止》，上海：世紀出版集團、學林出版社，2004年8月初版2刷。

〔註462〕乙力編，《中國古代聖賢家訓》，甘肅：蘭州大學出版社，2004年6月。

〔註463〕程燕青譯注，《顏氏家訓‧朱子家訓》，山西：古籍出版社，2004年3月。

〔註464〕莊輝明、章義和，《顏氏家訓譯注》，上海：上海古籍出版社，2006年6月。

子新探索》〔註465〕，由臺灣學生書局授權，限在中國大陸地區發行。原書由作者於 1986 年以八五高齡完稿，並於 1988 年出版，係陳氏自認其學術研究的代表作，全書共分 126 節，所論多日韓及我國學者歷來所不及論者，課題含有朱子生平、思想及其所關連之人物、事蹟等，還發掘大量以往不被注意的新材料，是從事朱子學研究必備的經典作品。2008 年（韓）盧仁淑撰《朱子家禮與韓國之禮學》〔註466〕，係就盧氏 1982 年博士論文《文公家禮及其對韓國禮學之影響》為礎石，更深入傳釋朱子《家禮》與韓國禮學息息相關的密切聯結。2010 年有傅小凡撰《朱子與閩學》〔註467〕，分就洛學南渡、朱熹師承、朱子理學、考亭學派四單元疏理朱子與閩學的關連、闡發和承繼，為朱子學研究提供新的參考視閾。同年，有解光宇撰《朱子學與徽學》〔註468〕，與傅小凡所著《朱子與閩學》同為《朱子學研究叢書》之一，亦是研究徽學的一本起點之作。

2、期刊論文

以朱子《家禮》為論述主軸者，束景南、陳來和楊志剛是較早研究的學者，束景南於 1991 年撰〈朱熹《家禮》真偽考辨（從《祭儀》到《家禮》)〉〔註469〕；陳來於 1992 年撰〈朱子《家禮》真偽考議〉〔註470〕，兩位前輩分別就學術界頗有爭議的朱子《家禮》真偽提出考證和辨議，化解長久以來的紛爭，深具時代意義。楊志剛於 1993 年撰〈《司馬氏書儀》和《朱子家禮》研究〉〔註471〕；於 1994 年撰〈論《朱子家禮》及其影響〉〔註472〕，及〈《朱子家禮》：民間通用禮〉〔註473〕；於 2006 年撰〈《朱子家禮》與中國禮學的若

〔註465〕陳榮捷，《朱子新探索》，上海：華東師範大學出版社，2007 年 7 月。

〔註466〕〔韓〕盧仁淑，《朱子家禮與韓國之禮學》，北京：人民文學出版社，2008 年 8 月。

〔註467〕傅小凡，《朱子與閩學》，湖南：岳麓書社，2010 年 1 月。

〔註468〕解光宇，《朱子學與徽學》，湖南：岳麓書社，2010 年 1 月。

〔註469〕束景南，〈朱熹《家禮》真偽考辨（從《祭儀》到《家禮》)〉，載束景南編著《朱熹佚文輯考》，江蘇：古籍出版社，1991 年 12 月。

〔註470〕陳來，〈朱子《家禮》真偽考議〉，原載《北京大學學報》1989 年第 3 期，收入林慶彰主編《中國經學史論文選集》下冊，臺北：文史哲出版社，1993 年 3 月，頁 258～275。

〔註471〕楊志剛，〈《司馬氏書儀》和《朱子家禮》研究〉，《浙江學刊》第 1 輯（總第 78 期），1993 年 1 期，頁 108～113。

〔註472〕楊志剛，〈論《朱子家禮》及其影響〉，《朱子學刊》（總第 6 輯），黃山書社出版，1994 年 12 月第 1 刷，頁 1～16。

〔註473〕楊志剛，〈《朱子家禮》：民間通用禮〉，《傳統文化與現代化》，1994 年 12 月第 4 期，頁 40～46。

干問題〉〔註474〕，對朱子《家禮》頗多探討，更是研究《家禮》必讀的經典之作。

又 1993 年有崔根德撰，金聖基譯〈《朱子家禮》在韓國之受容與展開〉〔註475〕；有彭林 1998 年撰〈金沙溪《喪禮備要》與《朱子家禮》的朝鮮化〉〔註476〕。張品端於 2000 年撰〈《朱子家禮》對朝鮮禮學發展的影響〉〔註477〕。2002 年有顏鸝慧撰〈「文公家禮‧昏禮」與「臺俗閩南婚禮」的比較〉〔註478〕，特別就《文公家禮》中的昏禮，比對臺俗閩南婚禮的差異；有李師豐楙撰〈朱子家禮與閩臺家禮〉〔註 479〕，則就《朱子家禮》與閩臺家禮之關連及影響提出說明和系連。2003 年有王維先、宮雲維合著〈朱子《家禮》對日本近世喪葬禮俗的影響〉〔註480〕；有彭林撰〈詩禮傳家：家禮〉〔註481〕。2004 年爲粟品孝撰〈文本與行爲：朱熹《家禮》與其家禮活動〉〔註482〕。2005 年有〔日〕池田溫撰〈《文公家禮》管見〉〔註483〕；有安國樓撰〈朱熹的禮儀觀與《朱子家禮》〉〔註484〕。2008 年爲陳彩雲撰〈朱子《家禮》中的禁奢思

〔註474〕楊志剛，〈《朱子家禮》與中國禮學的若干問題〉，載《與孔子對話：論儒學的現代生命力》──上海文廟第三屆儒學研討會論文集，2006 年。

〔註475〕崔根德撰，金聖基譯，〈《朱子家禮》在韓國之受容與展開〉，《國際朱子學會議論文集》，1993 年 5 月，頁 235～248。

〔註476〕彭林，〈金沙溪《喪禮備要》與《朱子家禮》的朝鮮化〉，《中國文化研究》（總第 20 期），1998 年夏之卷。

〔註477〕張品端，〈《朱子家禮》對朝鮮禮學發展的影響〉，載《朱子學與 21 世紀國際學術研討會論文集》，2000 年。

〔註478〕顏鸝慧，〈「文公家禮‧昏禮」與「臺俗閩南婚禮」的比較〉，《中國文化月刊》，第 269 期，2002 年 8 月，頁 75～92。

〔註479〕李師豐楙，〈朱子家禮與閩臺家禮〉，「朱子學與東亞文明研討會──紀念朱子逝世八百週年朱子學會議」論文抽印本（漢學研究中心、中央研究院中國文哲所、國立清華大學中國文學系共同主辦），2000 年 11 月 16～18 日，頁 1～22。之後由臺北：漢學研究中心編印成《朱子學的開展－東亞篇》，2002 年 6 月，頁 25～53。

〔註480〕王維先、宮雲維，〈朱子《家禮》對日本近世喪葬禮俗的影響〉，《浙江大學學報》，第 33 卷第 6 期，2003 年 11 月，頁 148～150。

〔註481〕彭林，〈詩禮傳家：家禮〉，《文史認識》，2003 年第 11 期，頁 102～108。

〔註482〕粟品孝，〈文本與行爲：朱熹《家禮》與其家禮活動〉，《安徽師範大學學報》第 32 卷第 1 期，2004 年 1 月，頁 99～105。

〔註483〕〔日〕池田溫，〈《文公家禮》管見〉，《東亞傳統家禮、教育與國法（一）：家族、家禮與教育》論文集，2005 年 9 月初版，頁 129～141。

〔註484〕安國樓，〈朱熹的禮儀觀與《朱子家禮》〉，《鄭州大學學報》第 38 卷第 1 期，2005 年 1 月，頁 143～146。

想及對後世的影想〉〔註485〕；爲羅秉祥撰〈儒禮之宗教意涵——以朱子《家禮》爲中心〉〔註486〕。

以家族及其他家禮爲討論議題者，王立軍於 2002 年撰〈宋代的民間家禮建設〉〔註487〕。2005 年有〔日〕坂上康俊撰〈律令法和日本古代家族〉〔註488〕；有〔日〕谷川道雄撰〈六朝士族與家禮〉〔註489〕；有（韓）高英津撰〈朝鮮時代的國法與家禮〉〔註490〕；有（韓）韓基宗撰〈從法制的觀點淺談韓國傳統社會的家禮〉〔註491〕；有呂妙芬撰〈顏元生命思想中的家禮實踐與「家庭」的意涵〉〔註492〕；有張中秋撰〈家禮與國法的關係和原理及其意義〉〔註493〕。2006 年有劉欣撰〈宋代「家禮」：文化整合的一個範式〉〔註494〕。

以家訓爲探討中心者，宋光宇於 1989 年撰〈試論明清家訓所蘊含的成就評價與經濟倫理〉〔註495〕。唐長孺於 1994 年撰〈讀《顏氏家訓·後娶篇》論南北嫡庶身分的差異〉〔註496〕。曾春海於 2001 年撰〈宋元明理學家的家訓〉

〔註485〕陳彩雲撰，〈朱子《家禮》中的禁奢思想及對後世的影想〉，載《孔子研究》第 4 期，2008 年，頁 103～109。

〔註486〕羅秉祥，〈儒禮之宗教意涵——以朱子《家禮》爲中心〉，《蘭州大學學報》第 36 卷第 2 期，2008 年 3 月，頁 20～27。

〔註487〕王立軍，〈宋代的民間家禮建設〉，《河南社會科學》第 10 卷第 2 期，2002 年 3 月，頁 76～79。

〔註488〕〔日〕坂上康俊，〈律令法和日本古代家族〉，《東亞傳統家禮、教育與國法（一）：家族、家禮與教育》論文集，2005 年 9 月初版，頁 309～320。

〔註489〕〔日〕谷川道雄，〈六朝士族與家禮〉，《東亞傳統家禮、教育與國法（一）：家族、家禮與教育》論文集，2005 年 9 月初版，頁 3～21。

〔註490〕〔韓〕高英津，〈朝鮮時代的國法與家禮〉，《東亞傳統家禮、教育與國法（一）：家族、家禮與教育》論文集，2005 年 9 月初版，頁 401～422。

〔註491〕〔韓〕韓基宗，〈從法制的觀點淺談韓國傳統社會的家禮〉，《東亞傳統家禮、教育與國法（一）：家族、家禮與教育》論文集，2005 年 9 月初版，頁 321～330。

〔註492〕呂妙芬，〈顏元生命思想中的家禮實踐與「家庭」的意涵〉，《東亞傳統家禮、教育與國法（一）：家族、家禮與教育》論文集，2005 年 9 月初版，頁 143～196。

〔註493〕張中秋，〈家禮與國法的關係和原理及其意義〉，《東亞傳統家禮、教育與國法（二）：家內秩序與國法》論文集，臺北：國立臺灣大學出版中心，2005 年 9 月，頁 3～24。

〔註494〕劉欣，〈宋代「家禮」：文化整合的一個範式〉，《河南理工大學學報》第 7 卷第 4 期，2006 年 11 月。

〔註495〕宋光宇，〈試論明清家訓所蘊含的成就評價與經濟倫理〉，《漢學研究》第 7 卷第 1 期，1989 年 6 月出版，頁 195～213。

〔註496〕唐長孺，〈讀《顏氏家訓·後娶篇》論南北嫡庶身分的差異〉，《歷史研究》，1994 年第 1 期。

〔註497〕。郭長華於 2003 年撰〈傳統家訓的治家之道及其現實價值〉〔註498〕。
錢國旗於 2004 年撰〈在禮與情之間——《顏氏家訓》對禮俗風尙的論述和辨
正〉〔註499〕。2005 年有牛志平撰〈中國傳統家庭教育——「家訓」與家內秩
序〉〔註500〕；有王玲莉撰〈《顏氏家訓》的人生智慧及其現代價值〉〔註501〕。
釭苣灼 2006 年撰〈中古家訓的社會價值分析〉〔註502〕。

3、學位論文

盧仁淑於 1982 學年度先有《文公家禮及其對韓國禮學之影響》〔註503〕
問世，專門構築在《文公家禮》影響韓國禮學層面上之探索。繼有張經科於
1988 學年度提出之《儀禮經傳通解之家禮研究》〔註504〕，該書係以《儀禮經
傳通解》中的家禮爲主題詮釋。林春梅於 1990 學年度撰《宋代家禮、家訓的
研究》〔註505〕，則對宋代相關之家禮和家訓做統籌探究。師瓊珮於 2002 年撰
《朱子《家禮》對家的理解——以祠堂爲探討中心》〔註506〕，乃針對《朱子
家禮》中的祭禮做主要論述。張文昌於 2005 學年度撰《唐宋禮書研究——從
公禮到家禮》〔註507〕，以唐宋時期的公禮與家禮做鉅細靡遺的研究和呈現。

〔註497〕曾春海，〈宋元明理學家的家訓〉，《輔仁學誌》第 28 期，2001 年 7 月，頁 51
～78。
〔註498〕郭長華，〈傳統家訓的治家之道及其現實價值〉，《北方交通大學學報》第 2
卷第 3 期，2003 年 9 月，頁 77～80。
〔註499〕錢國旗，〈在禮與情之間——《顏氏家訓》對禮俗風尚的論述和辨正〉，《孔子
研究》，2004 年第 5 期，頁 43～51。
〔註500〕牛志平，〈中國傳統家庭教育——「家訓」與家內秩序〉，《東亞傳統家禮、教
育與國法（一）：家族、家禮與教育》論文集，2005 年 9 月初版，頁 197～217。
〔註501〕王玲莉，〈《顏氏家訓》的人生智慧及其現代價值〉《廣西社會科學》（總第 124
期），2005 年第 10 期，頁 40～42。
〔註502〕釭苣灼，〈中古家訓的社會價值分析〉，《古籍整理研究學刊》第 1 期，2006
年 1 月，頁 60～65。
〔註503〕盧仁淑，《文公家禮及其對韓國禮學之影響》，國立臺灣師範大學國文研究所
博士論文，1982 學年度。
〔註504〕張經科，《儀禮經傳通解之家禮研究》，國立政治大學中國文學研究所碩士論
文，1988 學年度。
〔註505〕林春梅，《宋代家禮、家訓的研究》，輔仁大學中國文學研究所碩士論文，1990
學年度。
〔註506〕師瓊珮撰，《朱子《家禮》對家的理解——以祠堂爲探討中心》，中國文化大
學史學研究所碩士論文，2002 年 6 月。
〔註507〕張文昌，《唐宋禮書研究——從公禮到家禮》，國立臺灣大學歷史研究所博士
論文，2005 學年度。

蔡宛眞亦於 2005 年撰述《《朱子家禮》對金門喪葬文化之影響》〔註508〕，目的在釐清《朱子家禮》深耕金門後，對金門喪葬禮儀的關鍵影響。接後，羅小紅於 2006 年著《唐代家禮研究》〔註509〕，翟瑞芳在 2007 年撰《宋代家禮的立制與實踐》〔註510〕，兩書均可與相同主題之張文昌撰《唐宋禮書研究——從公禮到家禮》相互印證比較。許明堂同樣於 2007 年完成《《朱子家禮》研究——以近世家族禮俗生活爲中心的考察》〔註511〕，但內容以攸關家族生活中的禮俗爲查記重心，範疇稍有差異。孔志明於 2009 年發表《朱子【家禮】對臺灣婚禮、喪禮之影響》〔註512〕，則以臺灣地區的婚喪禮儀大受《朱子家禮》影響做觀注。孫華於 2009 年撰《朱熹《家禮》研究》〔註513〕，主要把朱熹《家禮》放置朱子家禮思想形成和發展的演變歷程中加以考察，以闡釋朱子博採古今眾家禮學的特點，並結合晚年的禮學著作和語錄，來探討朱子禮學思想的變化與發展。

（二）以朱子及《書儀》爲探討對象

宋朝司馬光撰《書儀》一書，對成年禮、婚禮、喪禮、祭禮諸面向的探索頗有成果，也深深影響之後《家禮》的發展與訂定。朱子「閩學」在近代哲學史上一支獨秀，近世「朱子學」研究亦蔚爲風潮，茲與本論文有切近相關者加以提論：

1、專　書

束景南 1991 年編著《朱熹佚文輯考》〔註514〕，乃就朱子散佚之作加以編輯，並加以考證，對朱子部分有眞僞迷疑的作品能有確切之評定。束氏再於 2001 撰《朱熹年譜長編》〔註515〕，著重於朱熹一生事蹟與撰作的載錄和考辨。1999 年

〔註508〕蔡宛眞，《《朱子家禮》對金門喪葬文化之影響》，銘傳大學應用中國文學研究所碩士論文，2005 年 12 月。

〔註509〕羅小紅，《唐代家禮研究》，廣西師範大學中國古代史研究所博士論文，2006 年 4 月。

〔註510〕翟瑞芳撰，《宋代家禮的立制與實踐》，上海師範大學專門史研究所碩士論文，2007 年 4 月。

〔註511〕許明堂，《《朱子家禮》研究——以近世家族禮俗生活爲中心的考察》，北京師範大學民俗學研究所碩士論文，2007 年 6 月。

〔註512〕孔志明，《朱子【家禮】對臺灣婚禮、喪禮之影響》，國立高雄師範大學國文學系國文教學碩士論文，2009 年 1 月。

〔註513〕孫華，《朱熹《家禮》研究》，浙江大學中國文化史古典文獻學碩士論文，2009 年 5 月。

〔註514〕束景南編著，《朱熹佚文輯考》，江蘇：古籍出版社，1991 年 12 月。

〔註515〕束景南，《朱熹年譜長編》，上海：華東師範大學出版社，2001 年 9 月。

林振禮撰《朱熹與泉州文化》〔註516〕，主述朱子和泉州文化的因緣及其影響。同年高令印、陳其芳合著《福建朱子學》〔註517〕，爲朱子在福建地區倡導哲學思想的來龍去脈，以及朱子學概稱「閩學」的成因與對福建的影響加以廓清。

2、期刊論文

以朱子爲載記對象者，高明1982年撰〈朱子的禮學〉〔註518〕。1988年有王有爲撰〈從文化角度重估朱熹及朱子學〉〔註519〕；有高令印撰〈閩學在中國文化史上的作用〉〔註520〕；有馮友蘭撰〈朱熹在中國歷史上的地位〉〔註521〕；有顏立水撰〈朱熹在同安〉〔註522〕，載《朱熹與中國文化──武夷山朱熹研究中心成立大會論文集》，1988年。孫明章1989年撰〈朱子學的歷史命運〉〔註523〕。高橋進1990年撰〈朱子思想的歷史性格與現代意義〉〔註524〕；同年陳祖武撰〈論清初的朱子學〉〔註525〕。董師金裕於1991年撰〈朱子與金門的教化〉〔註526〕。高令印1993年撰〈朱熹與福建文化〉〔註527〕。1995年有朱茹辛撰〈從文化觀點探索朱子學術思想的影響〉〔註528〕；有朱榮貴撰〈從

〔註516〕林振禮，《朱熹與泉州文化》，福建：人民出版社，1999年12月。
〔註517〕高令印、陳其芳合著，《福建朱子學》，福建：人民出版社，1999年7月第2刷。
〔註518〕高明，〈朱子的禮學〉，《輔仁學誌》（文學院之部），1982年6月，頁1～15。
〔註519〕王有爲，〈從文化角度重估朱熹及朱子學〉，載《朱熹與中國文化──武夷山朱熹研究中心成立大會論文集》，1988年。
〔註520〕高令印，〈閩學在中國文化史上的作用〉，載《朱熹與中國文化──武夷山朱熹研究中心成立大會論文集》，1988年。
〔註521〕馮友蘭，〈朱熹在中國歷史上的地位〉，載《朱熹與中國文化──武夷山朱熹研究中心成立大會論文集》，1988年。
〔註522〕顏立水，〈朱熹在同安〉，載《朱熹與中國文化──武夷山朱熹研究中心成立大會論文集》，1988年。
〔註523〕孫明章，〈朱子學的歷史命運〉，載楊青主編《朱熹與閩學淵源──「延平四賢」學術討論會論文集》，1989年。
〔註524〕高橋進，〈朱子思想的歷史性格與現代意義〉，載《朱子學新論──紀念朱熹誕辰860周年國際學術會議論文集》，1990年。
〔註525〕陳祖武，〈論清初的朱子學〉，載《朱子學新論──紀念朱熹誕辰860周年國際學術會議論文集》，1990年。
〔註526〕董師金裕，〈朱子與金門的教化〉，《孔孟月刊》第29卷第6期，1991年2月，頁27～31。另該文亦刊載《朱子學新論──紀念朱熹誕辰860周年國際學術會議論文集》，1990年。
〔註527〕高令印，〈朱熹與福建文化〉，《國際朱子學會議論文集》，1993年5月，頁23～41。
〔註528〕朱茹辛，〈從文化觀點探索朱子學術思想的影響〉，載《海峽兩岸論朱熹──紀念朱熹誕辰865周年暨朱熹對中國文化貢獻學術會議論文集》，1995年。

李方子《文公年譜》遺文和《朱子事實》看朱門學術之歧異〉〔註529〕；有柯遠揚撰〈朱熹閩學學術思想的淵源〉〔註530〕；有陳遵沂撰〈朱熹與閩學閩東學者群〉〔註531〕；有魏永竹撰〈臺灣朱子崇祀〉〔註532〕。1996年有林振禮撰〈朱熹泉州事蹟考〉〔註533〕；有蔣義斌撰〈朱熹對宗教禮俗的探討——以塑像、畫像爲例〉〔註534〕；有蔡方鹿撰〈朱熹之禮學〉〔註535〕。2000年有劉樹勛撰〈朱熹學說的價值和研究方法〉〔註536〕；有歐陽覺吾撰〈緬懷儒學正宗——朱文公〉〔註537〕；有賴功歐、黎康合著〈論錢穆的朱子學〉〔註538〕。

　　2002年有杜朝由撰〈朱熹《謹守勤謹》家訓淺析〉〔註539〕；有李竹園撰〈紀念朱文公〉〔註540〕；有陸華珍撰〈朱子學東漸及其朝鮮化的過程〉〔註541〕。朱立文、劉淑瑋於2003年合撰〈閩臺朱子研究及其交流述略〉〔註542〕；同年林振禮撰〈朱熹風水觀與閩南民俗〉〔註543〕；同年張品端撰〈朱熹與閩

〔註529〕朱榮貴，〈從李方子《文公年譜》遺文和《朱子事實》看朱門學術之歧異〉，載《海峽兩岸論朱熹——紀念朱熹誕辰865周年暨朱熹對中國文化貢獻學術會議論文集》，1995年。

〔註530〕柯遠揚，〈朱熹閩學學術思想的淵源〉，載《海峽兩岸論朱熹——紀念朱熹誕辰865周年暨朱熹對中國文化貢獻學術會議論文集》，1995年。

〔註531〕陳遵沂，〈朱熹與閩學閩東學者群〉，載《海峽兩岸論朱熹——紀念朱熹誕辰865周年暨朱熹對中國文化貢獻學術會議論文集》，1995年。

〔註532〕魏永竹，〈臺灣朱子崇祀〉，載《海峽兩岸論朱熹——紀念朱熹誕辰865周年暨朱熹對中國文化貢獻學術會議論文集》，1995年。

〔註533〕林振禮，〈朱熹泉州事蹟考〉，《鵝湖月刊》第257期，1996年11月，頁15～21。

〔註534〕蔣義斌，〈朱熹對宗教禮俗的探討——以塑像、畫像爲例〉，《第二屆宋史學術研討會論文集》，臺北：中國文化大學出版，1996年3月，頁147～163。

〔註535〕蔡方鹿，〈朱熹之禮學〉，《朱子學刊》（總第8輯），黃山書社出版發行，1996年第1輯，頁72～80。

〔註536〕劉樹勛，〈朱熹學說的價值和研究方法〉，載《紀念朱子誕辰870周年會議文集》，2000年。

〔註537〕歐陽覺吾，〈緬懷儒學正宗——朱文公〉，載閔正國主編《中國書院論壇》3，2002年。

〔註538〕賴功歐、黎康，〈論錢穆的朱子學〉，載閔正國主編《中國書院論壇》3，2002年。

〔註539〕杜朝由，〈朱熹《謹守勤謹》家訓淺析〉，載杜朝由主編《02中國北海《朱熹思想與以德治國》學術研討會論文集》，2002年。

〔註540〕李竹園，〈紀念朱文公〉，載閔正國主編《中國書院論壇》3，2002年。

〔註541〕陸華珍，〈朱子學東漸及其朝鮮化的過程〉，載《武夷文化研究——武夷文化學術研討會論文集》，2002年。

〔註542〕朱立文、劉淑瑋，〈閩臺朱子研究及其交流述略〉，載呂良弼主編《海峽兩岸五緣論——海峽兩岸五緣關系學術研討會論文集》，2003年。

〔註543〕林振禮，〈朱熹風水觀與閩南民俗〉，載《閩南文化研究：第二屆閩南文化研

南文化〉〔註544〕。2004年有方彥壽撰〈朱熹在武夷山著述考〉〔註545〕；有王斌撰〈學界泰斗與朱熹宗祠〉〔註546〕；有李禹階撰〈朱熹的家族禮儀論與鄉村控制思想〉〔註547〕；有楊俊撰〈弘揚朱子理學，發展地方文化——「中國朱熹與龍泉文化發展論壇」綜述〉〔註548〕。2006年有高令印撰〈略論廈門金門的朱子文化〉〔註549〕；有陳利華撰〈朱熹在武夷文化建構中的作用與影響〉。2007年有王雲傳、陳文敬合著〈朱子學說對晉江歷史文化的影響初探〉〔註550〕；有柯添治撰〈論《朱子家訓》對晉江現代文化的影響〉〔註551〕；有顏立水撰〈流傳泉南地區的「朱文公讖」〉〔註552〕，載《朱熹理學與晉江文化學術研討會論文集》，2007年。2008年有黃娜撰〈朱熹禮學的經世傾向〉〔註553〕；有解光宇、解立合著〈論朱熹與田愚的宗法思想〉〔註554〕。2009年有劉雅萍撰〈以朱熹的構想爲基礎的宋代祠堂〉〔註555〕。

以《書儀》和閩南做探討者，木田知生2000年撰〈略論宋代禮俗思想——以司馬光《書儀》和《家範》爲主〉〔註556〕。何丙仲2003年撰〈明末清初

討會論文集》（下），2003年。
〔註544〕張品端，〈朱熹與閩南文化〉，載《閩南文化研究：第二屆閩南文化研討會論文集（上）》，2003年。
〔註545〕方彥壽，〈朱熹在武夷山著述考〉，載石建華主編《朱熹與武夷山學術研討會專輯論文集》，2004年。
〔註546〕王斌，〈學界泰斗與朱熹宗祠〉，《中華文化論壇》，2004年1月。
〔註547〕李禹階，〈朱熹的家族禮儀論與鄉村控制思想〉，《重慶師範大學學報》第4期，2004年，頁71～76。
〔註548〕楊俊，〈弘揚朱子理學，發展地方文化——「中國朱熹與龍泉文化發展論壇」綜述〉，《成都大學學報》，2004年第3期。
〔註549〕高令印，〈略論廈門金門的朱子文化〉，第三屆閩臺文化學術研討會論文，載《閩臺文化研究》，2006年。
〔註550〕王雲傳、陳文敬，〈朱子學說對晉江歷史文化的影響初探〉，載《朱熹理學與晉江文化學術研討會論文集》，2007年。
〔註551〕柯添治，〈論《朱子家訓》對晉江現代文化的影響〉，載《朱熹理學與晉江文化學術研討會論文集》，2007年。
〔註552〕顏立水，〈流傳泉南地區的「朱文公讖」〉，載《朱熹理學與晉江文化學術研討會論文集》，2007年。
〔註553〕黃娜，〈朱熹禮學的經世傾向〉，《四川教育學院學報》第24卷第12期，2008年12月，頁46～48。
〔註554〕解光宇、解立，〈論朱熹與田愚的宗法思想〉，《合肥學院學報》第25卷第4期，2008年7月，頁32～36。
〔註555〕劉雅萍，〈以朱熹的構想爲基礎的宋代祠堂〉，《黑龍江史志》總第199期，2009年6月，頁106。
〔註556〕木田知生，〈略論宋代禮俗思想——以司馬光《書儀》和《家範》爲主〉，載

閩南文化研究〉〔註 557〕。

3、學位論文

專以《書儀》爲主力著眼者並不多，黃美華於 2000 年撰《司馬光《書儀》研究》〔註 558〕是其中翹楚。以朱子思想爲探究基盤者，林智偉於 2001 學年度撰《武夷書院文化之研究——以朱熹教育思想爲中心的考察》〔註 559〕，著重朱子的教育思想。師瓊珮於 2002 年撰《朱子《家禮》對家的理解——以祠堂爲探討中心》〔註 560〕，針對朱子《家禮》中的宗祠祭禮做詳實觀照，爲研究宗族或祠堂必備的經典文獻。孫致文於 2003 年撰《朱熹《儀禮經傳通解》研究》〔註 561〕，係對朱子《儀禮經傳通解》專書提出探索。王一樵於 2005 學年度撰《從「吾閩有學」到「吾學在閩」：十五至十八世紀福建朱子學思想系譜的形成及實踐》〔註 562〕，則對朱子學思想系統於十五世紀至十八世紀期間，相關形塑成因及其影響做完整的剖析。洪銀娥於 2006 年撰《朱熹在金門之意象及其影響研究》，針對朱熹教化金門的層面加以探究……等，均是探索朱子《家禮》在金門普面化、深耕化的重要參考。

（三）以禮爲研究議題

1、專　書

以三禮及三代禮制爲探討對象者，黃然偉於 1967 年撰《殷禮考實》〔註 563〕。李日剛於 1982 年撰《三禮論文集》〔註 564〕。吳萬居於 1999 年撰《宋代三

《宋史研究論文集——國際宋史研討會暨中國宋史研究會第九屆年會編刊》，2000 年。

〔註 557〕何丙仲，〈明末清初閩南文化研究〉，載《閩南文化研究：第二屆閩南文化研討會論文集》（上），2003 年。

〔註 558〕黃美華撰，《司馬光《書儀》研究》，國立中興大學中國文學研究所碩士論文，2000 年 7 月。

〔註 559〕林智偉，《武夷書院文化之研究——以朱熹教育思想爲中心的考察》，國立花蓮師範學院民間文學研究所碩士論文，2001 學年度。

〔註 560〕師瓊珮，《朱子《家禮》對家的理解——以祠堂爲探討中心》，中國文化大學史學研究所碩士論文，2002 年 6 月。

〔註 561〕孫致文，《朱熹《儀禮經傳通解》研究》，國立中央大學中國文學研究所博士論文，2003 年 7 月。

〔註 562〕王一樵，《從「吾閩有學」到「吾學在閩」：十五至十八世紀福建朱子學思想系譜的形成及實踐》，國立臺灣師範大學歷史學系碩士論文，2005 學年度。

〔註 563〕黃然偉撰，《殷禮考實》，載臺靜農、許倬雲主編《國立臺灣大學文史叢刊》23，臺北：國立臺灣大學文學院，1967 年 7 月。

〔註 564〕李日剛，《三禮論文集》，臺北：黎明文化事業公司，1982 年 10 月再版。

禮學研究》〔註565〕。林存陽於 2002 年撰《清初三禮學》〔註566〕。2009 年
有王雲五主編；王夢鷗註譯《禮記今註今譯》〔註567〕，該書經中華文化復
興運動推行委員會（國家文化總會）審定，對研究《禮記》者頗有助益。

　　以禮儀為基準者，1996 年有王師秋桂主編，葉明生編著《中國傳統科儀
本彙編》〔註568〕，係就中國古代傳統科儀做統整。2000 年郭成偉點校《大
元通制條格》，堪稱中國法制史學界與中國史學界大作，對進行元代法制史
和元代歷史的研究提供絕大的便利。楊志剛於 2001 年撰《中國禮儀制度研
究》〔註569〕；顧希佳亦於同年撰《禮儀與中國文化》〔註570〕。2002 年有朱
筱新撰《中國古代禮儀制度》〔註571〕，針對古昔的吉、凶、軍、賓、嘉五
禮；與學校的禮儀制度、日常生活中的禮儀，及禮器、禮服和禮樂提出說明。
2003 年有廣陵書社編《中國歷代禮儀典》〔註572〕。2004 年有甘懷真撰《皇
權、禮儀與經典詮釋——中國古代政治史研究》〔註573〕；有鍾敬文主編《中
國禮儀全書》〔註574〕。2005 年有朱鷹主編《禮儀》〔註575〕。雲中天 2006
年編《永遠的風景：中國民俗文化——禮儀》〔註576〕。2008 年有王曉梅撰
《不可不知的一千個禮儀常識》〔註577〕，專就現代社會中攸關個人、社交、
聚會、職場、商務、學校、涉外、宗教、生活、飲食等諸項禮儀的要義及行
則，堪稱現代人的日常禮儀寶典。

〔註565〕吳萬居，《宋代三禮學研究》，臺北：國立編譯館，1999 年 5 月。
〔註566〕林存陽，《清初三禮學》，北京：社會科學文獻出版社，2002 年 12 月。
〔註567〕王雲五主編，王夢鷗註譯《禮記今註今譯》，臺北：臺灣商務印書館，2009
　　　　年 11 月 2 版 1 刷。
〔註568〕王師秋桂主編，葉明生編著《中國傳統科儀本彙編》，臺北：新文豐出版公司，
　　　　1996 年 11 月臺 1 版。
〔註569〕楊志剛，《中國禮儀制度研究》，上海：華東師範大學出版社，2001 年 5 月。
〔註570〕顧希佳，《禮儀與中國文化》，北京：人民出版社，2001 年 8 月。
〔註571〕朱筱新，《中國古代禮儀制度》，臺北：臺灣商務印書館，2002 年 3 月初版 3
　　　　刷。另本書亦於北京：商務印書館，2007 年 7 月初版 3 刷。
〔註572〕廣陵書社編，《中國歷代禮儀典》，揚州：廣陵書社，2003 年 11 月。
〔註573〕甘懷真，《皇權、禮儀與經典詮釋——中國古代政治史研究》，臺北：臺灣大
　　　　學出版中心，2004 年 6 月。
〔註574〕鍾敬文主編，《中國禮儀全書》，安徽：科學技術出版社，2004 年 7 月第 8 刷。
〔註575〕朱鷹主編，《禮儀》，北京：中國社會出版社，2005 年 6 月。
〔註576〕雲中天編，《永遠的風景：中國民俗文化——禮儀》，南昌：百花洲文藝出版
　　　　社，2006 年 10 月。
〔註577〕王曉梅，《不可不知的一千個禮儀常識》，北京：中央編譯出版社，2008 年 9
　　　　月。

　　以中國禮學思想文化當研究面向者，1983 年有〔日〕宇野精一主編，洪順
隆譯《中國思想之研究・禮論》〔註578〕。1996 年有姜伯勤撰《敦煌藝術宗教與
禮樂文明》〔註579〕，但限以敦煌地區為主軸。1998 年有周何撰《禮學概論》〔註
580〕，專就禮的起源、禮的研究方向與目的、禮之分類、禮之內涵與影響、《周
禮述要》、《儀禮述要》、《禮記述要》……等分項做探析，為研究禮學者必備經典。
2000 年有楊秀宮撰《孔孟荀禮法思想的演變與發展》〔註581〕；有鄒昌林撰《中
國古禮文化》〔註582〕。張壽安於 2001 年撰《以禮代理：凌廷堪與清代中葉儒學
思想之轉變》〔註583〕、《十八世紀禮學考證的思想活力——禮教論爭與禮秩重省》
〔註584〕。葛晨虹於 2001 年撰《中國古代的風俗禮儀》〔註585〕。鄒昌林又於 2002
年撰《中國禮文化》〔註586〕。林素英於 2003 年撰《禮學思想與應用》〔註587〕。
2004 年有商瑈撰《一代禮宗凌廷堪之禮學研究》〔註588〕；有薛明揚主編《中國
傳統文化概論》（上中下冊）〔註589〕。彭林先後於 2004 年編《中國古代禮儀文
明》〔註590〕，及 2006 年撰《禮樂人生——成就你的君子風範》〔註591〕。2007
年有劉述先、楊貞德合編《理解、論釋與儒家傳統：理論篇》〔註592〕。

〔註578〕〔日〕宇野精一主編；洪順隆譯，《中國思想之研究・禮論》，臺北：幼獅文
　　　　化事業公司，1983 年 3 月 3 版。
〔註579〕姜伯勤，《敦煌藝術宗教與禮樂文明》，北京：中國社會科學出版社，1996 年
　　　　11 月。
〔註580〕周何，《禮學概論》，臺北：三民書局，1998 年 1 月。
〔註581〕楊秀宮，《孔孟荀禮法思想的演變與發展》，臺北：文史哲出版社，2000 年 8
　　　　月。
〔註582〕鄒昌林，《中國古禮文化》，臺北：文津出版社，2000 年 12 月初版 2 刷。
〔註583〕張壽安，《以禮代理：凌廷堪與清代中葉儒學思想之轉變》，河北：教育出版
　　　　社，2001 年 11 月。
〔註584〕張壽安，《十八世紀禮學考證的思想活力——禮教論爭與禮秩重省》，臺北：
　　　　中央研究院近代史研究所，2001 年 12 月。
〔註585〕葛晨虹，《中國古代的風俗禮儀》，臺北：文津出版社，2001 年 4 月。
〔註586〕鄒昌林，《中國禮文化》，北京：社會科學文獻出版社，2002 年 6 月第 2 刷。
〔註587〕林素英，《禮學思想與應用》，臺北：文津出版社，2003 年 9 月。
〔註588〕商瑈，《一代禮宗凌廷堪之禮學研究》，臺北：萬卷樓出版社，2004 年 2 月。
〔註589〕薛明揚主編，《中國傳統文化概論》（上中下冊），上海：復旦大學出版社，2004
　　　　年 5 月第 2 刷。
〔註590〕彭林編，《中國古代禮儀文明》，北京：中華書局，2004 年 1 月。
〔註591〕彭林，《禮樂人生——成就你的君子風範》，北京：中華書局，2006 年 4 月。
〔註592〕劉述先、楊貞德編，《理解、論釋與儒家傳統：理論篇》，臺北：中央研究院
　　　　中國文哲研究所，2007 年 12 月。

以禮俗作載記者，何聯奎於 1973 年撰《中國禮俗研究》〔註 593〕。王貴民先後於 1993 年撰《中國禮俗史》〔註 594〕、2003 年撰《禮俗史話》〔註 595〕。張春生於 2002 年主編《中國傳統禮俗》〔註 596〕，概論中國傳統各式禮俗。常金倉於 2005 年撰《周代禮俗研究》〔註 597〕，特別就周代部分提出探討。

2、期刊論文

專以三禮爲探究目標者，王夢鷗先於 1961 年撰〈小戴禮記考源〉〔註 598〕、〈禮記思想體系試探〉〔註 599〕；續於 1963 年撰〈禮運考──禮運禮器郊特牲校讀志疑〉〔註 600〕；再於 1965 年撰〈「曲禮」校釋〉〔註 601〕；1970 年撰〈讀「月令」〉〔註 602〕。孔德成則於 1967 年撰〈儀禮十七篇之淵源及傳授〉〔註 603〕；1980 年又撰〈禮記成書時代及其在經典中之性質〉〔註 604〕；1984 年再撰〈三禮解題〉〔註 605〕。

周何於 1997 年撰〈禮記的成書〉〔註 606〕；1999 年撰〈《禮記·曲禮》篇闡義〉〔註 607〕、〈《禮記·坊記》闡義〉〔註 608〕、〈《禮記·儒行》闡義〉

〔註 593〕何聯奎，《中國禮俗研究》，臺北：臺灣中華書局，1973 年 1 月。
〔註 594〕王貴民，《中國禮俗史》，臺北：文津出版社，1993 年 7 月。
〔註 595〕王貴民，《禮俗史話》，臺北：國家出版公司，2003 年 4 月。
〔註 596〕張春生主編，《中國傳統禮俗》，天津：百花文藝出版社，2002 年 9 月。
〔註 597〕常金倉，《周代禮俗研究》，黑龍江：人民出版社，2005 年 1 月。
〔註 598〕王夢鷗，〈小戴禮記考源〉，《國立政治大學學報》第 3 期，1961 年 5 月，頁 87～148。
〔註 599〕王夢鷗，〈禮記思想體系試探〉，《國立政治大學學報》第 4 期，1961 年 12 月，頁 21～64。
〔註 600〕王夢鷗，〈禮運考──禮運禮器郊特牲校讀志疑〉，《國立政治大學學報》第 8 期，1963 年 12 月，頁 33～61。
〔註 601〕王夢鷗，〈「曲禮」校釋〉，《國立政治大學學報》第 11 期，1965 年 5 月，頁 87～115。
〔註 602〕王夢鷗，〈讀「月令」〉，《國立政治大學學報》第 21 期，1970 年 5 月，頁 1～14。
〔註 603〕孔德成，〈儀禮十七篇之淵源及傳授〉，《東海大學文學院學報》第 8 卷第 1 期，1967 年 1 月，頁 127～134。
〔註 604〕孔德成，〈禮記成書時代及其在經典中之性質〉，《孔孟月刊》第 18 卷第 11 期，1980 年 7 月，頁 22～26。
〔註 605〕孔德成，〈三禮解題〉，《孔孟月刊》第 22 卷第 12 期，1984 年 8 月，頁 21～27。
〔註 606〕周何，〈禮記的成書〉，《國文天地》第 13 卷 3 期，1997 年 8 月，頁 14～19。
〔註 607〕周何，〈《禮記·曲禮》篇闡義〉，《國文天地》第 15 卷 6 期，1999 年 11 月，頁 14～17。
〔註 608〕周何，〈《禮記·坊記》闡義〉，《國文天地》第 15 卷 3 期，1999 年 8 月，頁 52～54。

〔註609〕。周氏再於 2000 年撰〈《禮記・孔子閒居》闡義〉〔註610〕、〈《禮記・三年問》篇闡義〉〔註611〕、〈《禮記・文王世子》闡義〉〔註612〕。周氏又於 2001年撰〈《禮記・仲尼燕居》闡義〉〔註613〕。林素英於 1994 年撰〈從古代的生命禮儀透視其生死觀──以《禮記》爲主的現代詮釋〉〔註 614〕；林氏又於 2003年撰〈研讀《禮記》的重要入門書〉〔註615〕、〈《禮運》大同思想探微〉〔註616〕；林氏再於 2004 年撰〈《周禮》的禮教思想──以大司徒爲討論主軸〉〔註617〕。

　　另王關仕於 1967 年撰〈儀禮漢簡本考證〉〔註618〕；同年李國英撰〈周禮異文考〉〔註 619〕。1970 年有劉德漢撰〈三禮概述──先秦學術淺談之十〉〔註 620〕。許清雲於 1976 年撰〈儀禮概述〉〔註 621〕。卓秀巖於 1977年撰〈禮記學禮義述〉〔註 622〕。姚振黎於 1977 年撰〈禮記月令文例淺探〉

〔註609〕周何,〈《禮記・儒行》闡義〉,《國文天地》第 15 卷 2 期,1999 年 7 月,頁
　　　　35～38。
〔註610〕周何,〈《禮記・孔子閒居》闡義〉,《國文天地》第 16 卷 7 期,2000 年 12 月,
　　　　頁 26～30。
〔註611〕周何,〈《禮記・三年問》篇闡義〉,《國文天地》第 15 卷 12 期,2000 年 5 月,
　　　　頁 41～43。
〔註612〕周何,〈《禮記・文王世子》闡義〉,《國文天地》第 16 卷 3 期,2000 年 8 月,
　　　　頁 46～54。
〔註613〕周何,〈《禮記・仲尼燕居》闡義〉,《國文天地》第 16 卷 10 期,2001 年 3 月,
　　　　頁 28～32。
〔註614〕林素英,〈從古代的生命禮儀透視其生死觀──以《禮記》爲主的現代詮釋〉,
　　　　《國立臺灣師範大學國文研究所集刊》第 38 號,1994 年 6 月,頁 1～199。
〔註615〕林素英,〈研讀《禮記》的重要入門書〉,《國文天地》第 18 卷 11 期,2003
　　　　年 4 月,頁 23～31。
〔註616〕林素英,〈《禮運》大同思想探微〉,《國立臺灣師範大學國文學報》第 34 期,
　　　　2003 年 12 月,頁 1～30。
〔註617〕林素英,〈《周禮》的禮教思想──以大司徒爲討論主軸〉,《國立臺灣師範大
　　　　學國文學報》第 36 期,2004 年 12 月,頁 1～42。
〔註618〕王關仕,〈儀禮漢簡本考證〉,《國立臺灣師範大學國文研究所集刊》第 11 號
　　　　上冊,1967 年 6 月,頁 1～160。
〔註619〕李國英,〈周禮異文考〉,《國立臺灣師範大學國文研究所集刊》第 11 號（上
　　　　冊）,1967 年 6 月,頁 1～100。
〔註620〕劉德漢,〈三禮概述──先秦學術淺談之十〉,《孔孟月刊》第 12 卷第 2 期,
　　　　1970 年 9 月,頁 26～32。
〔註621〕許清雲,〈儀禮概述〉（上）,《孔孟月刊》第 14 卷第 8 期,1976 年 4 月,頁
　　　　17～22。另〈儀禮概述〉（下）,同期刊同卷卷第 9 期,同年 5 月,頁 11～16
〔註622〕卓秀巖,〈禮記學禮義述〉,《國立成功大學學報》第 30 卷,1977 年 5 月,頁
　　　　13～49。

〔註 623〕。謝德瑩於 1979 年撰〈禮記孝親之禮研究〉〔註 624〕。杜松柏於 1983
年撰〈從禮記看禮的精神和作用〉〔註 625〕。1989 年有石磊撰〈從爾雅到禮
記〉〔註 626〕；有杜正勝撰〈周禮身分的象徵〉〔註 627〕。彭妙卿先於 1991
年撰〈《儀禮·有司徹》儀節研究〉〔註 628〕，續於 1995 年撰〈儀禮有司徹
儀節研究〉〔註 629〕。陳高志於 1992 年撰〈從《三禮圖集注》之舛誤談彝
器定名之難〉〔註 630〕；同年楊天宇撰〈論鄭玄《三禮注》〉〔註 631〕。1993
年有李昭瑩撰〈論《儀禮》的經記〉〔註 632〕；有鄧國光撰〈《周禮》六辭
初探——中國古代文體原始的探討〉〔註 633〕；有林翠玫於 1996 年撰〈《儀
禮·鄭注》的護衛——《儀禮管見》〉〔註 634〕。馮浩菲於 1997 年撰〈鄭玄
三《禮》注解句要例舉證〉〔註 635〕。張光裕於 1998 年撰〈儀禮與周代禮

〔註 623〕姚振黎，〈禮記月令文例淺探〉，《孔孟月刊》第 16 卷第 1 期，1977 年 9 月，
頁 24～28。
〔註 624〕謝德瑩，〈禮記孝親之禮研究〉（上），《女師專學報》第 11 期，1979 年 6 月，
頁 125～175。另〈禮記孝親之禮研究〉（下），《北市師專學報》第 12 期，1980
年 6 月，頁 115～171。
〔註 625〕杜松柏，〈從禮記看禮的精神和作用〉，《孔孟月刊》第 21 卷第 5 期，1983 年
元月，頁 9～14。
〔註 626〕石磊，〈從爾雅到禮記〉，《中央研究院第二屆國際漢學會議論文集》，1989 年
6 月，頁 127～140。
〔註 627〕杜正勝，〈周禮身分的象徵〉，《中央研究院第二屆國際漢學會議論文集》，臺
北：中央研究院，1989 年 6 月，頁 295～306。
〔註 628〕彭妙卿，〈《儀禮·有司徹》儀節研究〉，《逢甲中文學報》第 1 期，1991 年 11
月，頁 159～174。
〔註 629〕彭妙卿，〈儀禮有司徹儀節研究〉，《逢甲中文學報》第 3 期，1995 年 5 月，
頁 57～82。
〔註 630〕陳高志，〈從《三禮圖集注》之舛誤談彝器定名之難〉，《中國文學研究》第 6
期，1992 年 5 月，頁 33～45。
〔註 631〕楊天宇，〈論鄭玄《三禮注》〉，林慶彰編《中國經學史論文選集》（上冊），臺
北：文史哲出版社，1992 年 10 月，頁 395～434。
〔註 632〕李昭瑩，〈論《儀禮》的經記〉，《中國文學研究》第 7 期，1993 年 5 月，頁
201～212。
〔註 633〕鄧國光，〈《周禮》六辭初探——中國古代文體原始的探討〉，《漢學研究》第
11 卷第 1 期，1993 年 6 月，頁 339～360。
〔註 634〕林翠玫，〈《儀禮·鄭注》的護衛——《儀禮管見》〉，《孔孟月刊》第 34 卷第
10 期，1996 年 6 月，頁 30～40。
〔註 635〕馮浩菲，〈鄭玄三《禮》注解句要例舉證〉，《漢學研究》第 15 卷第 1 期，1997
年 6 月，頁 33～44。

制研究的關係舉隅〉〔註636〕。1999 年有汪中文撰〈周朝的政事法——禮記〉〔註637〕；有黃俊郎撰〈古代的國民生活需知——禮記〉〔註638〕。2002 年為陳怡如撰〈從《儀禮》、《禮記》推論古人方位尊卑〉〔註639〕。黃志傑於 2003年撰〈《禮記‧經解》篇「六經歸禮」說析義〉〔註640〕；同年蘇曼如撰〈由《禮記‧月令》探討方位神的涵義〉〔註641〕。黃智信於 2004 年撰〈研讀《禮記》的現代意義〉〔註642〕。王秀臣於 2006 年撰〈「三禮」的文學價值及其文學史意義〉〔註643〕。方向東於 2008 年撰〈《大戴禮記》的形成與流傳〉〔註644〕；同年王鍔撰〈《禮記》的形成及其流傳〉〔註645〕。董曉萍於 2007 年撰〈《儀禮》與禮俗〉〔註646〕。韓碧琴於 1995 年和 1996 年撰〈儀禮張氏學〉〔註647〕；再於 1998 年撰〈「儀禮」「有司徹」「特牲饋食禮」儀節之比較研究〉〔註648〕。

〔註636〕張光裕,〈儀禮與周代禮制研究的關係舉隅〉,《臺大中文學報》第 10 期,1998年 5 月,頁 341～346。

〔註637〕汪中文,〈周朝的政事法——禮記〉,《國文天地》2 第 4 卷 8 期,1999 年 1月,頁 23～26。

〔註638〕黃俊郎,〈古代的國民生活需知——禮記〉,《國文天地》第 14 卷 8 期,1999年 1 月,頁 20～23。

〔註639〕陳怡如,〈從《儀禮》、《禮記》推論古人方位尊卑〉,《國文天地》第 17 卷 9期(總 201 號),2002 年 2 月,頁 49～53。

〔註640〕黃志傑,〈《禮記‧經解》篇「六經歸禮」說析義〉,《孔孟月刊》第 42 卷第 2期,2003 年 10 月,頁 9～3。

〔註641〕蘇曼如,〈由《禮記‧月令》探討方位神的涵義〉,《鵝湖月刊》第 342 期,2003年 12 月,頁 55～63。

〔註642〕黃智信,〈研讀《禮記》的現代意義〉,《國文天地》第 19 卷 12 期,2004 年 5月,頁 24～30。

〔註643〕王秀臣,〈「三禮」的文學價值及其文學史意義〉,《文學評論》第 6 期,2006年 6 月,頁 33～41。

〔註644〕方向東,〈《大戴禮記》的形成與流傳〉,中央研究院主題研究計畫「儒家經典之形成」第 21 次專題演講,中央研究院中國文哲所二樓會議室,2008 年 8月 21 日,頁 1～22。

〔註645〕王鍔,〈《禮記》的形成及其流傳〉,中央研究院主題研究計畫「儒家經典之形成」第 21 次專題演講,中央研究院中國文哲所二樓會議室,2008 年 8 月 21日,頁 1～57。

〔註646〕董曉萍,〈《儀禮》與禮俗〉,《中華文化畫報》,2007 年 4 期。

〔註647〕韓碧琴,〈儀禮張氏學〉(上),《國立中興大學中文學報》第 8 期,1995 年元月,頁 209～248。另〈儀禮張氏學〉(下),同期刊第 9 期,1996 年元月,頁195～230。

〔註648〕韓碧琴,〈「儀禮」「有司徹」「特牲饋食禮」儀節之比較研究〉,《國立中興大學文史學報》第 28 期,1998 年 6 月,頁 27～66。

　　以古代禮學爲研究面向者，孔德成於 1981 年撰〈論儒家之「禮」〉〔註 649〕。
鍾競生於 1989 年撰〈儒家禮、法思想對社會建設之功能〉〔註 650〕。1991 年有
林麗眞撰〈魏晉人對傳統禮制與道德之反省〉〔註 651〕。1994 年有羅家湘撰〈論
春秋時代禮文化特徵的形成〉〔註 652〕；有陳剩勇撰〈「夏禮」初探〉〔註 653〕。
詹子慶於 1996 年撰〈對禮學的歷史考察〉〔註 654〕。呂友仁於 1997 年撰〈說「共
牢而食」〉〔註 655〕；同年嚴定暹撰〈周 21 禮春官禮樂思想之研究〉〔註 656〕；
同年劉雨撰〈西周金文中的「周禮」〉〔註 657〕。甘懷眞於 1998 年撰〈中國中古
時期制禮觀念初探〉〔註 658〕。姜伯勤於 1999 年撰〈唐禮與敦煌發現的書儀—
—《大唐開元禮》與開元時期的書儀〉〔註 659〕。陳鼓應於 2000 年撰〈先秦道
家之禮觀〉〔註 660〕。楊文勝於 2003 年撰〈春秋時代「禮崩樂壞」了嗎？〉〔註
661〕。吳羽於 2008 年撰〈論中晚唐國家禮書編撰的新動向對宋代的影響——以
《元和曲臺新禮》、《中興禮書》爲中心〉〔註 662〕。

〔註 649〕孔德成，〈論儒家之「禮」〉，《中央研究院國際漢學會議論文集》（思想哲學組），
　　　　1981 年 10 月，頁 363～370。
〔註 650〕鍾競生，〈儒家禮、法思想對社會建設之功能〉，《孔孟月刊》第 27 卷第 5 期，
　　　　1989 年 1 月，頁 10～15。
〔註 651〕林麗眞，〈魏晉人對傳統禮制與道德之反省〉，《臺大中文學報》第 4 期，1991
　　　　年 6 月，頁 108～141。
〔註 652〕羅家湘，〈論春秋時代禮文化特徵的形成〉，《楚雄師專學報》，1994 年 4 月。
〔註 653〕陳剩勇，〈「夏禮」初探〉，《孔孟月刊》第 33 卷第 4 期，1994 年 12 月，頁 12
　　　　～28。
〔註 654〕詹子慶，〈對禮學的歷史考察〉，《東北師大學報》，1996 年 5 月。
〔註 655〕呂友仁，〈說「共牢而食」〉，《孔孟月刊》第 35 卷第 8 期，1997 年 4 月，頁
　　　　25～27。
〔註 656〕嚴定暹，〈周 21 禮春官禮樂思想之研究〉，《國立臺灣師範大學國文研究所集
　　　　刊》第二十一號，1997 年 6 月，頁 1～105。
〔註 657〕劉雨，〈西周金文中的「周禮」〉，《燕京學報》第 3 期，1997 年 8 月。
〔註 658〕甘懷眞，〈中國中古時期制禮觀念初探〉，《史學：傳承與變遷學術研討會論文
　　　　集》，1998 年 6 月，頁 1～36。
〔註 659〕姜伯勤，〈唐禮與敦煌發現的書儀——《大唐開元禮》與開元時期的書儀〉，《敦
　　　　煌文藪》（下），臺北：新文豐出版公司，1999 年 4 月臺 1 版，頁 1～18。
〔註 660〕陳鼓應，〈先秦道家之禮觀〉，《漢學研究》第 18 卷第 1 期，2000 年 6 月，頁
　　　　1～22。
〔註 661〕楊文勝，〈春秋時代「禮崩樂壞」了嗎？〉，《史學月刊》第 9 期，2003 年，
　　　　頁 25～31。
〔註 662〕吳羽，〈論中晚唐國家禮書編撰的新動向對宋代的影響——以《元和曲臺新
　　　　禮》、《中興禮書》爲中心〉，《學術研究》，2008 年第 6 期，頁 102～107。

　　以專人禮說做對象者，周休根於 1962 年撰〈孔子與禮教〉〔註 663〕。羅聯絡於 1963 年撰〈孔門之禮樂精神〉〔註 664〕。高明於 1964 年撰〈孔子的禮論〉〔註 665〕。莊雅州於 1970 年撰〈荀子禮學初探〉〔註 666〕。王甦於 1971 年撰〈孔子的禮教〉〔註 667〕。饒彬於 1972 年撰〈荀子禮學之淵源〉〔註 668〕；再於 1974 年撰〈荀子對於禮學的重要建設〉〔註 669〕。楊連生於 1973 年撰〈荀子禮論之研究〉〔註 670〕。劉文起於 1974 年撰〈荀子成聖成治思想研究〉〔註 671〕。1977 年有吳清淋撰〈荀子禮分思想之研究〉〔註 672〕；有陳飛龍撰〈淺談孔子禮教〉〔註 673〕。周紹賢於 1979 年撰〈荀子之禮論〉〔註 674〕。吳秀英於 1980 年撰〈荀子「禮」之研究〉〔註 675〕。1983 年有呂光華撰〈張載之禮學〉〔註 676〕；有陳飛龍撰〈孔子之禮論〉〔註 677〕。周群振於 1984 年撰〈荀子隆禮思想之分疏〉〔註 678〕。孔德成於 1986 年撰〈荀子的禮學〉

〔註 663〕周休根，〈孔子與禮教〉，《孔孟學報》第 4 期，1962 年 9 月。

〔註 664〕羅聯絡，〈孔門之禮樂精神〉，《孔孟月刊》第 2 卷第 1 期，1963 年 9 月，頁 17〜18。

〔註 665〕高明，〈孔子的禮論〉，《孔孟月刊》第 3 卷第 1 期，1964 年 9 月，頁 1〜6。

〔註 666〕莊雅州，〈荀子禮學初探〉，《孔孟月刊》第 9 卷第 1 期，1970 年 9 月，頁 3〜6。

〔註 667〕王甦，〈孔子的禮教〉，《淡江學報》第 10 期，1971 年 11 月，頁 123〜137。

〔註 668〕饒彬，〈荀子禮學之淵源〉，《國立臺灣師範大學學報》創刊號，1972 年 6 月，頁 121〜133。

〔註 669〕饒彬，〈荀子對於禮學的重要建設〉，《國立臺灣師範大學學報》第 19 期第 1 冊，1974 年 6 月，頁 1〜10。

〔註 670〕楊連生，〈荀子禮論之研究〉，《國立臺灣師範大學國文研究所集刊》第 17 號，1973 年 6 月，頁 1〜72。

〔註 671〕劉文起，〈荀子成聖成治思想研究〉，《國立臺灣師範大學國文研究所集刊》第 18 號，1974 年 6 月，頁 1〜108。

〔註 672〕吳清淋，〈荀子禮分思想之研究〉，《國立臺灣師範大學國文研究所集刊》第 21 號，1977 年 6 月，頁 1〜103。

〔註 673〕陳飛龍，〈淺談孔子禮教〉，《孔孟月刊》第 15 卷第 11 期，1977 年 7 月，頁 25〜30。

〔註 674〕周紹賢，〈荀子之禮論〉，《輔仁學誌》，1979 年 6 月，頁 1〜13。

〔註 675〕吳秀英，〈荀子「禮」之研究〉，《孔孟月刊》第 18 卷第 7 期，1980 年 3 月，頁 36〜41。

〔註 676〕呂光華，〈張載之禮學〉，《孔孟月刊》第 22 卷第 2 期，1983 年 10 月，頁 27〜37。

〔註 677〕陳飛龍，〈孔子之禮論〉，《孔孟學報》第 45 期，1983 年 4 月，頁 225〜248。

〔註 678〕周群振，〈荀子隆禮思想之分疏〉(1)，《鵝湖月刊》第 113 期，1984 年 11 月，頁 11〜18。另〈荀子隆禮思想之分疏〉(2)，同期刊第 114 期，同年 12 月，頁 35〜42。另〈荀子隆禮思想之分疏〉(3)，同期刊第 115 期，1985 年元月，頁 35〜44。

〔註679〕之後，續於 1988 年再撰〈孔子的禮學：七十七年國學研究會講詞〉
〔註680〕。卓秀巖於 1990 年撰〈子游禮學〉〔註681〕；續於 1993 年撰〈子夏
禮學〉〔註682〕；又於 1995 年撰〈子路禮學〉〔註683〕。

　　另有黃麗香於 1987 年撰〈張載之禮學〉〔註684〕。1988 年張亨撰〈荀子
的禮法思想試論〉〔註685〕；同年華師仲麐撰〈孔子的樂教：七十七年國學研
究會講詞〉〔註686〕。徐漢昌於 1993 年撰〈《管子》論「禮」出探〉〔註687〕。
張才興於 1994 年撰〈荀子的禮義之治與法治〉〔註688〕。1995 年有于述勝撰
〈孔子的「博文約禮」說釋義〉〔註689〕；有李哲賢撰〈荀子「禮義之統」思
想之理論依據〉〔註690〕；有楊素珍撰〈荀子「禮」論與其政治思想的關聯〉
〔註691〕；有劉眞倫撰〈論荀禮論的道德屬性〉〔註692〕；有韓碧琴撰〈張爾岐

〔註679〕孔德成，〈荀子的禮學〉，《孔孟月刊》第 24 卷第 12 期，1986 年 8 月，頁 25
　　　　～27。

〔註680〕孔德成，〈孔子的禮學：七十七年國學研究會講詞〉，《孔孟月刊》第 26 卷第
　　　　12 期，1988 年 8 月，頁 13～16。

〔註681〕卓秀巖，〈子游禮學〉，《國立成功大學學報》第 24 卷，1990 年 2 月，頁 21～42。

〔註682〕卓秀巖，〈子夏禮學〉，《國立成功大學學報》第 28 卷人文・社會篇，1993 年
　　　　11 月，頁 14～59。

〔註683〕卓秀巖，〈子路禮學〉，《國立成功大學學報》第 30 卷，1995 年 11 月，頁 17～
　　　　39。

〔註684〕黃麗香，〈張載之禮學〉，《孔孟月刊》第 25 卷第 7 期，1987 年 3 月，頁 24～31。

〔註685〕張亨，〈荀子的禮法思想試論〉，《臺大中文學報》第 2 期，1988 年 11 月，頁
　　　　69～102。

〔註686〕華師仲麐，〈孔子的樂教：七十七年國學研究會講詞〉，《孔孟月刊》第 26 卷
　　　　第 12 期，1988 年 8 月，頁 17～18。

〔註687〕徐漢昌，〈《管子》論「禮」出探〉，《中山人文學報》第 1 期，1993 年 4 月，
　　　　頁 87～100。

〔註688〕張才興，〈荀子的禮義之治與法治〉，《逢甲中文學報》第 2 期，1994 年 4 月，
　　　　頁 21～91。

〔註689〕于述勝，〈孔子的「博文約禮」說釋義〉，《孔孟月刊》第 33 卷第 9 期，1995
　　　　年 5 月，頁 6～7。

〔註690〕李哲賢，〈荀子「禮義之統」思想之理論依據〉（上），《鵝湖月刊》第 235 期，
　　　　1995 年 1 月，頁 42～49。另〈荀子「禮義之統」思想之理論依據〉（下），同
　　　　期刊第 236 期，1995 年 2 月，頁 47～53。

〔註691〕楊素珍，〈荀子「禮」論與其政治思想的關聯〉（上），《孔孟月刊》第 34 卷第
　　　　2 期，1995 年 10 月，頁 16～22。另〈荀子「禮」論與其政治思想的關聯〉（下），
　　　　同期刊同卷第 3 期，1995 年 11 月，頁 17～25。

〔註692〕劉眞倫，〈論荀禮論的道德屬性〉，《孔孟月刊》34 卷第 4 期，1995 年 12 月，
　　　　頁 12～16。

對「儀禮」之獨特見解〉〔註693〕。1996 年有李正治撰〈老子「超禮歸道」型的禮樂思索〉〔註694〕；有許司東撰〈從仁禮起源論孔子的仁禮關係〉〔註695〕。1997年有柳熙星撰〈試論荀子「禮」的價值根源問題〉〔註696〕。劉文起、簡文山於1998 年撰〈《禮記》〈月令〉、〈王制〉鄭注「周制」、「殷制」觀念探析——兼論鄭玄經學立場問題〉〔註697〕。2000 年有陳章錫撰〈從〈禮運〉篇探索孔子思想〉〔註698〕；有曾春海撰〈荀學禮文化的知識理論〉〔註699〕。呂欣怡於 2001 年撰〈孟子禮學研究〉〔註700〕；同年王立軍撰〈試論司馬光禮學思想的基本特徵〉〔註701〕。陸建華於 2002 年撰〈荀子禮以解「弊」的諸子批判論〉〔註702〕；同年韓碧琴又撰〈焦循手批《儀禮註疏》研究〉〔註703〕、〈焦循手批《禮記註疏》之探賾〉〔註704〕；同年吳恆忠撰〈論孔子的「禮孝」思想〉〔註705〕；同年劉冠生撰〈荀子的禮治思想〉〔註706〕。2003 年為洪櫻芬撰〈儒家的價值教育——由孔子、

〔註693〕韓碧琴，〈張爾岐對「儀禮」之獨特見解〉，《國立中興大學臺中夜間部學報》第 1 期，1995 年 11 月，頁 27～49。

〔註694〕李正治，〈老子「超禮歸道」型的禮樂思索〉，《鵝湖月刊》第 258 期，1996年 12 月，頁 18～26。

〔註695〕許司東，〈從仁禮起源論孔子的仁禮關係〉，《渭南師專學報》總第 34 期，1996年第 4 期，頁 9～12。

〔註696〕柳熙星，〈試論荀子「禮」的價值根源問題〉，《鵝湖月刊》第 261 期，1997年 3 月，頁 9～19。

〔註697〕劉文起、簡文山，〈《禮記》〈月令〉、〈王制〉鄭注「周制」、「殷制」觀念探析——兼論鄭玄經學立場問題〉，《中山人文學報》第 7 期，1998 年 8 月，頁 1～16。

〔註698〕陳章錫，〈從〈禮運〉篇探索孔子思想〉，《鵝湖月刊》第 304 期，2000 年 10月，頁 32～39。

〔註699〕曾春海，〈荀學禮文化的知識理論〉，《輔仁學誌》第 28 期，2000 年 12 月，頁 27～50。

〔註700〕呂欣怡，〈孟子禮學研究〉，《國立臺灣師範大學國文研究所集刊》第 45 號，2001 年 6 月，頁 1～168。

〔註701〕王立軍，〈試論司馬光禮學思想的基本特徵〉，《唐都學刊》第 17 卷第 3 期，2001 年 3 月，頁 47～50。

〔註702〕陸建華，〈荀子禮以解「弊」的諸子批判論〉，《鵝湖月刊》第 338 期，2002年 10 月，頁 39～45。

〔註703〕韓碧琴，〈焦循手批《儀禮註疏》研究〉，《國立中興大學中文學報》第 14 期，2002 年 2 月，頁 65～85。

〔註704〕韓碧琴，〈焦循手批《禮記註疏》之探賾〉（上），《國立中興大學人文學報》第 32 期，2002 年 6 月，頁 127～146。

〔註705〕吳恆忠，〈論孔子的「禮孝」思想〉，《吉首大學學報》第 23 卷第 4 期，2002年 12 月，頁 59～62。

〔註706〕劉冠生，〈荀子的禮治思想〉，《管子學刊》，2002 年 2 期，頁 29～34。

荀子的學說思想談起〉〔註707〕。2005 年有陳政揚撰〈張載哲學中的「理」與「禮」〉〔註708〕；有陸建華撰〈以道觀禮——老子禮學思想研究〉〔註709〕。

以專書禮論做爬梳者，陳玉臺於 1975 年撰〈白虎通義引禮考述〉〔註710〕。王聰明於 1988 年撰〈左傳之人文思想研究〉〔註711〕。吳車 1991 年撰〈左傳論禮之重要性〉〔註712〕。劉瑞箏於 1995 年撰〈穀梁禮證述評〉〔註713〕。陳滿銘於 2002 年撰〈論《論語》中的「禮」〉〔註714〕。劉月珠於 2004 年撰〈《詩經》中禮樂觀之探討〉〔註715〕。

以禮做主軸綜論者，周何於 1971 年撰〈何以「不學禮無以立」〉〔註716〕。周氏續於 1996 年撰〈經典的智慧（11）：禮不下庶人，刑不上大夫論〉〔註717〕、〈經典的智慧（10）：禮之行始於孝〉〔註718〕。周氏再於 1997 年撰〈制禮的原則〉〔註719〕、〈禮法之別〉〔註720〕、〈禮之內涵〉〔註721〕、〈禮的起源〉

〔註707〕洪櫻芬，〈儒家的價值教育——由孔子、荀子的學說思想談起〉，《鵝湖月刊》第 342 期，2003 年 12 月，頁 45～54。

〔註708〕陳政揚，〈張載哲學中的「理」與「禮」〉，《高雄師範大學學報》第 18 期，2005年 6 月，頁 165～178。

〔註709〕陸建華，〈以道觀禮——老子禮學思想研究〉，《鵝湖月刊》第 359 期，2005年 5 月，頁 58～64。

〔註710〕陳玉臺，〈白虎通義引禮考述〉，《國立臺灣師範大學國文研究所集刊》第 19號，1975 年 6 月，頁 1～90。

〔註711〕王聰明，〈左傳之人文思想研究〉，《國立臺灣師範大學國文研究所集刊》第32 號，1988 年 6 月，頁 1～92。

〔註712〕吳車，〈左傳論禮之重要性〉，《靜宜人文學報》第 3 期，1991 年 6 月，頁 109～145。

〔註713〕劉瑞箏，〈穀梁禮證述評〉，《國立臺灣師範大學學報》第 24 期，1995 年 6 月，頁 51～77。

〔註714〕陳滿銘，〈論《論語》中的「禮」〉，《孔孟月刊》第 40 卷第 12 期，2002 年 8月，頁 7～10。

〔註715〕劉月珠，〈《詩經》中禮樂觀之探討〉，《孔孟月刊》第 43 卷第 4 期，2004 年12 月，頁 8～14。

〔註716〕周何，〈何以「不學禮無以立」〉，《孔孟月刊》第 9 卷第 7 期，1971 年 3 月，頁 24～28。

〔註717〕周何，〈經典的智慧（11）：禮不下庶人，刑不上大夫論〉，《國文天地》第 12卷 6 期（總號 138），1996 年 11 月，頁 16～18。

〔註718〕周何，〈經典的智慧（10）：禮之行始於孝〉，《國文天地》第 12 卷 5 期，1996年 10 月，頁 28～31。

〔註719〕周何，〈制禮的原則〉，《國文天地》第 12 卷 9 期，1997 年 2 月，頁 28～33。

〔註720〕周何，〈禮法之別〉，《國文天地》第 12 卷 11 期（總號 143），1997 年 4 月，頁 24～27。

〔註721〕周何，〈禮之內涵〉（上），《國文天地》第 13 卷 6 期，1997 年 11 月，頁 14

〔註722〕。周氏又於 1998 年撰〈如何讓舊有的禮教發揮現代的社會功能〉〔註723〕。周何撰〈禮的內涵及其影響〉〔註724〕，收入內政部編《禮儀論述專輯》第 3 輯。

　　羅宗濤於 1974 年撰〈談禮〉〔註725〕。陳飛龍於 1982 年撰〈釋禮〉〔註726〕。曾錦坤於 1984 年撰〈禮樂與禮樂教化〉〔註727〕。1985 年為孔德成撰〈禮與現代〉〔註728〕。黃清榮於 1989 年撰〈儒家禮學的時代意義〉〔註729〕。林聰舜於 1993 年撰〈「禮」世界的建立──賈誼對禮法秩序的追求〉〔註730〕。俞志慧於 1996 年撰〈說禮〉〔註731〕。馬健鷹於 1998 年撰〈「禮之初始諸飲食」質疑──兼論禮制的起源問題〉〔註732〕。1999 年有陳剩勇於撰〈禮的起源──兼論良渚文化與文明起源〉〔註733〕；有龔建平撰〈從儒家的宇宙觀看禮的內在根據〉〔註734〕。2001 年有張昀撰〈人生儀禮與習俗探源〉〔註735〕。2002 年有俞秀玲撰〈儒家禮治思想的合理內涵及其現代義蘊〉〔註736〕；有陳

～19。另〈禮之內涵〉（中），同期刊同卷 7 期，同年 12 月，頁 22～24。另〈禮之內涵〉（下），同期刊同卷 8 期，1998 年 1 月，頁 21～26。
〔註722〕周何，〈禮的起源〉，《國文天地》第 12 卷 12 期，1997 年 5 月，頁 28～32。
〔註723〕周何，〈如何讓舊有的禮教發揮現代的社會功能〉，《國文天地》第 13 卷 12 期（總號 156），1998 年 5 月，頁 18～21。
〔註724〕周何，〈禮的內涵及其影響〉，內政部編《禮儀論述專輯》第 3 輯。
〔註725〕羅宗濤，〈談禮〉，《孔孟月刊》第 13 卷第 2 期，1974 年 10 月，頁 15～17。
〔註726〕陳飛龍，〈釋禮〉，《國立政治大學學報》第 45 期，1982 年 5 月，頁 11～34。
〔註727〕曾錦坤，〈禮樂與禮樂教化〉，《孔孟月刊》第 28 卷第 2 期，1984 年 10 月，頁 16～20。
〔註728〕孔德成，〈禮與現代〉，《孔孟月刊》第 23 卷第 12 期，1985 年 8 月，頁 15～18。
〔註729〕黃清榮，〈儒家禮學的時代意義〉，《孔孟月刊》第 27 卷第 5 期，1989 年 1 月，頁 4～9。
〔註730〕林聰舜，〈「禮」世界的建立──賈誼對禮法秩序的追求〉，《清華學報》第 23 卷第 2 期，1993 年 6 月，頁 149～174。
〔註731〕俞志慧，〈說禮〉，《孔孟月刊》第 34 卷第 5 期，1996 年 1 月，頁 33～35。
〔註732〕馬健鷹，〈「禮之初始諸飲食」質疑──兼論禮制的起源問題〉，《江漢大學學報》第 15 卷第 1 期，1998 年 2 月，頁 95～98。
〔註733〕陳剩勇，〈禮的起源──兼論良渚文化與文明起源〉，《漢學研究》第 17 卷第 1 期，1999 年 6 月，頁 49～77。
〔註734〕龔建平，〈從儒家的宇宙觀看禮的內在根據〉，《鵝湖月刊》第 284 期，1999 年 2 月，頁 31～38。
〔註735〕張昀，〈人生儀禮與習俗探源〉，《新疆大學學報》第 29 卷第 3 期，2001 年 9 月，頁 23～27。
〔註736〕俞秀玲，〈儒家禮治思想的合理內涵及其現代義蘊〉，《孔孟月刊》第 40 卷第

芳妹撰〈時代與區域風格間的激盪：西周青銅藝術風格的多樣性及禮制發展大勢變因試析〉〔註737〕；有彭美玲撰〈君子與容禮——儒家容禮述義〉〔註738〕。2003 年有魯士春撰〈中國禮的起源〉〔註739〕；有陳怡君撰〈魏晉嫂叔禮制之辯探析〉〔註740〕；有李少兵撰〈民國民間傳統禮俗文化研究〉〔註741〕。2004 年爲王世光撰〈清代中期「以禮代理」說芻議〉〔註742〕；爲王光榮撰〈人生禮儀文化透視〉〔註743〕。2005 年有尹德民撰〈從世風日下談「禮」〉〔註744〕；有董建輝撰〈「禮治」與傳統農村社會秩序〉〔註745〕。2006 年有呂元禮撰〈禮治的闡釋及其對法治的補充〉〔註746〕；有寧新昌撰〈和諧社會由禮做起——讀龔建平的《意義的生成與實現——〈禮記〉哲學思想》〉〔註747〕；有王美華撰〈官方禮制的庶民化傾向與唐宋禮制下移〉〔註748〕。2007 年爲胡守鈞、王迎春合撰〈「禮」與民間傳統〉〔註749〕。2008 年爲彭華撰〈和諧的社會離不

---

11 期，2002 年 7 月，頁 22～29。

〔註737〕陳芳妹，〈時代與區域風格間的激盪：西周青銅藝術風格的多樣性及禮制發展大勢變因試析〉，邢義田主編《中央研究院第三屆國際漢學會議論文集歷史組：中世紀以前的地域文化、宗教與藝術》，2002 年 6 月，頁 99～181。

〔註738〕彭美玲，〈君子與容禮——儒家容禮述義〉，《臺大中文學報》第 16 期，2002 年 6 月，頁 1～48。

〔註739〕魯士春，〈中國禮的起源〉，《新亞論叢》第 5 卷，2003 年 5 月，頁 18～24。

〔註740〕陳怡君，〈魏晉嫂叔禮制之辯探析〉，《國文天地》第 19 卷 5 期，2003 年 10 月，頁 42～47。

〔註741〕李少兵，〈民國民間傳統禮俗文化研究〉，《歷史檔案》，2003 年 2 期，頁 119～125。

〔註742〕王世光，〈清代中期「以禮代理」說芻議〉，《孔子研究》第 2 期，2004 年，頁 92～99。

〔註743〕王光榮，〈人生禮儀文化透視〉，《廣西右江民族師專學報》第 17 卷第 5 期，2004 年 10 月，頁 7～13。

〔註744〕尹德民〈從世風日下談「禮」〉，《孔孟月刊》第 44 卷第 3、4 期，2005 年 12 月，頁 1～4。

〔註745〕董建輝，〈「禮治」與傳統農村社會秩序〉，《廈門大學學報》總第 170 期，2005 年第 4 期，頁 93～100。

〔註746〕呂元禮，〈禮治的闡釋及其對法治的補充〉，《鵝湖月刊》第 377 期，2006 年 11 月，頁 32～39。

〔註747〕寧新昌，〈和諧社會由禮做起——讀龔建平的《意義的生成與實現——〈禮記〉哲學思想》〉，《鵝湖月刊》第 375 期，2006 年 9 月，頁 59～63。

〔註748〕王美華，〈官方禮制的庶民化傾向與唐宋禮制下移〉，《濟南大學學報》，第 16 卷第 1 期，2006 年 1 期，頁 57～62+92。

〔註749〕胡守鈞、王迎春，〈「禮」與民間傳統〉，載朱貽庭主編《與孔子對話——儒家文化與現代生活》第四集——上海文廟第四屆儒學研討會論文集》，2007 年。

開禮與法——以儒家爲考察中心〉〔註750〕。

　　以禮俗爲載體者，1970 年有何聯奎撰〈中國禮俗研究導言〉〔註751〕。蕭玉煌於 1989 年撰〈禮俗與禮儀規範淺釋〉〔註752〕。1994 年有李師豐楙撰〈臺灣民間禮俗中的生死關懷——一個中國式結構意義的考察〉〔註753〕。

　　3、學位論文

　　杜明德於 1994 年撰《毛西河及其《周禮》學研究》〔註754〕，專就清儒毛奇齡撰述的《周禮》學說做鋪展。侯瑞琪於 1997 年撰《從宗法制度看臺灣漢人宗族社會》〔註755〕。尤淑君於 2001 年撰《名分禮秩與皇權重塑——大禮議與明嘉靖朝政治文化》〔註756〕。2004 年有韓琳琳撰《《禮記》與西漢社會——以「孝」爲中心的考察》〔註757〕；有孔德凌撰《《詩經》宴飲詩與周代禮樂文化的變遷》〔註758〕。李永興於 2005 年撰《儒家「禮」、法家「法」與唐律之關係研究》〔註759〕。李文娟於 2006 年撰《《儀禮》倫理思想研究》〔註760〕；同年楊建宏撰《宋代禮制與基層社會控制研究》〔註761〕。莊麗卿

〔註750〕彭華，〈和諧的社會離不開禮與法——以儒家爲考察中心〉，《宜賓學院學報》第 2 期，2008 年 2 月，頁 32～36。

〔註751〕何聯奎，〈中國禮俗研究導言〉，《中央研究院民族學研究所集刊》第 29 期，1970 年春季，頁 209～218。

〔註752〕蕭玉煌，〈禮俗與禮儀規範淺釋〉，《臺灣文獻》第 40 卷第 2 期，1989 年 6 月，頁 23～35。

〔註753〕李師豐楙，〈臺灣民間禮俗中的生死關懷——一個中國式結構意義的考察〉，《哲學雜誌》第 8 期，1994 年 4 月，頁 32～53。

〔註754〕杜明德，《毛西河及其《周禮》學研究》，國立高雄師範大學國文研究所碩士論文，1994 年 6 月。

〔註755〕侯瑞琪，《從宗法制度看臺灣漢人宗族社會》，國立臺灣師範大學國文研究所碩士論文，1997 年 1 月。

〔註756〕尤淑君，《名分禮秩與皇權重塑——大禮議與明嘉靖朝政治文化》，國立政治大學歷史學系研究所碩士論文，2001 年 12 月。

〔註757〕韓琳琳撰，《《禮記》與西漢社會——以「孝」爲中心的考察》，南京師範大學碩士論文，2004 年 1 月 1 日。

〔註758〕孔德凌撰，《《詩經》宴飲詩與周代禮樂文化的變遷》，曲阜師範大學中國古代文學系碩士論文，2004 年 4 月。

〔註759〕李永興，《儒家「禮」、法家「法」與唐律之關係研究》，臺北市立師範學院應用語言文學研究所語文教學碩士論文，2005 年 4 月。

〔註760〕李文娟撰，《《儀禮》倫理思想研究》，中央民族大學碩士論文，2006 年 5 月。

〔註761〕楊建宏，《宋代禮制與基層社會控制研究》，四川大學中國古代史博士論文，2006 年。

於 2007 年撰《先秦摯見禮探論》〔註762〕；同年陳依婷撰《明代的宴享制度》〔註763〕；同年周鑫撰《儒士新地方性格的成長：以元代江西撫州儒士為中心》〔註764〕。

三、其他相關研究

1、專　書

就民情風俗為論證對象者，婁子匡、許長樂於 1971 年合著《臺灣民俗源流》〔註765〕，收入《民族文化叢書》9。吳瀛濤於 1975 年撰《臺灣民俗》，對歲時、祭祀、家制、生育、冠笄、婚嫁、喪葬、俗信俗習、衣食住、工藝製造、音樂、戲劇、遊戲、猜謎、地名、民俗薈談、地方傳說、民間故事、民間笑話、山地傳說等皆有涉獵，為研究臺灣民俗極具參考價值的力作。尚秉和於 1985 年撰《歷代社會風俗事物考》〔註766〕。韓養民、張來斌於 1987 年合著《秦漢風俗》〔註767〕。1989 年有仲富蘭撰《中國民俗流變》〔註768〕；有葛承雍撰《中國傳統風俗與現代化》〔註769〕。蕭乾於 1992 年主編《民俗風情》〔註770〕。梁滿倉於 1994 年撰《中國魏晉南北朝習俗史》〔註771〕，收入史仲文、胡曉林主編《百卷本中國全史》第 8 卷。1999 年有申士堯、傅美琳合編《中國風俗大辭典》〔註772〕；有阮昌銳撰《植物動物與民俗》〔註773〕；

〔註762〕莊麗卿，《先秦摯見禮探論》，國立中興大學中國文學研究所碩士論文，2007 年 1 月。

〔註763〕陳依婷，《明代的宴享制度》，國立暨南大學歷史系碩士論文，2007 年 8 月。

〔註764〕周鑫，《儒士新地方性格的成長：以元代江西撫州儒士為中心》，南開大學中國近代史研究所博士論文，2007 年 4 月。

〔註765〕婁子匡、許長樂合著，《臺灣民俗源流》，《民族文化叢書》9，臺中市：臺灣省政府新聞處，1971 年。

〔註766〕尚秉和，《歷代社會風俗事物考》，臺北：臺灣商務印書館，1985 年 12 月臺 6 版。

〔註767〕韓養民、張來斌，《秦漢風俗》，陝西：人民出版社，1987 年 10 月。

〔註768〕仲富蘭，《中國民俗流變》，香港：中華書局，1989 年 2 月。

〔註769〕葛承雍，《中國傳統風俗與現代化》，陝西：人民出版社，1989 年 12 月。該書於 2002 年 9 月亦再出版。

〔註770〕蕭乾主編，《民俗風情》，臺北：臺灣商務印書館，1992 年 9 月第 2 刷。

〔註771〕梁滿倉，《中國魏晉南北朝習俗史》，收入史仲文、胡曉林主編《百卷本中國全史》第 8 卷，北京：人民出版社，1994 年 4 月。

〔註772〕申士堯、傅美琳主編，《中國風俗大辭典》，臺北：國家出版社，1999 年 10 月。

〔註773〕阮昌銳，《植物動物與民俗》，臺北：臺灣省立博物館出版部，1999 年 9 月。

有邵燕、郭林濤編著《中國民間吉祥俗》〔註774〕。完顏紹元、郭永生於2000
年合撰《中國風俗圖像解說》〔註775〕；同年牧雨、齊放編著《消逝的風俗》
〔註776〕。2001年有葛晨虹撰《中國古代的風俗禮儀》〔註777〕，在以古人民
間風俗儀節提出多面向的觀想；有向柏松撰《吉祥民俗》〔註778〕。2002年有
完顏紹元編著《中國風俗之謎》〔註779〕。2003年為苑利、顧軍合撰《中國民
俗學教程》〔註780〕

　　《中國風俗通史》套書，對中國各代風俗論述甚詳，因係陸續付梓出版，
各分卷出版時間遂不全然相同。2001年為吳玉貴撰《隋唐五代卷》〔註781〕；
宋兆麟撰《原始社會卷》〔註782〕；宋鎮豪撰《夏商卷》〔註783〕；徐吉軍、方
建新、方健、呂風棠合撰《宋代卷》〔註784〕；張承宗、魏向東合著《魏晉
南北朝卷》〔註785〕；陳高華、史衛民合著《元代卷》〔註786〕。2002年為宋
德金、史金波合撰《遼金西夏卷》〔註787〕；及彭衛、楊振紅合著《秦漢卷》
〔註788〕。2003年為陳紹棣撰《兩周卷》〔註789〕。2005年為陳寶良、王熹合
著《明代卷》〔註790〕。

〔註774〕邵燕、郭林濤編著，《中國民間吉祥俗》，北京：中國旅遊出版社，1999年11月第3刷。
〔註775〕完顏紹元、郭永生，《中國風俗圖像解說》，上海：世紀出版集團、上海書店出版社，2000年6月第2刷。
〔註776〕牧雨、齊放編著，《消逝的風俗》，天津：百花文藝版社，2000年1月。
〔註777〕葛晨虹，《中國古代的風俗禮儀》，臺北：文津出版社，2001年4月。
〔註778〕向柏松，《吉祥民俗》，武漢：湖北教育出版社，2001年3月。
〔註779〕完顏紹元編著，《中國風俗之謎》，上海：辭書出版社，2002年10月第2刷。
〔註780〕苑利、顧軍，《中國民俗學教程》，北京：光明日報出版社，2003年10月。
〔註781〕吳玉貴，《中國風俗通史》（隋唐五代卷），上海：文藝出版社，2001年11月。
〔註782〕宋兆麟，《中國風俗通史》（原始社會卷），上海：文藝出版社，2001年11月。
〔註783〕宋鎮豪，《中國風俗通史》（夏商卷），上海：文藝出版社，2001年11月。
〔註784〕徐吉軍、方建新、方健、呂風棠，《中國風俗通史》（宋代卷），上海：文藝出版社，2001年11月。
〔註785〕張承宗、魏向東，《中國風俗通史》（魏晉南北朝卷），上海：文藝出版社，2001年11月。
〔註786〕陳高華、史衛民，《中國風俗通史》（元代卷），上海：文藝出版社，2001年11月。
〔註787〕宋德金、史金波，《中國風俗通史》（遼金西夏卷），上海：文藝出版社，2002年3月。
〔註788〕彭衛、楊振紅，《中國風俗通史》（秦漢卷），上海：文藝出版社，2002年3月。
〔註789〕陳紹棣，《中國風俗通史》（兩周卷），上海：文藝出版社，2003年6月。
〔註790〕陳寶良、王熹，《中國風俗通史》（明代卷），上海：文藝出版社，2005年2月。

　　徐杰舜主編《漢族風俗史》套書，亦將各朝代風俗史加以分論，於 2004 年出版：其第一卷爲徐杰舜撰《導論、先秦漢族風俗》〔註 791〕；其第二卷爲周耀明、萬建中、陳華文等合著《秦漢、魏晉南北朝漢族風俗》〔註 792〕；其第三卷爲萬建中、周耀明、陳順宣等合著《隋唐、五代宋元漢族風俗》〔註 793〕；其第四卷爲周耀明撰《明代、清代前期漢族風俗》〔註 794〕；其第五卷爲萬建中、周耀明合著《清代後期、民國漢族風俗》〔註 795〕。2004 年尚有黃炳元撰《面對歷史與風俗》〔註 796〕。2005 年有張亮釆撰《中國風俗史》〔註 797〕。2006 年有雲中天編《永遠的風景：中國民俗文化——禁忌》〔註 798〕。2007 年有〔日〕中川忠英編著，方克、孫玄齡譯《清俗紀聞》〔註 799〕。游彪、尙衍彬、吳曉亮等於 2008 年合著《中國民俗史》（宋遼金元卷）〔註 800〕。

　　就閩臺或其他區域提出陳述者，1971 年有張炳楠監修，李汝和主修《臺灣省通志》卷二《人民志》〔註 801〕。鄭振滿 1992 年撰《明清福建家族組織與社會變遷》〔註 802〕。高國藩於 1993 年著《敦煌民俗資料導論》，收入林聰明編《敦煌學導論叢刊》。1996 年有國立編譯館主編《敦煌吐魯番論集》〔註 803〕；

〔註 791〕徐杰舜，《導論、先秦漢族風俗》，載徐杰舜主編，《漢族風俗史》第一卷，上海：學林出版社，2004 年 12 月。

〔註 792〕周耀明、萬建中、陳華文等，《秦漢、魏晉南北朝漢族風俗》，載徐杰舜主編《漢族風俗史》第二卷，上海：學林出版社，2004 年 12 月。

〔註 793〕萬建中、周耀明、陳順宣等，《隋唐、五代宋元漢族風俗》，載徐杰舜主編《漢族風俗史》第三卷，上海：學林出版社，2004 年 12 月。

〔註 794〕周耀明，《明代、清代前期漢族風俗》，載徐杰舜主編《漢族風俗史》第四卷，上海：學林出版社，2004 年 12 月。

〔註 795〕萬建中、周耀明，《清代後期、民國漢族風俗》，載徐杰舜主編《漢族風俗史》第五卷，上海：學林出版社，2004 年 12 月。

〔註 796〕黃炳元，《面對歷史與風俗》，福州：海峽文藝出版社，2004 年 8 月。

〔註 797〕張亮釆，《中國風俗史》，北京：團結出版社，2005 年 1 月。

〔註 798〕雲中天編，《永遠的風景：中國民俗文化——禁忌》，南昌：百花洲文藝出版社，2006 年 10 月。

〔註 799〕〔日〕中川忠英編著；方克、孫玄齡譯，《清俗紀聞》，北京：中華書局，2007 年 7 月第 2 刷。

〔註 800〕游彪、尙衍彬、吳曉亮等，《中國民俗史》（宋遼金元卷），北京：人民出版社，2008 年 2 月。

〔註 801〕張炳楠監修，李汝和主修，《臺灣省通志》卷 2《人民志》，臺中：臺灣省文獻會，1971 年 6 月。

〔註 802〕鄭振滿，《明清福建家族組織與社會變遷》，河南：教育出版社，1992 年 6 月。

〔註 803〕國立編譯館主編，《敦煌吐魯番論集》，臺北：新文豐出版公司，1996 年 10 月臺 1 版。

有福建省同安文史資料精選本編委會編《同安文史資料精選本》下冊〔註
804〕。1997 年為林仁川、黃福才合著《閩臺文化交融史》〔註 805〕；林金水
主編《福建對外文化交流史》〔註 806〕；諸葛計、銀玉珍合編著《閩國史事
編年》〔註 807〕。何綿山先於 2000 年撰《閩文化概論》〔註 808〕，續於 2001
年撰《閩文化述論》〔註 809〕。蘇黎明 2000 年撰《泉州家族文化》〔註 810〕，
北京：中國言實出版社，2000 年 6 月陳支平於 2001 年撰《福建六大民系》
〔註 811〕；同年陳桂炳撰《泉州民間風俗》〔註 812〕。2003 年有項楚、鄭阿
財合編《新世紀敦煌學論集》〔註 813〕；有黃少萍主編《閩南文化研究》〔註
814〕。沈英藝於 2005 年撰《閩南話掌故》〔註 815〕；同年蕭達雄撰《臺澎
地區：禮俗禁忌論說——臺語說禁忌》〔註 816〕；同年顏立水撰《金同集》
〔註 817〕。2006 年有福建省人大常委會教科文衛委員會編著《福建民族民間
傳統文化：歷史‧現狀與思考》〔註 818〕；有譚蟬雪撰《敦煌民俗——絲路
明珠傳風情》〔註 819〕。方寶璋於 2008 年撰《源與緣：閩臺民間風俗比較》
〔註 820〕。

　　就歷史經濟文化層面為主調者，周長耀於 1980 年撰《敬天探源》〔註 821〕。

〔註 804〕福建省同安文史資料精選本編委會編，《同安文史資料精選本》下冊，廈門：
　　　　同安彩印廠，1996 年 11 月。
〔註 805〕林仁川、黃福才，《閩臺文化交融史》，福建：教育出版社，1997 年 11 月。
〔註 806〕林金水主編，《福建對外文化交流史》，福建：教育出版社，1997 年 12 月。
〔註 807〕諸葛計、銀玉珍編著，《閩國史事編年》，福建：人民出版社，1997 年 8 月。
〔註 808〕何綿山，《閩文化概論》，北京：北京大學出版社，2000 年 12 月第 4 刷。
〔註 809〕何綿山，《閩文化述論》，吉林：延邊大學出版社，2001 年 9 月。
〔註 810〕蘇黎明，《泉州家族文化》，北京：中國言實出版社，2000 年 6 月。
〔註 811〕陳支平，《福建六大民系》，福州：福建人民出版社，2001 年 6 月第 2 刷。
〔註 812〕陳桂炳，《泉州民間風俗》，北京：中國文聯出版社，2001 年 1 月。
〔註 813〕項楚、鄭阿財主編，《新世紀敦煌學論集》，四川：巴蜀書社，2003 年 3 月。
〔註 814〕黃少萍主編，《閩南文化研究》，北京：中央文獻出版社，2003 年 9 月。
〔註 815〕沈英藝，《閩南話掌故》，福州：海風出版社，2005 年 6 月。
〔註 816〕蕭達雄，《臺澎地區：禮俗禁忌論說——臺語說禁忌》，高雄：復文圖書出版
　　　　社，2005 年 3 月初版 2 刷。
〔註 817〕顏立水，《金同集》，北京：中國文聯出版社，2005 年 2 月。
〔註 818〕福建省人大常委會教科文衛委員會編著，《福建民族民間傳統文化：歷史‧現
　　　　狀與思考》，福建：人民出版社，2006 年 9 月。
〔註 819〕譚蟬雪，《敦煌民俗——絲路明珠傳風情》，甘肅：教育出版社，2006 年 6 月。
〔註 820〕方寶璋，《源與緣：閩臺民間風俗比較》，福州：海風出版社，2008 年 7 月。
〔註 821〕周長耀，《敬天探源》，臺北：周長耀發行，1980 年 6 月。

李錫回於 1987 年主編《金門史蹟源流》〔註822〕。2000 年有古鴻廷、黃書林合編《臺灣歷史與文化》（一）（三）（四）〔註823〕；古鴻廷、王崇名、黃書林又於 2005 年合編《臺灣歷史與文化》（八）〔註824〕。另吳江安於 2001 年撰《明清江南望族與社會經濟文化》〔註825〕。2005 年爲呂大吉、牟鍾鑒合撰《中國宗教與中國文化》（卷一）〔註826〕。張弓於 2006 年主編《敦煌典籍與唐五代歷史文化》（上下冊）〔註827〕。

　　就宗教文化載記者，阮昌銳於 1990 年撰《中國民間宗教之研究》〔註828〕，翌年續撰《歲時與神誕》〔註829〕。1994 年有閻國權、張益壽、張克炘合編《敦煌宗教文化》〔註830〕。2005 年余敦康撰《中國宗教與中國文化》（卷二）〔註831〕；張踐撰《中國宗教與中國文化》（卷四）〔註832〕。2007 年爲李師豐楙、朱榮貴合編《儀式、廟會與社區——道教、民間信仰與民間文化》〔註833〕。

　　就社會文化生活作彰顯者，1965 年爲瞿宣穎纂輯《中國社會史料叢鈔》（甲集）〔註834〕較早。阮昌銳於 1987 年撰《臺灣省立博物館人文科學通俗讀

〔註822〕李錫回主編，《金門史蹟源流》，金門：金門縣政府，1987 年 11 月修訂再版。

〔註823〕古鴻廷、黃書林合編，《臺灣歷史與文化》（一）（三），臺北：稻香出版社，2000 年 12 月。

〔註824〕古鴻廷、王崇名、黃書林合編，《臺灣歷史與文化》（八），臺北：稻香出版社，2005 年元月。

〔註825〕吳江安，《明清江南望族與社會經濟文化》，上海：世紀出版集團、上海人民出版社，2001 年 12 月。

〔註826〕呂大吉、牟鍾鑒，《中國宗教與中國文化》卷 1，北京：中國社會科學出版社，2005 年 3 月。

〔註827〕張弓主編，《敦煌典籍與唐五代歷史文化》（上下冊），北京：中國社會科學出版社，2006 年 3 月。

〔註828〕阮昌銳，《中國民間宗教之研究》，臺北：臺灣省立博物館出版部，1990 年 6 月。

〔註829〕阮昌銳，《歲時與神誕》，臺北：榮民印刷廠，1991 年 6 月。

〔註830〕閻國權、張益壽、張克炘主編，《敦煌宗教文化》，北京：新華出版社，1994 年 8 月。

〔註831〕余敦康，《中國宗教與中國文化》卷 2，北京：中國社會科學出版社，2005 年 3 月。

〔註832〕張踐，《中國宗教與中國文化》卷 4，北京：中國社會科學出版社，2005 年 3 月。

〔註833〕李師豐楙、朱榮貴主編，《儀式、廟會與社區——道教、民間信仰與民間文化》，臺北：中央研究院中國文哲研究所，2007 年 9 月第 2 刷。

〔註834〕瞿宣穎纂輯，《中國社會史料叢鈔》（甲集），臺灣：商務印書館，1965 年 8 月臺 1 版。

物——傳薪集》〔註835〕。陳正之於2001年撰《臺灣歲時記：二十四節氣與常民文化》〔註836〕。王爾敏於2002年撰《明清時代庶民文化生活》〔註837〕；同年郭泮溪撰《中國古代飲酒習俗》〔註838〕；同年韓養民、郭興文合著《中國古代節日風俗》〔註839〕。2003年有陳正之撰《民俗思想起：消失中的常民生活文化》〔註840〕。李斌成等於2004年編《隋唐五代社會生活史》〔註841〕；同年張君撰《神秘的節俗——傳統節日禮俗、禁忌研究》〔註842〕。2005年有李露露撰《中國節——圖說民間傳統節日》〔註843〕；有沈從文編著《中國古代服飾研究》〔註844〕；有陳茂同撰《中國歷代衣冠服飾制》〔註845〕。常建華於2006年撰《清代的國家與社會研究》〔註846〕。季鴻崑於2007年撰《歲時佳節古今談》〔註847〕。

　2、期刊論文

　　專以社會制度爲探討者，謝康於1968年撰〈西周與法國封建制度的初步比較研究〉〔註848〕；謝氏續於1971年撰〈中國社會制度的探究〉〔註849〕，

〔註835〕阮昌銳，《臺灣省立博物館人文科學通俗讀物——傳薪集》，臺北：臺灣省立博物館，1987年元月。
〔註836〕陳正之，《臺灣歲時記：二十四節氣與常民文化》，臺北：行政院新聞局，2001年12月2版。
〔註837〕古鴻廷、王崇名、黃書林合編，《臺灣歷史與文化》（八），臺北：稻香出版社，2005年元月。
〔註838〕郭泮溪，《中國古代飲酒習俗》，陝西：人民出版社，2002年9月。
〔註839〕韓養民、郭興文，《中國古代節日風俗》，陝西：人民出版社，2002年9月。
〔註840〕陳正之，《民俗思想起：消失中的常民生活文化》，南投：臺灣省政府，2003年7月3版。
〔註841〕李斌成等編，《隋唐五代社會生活史》，北京：中國社會科學出版社，2004年12月重印。
〔註842〕張君，《神秘的節俗——傳統節日禮俗、禁忌研究》，南寧：廣西人民出版社，2004年1月。
〔註843〕李露露，《中國節——圖說民間傳統節日》，福建：人民出版社，2005年2月第2刷。
〔註844〕沈從文編著，《中國古代服飾研究》，上海：世紀出版集團、上海書店出版社，2005年4月。
〔註845〕陳茂同，《中國歷代衣冠服飾制》，天津：百花文藝出版社，2005年8月。
〔註846〕常建華，《清代的國家與社會研究》，北京：人民出版社，2006年7月。
〔註847〕季鴻崑，《歲時佳節古今談》，濟南：山東畫報出版社，2007年5月，頁5。
〔註848〕謝康，〈西周與法國封建制度的初步比較研究〉，《東海學報》第9卷1期，1968年1月，頁53～74。
〔註849〕謝康，〈中國社會制度的探究〉，《中央月刊》第3卷8期，1971年6月，頁31～39。

分就社會制度的涵義、功能、演進和變遷、探究、研究方法等提出探討。楊亮功於 1980 年撰〈周代封建制度與文化發展〉〔註 850〕。

特別標明地方文獻意義或價值者，張玉法於 1981 年撰〈地方文獻的歷史價值〉〔註 851〕，乃就地方文獻的歷史、內容、功能、發展等分項，談論各縣市文獻的編撰及其推展，有足爲國史採用的價值。劉兆祐於 1985 年撰〈中國方志中的文學資料及其運用〉〔註 852〕。劉靜敏於 1998 年撰〈金門縣志初探〉〔註 853〕。

以民俗面向做研究者，林川夫於 1990～1991 年主編（譯），《民俗臺灣》〔註 854〕共 1～7 輯，取材自池田敏雄主編的日文版《民俗臺灣》月刊雜誌 1943～1945 年內容。專門登載臺灣風俗習慣的刊物，是研究當時臺灣地區民情風俗深具指標性意義的專刊。姚漢秋於 1976 年撰〈摭談臺灣民俗〉〔註 855〕。吳世旭於 2004 年撰〈諧音與民俗〉〔註 856〕。梁惠卿於 2008 年撰〈地域不同，風俗各異〉〔註 857〕。

以傳統議題說明者，1979 年有 Karl・K・Popper 原著，黃柏棋譯，〈有關「傳統」的合理理論之探討〉〔註 858〕。李亦園於 1981 年撰〈臺灣傳統的社會結構〉〔註 859〕。尹建中於 1989 年撰〈民間傳統在變遷社會中的角色〉〔註 860〕。

〔註 850〕楊亮功，〈周代封建制度與文化發展〉，《孔孟月刊》第 18 卷第 12 期，1980 年 8 月，頁 3～6。

〔註 851〕張玉法，〈地方文獻的歷史價值〉，《察哈爾文獻》第 8 期，1981 年 2 月，頁 34～37。

〔註 852〕劉兆祐，〈中國方志中的文學資料及其運用〉，《漢學研究》第 3 卷第 2 期，1985 年 12 月，頁 845～861。

〔註 853〕劉靜敏，〈金門縣志初探〉，《史博館學報》第 8 期，1998 年 3 月，頁 121～132。

〔註 854〕林川夫主編（譯），《民俗臺灣》1～7 輯，取材自日文版民俗臺灣雜誌 1943～1945 年，臺北：武陵出版，1990～1991 年，（v.4，c.2 於 1999 年初版 3 刷；v.5，c.2 於 1995 年初版 2 刷。）

〔註 855〕姚漢秋，〈摭談臺灣民俗〉，《臺灣文獻》第 27 卷第 3 期，1976 年 9 月，頁 225～229。

〔註 856〕吳世旭，〈諧音與民俗〉，《國文天地》第 19 卷 9 期，2004 年 2 月，頁 39～42。

〔註 857〕梁惠卿，〈地域不同，風俗各異〉，《科教文匯》（下旬刊），2008 年 2 月。

〔註 858〕Karl・K・Popper 原著，黃柏棋譯，〈有關「傳統」的合理理論之探討〉，《鵝湖月刊》第 48 期，1979 年 6 月，頁 42～49。

〔註 859〕李亦園，〈臺灣傳統的社會結構〉，《臺灣史蹟源流》，1981 年 11 月，頁 209～226。

〔註 860〕尹建中，〈民間傳統在變遷社會中的角色〉，《中央研究院第二屆國際漢學會議論文集》（民俗與文化組），1989 年 6 月，頁 425～444。

　　以文化現象做討論者，錢穆於 1963 年撰〈略論魏晉南北朝學術文化與當時門第之關係〉〔註861〕。黃俊傑於 1991 年撰〈中國古代的釁及其文化史意義〉〔註862〕。王希杰於 2003 年撰〈就左和右說語言和文化關係的複雜性〉〔註863〕。黃樹民於 2009 年撰〈閩南的風俗與文化〉〔註864〕；同年鄭振滿撰〈國際化與地方化：近代閩南僑鄉的社會文化變遷〉〔註865〕。

　　以古籍爲爬梳者，高葆光於 1962 年撰〈從詩經觀察周代社會的主要情形〉〔註866〕。甄盡忠於 2006 年撰〈從《禮記・王制》看先秦時期的社會救助制度〉〔註867〕。趙逵夫於 2008 年撰〈詩的採集與《詩經》的成書〉〔註868〕。

　　以古人或古事爲研究對象者，朱鳳玉於 1986 年撰〈太公家教研究〉〔註869〕；同年周師鳳五撰〈太公家教重探〉〔註870〕。卓秀巖於 1987 年撰〈曾子論孝〉〔註871〕。李禹階於 1995 年撰〈理學與經學〉〔註872〕。

　　以朝代事例提敘者，呂士朋於 1981 年撰〈清代的崇儒與漢化〉〔註873〕。

〔註861〕錢穆，〈略論魏晉南北朝學術文化與當時門第之關係〉，《新亞學報》，第 5 卷第 2 期，1963 年 8 月，頁 23～77＋左 1。

〔註862〕黃俊傑，〈中國古代的釁及其文化史意義〉，《清華學報》第 21 卷第 1 期，1991 年，頁 65～89。

〔註863〕王希杰，〈就左和右説語言和文化關係的複雜性〉（上），《國文天地》第 18 卷第 11 期，2003 年 4 月，頁 39～42。另〈就左和右説語言和文化關係的複雜性〉（下），同期刊同卷第 12 期，2003 年 5 月，頁 38～43。

〔註864〕黃樹民，〈閩南的風俗與文化〉，陳益源主編《2009 閩南文化國際學術研討會論文集》，金門：金門縣政府，2009 年 12 月，頁 19～30。

〔註865〕鄭振滿，〈國際化與地方化：近代閩南僑鄉的社會文化變遷〉，陳益源主編，《2009 閩南文化國際學術研討會論文集》，金門：金門縣政府，2009 年 12 月，頁 41～54。

〔註866〕高葆光，〈從詩經觀察周代社會的主要情形〉，《東海學報》第 4 卷 1 期，1962 年 6 月，頁 1～17。

〔註867〕甄盡忠，〈從《禮記・王制》看先秦時期的社會救助制度〉，《河南教育學院學報》第 25 卷第 1 期，2006 年 1 月，頁 69～72。

〔註868〕趙逵夫，〈詩的採集與《詩經》的成書〉，臺北：中央研究院主題研究計畫「儒家經典之形成」第 21 次專題演講，2008 年 8 月 21 日，頁 1～27。

〔註869〕朱鳳玉，〈太公家教研究〉，《漢學研究》第 4 卷第 2 期，1986 年 12 月，頁 389～408。

〔註870〕周鳳五，〈太公家教重探〉，《漢學研究》第 4 卷第 2 期，1986 年 12 月，頁 355～377。

〔註871〕卓秀巖，〈曾子論孝〉，《國立成功大學學報》第 30 卷，1987 年 10 月，頁 51～86。

〔註872〕李禹階，〈理學與經學〉，《重慶師院學報》第 1 期，1995 年，頁 1～12。

〔註873〕呂士朋，〈清代的崇儒與漢化〉，《中央研究院國際漢學會議論文集》，1981 年

李師豐楙於 1994 年撰〈先秦變化神話的結構性意義：一個「常與非常」觀點
的考察〉〔註874〕。徐泓於 1989 年撰〈明代社會風氣的變遷——以江、浙地區
爲例〉〔註875〕。陶晉生於 1996 年撰〈北宋士人的起家〉〔註876〕；同年蕭啓
慶撰〈元朝多族文士圈的形成初探〉〔註877〕。許哲娜於 2004 年撰〈南宋時期
理學家在閩南地區的勸俗活動〉〔註878〕。2006 年楊健吾撰〈清代色彩民俗的
流變及特點〉〔註879〕；同年楊氏又撰〈漢代中國民間的色彩民俗〉〔註880〕。

以庶人生活當主題者。徐文珊於 1982 年撰〈從衣服看中國文化〉〔註881〕。
1986 年有李正治撰〈中國民間處世思想的探索與批判〉〔註882〕；有楊明鍔
撰〈民間節令祭祀與演戲〉〔註883〕。陳壬癸於 1990 年撰〈民間祭祖、拜神
儀式之檢討〉〔註884〕。李師豐楙於 1993 年撰〈由常入非常：中國節日慶典
中的狂文化〉〔註885〕；續於 1998 年撰〈臺灣中部紅頭司與客屬聚落的醮儀

10 月，頁 533～542。

〔註874〕李師豐楙，〈先秦變化神話的結構性意義：一個「常與非常」觀點的考察〉，《中
國文哲研究集刊》第 4 期，1994 年 3 月，頁 287～318。

〔註875〕徐泓，〈明代社會風氣的變遷——以江、浙地區爲例〉，《中央研究院第二屆國
際漢學會議論文集》，臺北：中央研究院，1989 年 6 月，頁 137～159。

〔註876〕陶晉生，〈北宋士人的起家〉，《第二屆宋史學術研討會論文集》，臺北：中國
文化大學史學研究所，1996 年 3 月，頁 61～76。

〔註877〕蕭啓慶，〈元朝多族文士圈的形成初探〉，《第二屆宋史學術研討會論文集》，
臺北：中國文化大學出版，1996 年 3 月，頁 165～163。

〔註878〕許哲娜，〈南宋時期理學家在閩南地區的勸俗活動〉，《南昌大學學報》第 35
卷第 3 期，2004 年 5 月。

〔註879〕楊健吾，〈清代色彩民俗的流變及特點〉，《鹽城師範學院學報》第 26 卷第 5
期，2006 年 10 月，頁 63～67。

〔註880〕楊健吾，〈漢代中國民間的色彩民俗〉，《鹽城師範學院學報》第 26 卷第 1 期，
2006 年 2 月，頁 82～85。

〔註881〕徐文珊，〈從衣服看中國文化〉，《東海大學中文學報》第 3 期，1982 年 6 月，
頁 1～6。

〔註882〕李正治，〈中國民間處世思想的探索與批判〉，《鵝湖月刊》第 135 期，1986
年 9 月，頁 22～33。

〔註883〕楊明鍔，〈民間節令祭祀與演戲〉，《民俗曲藝》第 39 期，1986 年 1 月，頁 129
～139。

〔註884〕陳壬癸，〈民間祭祖、拜神儀式之檢討〉，《臺灣文獻》第 41 卷第 1 期，1990
年 3 月，頁 177～196。該文較早刊登於《中國民族學通訊》第 23 期，1985
年 6 月，頁 31～55。亦收入李亦園、莊英章主編，中國民族學會編印，《民
間宗教儀式之檢討研討會論文集》，1985 年 6 月，頁 31～52。

〔註885〕李師豐楙，〈由常入非常：中國節日慶典中的狂文化〉，《中外文學》第 22 卷
第 3 期，1993 年 8 月，頁 116～150。

行事〉〔註 886〕。羅秉祥同於 1993 年撰〈「孝」之哲學反省〉〔註 887〕。金師榮華於 1994 年撰〈中國的民間信仰與孝道文化〉〔註 888〕。莊英章於 1995 年撰〈漢人社會研究的若干省思〉〔註 889〕。鄭曉江於 1998 年撰〈論「孝」之倫理內蘊及其現代價值〉〔註 890〕。2002 年有張鴻勛撰〈新獲英藏《下女夫詞》殘卷校釋〉〔註 891〕。

　　以閩臺爲軸心論述者，陳忠華於 1968 年撰〈閩人移殖臺灣史略〉〔註 892〕。林衡道於 1978 年撰〈臺灣與大陸的血緣關係〉〔註 893〕。唐美君於 1981 年撰〈臺灣傳統的社會結構〉〔註 894〕。周宗賢於 1983 年撰〈臺灣的血緣組織〉〔註 895〕。李仕德於 1992 年撰〈金門與早期臺灣開發的關係〉〔註 896〕。1998 年有侯瑞琪撰〈從宗法制度看臺灣漢人宗族社會〉〔註 897〕；有黃永川撰〈臺閩與中原文化〉〔註 898〕；有羅肇錦撰〈「漳泉鬥」的閩客情節初探〉〔註 899〕。聶德寧、黃美緣於 2000 年撰〈漳泉人文差異的歷史考察〉〔註 900〕。羅肇錦於 2003 年撰〈漳泉

〔註 886〕 李師豐楙，〈臺灣中部紅頭司與客屬聚落的醮儀行事〉，《臺灣文獻》第 49 卷第 4 期，1998 年 12 月，頁 187～206。

〔註 887〕 羅秉祥，〈「孝」之哲學反省〉，《鵝湖月刊》第 19 卷第 2 期（總號第 218），1993 年 8 月，頁 38～41。

〔註 888〕 金師榮華，〈中國的民間信仰與孝道文化〉，《民間信仰與中國文化國際研討會論文集》，臺北：漢學研究中心，1994 年 4 月，頁 25～32。

〔註 889〕 莊英章，〈漢人社會研究的若干省思〉，《中央研究院民族學研究所集刊》第 80 期，1995 年秋季特約演講，頁 27～35。

〔註 890〕 鄭曉江，〈論「孝」之倫理內蘊及其現代價值〉，《孔孟月刊》第 36 卷第 9 期，1998 年 5 月，頁 10～17。

〔註 891〕 張鴻勛，〈新獲英藏《下女夫詞》殘卷校釋〉，《敦煌俗文學研究》，甘肅：教育出版社，2002 年 9 月，頁 407～428。

〔註 892〕 陳忠華，〈閩人移殖臺灣史略〉，《臺北文獻》直字第 5 期，1968 年 7 月，頁 69～81。

〔註 893〕 林衡道，〈臺灣與大陸的血緣關係〉，《臺灣文獻》第 29 卷第 2 期，1978 年 6 月，頁 1～3。

〔註 894〕 唐美君，〈臺灣傳統的社會結構〉，《臺灣史蹟源流》，1981 年 11 月。

〔註 895〕 周宗賢，〈臺灣的血緣組織〉，《淡江學報》第 20 期，1983 年 5 月，頁 237～249。

〔註 896〕 李仕德，〈金門與早期臺灣開發的關係〉，《臺北文獻》直字第 102 期，1992 年 12 月，頁 97～106。

〔註 897〕 侯瑞琪，〈從宗法制度看臺灣漢人宗族社會〉，《國立臺灣師範大學國文研究所集刊》第 42 號，1998 年 6 月，頁 1～81。

〔註 898〕 黃永川，〈臺閩與中原文化〉，《史博館學報》第 10 期，1998 年 9 月，頁 1～17。

〔註 899〕 羅肇錦〈「漳泉鬥」的閩客情節初探〉，《臺灣文獻》第 49 卷第 4 期，1998 年 12 月，頁 173～185。

〔註 900〕 聶德寧、黃美緣，〈漳泉人文差異的歷史考察〉，《臺灣文獻》第 51 卷 2 期，

鬥的閩客情結再探〉〔註901〕。鍾禮強於 2004 年撰〈福建原始宗教的文化內涵〉〔註902〕。汪毅夫於 2009 年撰〈鄉約、習慣法與閩南鄉土社會〉〔註903〕。

3、學位論文

張榮富於 1994 年撰《民間信仰與媽祖神格的建構——宗教社會學的詮釋》〔註904〕。李錫祥於 1997 年撰《金門地區血源聚落的社會空間組織》〔註905〕，對金門血緣聚落剖析明確中肯，值得參考；同年，侯瑞琪撰《從宗法制度看臺灣漢人宗族社會》〔註906〕，能讓我們以宗法制度層次觀看漢人宗族社會運作踐履的一面。陳昌文於 2001 年撰《臺灣閩南諺語之社會教化功能研究》〔註907〕，能就閩南諺語詳加頗析，並分述其社會教化之功能。陳依婷於 2007 年撰《明代的宴享制度》〔註908〕。

2000 年 6 月，頁 39～56。

〔註901〕羅肇錦，〈漳泉鬥的閩客情結再探〉，《臺灣文獻》第 54 卷第 1 期，2003 年 3 月，頁 105～132。

〔註902〕鍾禮強，〈福建原始宗教的文化內涵〉，《廈門大學學報》總第 162 期，2004 年第 2 期，頁 87～92。

〔註903〕汪毅夫，〈鄉約、習慣法與閩南鄉土社會〉，陳益源主編，《2009 閩南文化國際學術研討會論文集》，2009 年 12 月，頁 31～39。

〔註904〕張榮富撰，《民間信仰與媽祖神格的建構——宗教社會學的詮釋》，東海大學社研所碩士論文，1994 年 6 月（後半部爲阮昌銳著，《莊嚴的世界》【上下冊】文開出版社）。

〔註905〕李錫祥於 1997 年撰《金門地區血源聚落的社會空間組織》，臺灣師大地理所碩士論文，1997 年 6 月。

〔註906〕侯瑞琪，《從宗法制度看臺灣漢人宗族社會》，國立臺灣師範大學國文研究所碩士論文，1997 年 1 月。

〔註907〕陳昌文，《臺灣閩南諺語之社會教化功能研究》，南華大學文學研究所碩士論文，2001 年 6 月。

〔註908〕陳依婷，《明代的宴享制度》，國立暨南大學歷史系碩士論文，2007 年 8 月。

第三章　從《禮經》到《家禮》的婚禮

　　《周易正義・序卦》云：「有天地，然後萬物生焉。…物畜然後有禮，故受之以履。〔魏〕王弼、韓康伯《注》曰：『履者，禮也，禮所以適用也。』履而泰，然後安，故受之以泰。」〔註1〕《禮記・正義》：亦曰：「夫禮者，經天地，理人倫，本其所起，在天地未分之前。故禮運云：夫禮必本於大一，是天地未分之前已有禮也。禮者，理也，其用以治，則與天地俱興。」〔註2〕足是得見禮治的標舉古已有之，非但是人們生活規範的準繩，更是「代表中國傳統文化的重點之一」，〔註3〕因而《左傳・昭公二十四年》有「故人之能自曲直以赴禮者，謂之成人。」〔註4〕之語。

　　禮在實質上，應包括「義」與「儀」兩方面，「儀」須以「義」為基礎，而「義」則包容在人為形式的「儀」中。〔註5〕現存最早的禮文應是記載先秦禮制的《儀禮》，亦是後世歷代禮制的源頭。〔註6〕清人秦蕙田（1702～1764年）《五禮通考》言：「冠昏射鄉燕聘，天下之達禮也，《儀禮》所載，謂之禮者，

〔註1〕　〔清〕阮元等校勘，《十三經注疏——周易正義》卷9〈序卦〉，〔魏〕王弼、韓康伯注；〔唐〕孔穎達等正義。臺北：藝文印書館，1976年5月6版，頁187。

〔註2〕　〔清〕阮元等校勘，《十三經注疏——禮記》〈禮記正義序〉（重刊宋本）。〔漢〕鄭玄注；〔唐〕孔穎達等正義。臺北：藝文印書館，1976年5月第6版，頁5。

〔註3〕　周何，《禮學概論》，臺北：三民書局，1998年1月，頁21

〔註4〕　〔清〕阮元等校勘，《十三經注疏——左傳》卷51〈昭公24年〉，〔晉〕杜預注；〔唐〕孔穎達等正義。臺北：藝文印書館，1976年5月6版，頁891。

〔註5〕　周何，《禮學概論》，臺北：三民書局，1998年1月，頁21。

〔註6〕　周何，《禮學概論》，臺北：三民書局，1998年1月，頁7～8。

禮之經也。《禮記》所載，謂之義者，訓其經之義耳。」〔註7〕秦氏前揭書再言：
「《儀禮》，禮之根本，而《禮記》，乃其枝葉。《儀禮》，經也，《禮記》，傳也。
且如《儀禮》有冠禮，《禮記》便有冠義；《儀禮》有昏禮，《禮記》便有昏義……
《儀禮》，載其事，《禮記》，明其理。」〔註8〕於此據見《儀禮》「皆以記禮之
儀文，因名為《儀禮》或《禮儀》也，尊之為經，故亦稱《禮經》。」〔註9〕職
是之故，研究古禮禮文，如眾所周知，《儀禮》乃是不可或缺的首要標的，至後
各代所行禮制，則大抵沿襲古禮稍加改易而已，〔註10〕婚禮亦復此然。

第一節　婚禮的產生與發展

攸關人們居家生活「婚喪喜慶」儀緒之首，且貴為「終身大事」的婚禮
究竟始於何時？本諸《禮記・正義》載記：「伏犧，始作十二言之教，然則
伏犧之時，易道既彰，則禮事彌著。……伏犧制嫁娶，以儷皮為禮，作琴瑟
以為樂。……以此言之，則嫁娶嘉禮始於伏犧也。」〔註11〕爰此說詞，今人
葛晨虹有「中國最早的婚姻禮儀大概要從伏羲氏開始。」〔註12〕之語，今人
林明義亦有「漢民族的婚姻制度遠從伏羲時代就已經開始。」〔註13〕之說，
意蘊頗為明確。此後，因隨各朝代的歷史班演與執行力度不同而使婚禮迭有
改異，也漸有發展，但大致以切合時代潮流為宜，故是《禮記・禮器》云：
「禮，時為大。」〔註14〕明人章潢（1527～1608 年）亦云：「禮，以時為大。」
〔註15〕，正是如此。

〔註7〕　〔清〕秦蕙田，《五禮通考》卷首第 1〈禮經作述源流上〉，味經窩初刻試印本，
　　　　桃園：聖環圖書公司，1994 年 5 月，頁 1。
〔註8〕　〔清〕秦蕙田，《五禮通考》卷首第 1〈禮經作述源流上〉，味經窩初刻試印本，
　　　　桃園：聖環圖書公司，1994 年 5 月，頁 3～4。
〔註9〕　周何，《禮學概論》，臺北：三民書局，1998 年 1 月，頁 74。
〔註10〕周何，《禮學概論》，臺北：三民書局，1998 年 1 月，頁 8。
〔註11〕〔清〕阮元等校勘，《十三經注疏——禮記》〈禮記正義〉（重刊宋本）。〔漢〕
　　　　鄭玄注；〔唐〕孔穎達等正義。臺北：藝文印書館，1976 年 5 月第 6 版，頁 5。
〔註12〕葛晨虹，《中國古代的風俗禮儀》，臺北：文津出版社，2001 年 4 月，頁 25。
〔註13〕林明義編，《臺灣冠婚喪祭家禮全書》，臺北：武陵出版公司，1995 年 12 月 4
　　　　版 6 刷，頁 117。
〔註14〕〔清〕阮元等校勘，《十三經注疏——禮記》卷 23〈禮器〉第 10，（重刊宋本）。
　　　　〔漢〕鄭玄注；〔唐〕孔穎達等正義。臺北：藝文印書館，1976 年 5 月第 6
　　　　版，頁 450。
〔註15〕〔明〕章潢，《圖書編》卷 108〈從俗祭儀〉，《文淵閣四庫全書本・子部》972

一、傳統婚禮的意義與目的

生命禮儀中各項儀節的設立、公告與施行，必有其無可取代的意義和目的，攸關氏族繁衍、發展息息相關的婚姻自難外例。

（一）婚姻的意義

對於傳統婚禮的意義，《圖書編》曰：「禮重婚姻，萬世之嗣。」〔註 16〕強調婚姻為萬世萬代的傳承，印證「不孝有三，無後為大」的古諺，意義不可謂不重大。《國語》也云：「夫婚姻，禍福之階也。由之利內則福，利外則取禍。」〔註 17〕更明確指陳婚姻或是招福、或是致禍的關鍵所在，豈容等閒視之？此外，《漢書・儒林傳》卷八十八刊錄：「蓋聞導民以禮，風之以樂。婚姻者，居室之大倫也。」〔註 18〕《漢書・王貢兩龔鮑傳》亦述：「吉意以為『夫婦』，人倫大綱，夭壽之萌也。」〔註 19〕則直接指涉婚姻等同人倫，意義格外不凡。今人彭利芸《宋代婚俗研究》載記：「婚姻乃人倫之本，家國之基石，社會之安定劑。是以時不論古今，地不分中外，文化不論高低，鮮有不重視婚俗者。生民之初，人僅知有母，不知其父，後經演化，而婚俗始成制度。」〔註 20〕內中對婚姻演變成婚禮制度的鋪陳直接了當，明朗易見。

至於古時對「婚姻」的解釋，彭氏《宋代婚俗研究》、陳顧遠《中國婚姻史》曾就二字涵義道其統緒，言其要義有嫁娶之儀式、夫妻之稱謂、姻親之關係三種〔註 21〕：

冊，臺北：臺灣商務印書館，1986 年 7 月，頁 317。

〔註 16〕〔明〕章潢，《圖書編》卷 109〈昏禮〉，《文淵閣四庫全書本・子部》972 冊，臺北：臺灣商務印書館，1986 年 7 月，頁 334。

〔註 17〕〔周〕左丘明原著，黃永堂編，《國語》上冊卷 2〈周語中・富辰諫襄王以狄伐鄭及以狄女為后〉，臺北：臺灣古籍出版公司，2002 年 5 月初版 2 刷，頁 64。

〔註 18〕〔漢〕班固撰；〔清〕王先謙補注，《漢書補注》，臺北：藝文印書館，1996 年 8 月初版 4 刷，頁 1544。另〔漢〕司馬遷撰；〔宋〕裴駰集解，《史記・儒林列傳》冊 2，卷 121 第 61，臺北：藝文印書館，2005 年 2 月初版 4 刷，頁 1274 也有相同的載記。

〔註 19〕〔漢〕班固撰；〔清〕王先謙補注，《漢書補注・王貢兩龔鮑傳》卷 72，臺北：藝文印書館，1996 年 8 月初版 4 刷，頁 1365。

〔註 20〕彭利芸，《宋代婚俗研究》，臺北：新文豐出版公司，1988 年 8 月臺 1 版，頁序 1。

〔註 21〕參見彭利芸，《宋代婚俗研究》，臺北：新文豐出版公司，1988 年 8 月臺 1 版，頁 2～3。及陳顧遠，《中國婚姻史》，臺北：臺灣商務印書館，1992 年 9 月臺一版 8 刷，頁 3～4。

其一、指嫁娶之儀式過程而言

《詩經・鄭風・丰》載云:「婚姻之道缺,陽倡而陰不和,男行而女不隨。」〔漢〕鄭玄(127～200 年)箋曰:「婚姻之道,謂嫁娶之禮。」〔唐〕孔穎達(574～648 年)疏云:「男以昏時迎女,女因男而來。嫁,謂女適夫家;娶,謂男往娶女。論其男女之身,謂之嫁娶,指其好合之際,謂之婚姻。嫁娶、婚姻,其事是一,故云婚姻之道,謂嫁娶之禮也。」〔註 22〕明確指陳婚姻與嫁娶的直接關連,亦即婚姻之道,正是嫁娶之禮。

所謂「娶妻之禮,以昏為期,因名焉。」〔註 23〕即壻於「婚」時迎妻,妻因之而入夫家。唯人類社會進展由母系至父系,遞嬗期間本有各時代的各式婚俗,並非一成不變,嫁娶方法也因此依次演變,直至宋代,六禮之儀益臻完備。〔註 24〕歷代婚禮重視形式,可見一斑,而婚姻之稱為婚姻者,則實以聘娶婚為主。曩昔「婚姻」本作「昏姻」,或作「昏因」;「婚」字亦作「昏」字、「昬」字,致有「婚禮」與「昏禮」、「昬禮」之別,依陳顧遠所言當是版本問題而已,毋須區分這般細微。〔註 25〕

論及娶婦何以必於昏者,《周易・屯卦》六二曰:「屯如邅如,乘馬班如。匪寇婚媾,女子貞不字,十年乃字。」〔註 26〕《周易・賁卦》六四亦曰:「賁如皤如,白馬翰如,匪寇婚媾。〔註 27〕同卦〈象傳〉再曰:「當位疑也。匪寇婚媾,終无尤也。」〔註 28〕《周易・睽卦》上九又曰:「睽孤,見豕負塗,載

〔註 22〕〔清〕阮元等校勘,《十三經注疏——詩經》卷 4〈鄭風・丰〉第 4～4,(重刊宋本)。〔漢〕毛公傳;〔漢〕鄭玄箋;〔唐〕孔穎達等正義,臺北:藝文印書館,1976 年 5 月第 6 版,頁 177。

〔註 23〕〔清〕阮元等校勘,《十三經注疏——禮記》卷 61〈昏義〉第 44(重刊宋本)。〔漢〕鄭玄注;〔唐〕孔穎達等正義。臺北:藝文印書館,1976 年 5 月第 6 版,頁 999《疏》引鄭昏禮目錄載述。

〔註 24〕彭利芸,《宋代婚俗研究》,臺北:新文豐出版公司,1988 年 8 月臺 1 版,頁 2～3。另陳顧遠,《中國婚姻史》,臺北:臺灣商務印書館,1992 年 9 月臺一版 8 刷,頁 3 也有相同看法。

〔註 25〕陳顧遠,《中國婚姻史》,臺北:臺灣商務印書館,1992 年 9 月臺一版 8 刷,頁 3。

〔註 26〕〔清〕阮元等校勘,《十三經注疏——周易》(重刊宋本),〔魏〕王弼、韓康伯注;〔唐〕孔穎達等正義,臺北:藝文印書館,1976 年 5 月 6 版,頁 22。

〔註 27〕〔清〕阮元等校勘,《十三經注疏——周易》(重刊宋本),〔魏〕王弼、韓康伯注;〔唐〕孔穎達等正義,臺北:藝文印書館,1976 年 5 月 6 版,頁 63。

〔註 28〕〔清〕阮元等校勘,《十三經注疏——周易》(重刊宋本),〔魏〕王弼、韓康伯注;〔唐〕孔穎達等正義,臺北:藝文印書館,1976 年 5 月 6 版,頁 63。

鬼一車,先張之弧,後說之弧,匪寇婚媾,往遇雨則吉。」〔註29〕清儒劉師培《中國歷史教科書》錄記:「親迎必以昏者,則古代劫略婦女,必乘婦家之不備,故必以昏時,後世稍屬有徵。」〔註30〕即言是古昔「搶奪婚」的遺毒招以致之。

其二、指夫妻之稱謂而言

《禮記‧經解》卷50鄭玄《注》曰:「婿曰昏,妻曰姻」。孔穎達《疏》云:「案《爾雅‧釋親》云:『婿之父為姻,婦之父為婚。』此云婿曰昏,妻曰姻者,《爾雅》據男女父母,此據男女之身。婿則昏時而迎,婦則因而隨之,故云婿曰昏,妻曰姻。」〔註31〕林明義編《臺灣冠婚喪祭家禮全書》亦云:「婿就是婚。妻就是姻。夫也就是昏到女家去迎親,女因此而離家,昏因即婚姻,字音相通也。」〔註32〕是此證知婚姻雙方當事人的關係,即是夫妻的關係。〔註33〕

其三、指姻親之關係而言

《爾雅‧釋親》云:「婿之父為姻,婦之父為婚。……父之父母,婿之父母,相謂為婚姻,兩婿相謂為亞。婦之黨為婚兄弟,婿之黨為姻兄弟。」〔註34〕《左傳‧昭公二十四年》卷五十一,〔晉〕杜預《注》曰:「妻父曰昏,

---

〔註29〕 〔清〕阮元等校勘,《十三經注疏——周易》(重刊宋本),〔魏〕王弼、韓康伯注;〔唐〕孔穎達等正義,臺北:藝文印書館,1976年5月6版,頁91。

〔註30〕 〔清〕劉師培,《中國歷史教科書‧古代之體制上‧昏禮》冊1第24課,史部‧史鈔類,1934~1936年寧武南氏排印本,國圖線裝善本書,頁50b。關於娶婦必於昏者,古時即有之,非明朝始出現,但萬建中,《中國民間禁忌風俗》,北京:中國電影出版社,2005年6月,頁147~148,卻另有此較奇異之說:「明朝年間,地方色霸『翟三胡子』仰仗老父是朝廷大官之尊,凡新娘出嫁日乘花轎,必先擡至其家供其玩樂,俟後再擡往新郎家。百姓無可奈何之餘,因應改在黃昏後迎親,亦不吹樂嬉鬧,悄然把新娘接到夫家,藉以躲開『翟三胡子』,護佑新娘。由此逐成風俗,並延續普行。」

〔註31〕 〔清〕阮元等校勘,《十三經注疏——禮記》卷50〈經解〉第26,(重刊宋本)。〔漢〕鄭玄注;〔唐〕孔穎達等正義,臺北:藝文印書館,1976年5月第6版,頁847。

〔註32〕 林明義編,《臺灣冠婚喪祭家禮全書》,臺北:武陵出版公司,1995年12月4版6刷,頁116。

〔註33〕 彭利芸,《宋代婚俗研究》,臺北:新文豐出版公司,1988年8月臺1版,頁2~3。

〔註34〕 〔清〕阮元等校勘,《十三經注疏——爾雅》卷4〈釋親〉第4(重刊宋本)。〔晉〕郭璞注;〔宋〕邢昺疏。臺北:藝文印書館,1976年5月第6版,頁64。

重昏曰媾，壻父曰姻，兩壻相謂曰亞。」〔註35〕李學勤主編《中華漢語工具書書庫・釋名疏證補》亦言：「婦之父曰婚，言壻親迎用昏，又恆以昏夜成禮也。壻之父曰姻。姻，因也，女往因媒也。」〔註36〕李學勤《中華漢語工具書書庫・釋名》又言：「昏，又恆以昏夜成禮也。壻之父曰姻。姻，因也，女往因媒也。」〔註37〕《禮記》卷五十〈經解〉第廿六，〔漢〕鄭玄《注》也道：「婿曰昏，妻曰姻。」〔註38〕，皆明述夫和婦雙方，將因姻親的聯結而產生新的親屬關係。〔註39〕

　　也因姻親的締結，而有舅、姑之稱。李學勤主編《中華漢語工具書書庫・釋名》有道：「夫之父曰舅。舅，久也；久，老稱也。」〔註40〕李學勤主編《中華漢語工具書書庫・釋名》再道：「母之兄弟曰舅（案即母舅）。亦如之也。」〔註41〕《白虎通疏證》下冊，卷八〈三綱六紀〉亦云：「謂之舅姑者何？……舅者，舊也；舊故，老人稱也……稱夫之父曰舅何？尊如父而非父者，舅也。」〔註42〕《爾雅・釋親》卷四亦曰：「婦稱夫之父曰舅。」〔註43〕現今一般稱呼妻之兄曰「大舅」，稱妻之弟曰「小舅」。另有「外舅」之稱，《爾雅・釋親》卷四云：「妻之父爲外舅。」〔註44〕李學勤主編《中華漢語工具書書庫・釋名》稱：「妻之父曰外舅。言妻從外來，謂至己家爲婦，故反以此義稱之。」

〔註35〕　〔清〕阮元等校勘，《十三經注疏——春秋左傳》（重刊宋本），〔晉〕杜預注；〔唐〕孔穎達等正義，臺北：藝文印書館，1976 年 5 月 6 版，891。

〔註36〕　李學勤主編，《中華漢語工具書書庫》，合肥：安徽教育出版社，2002 年 1 月，頁 527。

〔註37〕　李學勤主編，《中華漢語工具書書庫》，合肥：安徽教育出版社，2002 年 1 月，頁 465。

〔註38〕　〔清〕阮元等校勘，《十三經注疏——禮記》卷 50〈經解〉第 26，（重刊宋本）。〔漢〕鄭玄注；〔唐〕孔穎達等正義，臺北：藝文印書館，1976 年 5 月第 6 版，頁 847。

〔註39〕　彭利芸，《宋代婚俗研究》，臺北：新文豐出版公司，1988 年 8 月臺 1 版，頁 2～3。

〔註40〕　李學勤主編，《中華漢語工具書書庫》，合肥：安徽教育出版社，2002 年 1 月，頁 464。

〔註41〕　同註 40。

〔註42〕　〔漢〕班固著；〔清〕陳立疏證，《白虎通疏證》，臺北：廣文書局，2004 年 10 月再版，頁 449～450。

〔註43〕　〔清〕阮元等校勘，《十三經注疏——爾雅》卷 4〈釋親〉第 4（重刊宋本）。〔晉〕郭璞注；〔宋〕邢昺疏。臺北：藝文印書館，1976 年 5 月第 6 版，頁 63。

〔註44〕　〔清〕阮元等校勘，《十三經注疏——爾雅》卷 4〈釋親〉第 4（重刊宋本）。〔晉〕郭璞注；〔宋〕邢昺疏。臺北：藝文印書館，1976 年 5 月第 6 版，頁 63。

〔註45〕李學勤主編《十三經注疏整理本・爾雅注疏》上冊，卷 4〈釋親〉第 4 也云：「妻之父爲外舅。」〔註46〕又有「君舅」與「先舅」之稱，《爾雅・釋親》卷四指稱：「婦稱夫之父曰舅，稱夫之母曰姑。姑舅在，則曰君舅；沒則曰先舅。」〔註47〕

　　關於姑之稱，同樣有多種說法：李學勤主編《中華漢語工具書書庫・釋名》曰：「夫之母曰姑，亦言故也。」〔註48〕《白虎通疏證》下冊，卷八〈三綱六紀〉云：「謂之舅姑者何？……姑者，故也；舊故，老人稱也……稱夫之母曰姑何？親如母而非母者，姑也。」〔註49〕《爾雅・釋親》卷四稱：「婦稱夫之母曰姑。」〔註50〕均指「姑」而言。另有「外姑」者，《爾雅・釋親》卷四云：「妻之母爲外姑。」〔註51〕李學勤主編《中華漢語工具書書庫・釋名》有言：「妻之母曰外姑。言妻從外來，謂至己家爲婦，故反以此義稱之。」〔註52〕李學勤主編《十三經注疏整理本・爾雅注疏》上冊，卷 4〈釋親〉第 4 也云：「妻之母爲外姑。」〔註53〕。又有「君姑」與「先姑」之稱，《爾雅・釋親》卷四指稱：「婦稱夫之父曰舅，稱夫之母曰姑。姑舅在，則曰君姑；沒則曰先姑。」〔註54〕

〔註45〕李學勤主編，《中華漢語工具書書庫》，合肥：安徽教育出版社，2002 年 1 月，頁 464。另李氏主編《十三經注疏整理本・爾雅注疏》上冊，卷 4〈釋親〉第 4，頁 128，亦稱妻之父爲外舅。

〔註46〕李學勤主編《十三經注疏整理本・爾雅注疏》上冊，卷 4〈釋親〉第 4，頁 132，亦稱妻之父爲外舅。

〔註47〕〔清〕阮元等校勘，《十三經注疏——爾雅》卷 4〈釋親〉第 4（重刊宋本）。〔晉〕郭璞注；〔宋〕邢昺疏。臺北：藝文印書館，1976 年 5 月第 6 版，頁 63～64。

〔註48〕李學勤主編，《中華漢語工具書書庫》，合肥：安徽教育出版社，2002 年 1 月，頁 464。

〔註49〕〔漢〕班固著；〔清〕陳立疏證，《白虎通疏證》，臺北：廣文書局，2004 年 10 月再版，頁 449～450。

〔註50〕〔清〕阮元等校勘，《十三經注疏——爾雅》卷 4〈釋親〉第 4（重刊宋本）。〔晉〕郭璞注；〔宋〕邢昺疏。臺北：藝文印書館，1976 年 5 月第 6 版，頁 63。

〔註51〕〔清〕阮元等校勘，《十三經注疏——爾雅》卷 4〈釋親〉第 4（重刊宋本）。〔晉〕郭璞注；〔宋〕邢昺疏。臺北：藝文印書館，1976 年 5 月第 6 版，頁 63。

〔註52〕李學勤主編，《中華漢語工具書書庫》，合肥：安徽教育出版社，2002 年 1 月，頁 464。

〔註53〕李學勤主編《十三經注疏整理本・爾雅注疏》上冊，卷 4〈釋親〉第 4，頁 132，亦稱妻之母爲外姑。

〔註54〕〔清〕阮元等校勘，《十三經注疏——爾雅》卷 4〈釋親〉第 4（重刊宋本）。〔晉〕郭璞注；〔宋〕邢昺疏。臺北：藝文印書館，1976 年 5 月第 6 版，頁 63～64。

　　據此，可見知古時妻之父可曰「昏」、可曰「外舅」；婦之父則曰「婚」；婿也可曰「昏」。至於婿父則曰「姻」，妻亦可曰「姻」。說談夫之父則曰「舅」；母之兄弟也曰「舅」，即俗稱的「母舅」；妻的兄弟亦曰「舅」，妻之兄俗稱「大舅」，妻之弟俗稱「小舅」。另夫之母則曰「姑」，妻之母則曰「外姑」。茲將婚、姻與舅、姑的意涵列表如下：

表 3-1：婚、姻與舅、姑意涵

名稱	文 獻 內 文	文 獻 出 處	備　　　註
婚	「婦之父為婚。」	《爾雅‧釋親》卷 4，頁 64	
婚	「婦之父曰婚。」	李學勤主編《中華漢語工具書書庫‧釋名疏證補》，頁 527	
昏	「妻父曰昏。」	《左傳‧昭公 24 年》卷 51，〔晉〕杜預《注》，頁 891	〔晉〕杜預《注》曰：「妻父曰昏，重昏曰媾，婿父曰姻，兩婿相謂曰亞。」
昏	「婿曰昏。」	《禮記》卷 50〈經解〉第 26，〔漢〕鄭玄注，頁 847	
昏	「婿就是昏。」	林明義編《臺灣冠婚喪祭家禮全書》，頁 116	夫也就是昏到女家去迎親，女因此而離家，昏因即婚姻，字音相通也。
姻	「婿父曰姻。」	《左傳‧昭公 24 年》卷 51，〔晉〕杜預《注》，頁 891	〔晉〕杜預《注》曰：「妻父曰昏，重昏曰媾，婿父曰姻，兩婿相謂曰亞。」
姻	「婿之父曰姻。」	李學勤主編《中華漢語工具書書庫‧釋名》頁 465	姻，因也，女往因媒也。
姻	「婿之父曰姻。」	李學勤主編《中華漢語工具書書庫‧釋名疏證補》，頁 527	姻，因也，女往因媒也。
姻	「婿之父為姻。」	《爾雅‧釋親》卷 4，頁 64	
姻	「妻曰姻。」	《禮記》卷 50〈經解〉第 26，〔漢〕鄭玄注，頁 847	
姻	「妻就是姻。」	林明義編《臺灣冠婚喪祭家禮全書》，頁 116	夫也就是昏到女家去迎親，女因此而離家，昏因即婚姻，字音相通也。
舅	「夫之父曰舅。」	李學勤主編《中華漢語工具書書庫‧釋名》，頁 464	舅，久也；久，老稱也。

名稱	文　獻　內　文	文　獻　出　處	備　　　註
舅	母之兄弟曰舅（案即母舅）	李學勤主編《中華漢語工具書書庫・釋名》，頁464	亦如之也。
舅	「稱夫之父曰舅。」	《白虎通疏證》下冊，卷8〈三綱六紀〉，頁449～450	尊如父而非父者，舅也。舅者，舊也；舊故，老人稱也。
舅	「婦稱夫之父曰舅。」	《爾雅・釋親》卷4，頁63	
舅	妻之兄曰大舅，妻之弟曰小舅	現今一般稱呼	
外舅	「妻之父為外舅。」	《爾雅・釋親》卷4，頁63	
外舅	「妻之父為外舅。」	李學勤主編《十三經注疏整理本・爾雅注疏》上冊，卷4〈釋親〉第4，頁132	
外舅	「妻之父曰外舅。」	李學勤主編《中華漢語工具書書庫・釋名》，頁464	言妻從外來，謂至己家為婦，故反以此義稱之。
君舅	「婦稱夫之父曰舅，稱夫之母曰姑。姑舅在，則曰君舅。」	《爾雅・釋親》卷4，頁63～64	
先舅	「婦稱夫之父曰舅，稱夫之母曰姑。姑舅沒，則曰先舅。」	《爾雅・釋親》卷4，頁63～64	
姑	「夫之母曰姑。」	李學勤主編《中華漢語工具書書庫・釋名》，頁464	亦言故也。
姑	「稱夫之母為姑。」	《白虎通疏證》下冊，卷8〈三綱六紀〉，頁449～450	親如母而非母者，姑也。姑者，故也；舊故，老人稱也。
姑	「婦稱夫之母曰姑。」	《爾雅・釋親》卷4，頁63	
外姑	「妻之母為外姑。」	《爾雅・釋親》卷4，頁63	
外姑	「妻之母為外姑。」	李學勤主編《十三經注疏整理本・爾雅注疏》上冊，卷4〈釋親〉第4，頁132	
外姑	「妻之母曰外姑。」	李學勤主編《中華漢語工具書書庫・釋名》頁464	言妻從外來，謂至己家為婦，故反以此義稱之。

名稱	文獻內文	文獻出處	備註
君姑	「婦稱夫之父曰舅，稱夫之母曰姑。姑舅在，則曰君姑。」	《爾雅·釋親》卷 4，頁 63～64	
先姑	「婦稱夫之父曰舅，稱夫之母曰姑。姑舅沒，則曰先姑。」	《爾雅·釋親》卷 4，頁 63～64	

資料來源：本論文整理製表。

　　若就婚姻稱謂言之，〔唐〕杜佑《通典》卷五十八有云：「遂皇氏始有夫婦之道。伏羲氏制嫁娶，以儷皮為禮。五帝馭時，娶妻必告父母。夏氏親迎於庭。殷迎於堂。周制，限男女之歲，定婚姻之時。親迎於戶，六禮之儀始備。」〔註55〕《禮記·正義》亦曰：「伏犧制嫁娶，以儷皮為禮，作琴瑟以為樂。……以此言之，則嫁娶嘉禮始於伏犧也。」〔註56〕《禮記·昏義疏》又曰：「譙周云：『太昊制嫁娶，儷皮為禮，是儷皮起於太昊也。』」〔註57〕不約而同載稱太昊、伏羲制嫁娶，以儷皮為禮〔註58〕，不啻以嫁娶事實為有婚姻制度的始源，而開婚姻禮儀之先河，亦即承認嫁娶事實先於婚姻稱謂，〔註59〕易言之，「婚姻」一詞的專屬稱謂應在嫁娶用語之後，〔註60〕且歷代因襲。

〔註55〕　〔唐〕杜佑原著：王文錦、王永興、劉俊文、徐庭雲、謝方點校，《通典》，，北京：中華書局，2003 年 5 月 1 版 4 刷，頁 1632～1633。
〔註56〕　〔清〕阮元等校勘，《十三經注疏——禮記》〈禮記正義〉（重刊宋本）。〔漢〕鄭玄注；〔唐〕孔穎達等正義。臺北：藝文印書館，1976 年 5 月第 6 版，頁 5。
〔註57〕　〔清〕阮元等校勘，《十三經注疏——禮記》卷 61〈昏義〉第 44《疏》（重刊宋本）。〔漢〕鄭玄注；〔唐〕孔穎達等正義。臺北：藝文印書館，1976 年 5 月第 6 版，頁 999。
〔註58〕　依據錢玄、錢興奇編著《三禮辭典》，江蘇：古籍出版社，1998 年 3 月第 1 版第 2 刷，頁 1267 刊記：「儷皮指兩張鹿皮，作為酬品。《儀禮·士冠禮》：『主人酬賓，束帛儷皮。』鄭玄注：『飲賓客，而從之以財貨，曰酬，所以申暢厚意也。束帛，十端也。儷皮，兩鹿皮。』《儀禮·士昏禮》：『納徵：玄纁束帛，儷皮，如納吉禮。』鄭玄注：『儷，兩也。執束帛以致命，兩皮為庭實。皮，鹿皮。』」
〔註59〕　陳顧遠，《中國婚姻史》，臺北：臺灣商務印書館，1992 年 9 月臺一版 8 刷，頁 5。
〔註60〕　彭利芸，《宋代婚俗研究》，臺北：新文豐出版公司，1988 年 8 月臺 1 版，頁 2～3。

（二）婚姻的目的

《禮記・樂記》曰：「昏姻冠笄，所以別男女也。」〔註61〕明人章潢（1527～1608 年）《圖書編》云：「故冠笄之禮，所以重男女之始也。婚娶之禮，所以謹夫婦之交也。」〔註62〕《周禮・大司徒》道：「以陰禮教親，則民不怨。」〔漢〕鄭玄《注》：「陰禮，謂男女之禮，婚姻以時，則男不曠，女不怨。」〔註63〕楊伯峻（1909～1992 年）編著《春秋左傳注》云：「十八年春…申繻曰：『女有家，男有室，無相瀆也。』」楊伯峻《注》：「《孟子・滕文公下》云：『丈夫生而願爲之有室，女子生而願爲之有家。』《禮記・曲禮上》云：『三十曰壯有室。』鄭玄《注》云：『有室，有妻也。妻稱室。』則家室猶夫妻也。」〔註64〕凡凡表明男女行婚姻之禮的重要與目的。古代社會「以昏冠之禮，親成男女。」〔唐〕賈公彥《梳》：「昏姻之禮，所以親男女，使男女相親。」〔註65〕《白虎通疏證・嫁娶》卷十更直接指涉：「人承天地，施陰陽，故設嫁娶之禮者，重人倫、廣繼嗣也。」〔註66〕鑑此乃知「重人倫」與「廣繼嗣」係爲古人認爲婚姻的兩大目的，前者在建立一定的社會秩序，後者即繁衍後代。〔註67〕所以說「婚姻本是成立家庭的基礎，也是傳宗接代的一種方式，任何地方的婚姻均與此密切關連。唯我國特別重視宗祧承繼，香煙延續，父母爲子女完婚，旨在傳宗接代，姻婚僅是一種合法的手段，而生男育女是其目的。」〔註68〕

〔註61〕　〔清〕阮元等校勘，《十三經注疏——禮記》卷 37〈樂記〉第 19（重刊宋本）。〔漢〕鄭玄注；〔唐〕孔穎達等正義。臺北：藝文印書館，1976 年 5 月第 6 版，頁 667。另〔漢〕司馬遷撰；〔宋〕裴駰集解，《史記・樂書》卷 24，臺北：藝文印書館，2005 年 2 月初版 4 刷，頁 471 則載記爲「婚姻冠笄，所以別男女也。」

〔註62〕　〔明〕章潢，《圖書編》卷 111〈四禮總論〉，《文淵閣四庫全書本・子部》972 冊，臺北：臺灣商務印書館，1986 年 7 月，頁 384。

〔註63〕　〔清〕阮元等校勘，《十三經注疏——周禮》卷 10〈大司徒〉，〔漢〕鄭玄注；〔唐〕賈公彥疏。台北：藝文印書館，1976 年 5 月 6 版，頁 151。

〔註64〕　〔周〕左丘明傳；〔晉〕杜預注；〔唐〕孔穎達疏；楊伯峻編著《春秋左傳注》上冊〈桓公 18 年・傳〉，高雄：復文圖書出版社，1991 年 9 月再版，頁 152。

〔註65〕　〔清〕阮元等校勘，《十三經注疏——周禮》卷 18〈大宗伯〉，〔漢〕鄭玄注；〔唐〕賈公彥疏。台北：藝文印書館，1976 年 5 月 6 版，頁 277。

〔註66〕　〔清〕陳立疏證，《白虎通疏證》卷十〈嫁娶〉（下冊），臺北：廣文書局，2004 年 10 月再版，頁 536。

〔註67〕　劉達臨，《中國性史圖鑑》，長春：時代文藝出版社，2003 年 7 月，頁 100。

〔註68〕　黃美幸，〈中國婚姻制度之演變〉，《臺灣風物》17 卷 4 期，1967 年 8 月，頁 70。

　　婚姻的肇端，既爲禮樂教化的根本，也是社會的基本制度，亦被視爲政治上修、齊、治、平的起點，〔註69〕「平常是指男女依照社會風俗或法律的規定所建立的正式夫妻關係。關於這種關係的規定自古以來每一個社會裏都有，依各地的生活方式、經濟條件、地理環境和歷史文化等各種的因素而各形成系統，爲男女結合成爲比較永久的配偶建立家庭所必須遵循的法則。」〔註70〕因此，《左傳‧文公二年》〈傳〉即言：「凡君即位，好舅甥，修昏姻，娶元配以奉粢盛，孝也。孝，禮之始也。」〔註71〕得見清楚告示「古人謂娶妻所以助祭祀，故云奉粢盛。」〔註72〕質言之，「婚姻作爲人生禮儀中的重要事項，它通過一定的儀式，使男女二姓結合爲夫妻，並以共同生活、繁衍後代爲目的。」〔註73〕之餘，仍有輔助家族從事祭祀吉禮的其他目的，甚而在根深柢固「不孝有三，無後爲大」〔註74〕的傳宗接代訴求下，婦女不孕無後成爲理所當然的「七出」主因之一。

　　我國自周代以來，宗法社會普立，聘娶形式已視爲當然，顯見婚姻之目的，除開上述以建立人倫、廣家族繁子孫、輔助祭祀以外，經濟關係的求內助、兩性戀愛的需要也是其中成因，亦即認定婚姻爲社會組織的基礎，婚姻目的即是人道目的。〔註75〕易言之，在儒家的倫理觀念裡，把繁衍後代看成孝道的第一要義，生育後代遂成婚姻的主要目的。〔註76〕楊炯山編《結婚禮儀》更直接載記婚姻的功能即在傳宗接代、確定男女關係、組成家庭要件、建立親族與姻親之關係、奠定婚禮的禮儀與要件等。〔註77〕

〔註69〕彭利芸，《宋代婚俗研究》，臺北：新文豐出版公司，1988 年 8 月臺 1 版，頁 2。

〔註70〕黃美幸，〈中國婚姻制度之演變〉，《臺灣風物》17 卷 4 期，1967 年 8 月，頁 70。

〔註71〕〔清〕阮元等校勘，《十三經注疏——左傳》卷 18〈文公傳 2 年〉，〔晉〕杜預注；〔唐〕孔穎達等正義。臺北：藝文印書館，1976 年 5 月 6 版，頁 304。

〔註72〕〔周〕左丘明撰；〔晉〕杜預注；〔唐〕孔穎達疏；楊伯峻編著《春秋左傳注》，高雄：復文圖書出版社，1991 年 9 月再版，頁 526～527。

〔註73〕段塔麗，〈唐代婚姻習俗與婦女地位探析〉，《陝西師範大學學報》31 卷 2 期，2002 年 3 月，頁 82。

〔註74〕〔清〕阮元等校勘，《十三經注疏——孟子》〈離婁章句上〉卷 7 下（重刊宋本），〔漢〕趙岐注；〔宋〕孫奭疏，臺北：藝文印書館，1976 年 5 月 6 版，頁 137。

〔註75〕陳顧遠，《中國婚姻史》，臺北：臺灣商務印書館，1992 年 9 月臺一版 8 刷，頁 6～7。

〔註76〕郭興文，《中國傳統婚姻風俗》，陝西：人民出版社，1994 年 7 月，頁 14。

〔註77〕楊炯山編，《結婚禮儀》，新竹：竹林書局，2001 年 7 月再版，頁 15～20。

（三）婚姻中的去與不去

依據《禮記‧昏義》刊錄：「昏禮者，將合二姓之好，上以事宗廟，而下以繼後世也。故君子重之。是以昏禮納采、問名、納吉、納徵、請期，皆主人筵几於廟，而拜迎於門外，入，揖讓而升，聽命於廟，所以敬慎、重正昏禮也。」〔註78〕《魏書‧高宗紀第五》卷五亦云：「十有二月壬寅，詔曰：『夫婚姻者，人道之始。是以夫婦之義，三綱之首，禮之重者，莫過於斯。』」〔註79〕有鑑於婚禮的深受重視，古昔何以又有婦去與婦不去之儀軌呢？

由於禮制係「隨時制法，因事制禮……故禮也，不必一道…便事謂之禮。」〔註80〕，當一般世俗觀念與實際情況相互牴觸時，「男尊女卑」的起念成為社會的常態，也型塑「婦有七去」、「婦有三不去」、「女有五不取」之風習。

1. 婦有七去（或稱七出、七棄）

《大戴禮本命篇》明載：「婦有七去：不順父母去；無子去；淫去；妒去；有惡疾去；多言去；竊盜去。不順父母去，為其逆德也。無子，為其絕世也。淫，為其亂族也。妒，為其亂家也。有惡疾，為其不可與共粢盛也。口多言，為其離親也。竊盜，為其反義也。」〔註81〕《孔子家語‧本命解》卷六載記：「婦有七出：不順父母出；無子出；淫僻出；嫉妒出；惡疾出；多口舌出；竊盜出。不順父母出者，其逆德也。無子者，謂其絕世也。淫僻者，謂其亂族。嫉妒者，謂其亂家。惡疾者，謂其不可供粢盛。多口舌者，謂其離親。竊盜者，謂其反義。」〔註82〕《大明令‧戶令》刊錄：「凡妻犯七出之狀，有三不去之理，不得輒棄。犯姦者，不在此限。七出：無子，淫泆，不事舅姑，多言，盜竊，妒忌，惡疾。」〔註83〕《公羊傳‧莊公二十七年》卷八何休《注》

〔註78〕 〔清〕阮元等校勘，《十三經注疏——禮記》卷61〈昏義〉第44（重刊宋本）。〔漢〕鄭玄注；〔唐〕孔穎達等正義。臺北：藝文印書館，1976年5月第6版，頁999。

〔註79〕 〔北齊〕魏收奉敕撰，《魏書》，臺北：鼎文書局，1980年6月3版，頁122。

〔註80〕 〔漢〕司馬遷撰；〔宋〕裴駰集解，《史記‧世家》卷43，臺北：藝文印書館，2005年2月初版4刷，頁719。

〔註81〕 參見〔清〕王聘珍撰，《大戴禮記解詁》卷13，楊家駱主編《中國學術名著》第三輯，十四經新疏第三期書第一冊，臺北：世界書局，1974年5月3版，頁6b。

〔註82〕 〔魏〕王肅注，《孔子家語‧本命解》卷6第26，《文淵閣四庫全書本‧子部》695冊，臺北：臺灣商務印書館，1986年7月，頁695～62。

〔註83〕 劉海年、楊一凡總主編，《大明令‧戶令》，載《中國珍稀法律典籍集成——洪武法律典籍》乙編第一冊，北京：科學出版社，1994年8月，頁11。

則稱：「婦人有七棄：無子棄，絕世也。淫泆棄，亂類也。不事舅姑棄，悖德也。口舌棄，離視也。盜竊棄，反義也。嫉妒棄，亂家也。惡疾棄，不可奉宗廟也。」〔註84〕姑不論稱名為「七去」、「七出」或「七棄」，皆明確標舉出古時婚姻關係存緒中，為妻者倘有觸犯不孝順父母（《公羊傳》載述為不事舅姑）、無子、淫泆、嫉妒、有惡疾、多言、竊盜等七項嚴重情事，必遭休棄（相當於今日的無條件離婚），毫不寬貸。

2. 婦有三不去

迥異於休妻的七大禍因，當為妻者有三種特殊貢獻時，除開犯姦不予通融外，否則不應出離。《大明令·戶令》云：「凡妻犯七出之狀，有三不去之理，不得輒棄。犯姦者，不在此限。三不去：與更三年喪，前貧賤後富貴，有所娶無所歸。」〔註85〕《公羊傳·莊公二十七年》卷八何休《注》亦曰：「婦人有三不去：嘗更三年喪，不去，不忘恩也。賤取貴，不去，不背德也。有所受無所歸，不去，不窮窮也。」〔註86〕《大戴禮本命篇》也稱：「婦有三不去：有所取無所歸，不去；與更三年喪，不去；前貧賤後富貴，不去。」〔註87〕《孔子家語·本命解》卷六亦載記：「婦有三不去者：謂有所取而無所歸，一也。與共更三年之喪，二也。先貧賤後富貴者，三也。」：〔註88〕正是明證。

3. 女有五不取（娶）

相對於婚姻中婦女的休離與否有明確規範之外，婚娶時際亦有對女方的愷切要求，即《大戴禮本命篇》所言：「女有五不取：逆家子不取、亂家子不取、世有刑人不取、世有惡疾者不取、喪婦長子不取。逆家子者，為其逆德

〔註84〕〔清〕阮元等校勘，《十三經注疏——春秋公羊傳》卷 8·莊公 27 年（重刊宋本）。〔漢〕何休注；〔唐〕徐彥疏，臺北：藝文印書館，1976 年 5 月 6 版，頁 105。

〔註85〕劉海年、楊一凡總主編，《大明令·戶令》，載《中國珍稀法律典籍集成——洪武法律典籍》乙編第一冊，北京：科學出版社，1994 年 8 月，頁 11。

〔註86〕〔清〕阮元等校勘，《十三經注疏——春秋公羊傳》卷 8·莊公 27 年（重刊宋本）。〔漢〕何休注；〔唐〕徐彥疏，臺北：藝文印書館，1976 年 5 月 6 版，頁 105。

〔註87〕參見〔清〕王聘珍撰，《大戴禮記解詁》卷 13，楊家駱主編《中國學術名著》第三輯，十四經新疏第三期書第一冊，臺北：世界書局，1974 年 5 月 3 版，頁 6b。

〔註88〕〔魏〕王肅注，《孔子家語·本命解》卷 6 第 26，《文淵閣四庫全書本·子部》695 冊，臺北：臺灣商務印書館，1986 年 7 月，頁 695～62。

也。亂家子者，爲其亂人倫也。世有刑人者，爲其棄於人也。世有惡疾者，爲其棄於天也。喪婦長子者，爲其無所受命也。」〔註89〕《公羊傳・莊公二十七年》卷八何休《注》也有類似記稱：「婦人有五不娶：喪婦長女不娶，無教戒也。世有惡疾不娶，棄於天也。世有刑人不娶，棄於人也。亂家女不娶，類不正也。逆家女不娶，廢人倫也。」〔註90〕《孔子家語・本命解》卷六亦載記：「女有五不取：逆家子者，謂其逆德。亂家子者；謂其亂倫。世有刑人子者；謂其棄於人也。有惡疾子者；謂其棄於天也。喪父長子者；謂其無受命也。」〔註91〕皆就不娶之女的五種情況提出說明，便於國人遵循。

表 3-2：古代婚姻中的去與不去

名　稱	文　獻　出　處	文　獻　內　容	備註
七去	〔清〕王聘珍撰，《大戴禮記解詁》卷13，頁 6b	《大戴禮本命篇》：「婦有七去：不順父母去；無子去；淫去；妒去；有惡疾去；多言去；竊盜去。不順父母去，爲其逆德也。無子，爲其絕世也。淫，爲其亂族也。妒，爲其亂家也。有惡疾，爲其不可與共粢盛也。口多言，爲其離親也。竊盜，爲其反義也。」	
七出	《孔子家語・本命解》卷6第26，頁695-62	「婦有七出：不順父母出；無子出；淫僻出；嫉妒出；惡疾出；多口舌出；竊盜出。不順父母出者，其逆德也。無子者，謂其絕世也。淫僻者，謂其亂族。嫉妒者，謂其亂家。惡疾者，謂其不可供粢盛。多口舌者，謂其離親。竊盜者，謂其反義。」	
七出	《大明令・戶令》，頁11	「凡妻犯七出之狀，有三不去之理，不得輒棄。犯姦者，不在此限。七出：無子，淫泆，不事舅姑，多言，盜竊，妒忌，惡疾。」	
七棄	《公羊傳・莊公 27年》卷 8 何休《注》，頁 105	「婦人有七棄：無子棄，絕世也。淫泆棄，亂類也。不事舅姑棄，悖德也。口舌棄，離視也。盜竊棄，反義也。嫉妒棄，亂家也。惡疾棄，不可奉宗廟也。」	

〔註89〕 參見〔清〕王聘珍撰，《大戴禮記解詁》卷13，楊家駱主編《中國學術名著》第三輯，十四經新疏第三期書第一冊，臺北：世界書局，1974 年 5 月 3 版，頁 6a。
〔註90〕 〔清〕阮元等校勘，《十三經注疏──春秋公羊傳》卷 8・莊公 27 年（重刊宋本）。〔漢〕何休注；〔唐〕徐彥疏，臺北：藝文印書館，1976 年 5 月 6 版，頁 105。
〔註91〕 〔魏〕王肅注，《孔子家語・本命解》卷 6 第 26，《文淵閣四庫全書本・子部》695 冊，臺北：臺灣商務印書館，1986 年 7 月，頁 695～62。

名 稱	文 獻 出 處	文 獻 內 容	備註
三不去	《大明令·戶令》,頁11	「凡妻犯七出之狀,有三不去之理,不得輒棄。犯姦者,不在此限。三不去:與更三年喪,前貧賤後富貴,有所娶無所歸。」	
三不去	《公羊傳·莊公27年》卷8何休《注》,頁105	「婦人有三不去:嘗更三年喪,不去,不忘恩也。賤取貴,不去,不背德也。有所受無所歸,不去,不窮窮也。」	
三不去	〔清〕王聘珍,《大戴禮記解詁》卷13,頁6b	《大戴禮本命篇》:「婦有三不去:有所取無所歸,不去;與更三年喪,不去;前貧賤後富貴,不去。」	
三不去	《孔子家語·本命解》卷6第26,頁695-62	「婦有三不去者:謂有所取而無所歸,一也。與共更三年之喪,二也。先貧賤後富貴者,三也。	
五不取	〔清〕王聘珍,《大戴禮記解詁》卷13,頁6a	《大戴禮本命篇》所言:「女有五不取:逆家子不取、亂家子不取、世有刑人不取、世有惡疾者不取、喪婦長子不取。逆家子者,爲其逆德也。亂家子者,爲其亂人倫也。世有刑人者,爲其棄於人也。世有惡疾者,爲其棄於天也。喪婦長子者,爲其無所受命也。」	
五不取	《孔子家語·本命解》卷6第26,頁695-62	「女有五不取:逆家子者,謂其逆德。亂家子者;謂其亂倫。世有刑人子者;謂其棄於人也。有惡疾子者;謂其棄於天也。喪父長子者;謂其無受命也。	
五不娶	《公羊傳·莊公27年》卷8何休《注》,頁105	「婦人有五不娶:喪婦長女不娶,無教戒也。世有惡疾不娶,棄於天也。世有刑人不娶,棄於人也。亂家女不娶,類不正也。逆家女不娶,廢人倫也。」	

資料來源:本論文整理製表。

二、傳統婚禮儀節的流變

　　《禮記正義》有云:「夫禮者,經天地,理人倫,本其所起,在天地未分之前。故禮運云:夫禮必本於大一,是天地未分之前已有禮也。禮者,理也,其用以治,則與天地俱興。」〔註92〕《禮記·郊特牲》亦云:「樂,由陽來者也;禮,由陰作者也。陰陽和,而萬物得。」〔註93〕《周易正易》再曰:「歸

〔註92〕　〔清〕阮元等校勘,《十三經注疏——禮記》〈禮記正義序〉(重刊宋本)。〔漢〕鄭玄注;〔唐〕孔穎達等正義。臺北:藝文印書館,1976年5月第6版,頁5。
〔註93〕　〔清〕阮元等校勘,《十三經注疏——禮記》卷25〈郊特牲〉第11(重刊宋本)。〔漢〕鄭玄注;〔唐〕孔穎達等正義。臺北:藝文印書館,1976年5月第

妹，天地之大義也。天地不交，而萬物不興，歸妹，人之終始也。」〔註94〕據此譜寫出宇宙之間，陰陽結合衍生萬物的定理。《周易‧繫辭下》另言：「天地絪縕，萬物化醇，男女構精，萬物化生。」〔註95〕《周易‧序卦》又載：「有天地然後有萬物，有萬物然後有男女，有男女然後有夫婦，有夫婦然後有父子，有父子然後有君臣，有君臣然後有上下，有上下然後禮義有所錯。夫婦之道不可以不久也。」〔註96〕更得見男女結合締盟夫婦之道的婚禮由來已久，甚或可言「伏羲時代已有婚姻的制度。」〔註97〕因而有諸多的變異。

（一）由《禮經》到禮俗

《禮記‧曲禮上》有云：「禮從宜，使從俗。」〔註98〕，即言「古代的一切禮制，都是隨著社會的發展而產生、發展，以致消亡。」〔註99〕唯周秦之間那些早期最具淵源特色的禮文制度，卻因時湮代遠，大部分已然失傳，所剩較完整者僅有《儀禮》的十七篇而已。〔註100〕且「十七篇中之正文皆《禮經》也。」〔註101〕據《史記‧儒林列傳》言：「言禮自魯高堂生。」〔註102〕宋人鄭樵《通志‧禮類》卷六十四曰：「按漢初有高堂生傳十七篇……於是有大戴、小戴、慶氏（普）三家並列，是知《禮記》出於《儀禮》，三家出於高

〔註94〕 〔清〕阮元等校勘，《十三經注疏——周易正義》卷5，〔魏〕王弼、韓康伯注；〔唐〕孔穎達等正義。臺北：藝文印書館，1976年5月6版，頁118。
〔註95〕 〔清〕阮元等校勘，《十三經注疏——周易》卷8，〈繫辭下〉第5（重刊宋本），〔魏〕王弼、韓康伯注；〔唐〕孔穎達等正義，臺北：藝文印書館，1976年5月6版，頁171。
〔註96〕 〔清〕阮元等校勘，《十三經注疏——周易》卷9，〈序卦〉第10（重刊宋本），〔魏〕王弼、韓康伯注；〔唐〕孔穎達等正義，臺北：藝文印書館，1976年5月6版，頁187～188。
〔註97〕 〔日〕片岡巖著；陳金田、馮作民合譯，《臺灣風俗誌》，臺北：大立出版社，1981年，頁13。
〔註98〕 〔清〕阮元等校勘，《十三經注疏——禮記》卷1〈曲禮上第一〉（重刊宋本）。〔漢〕鄭玄注；〔唐〕孔穎達等正義。臺北：藝文印書館，1976年5月第6版，頁13。
〔註99〕 錢玄，《三禮通論》，南京：南京師範大學出版社，1996年10月，前言頁2。
〔註100〕周何，《禮學概論》，臺北：三民書局，1998年1月，頁125。
〔註101〕周何，《禮學概論》，臺北：三民書局，1998年1月，頁80。
〔註102〕參〔漢〕司馬遷撰；〔宋〕裴駰集解，《史記‧儒林列傳》冊2，卷121第61，臺北：藝文印書館，2005年2月初版4刷，頁1274。另見《漢書‧儒林傳》則曰：「言禮則魯高堂生。」〔漢〕班固撰；〔清〕王先謙補注，《漢書補注》冊2卷88，臺北：藝文印書館，1996年8月初版4刷，頁1544。

堂也。」〔註103〕再據《漢書‧藝文志》卷三十刊錄:「高堂生傳士禮十七篇,迄孝宣世,后倉最明,戴德、戴聖、慶普皆其弟子,三家立於學官。」〔註104〕又據《禮記‧中庸》卷五十三載述:「禮儀三百,威儀三千。」〔註105〕此處「所謂禮,即指《儀禮》而言。」〔註106〕故是「《儀禮》亦稱《禮》,或《禮經》。」〔註107〕其「內容同高堂生所傳《士禮》十七篇,實並無更易。」〔註108〕至於《儀禮》之名,則首見於王充《論衡‧謝短篇》卷十二云:「宣帝時,河內女子壞老屋,得佚禮一篇,六十篇中是何篇是者?高祖詔叔孫通制作《儀品》十六篇何在?而復定《儀禮》,見在十六篇,秦火之餘也。」〔註109〕之所以爲十六篇,係古本〈少牢饋食禮〉與〈有司徹〉相連爲一篇所致。〔註110〕

1.「三禮」定名

自東漢末年鄭玄(127~200年)注《儀禮》、《周禮》、《禮記》,並著《三禮目錄》之後,因有「三禮」之名。如加入《大戴禮記》,則實爲「四禮」。凡治先秦禮制之學,皆稱「三禮之學」,簡稱「禮學」。因學者以爲禮學是經國濟世之學,與國家建制、社會習俗、個人道德修養均有直接關係,亦是實踐致用之學。〔註111〕就《禮記正義》論曰:「既周禮爲本,則重者在前,故宗伯序五禮以吉禮爲上;儀禮爲末,故輕者在前,故儀禮先冠昏後喪祭。」〔註112〕唐人賈公彥(生卒年不詳)《儀禮‧疏》卷一也云:「《儀禮》見其行事之法賤者爲先,故以〈士冠〉爲先……其昏禮亦士爲先,大夫次之,諸侯

〔註103〕〔宋〕鄭樵,《通志‧禮類》卷64,第1冊,浙江:古籍出版社,2000年1月,頁763。

〔註104〕〔漢〕班固撰;〔清〕王先謙補注,《漢書補注》冊2卷30,臺北:藝文印書館,1996年8月初版4刷,頁880。

〔註105〕〔清〕阮元等校勘,《十三經注疏——禮記》卷53〈中庸〉(重刊宋本)。〔漢〕鄭玄注;〔唐〕孔穎達等正義。臺北:藝文印書館,1976年5月第6版,頁897。

〔註106〕周何,《禮學概論》,臺北:三民書局,1998年1月,頁73~74。

〔註107〕錢玄,《三禮通論》,南京:南京師範大學出版社,1996年10月,頁5。

〔註108〕錢玄,《三禮通論》,南京:南京師範大學出版社,1996年10月,頁4。

〔註109〕(漢)王充著;張宗祥校注;鄭紹昌標點;《論衡校注》,上海市:上海古籍出版社,2010年3月,頁14b。

〔註110〕周何,《禮學概論》,臺北:三民書局,1998年1月,頁73~74。

〔註111〕錢玄,《三禮通論》,南京:南京師範大學出版社,1996年10月,頁(前言)1。

〔註112〕〔清〕阮元等校勘,《十三經注疏——禮記》〈禮記正義〉(重刊宋本)。〔漢〕鄭玄注;〔唐〕孔穎達等正義。臺北:藝文印書館,1976年5月第6版,頁8。

次之，天子爲後。」〔註113〕《儀禮》次序之法，其義由此窺見。

關於《周禮》，荀悅《漢紀》有道：「（西漢末年）劉歆以《周官經》六篇爲《周禮》，王莽時歆奏以爲《禮經》，置博士。」〔註114〕自是始有《周禮》之稱，初名原爲《周官》，直至東漢鄭玄（127～200 年）注三禮後，《周禮》之名乃得定稱。〔註 115〕至於《周禮》之作，「周公（？～公元前 1105年）居攝六年之後，書成歸豐，而實爲嘗行也。蓋周公之爲《周禮》，亦猶唐之顯慶開元禮。預爲之，以待他日之用，其實未嘗行也。惟其未經行，故僅述大略，俟其臨事而損益之。」〔註 116〕是書成於西周初年，僅爲周公致政成王的治官參考，甚爲粗略，所呈現的民本思想主要在教民、養民、治民，亦即以禮樂爲工具，塑成社會共同的生活規律，以維護傳統的道德觀念，後因人事漸繁，而得以陸續增補。〔註117〕金春峰（1935 年～今）《周官之成書及其反映的文化與時代新考》中，即明述《周官》係戰國末年作品，是入秦的各國學者所作，主導思想是儒法兼綜，企圖以儒家思想調和與修正法家的現實制度。其官職設置和制度設計的藍圖及指導思想，與《呂氏春秋》類似，皆是爲新的統一皇朝服務，反映戰國末期特別是秦的許多社會、政治、經濟、文化、宗教與風習，也繼承了周文化的許多典禮、制度與風習，故《周官》之「周」，係周詳完備之意，〔註 118〕，與秦文化有血肉相連的關係。《張子全書·周禮》卷四故此載言：「《周禮》是的當之書，然其間必有末世添入者。」〔註 119〕

再者，《莊子·天運》卷五有云：「孔子謂老聃曰：『丘治《詩》、《書》、

〔註113〕〔清〕阮元等校勘，《十三經注疏——儀禮》卷 1《疏》（重刊宋本），〔漢〕鄭玄注；〔唐〕賈公彥疏，臺北：藝文印書館，1976 年 5 月 6 版，頁 3。

〔註114〕〔漢〕荀悅撰，《前漢紀·孝成二》卷廿五，收入《文淵閣四庫全書·史部》冊 303，臺北：臺灣商務印書館，1983～1986 年，頁 430。

〔註115〕周何，《禮學概論》，臺北：三民書局，1998 年 1 月，頁 41。

〔註116〕〔清〕紀昀纂，《欽定四庫全書總目》卷 19，經部 19，禮類 1，（武英殿版），臺北：藝文印書館，1997 年 9 月初版 7 刷，頁 39。

〔註117〕周何，《禮學概論》，臺北：三民書局，1998 年 1 月，頁 45～64。

〔註118〕金春峰，《周官之成書及其反映的文化與時代新考》，臺北：東大圖書公司，1993 年 11 月，頁（自序）5～6。

〔註119〕〔宋〕張載，《張子全書·周禮》卷 4，收入《文淵閣四庫全書本·子部》儒家類，697 冊，臺北：臺灣商務印書館，1986 年 7 月，頁 146。另清人紀昀（1724～1805 年）於《四庫全書總目提要》卷 19，經部 19，禮類 1 引《橫渠語錄》有相近的說法：「《周禮》是的當之書，然其間必有末世增入者。」

《禮》、《樂》、《易》、《春秋》六經。』」〔註120〕其中的《禮經》，與西漢以前至西漢時際宣稱的《禮》，皆同樣指稱《儀禮》。迨至漢靈帝刻石經時，《禮記》始被稱爲經書；宋朱熹《儀禮經傳通解》且因《禮記》中有諸多篇幅專爲《禮經》作解說，而將《儀禮》視爲經，而將《禮記》視爲傳。〔註121〕不過，《儀禮》所載大抵是某種專禮行禮如儀的秩序單，已屬僵化的禮文，僅能對古代專禮形式有所瞭解而已；《禮記》則較偏重理論精神的探究，譬如闡釋立禮的原意、說明禮制的源流與演變、記載當時人物行禮的得失……等，因此，必須參酌《禮經》載錄的各種儀節，方能顯現出《禮記》的價值。〔註122〕

繼三禮之後，「頒布以五禮爲體例的國家禮典……與流傳於門第的家禮，以及盛行於士大夫圈的書儀……其實也都發揮傳播禮儀和教化黎民之功能。」〔註123〕其中由國家正式頒布天下行用，具有吉、凶、軍、賓、嘉等五類儀典，作爲官民士庶行禮與教化的成文範式者，概稱爲「五禮儀典」，含括唐代的《大唐開元禮》；宋代的《開寶通禮》、《政和五禮新儀》；明代的《大明集禮》……等。另由太常寺的禮官所編撰，專對國家所施行之每項典禮，詳記其儀節及注解，作爲朝廷執行典禮官員的行儀守則，通常以單篇文字形式呈現，收藏於太常寺書閣中，以供禮官討論或修改儀注文字之用者，則概稱爲「典禮儀注」；當儀注累積至相當數量，再由禮官彙編成「儀注集」，如唐代的《禮閣新儀》、《曲臺新禮》；宋代的《禮閣新編》、《太常新禮》、《中興禮書》等具屬之。〔註124〕

其中，《大唐開元禮》修成於唐代開元盛世，內容涉及唐代社會各個層面，蘊涵豐富的學術史料，不僅是中國古代禮學的圭臬，更遠播東亞、東南亞地區，對整個漢字文化圈的禮樂律令制度均產生重大影響。〔註125〕全書共一百五十卷，由唐太子太師同中書門下三品兼中書令蕭嵩等奉敕撰，取貞觀、顯慶諸禮

〔註120〕〔周〕莊周撰；晉郭象注，《莊子・天運》卷5，臺北：中華書局，1973年4月臺4版，頁26a。

〔註121〕周何，《禮學概論》，臺北：三民書局，1998年1月，頁111。

〔註122〕周何，《禮學概論》，臺北：三民書局，1998年1月，頁135。

〔註123〕張文昌，《唐宋禮書研究——從公禮到家禮》，國立臺灣大學歷史研究所博士論文，2006年7月，頁1。

〔註124〕參見張文昌，《唐宋禮書研究——從公禮到家禮》，國立臺灣大學歷史研究所博士論文，2006年7月，頁34。

〔註125〕〔唐〕蕭嵩等奉敕撰，《大唐開元禮》，東京大學東洋文化研究所大木庫本，光緒12年（1886年）氏公善堂校刊本，北京：民族出版社，2000年5月，頁（出版前言）。

書，折衷其異同，依吉禮、賓禮、軍禮、嘉禮、凶禮次序撰次成書，由是唐之五禮始備，新、舊唐書禮志亦皆取材是書。〔註126〕凡「朝廷有大疑，不必聚諸儒之訟，稽是書（《大唐開元禮》）而可定；國家有盛舉，不必藐野外之儀，即是書（《大唐開元禮》）而可行也。」〔註127〕該書非但詳盡而完備記載以皇帝爲中心的國家慶典儀制，兼及地方政府的祭儀和官僚家庭的吉凶之儀，其結構之縝密，敘述之精詳，皆是前所未見，堪稱中華禮學的曠世大典。〔註128〕

2.「書儀」漸行

中國長期傳統社會中，禮與法實相輔相成，藉以維護三綱六紀爲核心的倫理道德。書儀正是把律令、禮經內容融合其間的過度階段，堪稱是《儀禮》通俗形式的沿續，所以唐代以後書儀成爲居家日用的百科全書，〔註129〕「也可以說是繁複禮經的簡化本」〔註130〕，既「偏重於日常生活中的禮數……反映了禮制的通俗化、平凡化及簡約化，也反映了有唐一代的社會變遷。」〔註131〕略而言之，唐五代時期，世家大族已走入窮途末路，庶民社會漸次興起，士庶之間信函往來頗受重視，因而出現一批專供撰寫書札時參考之用的書儀，流傳至今最早的傳世作品是西晉人索靖的《月儀帖》。〔註132〕緣於唐

〔註126〕〔唐〕蕭嵩等奉敕撰，《大唐開元禮·四庫全書總目》，東京大學東洋文化研究所大木庫本，光緒 12 年（1886 年）氏公善堂校刊本，北京：民族出版社，2000 年 5 月，頁 1。

〔註127〕〔唐〕蕭嵩等奉敕撰，《大唐開元禮·四庫全書總目》，東京大學東洋文化研究所大木庫本，光緒 12 年（1886 年）氏公善堂校刊本，北京：民族出版社，2000 年 5 月，頁 5。

〔註128〕〔唐〕蕭嵩等奉敕撰，《大唐開元禮》，東京大學東洋文化研究所大木庫本，光緒 12 年（1886 年）氏公善堂校刊本，北京：民族出版社，2000 年 5 月，頁（出版前言）。

〔註129〕參閱周一良，《敦煌寫本書儀研究·序言》，敦煌叢刊二集之一，臺北：新文豐出版社，1993 年 4 月初版，頁 2～9。另趙和平，《敦煌表狀箋啓書儀輯校》，敦煌文獻分類錄校叢刊之一，江蘇：江蘇古籍出版社，1999 年 10 月初版 2 刷，頁（前言）2 則有「是唐代士大夫之家各種公私交往活動的小百科全書」的近似說詞。

〔註130〕趙和平，《敦煌表狀箋啓書儀輯校》，敦煌文獻分類錄校叢刊之一，江蘇：江蘇古籍出版社，1999 年 10 月初版 2 刷，頁（前言）2。

〔註131〕周一良、趙和平著，《唐五代書儀研究》，北京市：中國社會科學出版社，1995 年 12 月，頁 2。

〔註132〕參見趙和平，《敦煌寫本書儀研究》，敦煌叢刊二集之一，臺北：新文豐出版社，1993 年 4 月初版，頁 9。另見周一良、趙和平著，《唐五代書儀研究》，北京市：中國社會科學出版社，1995 年 12 月，頁（序）1 也有如此記載：「書

代國力的強大，與文化上和交通上的優勢，唐代的禮制既受佛教的影響，也深深影響鄰境的敦煌、西域，及鄰國的日本、朝鮮（今韓國）……等。〔註133〕

依據趙和平《敦煌寫本書儀研究》指謂，將書儀分爲三種類型：

（1）朋友書儀：寫本中原有書題或尾題稱書儀者。類似唐人《月儀帖》〔註134〕，又稱《十二月相辯文》，可上溯至魏晉，唐開元天寶年間後，此種形式已不再單行，而併入含婚喪慶弔、公私書疏、吉凶往來、門風禮教……之綜合類書儀裡。據趙氏《敦煌表狀箋啓書儀輯校》言：「朋友書儀……按月編排，每月往復各一通書札，專敘友朋思念渴仰之情，內容遠較《月儀帖》豐富。」〔註135〕

（2）綜合性書儀：亦是寫本中原有書題或尾題稱書儀者。或曰吉凶書儀，爲最重要、最有史料價值的書儀，幾乎涉及唐代士庶社會生活的各個方面，是唐代士大夫們之生活指南或行動準則，其內容尚包括節候賞物、婚凶禮儀注、五服制度、服式圖、門風禮教、口吊辭（即口頭用語）……等。

（3）寫本中無書題，或原書題不稱書儀者，稱爲「雜別紙」或「記室備要」。專門用於公中往來的表狀箋啓類書儀，雖無統一名稱，但據其內容和性質，也當屬於提供人們作書札時的參考文範，此類書儀大量出現於晚唐五代。〔註136〕

書儀，顧名思義應是撰寫往返書札時的範本，是士大夫生活的百科指南，其編撰目的在「濟要」與「實用」，故隨時代的變化而變化是通例，變

儀，是供人們寫信時模仿和套用的參考書，最早出現於魏晉。西晉著名書法家索靖書《月儀》以法帖形式流傳至今，可以說是現存時代最早的一種書儀。」又見周氏、趙氏前引書頁1，再有「臺灣故宮博物院所藏唐人眞草兩體《月儀帖》，可能是現今傳世的唯一一種唐代書儀。」之說詞。

〔註133〕張文昌，《唐宋禮書研究──從公禮到家禮》，國立臺灣大學歷史研究所博士論文，2006年7月，頁21。

〔註134〕之所以名爲《月儀》，是因爲它按十二個月編排，現存書缺四、五、六月分。每月兩通，以四字句爲主。一通開始是帶有標題性的「正月具書，君白」，接著結合月分說一些有關氣候的寒暄話，再進入正文。另一通的性質，則是對前者的復信。參見周一良、趙和平，《唐五代書儀研究》，北京市：中國社會科學出版社，1995年12月，頁95。

〔註135〕趙和平，《敦煌表狀箋啓書儀輯校》，敦煌文獻分類錄校叢刊之一，江蘇：江蘇古籍出版社，1999年10月初版2刷，頁（前言）1。

〔註136〕趙和平，《敦煌寫本書儀研究》，敦煌叢刊二集之一，臺北：新文豐出版社，1993年4月初版，頁10〜19。及周一良、趙和平著，《唐五代書儀研究》，北京市：中國社會科學出版社，1995年12月，頁2〜6，均分爲相同的三類型。

化的目的即在實用，有的還具有相當的文學性。〔註137〕魏晉時代，士人書信
撰寫範式的書儀早已通行當時，遇合士人編撰禮書時，理然會斟酌使用者與
地區性的需求，而將禮典順應社會需要，改編成士人日常生活必備的文字格
式，而使書儀範圍漸趨廣闊，〔註138〕同時展現民間性與生活化、簡約化與實
用化的特色。〔註139〕至宋代以後就轉變成百科全書式的日常生活參考用書。
〔註140〕「五代以前的書儀，史籍著錄頗多，卻一部也沒有流傳下來；五代以
後流傳至今的，最早的當推北宋司馬光撰《書儀》。」〔註141〕據此「顯示『書
儀』是唐、宋禮書轉變過程中重要的間介類型。」〔註142〕由於書儀文書的出
現，證實「士庶通用，且普遍受士人重視的禮書，並非遲至北宋才出現，而
是可以推到更早的唐代，甚至是比唐代更早。」〔註143〕由是可見禮經與禮俗
間的循序漸進或雜然相陳的一般光景。

　　對於禮俗，東漢許慎（約58～147年）《說文解字》記曰：「俗，習也。」
清人段玉裁（1735～1815年）《注》云：「凡相效謂之習。」〔註144〕《禮記・
曲禮上》卷三也曰：「入國而問俗。」〔漢〕鄭玄（127～200年）《注》云：
「俗，謂常所行，與所惡也。」〔註145〕《周禮・大司徒》亦云：「以俗教安，

〔註137〕趙和平，《敦煌寫本書儀研究》，敦煌叢刊二集之一，臺北：新文豐出版社，
　　　　1993年4月初版，頁38～65。

〔註138〕參見周一良、趙和平，《唐五代書儀研究》，北京市：中國社會科學出版社，
　　　　1995年12月，頁（序）1～正文頁7。及姜伯勤，《敦煌社會文書導論》，臺
　　　　北：新文豐出版公司，1992年12月臺一版，頁2。

〔註139〕參見張文昌，《唐宋禮書研究——從公禮到家禮》，國立臺灣大學歷史研究所
　　　　博士論文，2006年7月，頁21～25。及參見姜伯勤，《敦煌社會文書導論》，
　　　　臺北：新文豐出版公司，1992年12月臺一版，頁1～2。

〔註140〕周一良、趙和平，《唐五代書儀研究》，北京市：中國社會科學出版社，1995
　　　　年12月，頁（序）3。

〔註141〕參見周一良、趙和平著，《唐五代書儀研究》，北京市：中國社會科學出版社，
　　　　1995年12月，頁（序）1。類同說法另見張文昌，《唐宋禮書研究——從公
　　　　禮到家禮》，國立臺灣大學歷史研究所博士論文，2006年7月，頁25，則曰：
　　　　「以『書儀』為名的書籍，在司馬光撰《書儀》後就未再發現。」

〔註142〕張文昌，《唐宋禮書研究——從公禮到家禮》，國立臺灣大學歷史研究所博士
　　　　論文，2006年7月，頁25。

〔註143〕張文昌，《唐宋禮書研究——從公禮到家禮》，國立臺灣大學歷史研究所博士
　　　　論文，2006年7月，頁26。

〔註144〕〔東漢〕許慎撰，〔清〕段玉裁注，《說文解字注》，臺北：天工書局，1998
　　　　年8月，頁376。

〔註145〕〔清〕阮元等校勘，《十三經注疏——禮記》〈禮記正義〉（重刊宋本）。〔漢〕

則民不偷。」鄭玄《注》云：「俗，土地所生習也。」〔唐〕賈公彥（生卒年不詳）《疏》載：「俗，謂人之生處，習學不同，若變其舊俗，則民不安，而爲苟且；若依其舊俗化之，則民安其業，不爲苟且。」〔註146〕此外，又見《禮記・王制》卷十二刊錄：「民生其間者異俗。剛柔輕重，遲速異齊，五味異和，器械異制，衣服異宜，脩其教，不易其俗；齊其政，不易其宜。」〔註147〕宋人呂祖謙撰《東來別集・家範一・宗法》卷一也言：「禮俗不可分爲兩事，且如後世雖有籩豆簠簋，百姓且不得而見，安能習以成俗？故禮俗不相干。故制而用之謂之禮，習而安之謂之俗。如春秋祭祀不待上令，而自安而行之。」〔註148〕則是乃知「俗」即習慣，「指人群在其生存過程中，由於共同的生活環境，自然養成的生活習慣，百姓常不自覺地相沿成習，且並行不悖遵行這種行爲模式。」〔註149〕因此，漢代設有風俗使，「常以時分適四方，覽觀風俗。」〔註150〕《漢書・王吉傳》亦云：「百里不同風，千里不同俗。」〔註151〕俗諺更云：「禮起於俗」，實肇因於此。

3. 司馬光撰《書儀》

司馬光（1019～1086 年）者，乃北宋著名的政治家、史學家、思想家和禮學家，曾言：「五帝異樂，三王不同禮，禮者，因時世、人情爲之節文者也。」〔註152〕再言：「禮之爲物大矣！用之於身，則動靜有法而百行備焉；用之於家，則內外有別而九族睦焉；用之於鄉，則長幼有倫而俗化美焉；用之於國，則君臣有敘而政治成焉；用之於天下，則諸侯順服而紀綱正焉。」

鄭玄注；〔唐〕孔穎達等正義。台北：藝文印書館，1976 年 5 月第 6 版，頁 8。

〔註146〕〔清〕阮元等校勘，《十三經注疏——周禮》卷 10〈大司徒〉（重刊宋本），〔漢〕鄭玄注；〔唐〕賈公彥疏，臺北：藝文印書館，1976 年 5 月第 6 版，頁 151。

〔註147〕〔清〕阮元等校勘，《十三經注疏——禮記》卷 12〈王制〉（重刊宋本）。〔漢〕鄭玄注；〔唐〕孔穎達等正義。臺北：藝文印書館，1976 年 5 月第 6 版，頁 247。

〔註148〕〔宋〕呂祖謙撰，《東來別集・家範一・宗法》，《文淵閣四庫全書本・集部》1150 冊，臺灣商務印書館發行，1986 年 7 月初版，頁 166。

〔註149〕李文獻，《臺灣閩客傳統婚禮之研究》，中國文化大學中國文學研究所博士論文，2002 年，頁 54～55。

〔註150〕〔漢〕應劭撰。王利器注，《風俗通義校注・風俗通義校注敘例》，臺北：漢京文化公司，1983 年 9 月，頁 1。

〔註151〕〔漢〕班固撰，〔清〕王先謙補注，《漢書補注・王吉傳》卷 72，臺北：藝文印書館，1996 年 8 月初版 4 刷，頁 1365。

〔註152〕〔宋〕司馬光，《資治通鑑》卷 11〈漢紀三・太祖高皇帝中・六年〉（庚子，公元前 201 年），臺北：文化圖書公司，1976 年 11 月 1 日再版，頁 75。

〔註153〕又言：「治家莫如禮」〔註154〕、「治家者，必以爲先禮」，〔註155〕對於禮教推崇之餘，且積極撰修家禮，參與禮教秩序的重建，其主要家禮著作爲《書儀》、《居家雜儀》、《家範》等，其中《居家雜儀》隸屬於《書儀》的一部分。〔註156〕

攸關「書儀」意涵，清人紀昀（1724～1805年）云：「蓋書儀者，古私家儀注之通名。」〔註157〕楊志剛亦云：「舊時士大夫私家所訂有關書札體式、典禮儀注的著述，通稱書儀。」〔註158〕是見司馬光《書儀》並非首本題名『書儀』的著作，在此之前，已有許多名爲《書儀》的作品，因多已佚失不存，無法確知內容性質，今見司馬光《書儀》乃是「書儀」的僅存文獻。〔註159〕而且「傳統對於庶民禮儀規範的研究，一般都是從宋代的《溫公書儀》與《文公家禮》談起。」〔註160〕因爲「此二部禮書影響宋代士庶『私禮』甚深，其重要性在宋代可謂已漸超越國家禮典。」〔註161〕

就司馬光（1019～1086年）《書儀》言之，「在形式上已和敦煌『書儀』

〔註153〕〔宋〕司馬光，《資治通鑑》卷11〈漢紀三・太祖高皇帝中・七年〉（辛丑，公元前200年），臺北：文化圖書公司，1976年11月1日再版，頁76。

〔註154〕〔宋〕司馬光，《家範・治家》卷1，《文淵閣四庫全書》子部，696冊，臺北：臺灣商務印書館，1986年7月，頁660。

〔註155〕〔宋〕司馬光，《家範・治家》卷1，《文淵閣四庫全書》子部，696冊，臺北：臺灣商務印書館，1986年7月，頁660。

〔註156〕翟瑞芳，《宋代家禮的立制與實踐》，上海師範大學專門史研究所碩士論文，2007年4月，頁20。

〔註157〕參見〔清〕紀昀纂《欽定四庫全書總目》武英殿版，第一冊卷22，臺北：藝文印書館，1997年9月初版7刷，頁468。另司馬光撰，《溫公書儀》正文前〈欽定四庫全書提要〉，收入嚴一萍選輯《百部叢書集成》46冊，清嘉慶張海鵬輯刊學津討原本影印，臺北：藝文印書館，1966年，頁1a亦有相同載錄。

〔註158〕楊志剛，《中國禮儀制度研究》，上海：華東師範大學出版社，2001年5月，頁187。

〔註159〕黃美華，《司馬光《書儀》研究》，國立中興大學中國文學研究所碩士論文，2000年7月，頁2。另張文昌，《唐宋禮書研究——從公禮到家禮》，國立臺灣大學歷史研究所博士論文，2006年7月，頁340，亦有類似之說：「《溫公書儀》是唐、宋以『書儀』爲名之書籍中，目前唯一全本流傳至今者，也是現知最後一部以『書儀』爲名之著作。」

〔註160〕張文昌，《唐宋禮書研究——從公禮到家禮》，國立臺灣大學歷史研究所博士論文，2006年7月，頁26。

〔註161〕張文昌，《唐宋禮書研究——從公禮到家禮》，國立臺灣大學歷史研究所博士論文，2006年7月，頁29。

不全相同，不過書名與內容則是對唐末的吉凶書儀有所承繼。」〔註162〕談及「司馬光撰著《書儀》的目的，除了是想要以儒家傳統禮儀，糾正社會媚俗的風氣外，也意圖用新態度制定新時代的禮書，以求與當時盛行的佛道禮俗來進行抗衡。」〔註163〕換言之，司馬光在編定《溫公書儀》時，並非一味遵循古禮，也參酌編入當時社會流行之儀制。〔註164〕至於司馬光撰著《書儀》的時間，雖未見司馬氏著錄《書儀》序文，文集中亦未提及《書儀》的相關文字，但依推測，當以元豐三年至元豐五年較爲可信，且是以批評與建構交叉進行的方式編撰。〔註165〕因之南宋朱熹對北宋諸家禮書評論中最推崇司馬光《書儀》：

> 橫渠所制禮，多不本諸《儀禮》，有自杜撰處，如溫公卻是本諸《儀禮》，最爲適古今之宜。……二程與橫渠多是古禮，溫公則大概本《儀禮》，而參以今之可行者。要之溫公較穩，其中與古不甚遠，是七八分好。若伊川禮，則祭祀可用；婚禮惟溫公者好。大抵古禮不可全用，如古服、古器，今皆難用。〔註166〕

朱子於《朱熹集》再讚曰：「諸家之禮，唯韓魏公、司馬溫公之法適中易行。」

〔註162〕 張文昌，《唐宋禮書研究——從公禮到家禮》，國立臺灣大學歷史研究所博士論文，2006 年 7 月，頁 29。

〔註163〕 張文昌，《唐宋禮書研究——從公禮到家禮》，國立臺灣大學歷史研究所博士論文，2006 年 7 月，頁 30。

〔註164〕 張文昌，《唐宋禮書研究——從公禮到家禮》，國立臺灣大學歷史研究所博士論文，2006 年 7 月，頁 341。

〔註165〕 黃美華，《司馬光《書儀》研究》，國立中興大學中國文學研究所碩士論文，2000 年 7 月，頁 20～21。

〔註166〕 〔宋〕黎靖德編，《朱子語類》卷 84，〈禮一·論後世禮書〉，《文淵閣四庫全書本·子部》701 冊，臺北：臺灣商務印書館，1986 年 7 月，頁 779。另見司馬光撰，《溫公書儀》正文前清人紀昀（1724～1805 年）於〈欽定四庫全書提要〉云：「《朱子語錄》，胡叔器問四先生禮，朱子謂：二程與橫渠多是古禮，溫公則大概本《儀禮》，而參以今之所可行者。要之溫公較穩，其中與古不甚遠，是七分好。又與蔡元定書曰：祭儀只是於溫公《書儀》內少增損之云云，則朱子固甚重此書，後朱子所修祭儀爲人竊去，其稾不傳，則此書爲禮家之典型矣。」收入嚴一萍選輯《百部叢書集成》46 冊，清嘉慶張海鵬輯刊學津討原本影印，臺北：藝文印書館，1966 年，頁 1a～1b。又見《溫公書儀》附錄馬廷鸞撰《書儀說》亦有類似之說：「溫公此書，專本《儀禮》，其大者莫如婚喪。……《朱子語錄》，胡叔器問四先生禮，晦庵先生曰：二程與橫渠多是古禮，溫公則大概《儀禮》，而參以今之可行者。要之溫公較穩，其中與古不甚遠，是七分好，大抵古禮不可全用，如古服古器，今皆難用。溫公本諸《儀禮》，最爲適古今之宜。」

〔註167〕除此之外，楊志剛於〈《朱子家禮》：民間通用禮〉亦云：「北宋司馬光撰《書儀》，兼包書札和家庭禮儀兩方面的內容，……《書儀》將家庭禮儀按冠、婚、喪條貫排列，撰作了《居家雜儀》等一套相關的規則，形成一個相對完整的體系，已是較爲成熟的家禮著作。」〔註168〕唯《溫公書儀》雖已從俗從簡，但朱熹（1130～1200 年）仍認定儀節過繁，且缺乏彈性，尤其直接將禮器與禮數在禮書中盡悉固定，無法應隨各家庭經濟情況做調配，致無法推行禮文，亦較不符實用性與當代性。〔註169〕

　　司馬光《書儀》一書，據汪祁在司馬光撰《溫公書儀》附錄〈跋〉曰：「爲溫公考諸《儀禮》，通以後世可行者。」〔註170〕復就司馬氏前揭書附錄馬廷鸞（1922～1289 年）〈書儀說〉言：「溫公此書，專本《儀禮》。」〔註171〕清楚得見司馬氏《書儀》係以《儀禮》爲基準。至於書名方面，行狀和《宋史・藝文志》著爲《書儀》；《景定建康志》和中央研究院傅斯年圖書館所見本皆題爲《溫公書儀》，然中研院本於目錄及文本卷帙首末具題《司馬氏書儀》，扉頁之名或爲日本芳春樓翻印時所作的更改；卷數方面有一卷、八卷及十卷之別。〔註172〕論及內容，冠、婚、喪、祭儀節占全書九卷之多的分量，且未採納唐宋婚書中劉儀坐馬鞍、鄭餘慶冥婚之制，〔註173〕據見「宋代禮制是近代禮俗繁化與簡約的濫觴。」〔註174〕

〔註167〕〔宋〕朱熹，《朱熹集・書》卷 63〈答葉仁父〉，四川：教育出版社，1997年 5 月初版 2 刷，頁 3302。

〔註168〕楊志剛，〈《朱子家禮》：民間通用禮〉，載《傳統文化與現代化》，1994 年 12月第 4 期，頁 40。

〔註169〕張文昌，《唐宋禮書研究——從公禮到家禮》，國立臺灣大學歷史研究所博士論文，2006 年 7 月，頁 341～342。

〔註170〕司馬光撰，《溫公書儀》附錄，汪祁〈跋〉，收入嚴一萍選輯《百部叢書集成》46 冊，清嘉慶張海鵬輯刊學津討原本影印，臺北：藝文印書館，1966 年，頁跋 1a。

〔註171〕司馬光撰，《溫公書儀》附錄，馬廷鸞〈書儀說〉，收入嚴一萍選輯《百部叢書集成》46 冊，清嘉慶張海鵬輯刊學津討原本影印，臺北：藝文印書館，1966年，頁 1a。

〔註172〕參見黃美華，《司馬光《書儀》研究》，國立中興大學中國文學研究所碩士論文，2000 年 7 月，頁 23。

〔註173〕黃美華，《司馬光《書儀》研究》，國立中興大學中國文學研究所碩士論文，2000 年 7 月，頁 30。

〔註174〕黃美華，《司馬光《書儀》研究》，國立中興大學中國文學研究所碩士論文，2000 年 7 月，頁 35。

4. 朱子制定《家禮》

　　攸關「家禮」一詞，始見於《周禮・春官宗伯・家宗人》：「掌家祭祀之禮。凡祭祀，致福。國有大故，則令禱祠，反命；祭亦如之。掌『家禮』與其衣服、宮室、車旗之禁令。」〔註175〕此處主要言述大夫之家的禮儀。接後，紛見於魏晉南北朝的史書之中，但意義卻稍有差異。其一爲《魏書・列傳》卷三十八〈王慧龍附子王寶興傳〉曰：「寶興少孤，事母至孝。尚書盧遐妻，崔浩女也。初，寶興母及遐妻俱孕，浩謂曰：「汝等將來所生，皆我之自出，可指腹爲親。」及婚，浩爲撰儀，躬自監視。謂諸客曰：「此家禮事，宜盡其美。」〔註176〕此處「家禮」乃指婚儀而言。其二爲《晉書・志・禮中》曰：「太元十三年，召孔安國爲侍中。安國表以黃門郎王愉名犯私諱，不得連署，求解。有司議云：「名終諱之，有心所同，聞名心瞿，亦明前詁。而《禮》復云：「君所無私諱，大夫之所有公諱。」無私諱。又云：「詩書不諱，臨文不諱。」豈非公義奪私情，王制屈家禮哉！」〔註177〕

　　此處「家禮」乃指王制以外家庭領域內的行爲規範而言。其三爲《陳書・列傳・沈炯傳》曰：「朕嗣奉洪基，思弘景業，顧茲寡薄，兼纏哀疾，實賴賢哲，同致雍熙，豈便釋簡南闈，解紱東路。當令馮親入舍，茍母從官，用覘朝榮，不虧家禮。尋勅所由，相迎尊累，使卿公私得所，並無廢也。」〔註178〕此處「家禮」明確指向家庭內部通行的儀注、倫理規範等。〔註179〕

　　關於「家禮」的定義，明人《呂坤全集》的解讀爲「家禮」是爲「有家之禮，非家家之禮也。」〔註180〕，即指僅行用於士庶之家的禮書，〔註181〕

〔註175〕〔清〕阮元等校勘，《十三經注疏——周禮》卷27〈春官宗伯・家宗人〉，（重刊宋本），〔漢〕鄭玄注；〔唐〕賈公彥疏，臺北：藝文印書館，1976年5月第6版，頁423。

〔註176〕〔北齊〕魏收奉敕撰，《魏書》卷38，列傳第26〈王慧龍附子王寶興傳〉，臺北：鼎文書局，1980年6月3版，頁877。

〔註177〕〔唐〕房玄齡等奉敕撰，《晉書》卷20，〈志〉第10〈禮中〉，臺北：鼎文書局，1980年8月3版，頁645。

〔註178〕〔唐〕姚思廉奉敕撰，楊家駱主編《中國學術類編：新校本陳書附索引》，臺北：鼎文書局，1980年3月3版，頁255。

〔註179〕參見羅小紅，《唐代家禮研究》，廣西師範大學中國古代史研究所博士論文，2006年4月，頁10～11。

〔註180〕〔明〕呂坤撰，《呂坤全集》下冊〈四禮疑〉卷一〈通禮〉，北京：中華書局，2008年5月，頁1287。

〔註181〕張文昌，《唐宋禮書研究——從公禮到家禮》，國立臺灣大學歷史研究所博士

係「中古時期相應於國家禮典與法典的發展，儒學士族門第爲維持家教門風，亦發展出專門制約家族成員之禮儀規範。」〔註182〕劉欣在〈宋代「家禮」：文化整合的一個範式〉中的釋讀則爲：「『家禮』是一種規範家族成員之間彼此活動交際的行爲準則，包括婚、喪、冠、祭等內容，它貫穿著親親、尊尊、長長的等級思想，其核心觀念是『孝道』。……宋代的『家禮』建設主要包括祠堂制的建設、宗子制的確立及『孝道』的推行。」〔註183〕

　　繼司馬光《書儀》之後，因隨唐末五代門第崩解對書儀需求性的減少，乃使北宋書儀性質轉向家禮發展，復加宋代科舉士人仰羨過去士族所擁有的社經地位，遂使「家禮」躍升爲宋代士人矚目與熱切投入之標的，成就各類禮書的奇葩，並以朱熹（1130～1200 年）撰述之《家禮》成爲宋代家禮的代表。〔註184〕至於「朱熹《家禮》，《直齋書錄解題》及《宋史・藝文志》均作一卷，《四庫全書總目》著錄《家禮》五卷附錄一卷。是書以所定儀禮于古有徵而又簡約易行，宋元以來幾乎家有此書。」〔註185〕元明以來，地方官紳每刊行講說文公《家禮》，以期化民成俗；近代方志亦屢言冠、昏、喪、祭，悉遵文公《家禮》，於是儒生士子在文公《家禮》示範啓導下，迭撰家禮、家儀、四禮（冠婚喪祭）諸書。

　　由此可見，宋以後因市民階級興起，民間人家行禮如儀之需求日殷，「家禮學」（或說四禮學）已然蔚爲風潮，成爲禮俗學發展史上一樁顯要課題。〔註186〕「此外，又有各個地區的儒士依之而修訂爲各種家禮類書，其中閩臺較爲流行的，即有張汝誠《家禮會通》、呂子振《家禮大全》一類，在清季陸續刊行。朱子《家禮》本身的通行及依之修訂流通的各式家禮，都成爲民間通用的日用禮書，其修訂的原則即是變通、時宜而能簡便易用，厥爲其

　　　　論文，2006 年 7 月，頁 35。

〔註182〕張文昌，《唐宋禮書研究——從公禮到家禮》，國立臺灣大學歷史研究所博士論文，2006 年 7 月，頁 319。

〔註183〕劉欣撰，〈宋代《家禮》：文化整合的一個範式〉，載《河南理工大學學報》（社會科學版），第 7 卷第 4 期，2006 年 11 月，頁 332～336。

〔註184〕張文昌，《唐宋禮書研究——從公禮到家禮》，國立臺灣大學歷史研究所博士論文，2006 年 7 月，頁 363。

〔註185〕束景南，〈朱熹《家禮》真偽考辨：從《祭儀》到《家禮》〉，載束景南編著《朱熹佚文輯考》，江蘇：古籍出版社，1991 年 12 月，頁 675。

〔註186〕彭美玲計畫主持，黃才容、林碧珠研究助理，《家禮源流群書述略考異》（簡易版），行政院國家科學委員會補助專題研究計畫成果報告，計畫編號 NSC89－2411－H－002－053，臺北：臺灣大學中國文學系，2001 年 10 月，頁 3。

通行基層社會的主要原因。」〔註187〕所以「明清兩代閩南地區通行的家禮，乃是廣泛融合了書儀、家禮及應用文便覽於一，確是符合社會生活中關於吉凶、紅白大事之用。」〔註188〕攸關朱子《家禮》的撰寫成因與上承《儀禮》的歷史意義……等，另於本章第二節專幅論述。

（二）六禮通釋

「六禮」之說，「近世常稱婚禮爲『六禮』。就是婚姻所必須遵行的六種儀節，也是婚禮進行應有的程序。」〔註189〕與《禮記》卷十三所言：「司徒脩六禮，以節民性；明七教，以興民德；齊八政，以防淫。一道德以同俗，養耆老以致孝，恤孤獨以逮不足，上賢以崇德，簡不肖以絀惡。」孔穎達《正義》曰：「六禮謂冠一、昏二、喪三、祭四、鄉（鄉飲酒禮）五、相見（士相見禮）六。……七教，即父子一、兄弟二、夫婦三、君臣四、長幼五、朋友六、賓客七也。」〔註190〕迥異，亦與秀娟撰〈「六瑞」與「六禮」的由來〉中，載記爲「在古代的社會裏，『祭祀』往往是生活當中一大重心，祭拜的範圍除了人、鬼、神之外，尚有『天、地、東、西、南、北』六方，而替代這六方神明的六種玉器，我們稱之爲『六禮』，依其不同的象徵將玉琢磨成不同的形態。」〔註191〕所稱述者截然不同。「最早提出婚姻『六禮』之說的人，是唐代的孔穎達。」〔註192〕因孔氏在《儀禮・士昏禮》之疏言：

> 昏禮有六，五禮用鴈：納采、問名、納吉、請期、親迎是也；唯納

〔註187〕 李師豐楙，〈朱子家禮與閩臺家禮〉，原爲漢學研究中心、中央研究院中國文哲所、國立清華大學中國文學系共同主辦，「朱子學與東亞文明研討會──紀念朱子逝世八百週年朱子學會議」論文，2000年11月16～18日。之後由臺北：漢學研究中心編印成《朱子學的開展：東亞篇》，2002年6月，頁34。

〔註188〕 李師豐楙，〈朱子家禮與閩臺家禮〉，原爲漢學研究中心、中央研究院中國文哲所、國立清華大學中國文學系共同主辦，「朱子學與東亞文明研討會──紀念朱子逝世八百週年朱子學會議」論文，2000年11月16～18日。之後由臺北：漢學研究中心編印成《朱子學的開展：東亞篇》，2002年6月，頁42。

〔註189〕 馬之驌，《中國的婚俗》，臺北：經世書局，1981年12月，頁8。

〔註190〕 〔清〕阮元等校勘，《十三經注疏──禮記》卷13〈王制〉（重刊宋本）。〔漢〕鄭玄注；〔唐〕孔穎達等正義。臺北：藝文印書館，1976年5月第6版，頁256～257。

〔註191〕 秀娟，〈「六瑞」與「六禮」的由來〉，《文物雜誌》第3期，1992年10月，頁82～87。

〔註192〕 李文獻，《臺灣閩客傳統婚禮之研究》，中國文化大學中國文學研究所博士論文，2002年，頁73。

徵不用鴈，以其自有幣帛可執故也。〔註193〕

至於「周之『六禮』僅是一種發明，漢之『六禮』纔是普遍應用。」〔註194〕本文所指涉者，乃以孔穎達所提，亦為現今通稱的納采、問名、納吉、納徵、請期、親迎等婚儀六禮為主。今就攸關婚禮「六禮」的說論表列如下：

表3-3：婚禮「六禮」的不同說法

年代	提出人	提出文獻	六禮內容	原 文 引 錄	備 註
周代		《儀禮・士昏禮》卷4，頁39	一曰納采 二曰問名 三曰納吉 四曰納徵 五曰請期 六曰親迎	「昏禮，下達，納采用鴈。」原疏云：「昏禮有六，五禮用鴈：納采、問名、納吉、請期、親迎是也；唯納徵不用鴈，以其自有幣帛可執故也。」	
周代		《禮記・昏義》卷61，頁999～1000	一曰納采 二曰問名 三曰納吉 四曰納徵 五曰請期 六曰親迎	「敬慎重，正昏禮也。」原疏云：「納采者……；問名者……；納吉者……；納徵者……；請期者……。」	
唐代	杜佑	《通典・禮18》卷58，頁1632～1633	一曰納采 二曰問名 三曰納吉 四曰納徵 五曰請期 六曰親迎	「周制，限男女之歲，定婚姻之時，親迎於戶，六禮之儀始備。」	
唐代	房玄齡等奉敕撰	《晉書》卷21，〈志第11・禮下〉，頁669	一曰納采 二曰問名 三曰納吉 四曰納徵 五曰請期 六曰親迎	「然則婚之有羊，自漢末始也。王者六禮，尚未用焉。」	

〔註193〕〔清〕阮元等校勘，《十三經注疏——儀禮》卷4，〈士昏禮〉（重刊宋本），〔漢〕鄭玄注；〔唐〕賈公彥疏，臺北：藝文印書館，1976年5月6版，頁39。
〔註194〕蘇冰、魏林合著，《中國婚姻史》，臺北：文津出版社，1994年4月，頁84。

年代	提出人	提出文獻	六禮內容	原文引錄	備註
宋代	司馬光	《溫公書儀・婚儀上》卷 3，頁 3b	一曰納采 二曰問名 三曰納吉 四曰納徵 五曰請期 六曰親迎	「歸卜得吉兆，復使使者往告婚姻之，於是定計，納采之前已卜矣，於此告女家以成六禮也。」	
清代	張廷玉等	《明史》卷 55，〈志第 31・禮 9〉，頁 1389、頁 1403	一曰納采 二曰問名 三曰納吉 四曰納徵 五曰請期 六曰親迎	1.「婚禮有六，天子惟無親迎禮。」 2.《禮》云：『婚禮下達』，則六禮之行，無貴賤一也。」	
現代	阮昌銳	《中外婚姻禮俗之比較研究》，頁 101	一曰納采 二曰問名 三曰納吉 四曰納徵 五曰請期 六曰親迎	「婚禮意義重大，因而六禮儀節自然繁雜，這種體制大體是創於周而備於漢。……世周文王時代，六禮已開其端。」	
現代	馬之驌	《中國的婚俗》，頁 8	一曰納采 二曰問名 三曰納吉 四曰納徵 五曰請期 六曰親迎	「近世常稱婚禮爲『六禮』。就是婚姻所必須遵行的六種儀節，也是婚禮進行應有的程序。」	
現代	陳顧遠	《中國婚姻史》，頁 151	一曰納采 二曰問名 三曰納吉 四曰納徵 五曰請期 六曰親迎	「六禮云何？納采、問名、納吉、納徵、請期、親迎是也。」	
現代	蘇冰、魏林	《中國婚姻史》，頁 28	一曰納采 二曰問名 三曰納吉 四曰納徵 五曰請期 六曰親迎	「所謂『六禮』，指成婚的六個步驟：納采、問名、納吉、納徵、請期、親迎。」	

年代	提出人	提出文獻	六禮內容	原 文 引 錄	備 註
現代	國立歷史博物館編輯委員會編	《中華民俗文物特展》，臺北：中華民俗文物特展籌備委員會出版，1980 年 2 月，頁 49	一曰問名 二曰訂盟 三曰納采 （或稱納吉） 四曰納幣 （或稱納徵） 五曰請期 六曰守新迎 （或稱迎娶）	「我國婚禮，古有六禮，即問名、訂盟、納采（或稱納吉）、納幣（或稱納徵）、請期、守新迎（或稱迎娶）。」	

資料來源：本論文整理製表。

　　婚禮之儀節最重要者凡六，概稱「六禮」，所謂納采、問名、納吉、納徵、請期、親迎是也。此六禮自《儀禮・士昏禮》及《禮記・昏義》載錄以來，已成中國婚姻文化的重要部分。然其行禮的時間及程序，卻因隨時空遞嬗而迭有變異，尤其南北朝時，有些邊疆地區，往往參雜胡漢風俗而有不同〔註195〕。依據《禮記・昏義》載錄：「是以昏禮，納采、問名、納吉、納徵、請期，皆主人筵几於廟，而拜迎於門外，入揖讓而升，聽命於廟，所以敬慎重，正昏禮也。」案〔唐〕孔穎達《疏》云：

　　　昏禮，至禮也。……納采者，謂采擇之禮，故昏禮云：下達。……問名者，問其女之所生母之姓名，故昏禮云：謂誰氏言母之女何姓氏也，此二禮一使而兼行之。納吉者，謂男家既卜得吉，與女氏也。納徵者，納，聘財也；徵，成也；先納聘財，而後昏成；《春秋》則謂之納幣。其庶人則緇帛五兩；卿大夫則玄纁，玄三纁二，加以儷皮；及諸侯，加以大璋；天子加以穀圭……請期者，謂男家使人請女家以昏時之期，由男家告於女家。何必請者，男家不敢自專，執謙敬之辭，故云請也，女氏終聽男家之命乃告之。……父親醮子而命之迎者，謂婿父身親以酒醮子而命之親迎也。〔註196〕

明確載記婚儀納采、問名、納吉、納徵、請期、親迎的六種禮節。

〔註195〕王三慶，〈敦煌寫卷記載的婚禮節目與程序〉，《潘石禪先生九秩華誕敦煌學特刊》，1996 年 9 月，頁 535。

〔註196〕〔清〕阮元等校勘，《十三經注疏──禮記》卷 61〈昏義〉第 44（重刊宋本）。〔漢〕鄭玄注；〔唐〕孔穎達等正義。臺北：藝文印書館，1976 年 5 月第 6 版，頁 999～1000。

又據《儀禮・士昏禮》紹述：「昏禮，下達，納采，用鴈。」〔漢〕鄭玄注曰：「（納采）將欲與彼合昏姻，必先使媒氏下通其言，女氏許之，乃後使人納其采擇之禮。用鴈爲摯者，取其順陰陽往來。……問名者，將歸卜其吉凶。……納吉，歸卜於廟，得吉兆，復使使者往告，昏姻之事於是定。……納徵，徵，成也，使使者納幣以成昏禮，用玄纁者，象陰陽備也。……請期，主人辭者，陽倡陰和，期日，宜由夫家來也。夫家必先卜之，得吉日，乃使使者往辭，即告之。」〔唐〕賈公彥疏曰：「納采，言納者，以其始相采擇，恐女家不許，故言納。問名，不言納者，女氏已許，故不言納也。納吉，言納者，男家卜吉，往與女氏，復恐女家翻悔不受，故更言納也。納徵，言納者，納幣帛則昏禮成，復恐女家不受，故更云納也，請期、親迎，不言納者，納幣則昏禮已成，女家不得移改，故皆不言納也。其昏禮有六，尊卑皆同。……言問名者，問女之姓氏，不問三月之名。……請期，女氏知陽倡陰和，當由男家出，故主人辭之。使者既見，主人辭，遂告主人期日也。」〔註197〕亦將「六禮」行儀述說甚明。

關於「六禮」之儀，〔唐〕杜佑《通典》云：「周制，限男女之歲，定婚姻之時，親迎於戶，六禮之儀始備。」〔註198〕民國・王文錦、王永興、劉俊文、徐庭雲、謝方點校曰：「一曰納采，用鴈，謂始與言采擇可不。二曰問名，用鴈，謂問女名目，將卜之也。三曰納吉，用鴈，謂卜得吉，往告之也。四曰納徵，用束帛。徵，成也，謂婚姻禮成也。五曰請期，用鴈，娶婦日也。六曰親迎，用鴈。」〔註199〕愷切說明「六禮」的用物與儀次，其中僅納徵用束帛，其餘納采、問名、納吉、請期、親迎皆用鴈。《通典》此般用鴈之說，與《禮記・昏義》及《儀禮・士昏禮》雷同，唯納徵不用鴈的緣由，《禮記・昏義》以有幣故也；〔註200〕《儀禮・士昏禮》則以其自有幣帛可執故

〔註197〕〔清〕阮元等校勘，《十三經注疏——儀禮》卷4〈士昏禮第二〉（重刊宋本），〔漢〕鄭玄注；〔唐〕賈公彥疏，臺北：藝文印書館，1976年5月6版，頁39～42。

〔註198〕〔唐〕杜佑原著；王文錦、王永興、劉俊文、徐庭雲、謝方點校，《通典・禮18》卷58，〈沿革18・嘉禮3〉北京：中華書局，2003年5月1版4刷，頁1632～1633。

〔註199〕〔唐〕杜佑原著；王文錦、王永興、劉俊文、徐庭雲、謝方點校，《通典・禮18》卷58，〈沿革18・嘉禮3〉北京：中華書局，2003年5月1版4刷，頁1633。

〔註200〕〔清〕阮元等校勘，《十三經注疏——禮記》卷61〈昏義〉第44（重刊宋本）。〔漢〕鄭玄注；〔唐〕孔穎達等正義。臺北：藝文印書館，1976年5月第6版，頁1000。

也；〔註 201〕《白虎通‧嫁娶》則稱「納徵用玄纁，不用雁也。」〔註 202〕
〔清〕陳立疏證云：「納徵用元纁、束帛、儷皮，如納吉禮，是納徵不用雁
也。」〔註 203〕

婚禮之所以「用鴈爲摯者，取其順陰陽往來者。……鴈，木落南翔，冰
泮北徂，夫爲陽，婦爲陰，今用鴈者，亦取婦人從夫之義，是以昏禮用焉。」
〔註 204〕至於爲何以禽爲摯呢？據《周禮‧大宗伯》稱言：「以禽作六摯，以等
諸臣。孤執皮帛；卿執羔；大夫執鴈；士執雉；庶人執鶩；工商執雞。」〔漢〕
鄭玄注曰：「皮帛者，束帛而表以皮爲之飾。皮，虎豹皮。帛，如今璧，色繒
也。羔，小羊，取其群而不失其類。鴈，取其候時而行。雉，取其守介而死，
不失其節。鶩，取其不飛遷；雞，取其守時而動。」〔註 205〕就中已將提作六
摯的涵義分別撰說，並清朗易見。唯在「昏禮無問尊卑，皆用鴈。」〔註 206〕
的要求之下，婚儀「六禮」殆以用鴈爲執摯首選，長久以來且多依循。

談及用「鴈」，因「大雁是一種候鳥」〔註 207〕，《白虎通‧嫁娶》乃曰：
「贄用雁者，取其隨時而南北，不失其節，明不奪女子之時也。又是隨陽之
鳥，妻從夫之義也。又取飛成行，止成列也。明嫁娶之禮，長幼有序，不相
踰越也。」〔註 208〕馬之驌《中國的婚俗》亦云：「因雁爲『候鳥』、『信鳥』，
取其隨時南北而不失節；而雁又能『飛成行，止成列，長幼有序』。」〔註 209〕
尤其「雁的轉徙飛行，率以老而壯者在前引導，幼而弱者尾隨其後，從不踰
越……這種行止有序的行爲，除雁之外，其它候鳥都沒有，所以雁爲五禮之

〔註 201〕 〔清〕阮元等校勘，《十三經注疏──儀禮》卷 4〈士昏禮第二〉（重刊宋本），
〔漢〕鄭玄注；〔唐〕賈公彥疏，臺北：藝文印書館，1976 年 5 月 6 版，頁 39。
〔註 202〕 〔漢〕班固原著；〔清〕陳立疏證，《白虎通疏證‧嫁娶》卷 10，下冊，臺北：
廣文書局，2004 年 10 月再版，頁 542。
〔註 203〕 〔漢〕班固原著；〔清〕陳立疏證，《白虎通疏證‧嫁娶》卷 10，下冊，臺北：
廣文書局，2004 年 10 月再版，頁 542。
〔註 204〕 〔清〕阮元等校勘，《十三經注疏──儀禮》卷 4〈士昏禮第二〉（重刊宋本），
〔漢〕鄭玄注；〔唐〕賈公彥疏，臺北：藝文印書館，1976 年 5 月 6 版，頁 39。
〔註 205〕 〔清〕阮元等校勘，《十三經注疏──周禮》卷 18〈大宗伯〉（重刊宋本），〔漢〕
鄭玄注；〔唐〕賈公彥疏，臺北：藝文印書館，1976 年 5 月第 6 版，頁 280～281。
〔註 206〕 〔清〕阮元等校勘，《十三經注疏──儀禮》卷 4〈士昏禮第二〉（重刊宋本），
〔漢〕鄭玄注；〔唐〕賈公彥疏，臺北：藝文印書館，1976 年 5 月 6 版，頁 39。
〔註 207〕 郭興文，《中國傳統婚姻風俗》，西安：陝西人民出版社，1994 年 7 月，頁 237。
〔註 208〕 〔漢〕班固原著；〔清〕陳立疏證，《白虎通疏證‧嫁娶》卷 10，下冊，臺北：
廣文書局，2004 年 10 月再版，頁 542。
〔註 209〕 馬之驌，《中國的婚俗》，臺北：經世書局，1981 年 12 月，頁 2。

贄，大約也有此種含義。」〔註210〕將此原則施用於嫁娶，長幼循序遵行，非萬不得已，不使叔季跨越伯仲而成婚。〔註211〕此外，錢玄《三禮通論》也言：「納采先由媒人說合，然後男家派使者，以鴈（即鵝）爲贄禮，正式向女家求親。」〔註212〕《三禮辭典》亦道：「納采時用鴈。鴈，即鵝。」〔註213〕皆直接點明「鴈」就是鵝也。至於用鴈之「鴈」字，後來大抵寫成「雁」也。「雁是一種習性柔順的珍禽，用雁作爲見面禮，是爲了象徵女性的貞順。」〔註214〕五禮都用雁的緣由於焉明見。

1. 六禮的意涵

「六禮創自周代，爲中國婚禮的正則，後世都以此爲依據。」〔註215〕其納采、問名、納吉、納徵、請期、親迎等婚禮六種儀式，歷來雖迭有變異，但其意涵各家說論卻大同小異：

（1）納 采

〔宋〕朱熹《家禮・昏禮》云：「必先使媒氏往來通言，俟女氏許之，然後納采。納采：納其采，擇之禮，即今世俗所謂言定也。」〔註216〕〔宋〕司馬光，《溫公書儀・婚儀上》云：「納其采擇之禮。」〔註217〕《宋史・禮志》卷一一五曰：「古者，結婚始用行人，告以夫家采擇之意，謂之納采。」〔註218〕〔明〕章潢《圖書編》亦曰：「既已問名約日，方行納采之禮，即今所謂定親也。」〔註219〕錢玄《三禮通論》云：「納采是男家向女家送禮，表

〔註210〕馬之驌，《中國的婚俗》，臺北：經世書局，1981 年 12 月，頁 34～35。

〔註211〕馬之驌，《中國的婚俗》，臺北：經世書局，1981 年 12 月，頁 35。

〔註212〕錢玄，《三禮通論》，江蘇：南京師範大學出版社，1996 年 10 月，頁 574。

〔註213〕錢玄、錢興奇編著，《三禮辭典・士昏禮》，南京：江蘇古籍出版社，1998 年 3 月第 1 版 2 刷，頁 74。

〔註214〕段塔麗，〈唐代婚姻習俗與婦女地位探析〉，《陝西師範大學學報》31 卷 2 期，2002 年 3 月，頁 82。

〔註215〕阮昌銳，《中外婚姻禮俗之比較研究》，《中華文化叢書》系列之一，臺北：中央文物供應社，1982 年 6 月，頁 91。

〔註216〕〔宋〕朱熹撰，《家禮・昏禮》卷 3，南宋淳祐 5 年（1245 年）五卷本加附錄一卷，載《孔子文化大全》，山東：友誼書社，1992 年 11 月，頁 654～655。

〔註217〕〔宋〕司馬光，《溫公書儀・婚儀上》卷 3，據清嘉慶張海鵬輯刊學津討原本影印，《百部叢書集成》46 冊，臺北：藝文印書館，1966 年，頁 2a。

〔註218〕〔元〕脫脫等奉敕撰，《宋史・禮志》卷 115，〈志第 68・禮 18・嘉禮 6〉，楊家駱主編《中國學術類編・新校本宋史并附編三種》，臺北：鼎文書局，1980 年 5 月再版，頁 2732。

〔註219〕〔明〕章潢，《圖書編》卷 109〈婚禮敘〉，《文淵閣四庫全書本・子部》，972

示求親。」〔註220〕錢玄、錢興奇編著，《三禮辭典・士昏禮》道：「男方事先已由媒氏向女方表示結爲婚姻之意，經女方同意，男方乃使使者至女方行納采之禮。采，是采擇之意。」〔註221〕郭興文《中國傳統婚姻風俗》以爲是發動婚議，訂婚的第一步。〔註222〕馬之驌《中國的婚俗》論言：「後人稱『納采』爲合婚，或謂說媒，先由媒人往述男家求婚之意，問明待字之女的年歲屬肖，找一個算命卜卦的術士來合婚。」〔註223〕

楊炯山編《結婚禮儀》言：「采，擇也。由媒人代表男方到女家，向女方表達求婚的意思，徵求女方之意願，亦即提親之意。」〔註224〕阮昌銳《中外婚姻禮俗之比較研究》言：「納采即後人所謂『合婚』或『說媒』，若兩家條件都不相上下，所謂『門當戶對』，先請媒人前往女家，替男家前往說媒，若可，則用雁爲禮。」〔註225〕王三慶，〈敦煌寫卷記載的婚禮節目與程序〉載言：「納采即言定，當含問名。」〔註226〕陳顧遠，《中國婚姻史》亦言：「男方將欲與女方合婚姻，使媒氏下通其言，苟可有望，然後以鴈爲贄，正式行采擇之禮。」〔註227〕阮昌銳《中國婚姻習俗之研究》有言：「納采即後人所謂『合婚』或『說媒』。」〔註228〕蘇冰、魏林《中國婚姻史》則言：「男家派媒使持雁爲禮，往女家表示求婚意向。女家收禮或拒收以示可否。」〔註229〕陳鵬《中國婚姻史稿》則曰：「納采，謂采納擇之禮也。」〔註230〕林明義編《臺

冊，臺北：臺灣商務印書館，1986 年 7 月，頁 334。

〔註220〕錢玄，《三禮通論》，江蘇：南京師範大學出版社，1996 年 10 月，頁 574。

〔註221〕錢玄、錢興奇編著，《三禮辭典・士昏禮》，南京：江蘇古籍出版社，1998 年 3 月第 1 版 2 刷，頁 74。

〔註222〕郭興文，《中國傳統婚姻風俗》，西安：陝西人民出版社，1994 年 7 月，頁 237。

〔註223〕馬之驌，《中國的婚俗》，臺北：經世書局，1981 年 12 月，頁 10。

〔註224〕楊炯山編，《結婚禮儀》，新竹：竹林書局，2001 年 7 月再版，頁 24。

〔註225〕阮昌銳，《中外婚姻禮俗之比較研究》，《中華文化叢書》系列之一，臺北：中央文物供應社，1982 年 6 月，頁 92。

〔註226〕王三慶，〈敦煌寫卷記載的婚禮節目與程序〉，《潘石禪先生九秩華誕敦煌學特刊》，1996 年 9 月，頁 535。

〔註227〕陳顧遠，《中國婚姻史》，臺北：臺灣商務印書館，1992 年 9 月臺一版 8 刷，頁 153。

〔註228〕阮昌銳，《中國婚姻習俗之研究》，臺北：臺灣省立博物館出版部，1989 年 5 月，頁 21。

〔註229〕蘇冰、魏林合著，《中國婚姻史》，臺北：文津出版社，1994 年 4 月，頁 28。

〔註230〕陳鵬《中國婚姻史稿》，北京：中華書局，2005 年 1 月，頁 200。

灣冠婚葬祭家禮全書》言：「『納采』就是接受『聘金』的儀式，又稱『完聘』、『大聘』，也就是聘金已付的意思。」〔註231〕李師豐楙《慶典禮俗》乃言：「納采，就是接納採擇，男方向女方表明相互接納採擇之意。」〔註232〕

（2）問　名

〔明〕章潢《圖書編》曰：「媒氏通言，女氏許之，始行問名之禮，即世俗所謂過庚帖，約定親之日也。」〔註233〕《宋史·禮志》卷一一五云：「問女之名，歸卜夫廟，謂之問名。」〔註234〕錢玄、錢興奇編著，《三禮辭典·士昏禮》云：「男方使使者至女方問女之名，以備占卜吉凶。女方主人醴使者，敬觶酒，薦脯醢。」〔註235〕錢玄《三禮通論》則稱（男方）使者行納采之禮畢，出門未返，即在門外，執鴈請問（女）名。主人許，使者乃受命回告，男方將加諸卜。〔註236〕郭興文《中國傳統婚姻風俗》稱言遣媒人問女方姓名及女生之母名氏，回來後占卜定吉凶。〔註237〕

馬之驌《中國的婚俗》云：「古禮『問名』相當於近代之『訂婚』，俗稱『小定』、『大定』，或『換龍鳳帖』——即庚帖，主要儀文是雙方交換正式年庚，其效力等於現在訂婚的證書。」〔註238〕楊炯山編《結婚禮儀》則云：「男方託媒人到女方家討女方出生年月日時，以六版文爲庚書或鸞書，男爲乾造、女爲坤造，要湊成十二字或十六字爲吉。」〔註239〕阮昌銳《中外婚姻禮俗之比較研究》云：「納采禮完成之後，女家既然同意，則再執鴈問名。」〔註240〕

〔註231〕林明義編，《臺灣冠婚葬祭家禮全書》，臺北：武陵出版社，1995 年 12 月，頁 137。

〔註232〕李師豐楙，《慶典禮俗》，臺北：國立空中大學，2010 年 8 月，頁 103。

〔註233〕〔明〕章潢，《圖書編》卷 109〈婚禮敘〉，《文淵閣四庫全書本·子部》，972 冊，臺北：臺灣商務印書館，1986 年 7 月，頁 334。

〔註234〕〔元〕脫脫等奉敕撰，《宋史·禮志》卷 115，〈志第 68·禮 18·嘉禮 6〉，楊家駱主編《中國學術類編·新校本宋史并附編三種》，臺北：鼎文書局，1980 年 5 月再版，頁 2732。

〔註235〕錢玄、錢興奇編著，《三禮辭典·士昏禮》，南京：江蘇古籍出版社，1998 年 3 月第 1 版 2 刷，頁 74。

〔註236〕錢玄，《三禮通論》，江蘇：南京師範大學出版社，1996 年 10 月，頁 574。

〔註237〕郭興文，《中國傳統婚姻風俗》，西安：陝西人民出版社，1994 年 7 月，頁 237。

〔註238〕馬之驌，《中國的婚俗》，臺北：經世書局，1981 年 12 月，頁 10～11。

〔註239〕楊炯山編，《結婚禮儀》，新竹：竹林書局，2001 年 7 月再版，頁 25。

〔註240〕阮昌銳，《中外婚姻禮俗之比較研究》，《中華文化叢書》系列之一，臺北：中央文物供應社，1982 年 6 月，頁 95。

陳顧遠，《中國婚姻史》載云：「納采之禮畢……其所問者，不外女之所生母之姓名，及本身名次，並出生年月日時，以卜其吉凶。」〔註241〕士庶的婚禮問名則歸於納采。宋代習俗，憑媒以「草帖子」通於男家，用而問卜，近世之憑媒請庚及探問，則仍有問名之遺意。〔註242〕

　　蘇冰、魏林《中國婚姻史》則云：「男家使者持雁詢問女子所出及出生年月。」〔註243〕陳鵬《中國婚姻史稿》則曰：「問名，即納采禮畢，使者出而復返，向主人問女俗稱『八字』，又稱『字仔』、『婚仔』（女的八字），男方如果認為女方符合他們的條件，就請媒人探詢女方意見，讓兩方進行會談，並交換『八字』。」〔註244〕李師豐楙《慶典禮俗》乃曰：「『問名』為納采之後的一個儀節，都在同一日舉行……主要的原因就是問明生出之後父母所取之名。」〔註245〕

　　（3）納　吉

　　〔宋〕司馬光，《溫公書儀・婚儀上》云：「歸卜得吉兆，復使使者往告婚姻之，於是定計，納采之前已卜矣，於此告女家以成六禮也。」〔註246〕《宋史・禮志》卷一一五云：「問女之名，歸卜夫廟，吉，以告女家，謂之問名、納吉。」〔註247〕錢玄《三禮通論》曰：「卜得吉兆，（男方）使者來告。」〔註248〕錢玄、錢興奇編著，《三禮辭典・士昏禮》云：「向女方告知卜吉。」〔註249〕郭興文《中國傳統婚姻風俗》認為在宗廟卜得吉兆，再遣媒人告知女家，

〔註241〕陳顧遠，《中國婚姻史》，臺北：臺灣商務印書館，1992年9月臺一版8刷，頁153。此說亦見阮昌銳《中國婚姻習俗之研究》，臺北：臺灣省立博物館出版部，1989年5月，頁23。

〔註242〕阮昌銳，《中國婚姻習俗之研究》，臺北：臺灣省立博物館出版部，1989年5月，頁23。

〔註243〕蘇冰、魏林合著，《中國婚姻史》，臺北：文津出版社，1994年4月，頁28。

〔註244〕林明義編，《臺灣冠婚葬祭家禮全書》，臺北：武陵出版社，1995年12月，頁131。

〔註245〕李師豐楙，《慶典禮俗》，臺北：國立空中大學，2010年8月，頁105。

〔註246〕〔宋〕司馬光，《溫公書儀・婚儀上》卷3，據清嘉慶張海鵬輯刊學津討原本影印，《百部叢書集成》46冊，臺北：藝文印書館，1966年，頁3b。

〔註247〕〔元〕脫脫等奉敕撰，《宋史・禮志》卷115，〈志第68・禮18・嘉禮6〉，楊家駱主編《中國學術類編・新校本宋史并附編三種》，臺北：鼎文書局，1980年5月再版，頁2732。

〔註248〕錢玄，《三禮通論》，江蘇：南京師範大學出版社，1996年10月，頁575。

〔註249〕錢玄、錢興奇編著，《三禮辭典・士昏禮》，南京：江蘇古籍出版社，1998年3月第1版2刷，頁74。

婚姻即基本議定。〔註250〕馬之驌《中國的婚俗》言：「『納吉』在古時爲卜吉，是向宗廟問卜於祖先，以決其適當與否，後來就演變成『小聘』了。……女方既已『納吉』，則必答以冠履及文房用品之屬，婚約即告完成。」〔註251〕

　　楊炯山編《結婚禮儀》呈示：「媒人將女子之名回報男家，男家在其家廟卜問吉凶，若得到吉禮徵兆，則選一個早晨，再請媒人向女方家長通報。婚姻之事，到此已有定案。」〔註252〕阮昌銳《中外婚姻禮俗之比較研究》言明：「問名之後，取得女方八字……以便卜問祖先，以示婚姻之凶吉，吉則繼行納吉禮。……近世所謂『傳庚』、『定親』、『換帖』皆屬納吉範圍，亦即正式訂約。」〔註253〕陳顧遠，《中國婚姻史》載錄：「唐律所謂『報婚書』，即納吉而女家答書許訖之謂。宋俗所謂『過細帖』、『相親』、『插釵』皆屬其事。近世所謂『傳庚』、『定親』、『換帖』均然，蓋正式訂約也。惟《家禮》則以之入於納徵中，乃指卜吉則隨之而納其幣。」〔註254〕蘇冰、魏林《中國婚姻史》則稱：「問名之後，歸卜於廟，看是否吉利。」〔註255〕陳鵬《中國婚姻史稿》則道：「乃問名之後，男家以女之名，及年月日，歸卜於廟，得吉，復以告於女家也。」〔註256〕李師豐楙《慶典禮俗》乃曰：「『納吉』是使者將女子之名取回後，男方於家廟占卜得到吉兆，就可派使者玄端禮服再到女家通報好消息。」〔註257〕

（4）納　徵

　　所謂納徵者，《禮記·昏義》原疏云：「納，聘財也；徵，成也。先納聘財而後婚成，《春秋》則謂之納幣。」〔註258〕之所以有納徵與納幣異說，若《禮

〔註250〕郭興文，《中國傳統婚姻風俗》，西安：陝西人民出版社，1994年7月，頁237。

〔註251〕馬之驌，《中國的婚俗》，臺北：經世書局，1981年12月，頁11。

〔註252〕楊炯山編，《結婚禮儀》，新竹：竹林書局，2001年7月再版，頁26。

〔註253〕阮昌銳，《中外婚姻禮俗之比較研究》，《中華文化叢書》系列之一，臺北：中央文物供應社，1982年6月，頁96～97。

〔註254〕陳顧遠，《中國婚姻史》，臺北：臺灣商務印書館，1992年9月臺一版8刷，頁154。此說亦見於阮昌銳，《中國婚姻習俗之研究》，臺北：臺灣省立博物館出版部，1989年5月，頁23：「近世所謂『傳庚、『定親』、『換帖』皆屬納吉範圍。」。

〔註255〕蘇冰、魏林合著，《中國婚姻史》，臺北：文津出版社，1994年4月，頁86。

〔註256〕陳鵬《中國婚姻史稿》，北京：中華書局，2005年1月，頁206。

〔註257〕李師豐楙，《慶典禮俗》，臺北：國立空中大學，2010年8月，頁106。

〔註258〕〔清〕阮元等校勘，《十三經注疏——禮記》卷61，〈昏義〉第44，（重刊宋本），〔漢〕鄭玄注；〔唐〕孔穎達等正義，臺北：藝文印書館，1976年5月6版，頁1000。

記・雜記下》云：「納幣一束，束五兩，兩五尋。」鄭玄注曰：「納幣，謂昏禮納徵也。」〔註259〕《左傳・文公二年》〈經〉曰：「士謂之納徵，諸侯則謂之納幣，以其幣帛多，其禮大，與士禮不同，故異其名也。」〔註260〕《左傳・成公八年》〈經〉再云：「士禮納徵，有玄纁束帛儷皮，其諸侯謂之納幣，以其幣多，故指幣言之。」〔註261〕援引得知士禮與諸侯禮不同，於士曰納徵，於侯曰納幣。《毛詩・大雅》言：「造舟爲梁，不顯其光。」〔註262〕〔唐〕孔穎達疏曰：「《春秋・莊公 22 年冬》，公如齊納幣，不言納徵者，禮以著義而爲之立名，故謂之納徵。春秋君及大夫之行，當指其所爲之事，故言納幣，何休因此言《春秋》質也。」〔註263〕即言《春秋》因重文質而稱納幣。

參諸上述眾論，陳顧遠《中國婚姻史》乃有此登載：「或曰《春秋》文質，故稱納幣。或曰士禮與諸侯禮不同，於士曰納徵，於侯曰納幣。或又曰納幣以物言，納徵以義言，諸侯納徵，以其幣多，故指幣云云。……宋因諱，改納徵爲納成或納財，司馬《書儀》遂曰納幣，《（大清）通禮》因之。」〔註265〕陳顧遠氏前引書又云：「民間，以備金釧、金鋌、金帔墜『送聘』者爲常，其送官會銀鋌者，謂之『下財禮』，元亦稱曰下財。……近代所謂下禮、過定等稱，亦其事也。」〔註265〕

〔宋〕司馬光，《溫公書儀・婚儀上》曰：「徵，成也，使者納幣以成婚

〔註259〕〔清〕阮元等校勘，《十三經注疏——禮記》卷 43，〈雜記下〉，（重刊宋本），〔漢〕鄭玄注；〔唐〕孔穎達等正義，臺北：藝文印書館，1976 年 5 月 6 版，頁 755。

〔註260〕〔清〕阮元等校勘，《十三經注疏——春秋左傳》卷 18〈文公・經二年〉，（重刊宋本），〔晉〕杜預注；〔唐〕孔穎達等正義，臺北：藝文印書館，1976 年 5 月 6 版，頁 301。

〔註261〕〔清〕阮元等校勘，《十三經注疏——春秋左傳》卷 26〈成公・經八年〉，（重刊宋本），〔晉〕杜預注；〔唐〕孔穎達等正義，臺北：藝文印書館，1976 年 5 月 6 版，頁 444。

〔註262〕〔清〕阮元等校勘，《十三經注疏——毛詩》卷 16 之 2〈大雅〉，（重刊宋本）；〔漢〕毛公傳，鄭玄箋；〔唐〕孔穎達等正義，臺北：藝文印書館，1976 年 5 月 6 版，頁 540。

〔註263〕〔清〕阮元等校勘，《十三經注疏——毛詩》卷 16 之 2〈大雅〉，（重刊宋本）；〔漢〕毛公傳，鄭玄箋；〔唐〕孔穎達等正義，臺北：藝文印書館，1976 年 5 月 6 版，頁 542。

〔註265〕陳顧遠，《中國婚姻史》，臺北：臺灣商務印書館，1992 年 9 月臺一版 8 刷，頁 154～155。此說亦見於阮昌銳，《中國婚姻習俗之研究》，臺北：臺灣省立博物館出版部，1989 年 5 月，頁 23～24。

〔註265〕陳顧遠，《中國婚姻史》，臺北：臺灣商務印書館，1992 年 9 月臺一版 8 刷，頁 155。

禮。」〔註 266〕〔宋〕朱熹《家禮・昏禮》云：「古禮有問名、納吉，今不能盡用，止用納采、納幣，以從簡便。」〔註 267〕《宋史・禮志》卷一一五云：「若納成則既有進財。」〔註 268〕〔明〕章潢《圖書編》曰：「既已約日迎娶，方行納徵之禮，即世俗所謂下衣也。」〔註 269〕錢玄《三禮通論》云：「致送聘禮。」〔註 270〕錢玄、錢興奇編著，《三禮辭典・士昏禮》曰：「向女方送聘禮。玄纁、束帛、儷皮，即五疋黑綢，兩張鹿皮。」〔註 271〕郭興文《中國傳統婚姻風俗》曰：「由男方家出具財物聘禮，遣媒人送往女家。」〔註 272〕亦即以納幣爲婚姻之證。「周時尚無金屬貨幣，所以用布帛爲通貨，謂之『幣帛』，亦稱『緇帛』。」〔註 273〕傳說古代伏羲制嫁娶之禮，以「儷皮」爲聘禮，儷皮即指成對的鹿皮。之後，因隨商品經濟的發展，納徵所需聘禮相對增多，普遍直接採用貨幣形式行納徵禮，故漢代注解《儀禮》《禮記》時，多已逕稱納幣。〔註 274〕

馬之驌《中國的婚俗》言：「晚近以來，對『納徵』、『納幣』一般都取通俗之義，而改稱『下財』、『聘禮』，或『過大禮』。就是男家依照論婚時所議定的……在迎娶之前數日，盛飾儀仗送到女家。」〔註 275〕楊炯山編《結婚禮儀》刊載：「男方備聘金及禮物，由媒人居間致送女方之行爲，俗稱『行聘』，也就是『訂婚』的意思。」〔註 276〕阮昌銳《中外婚姻禮俗之比較研究》言述：「納徵指納聘財也，徵，成也；先納聘財，而後婚成，春秋則謂之納幣。……納徵禮品，歷代皆有變遷。……近世稱之爲『下禮』、『過定』都是

〔註 266〕〔宋〕司馬光，《溫公書儀・婚儀上》卷 3，據清嘉慶張海鵬輯刊學津討原本影印，《百部叢書集成》46 冊，臺北：藝文印書館，1966 年，頁 4a。

〔註 267〕〔宋〕朱熹撰，《家禮・昏禮》卷 3，南宋淳祐 5 年（1245 年）五卷本加附錄一卷，載《孔子文化大全》，山東：友誼書社，1992 年 11 月，頁 659。

〔註 268〕〔元〕脫脫等奉敕撰，《宋史・禮志》卷 115，〈志第 68・禮 18・嘉禮 6〉，楊家駱主編《中國學術類編・新校本宋史并附編三種》，臺北：鼎文書局，1980 年 5 月再版，頁 2732。

〔註 269〕〔明〕章潢，《圖書編》卷 109〈婚禮敘〉，《文淵閣四庫全書本・子部》，972 冊，臺北：臺灣商務印書館，1986 年 7 月，頁 334。

〔註 270〕錢玄，《三禮通論》，江蘇：南京師範大學出版社，1996 年 10 月，頁 575。

〔註 271〕錢玄、錢興奇編著，《三禮辭典・士昏禮》，南京：江蘇古籍出版社，1998 年 3 月第 1 版 2 刷，頁 74。

〔註 272〕郭興文，《中國傳統婚姻風俗》，西安：陝西人民出版社，1994 年 7 月，頁 237。

〔註 273〕馬之驌，《中國的婚俗》，臺北：經世書局，1981 年 12 月，頁 12。

〔註 274〕郭興文，《中國傳統婚姻風俗》，西安：陝西人民出版社，1994 年 7 月，頁 237。

〔註 275〕馬之驌，《中國的婚俗》，臺北：經世書局，1981 年 12 月，頁 12。

〔註 276〕楊炯山編，《結婚禮儀》，新竹：竹林書局，2001 年 7 月再版，頁 27。

納徵禮。」〔註 277〕

書影 3-1：納幣書式與復書式

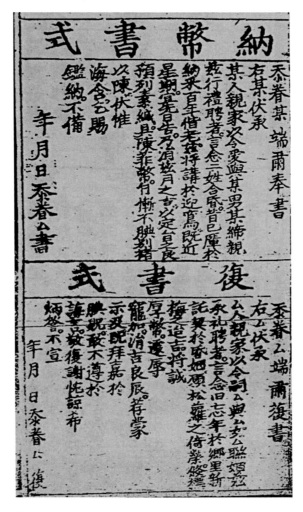

（引自〔明〕馮善編集《家禮集說》，明成化己亥 15 年（1479）
刊本，頁 38）

〔註 277〕阮昌銳，《中外婚姻禮俗之比較研究》，《中華文化叢書》系列之一，臺北：中
　　　　央文物供應社，1982 年 6 月，頁 98～99。此說亦見於氏著，《中國婚姻習俗
　　　　之研究》，臺北：臺灣省立博物館出版部，1989 年 5 月，頁 24：「宋，因避諱，
　　　　改納徵為納成或納財。……民間以備金釧、金錠、金帔墜『送聘』者為常，
　　　　其送官會銀者稱『下財禮』。元，亦稱下財，今陝西猶存其俗。近代的謂『下
　　　　禮』，『過定』就是納徵禮。」

　　王三慶〈敦煌寫卷記載的婚禮節目與程序〉則言：「納徵即納幣，與（納采）、親迎在婚禮中最重要，餘者或已減省。」〔註278〕蘇冰、魏林《中國婚姻史》則稱：「卜而得吉，使媒約告女家，並致聘禮。女家收禮，婚約成立。」〔註279〕陳鵬《中國婚姻史稿》則道：「納徵，納聘幣也，故春秋又稱『納幣』。」〔註280〕林明義編，《臺灣冠婚葬祭家禮全書》則言：「『納幣』是『請期』前的儀式，從前男方以種種禮物贈與女家，女家也以嫁粧回贈，現在則將其省略，『納幣』或與『納采』同時進行，或出嫁時進行。」〔註281〕李師豐楙《慶典禮俗》乃曰：「『納徵』也稱『納幣』，後來通稱爲『文定』。」〔註282〕

　　（5）請　期

　　「請期」係新郎迎娶新娘的前奏曲。〔宋〕司馬光，《溫公書儀・婚儀上》曰：「夫家卜得吉日，使使者往告之。」〔註283〕《宋史・禮志》卷一一五云：「請期則有司擇日。」〔註284〕錢玄《三禮通論》曰：「告知結婚日期。」〔註285〕錢玄、錢興奇編著，《三禮辭典・士昏禮》云：「向女方告知迎娶日期，徵求同意。」〔註286〕郭興文《中國傳統婚姻風俗》言男家選擇迎娶吉日良辰，再通知女家，讓女家作嫁女準備。〔註287〕馬之驌《中國的婚俗》言：「近代的『催粧』，等於古代的『請期』，就是男家擇定迎娶吉日，照會女家。」〔註288〕

　　楊炯山編《結婚禮儀》載稱：「俗稱『送日頭』、『送日課』，亦稱『報日』，

〔註278〕王三慶，〈敦煌寫卷記載的婚禮節目與程序〉，《潘石禪先生九秩華誕敦煌學特刊》，1996 年 9 月，頁 535。

〔註279〕蘇冰、魏林合著，《中國婚姻史》，臺北：文津出版社，1994 年 4 月，頁 28。

〔註280〕陳鵬《中國婚姻史稿》，北京：中華書局，2005 年 1 月，頁 206。

〔註281〕林明義編，《臺灣冠婚葬祭家禮全書》，臺北：武陵出版社，1995 年 12 月，頁 140。

〔註282〕李師豐楙，《慶典禮俗》，臺北：國立空中大學，2010 年 8 月，頁 107。

〔註283〕〔宋〕司馬光，《溫公書儀・婚儀上》卷 3，據清嘉慶張海鵬輯刊學津討原本影印，《百部叢書集成》46 冊，臺北：藝文印書館，1966 年，頁 4b。

〔註284〕〔元〕脫脫等奉敕撰，《宋史・禮志》卷 115，〈志第 68・禮 18・嘉禮 6〉，楊家駱主編《中國學術類編・新校本宋史并附編三種》，臺北：鼎文書局，1980 年 5 月再版，頁 2732。

〔註285〕錢玄，《三禮通論》，江蘇：南京師範大學出版社，1996 年 10 月，頁 575。

〔註286〕錢玄、錢興奇編著，《三禮辭典・士昏禮》，南京：江蘇古籍出版社，1998 年 3 月第 1 版 2 刷，頁 74。

〔註287〕郭興文，《中國傳統婚姻風俗》，西安：陝西人民出版社，1994 年 7 月，頁 238。

〔註288〕馬之驌，《中國的婚俗》，臺北：經世書局，1981 年 12 月，頁 13 及頁 55。

昔稱『乞日』。男方事先決定一個黃道吉日，託媒人將日課表及湯圓糖米等（或現金）送到女方家，徵求女方同意。」〔註289〕阮昌銳《中外婚姻禮俗之比較研究》言述：「男家具婚期吉日書，備禮物告訴女家，女家受禮，確定結婚日期。」〔註290〕

陳顧遠《中國婚姻史》載書：「所謂請期者，男家使人請女家以婚時之期。」〔註291〕蘇冰、魏林《中國婚姻史》則稱：「納徵之後，男家欲娶，卜得吉日，具書使媒攜雁往女家告請，女家收禮為允諾。」〔註292〕陳鵬《中國婚姻史稿》則道：「請期，男家擇定結婚吉日，以告於女家之禮也，其儀與納徵同。」〔註293〕林明義編，《臺灣冠婚葬祭家禮全書》則言：「『請期』又稱『送日頭』，就是決定好結婚日期後，通知女家。」〔註294〕李師豐楙《慶典禮俗》乃曰：「男方再派使者向女方表示親迎的日期，即是納幣之後男方既以卜得吉日，乃徵求女方的同意。」〔註295〕

（6）親　迎

錢玄《三禮通論》曰：「婿至婦家迎娶。」〔註296〕錢玄、錢興奇編著，《三禮辭典・士昏禮》云：「婚禮之日，初昏，新郎服爵弁服乘車，從車二乘，又新婦之車，至女家親迎。執鴈拜見岳父。新婦登車後，新郎駕車先導，至家。」〔註297〕〔明〕章潢《圖書編》曰：「前期一日，女氏使人張陳婿室（俗謂鋪房）。厥明，婿家設位於中堂，置合巹，立贊者，女家設次於外。主人率子告祠堂，醮子，詣醮席，，鞠躬再拜平身。執事者酌酒，詣醮席前，受酒，跪，祭酒，飲醮酒興，鞠躬再拜平身。詣父座前，跪，聽戒訓，俯伏

〔註289〕楊炯山編，《結婚禮儀》，新竹：竹林書局，2001年7月再版，頁28～29。
〔註290〕阮昌銳，《中外婚姻禮俗之比較研究》，《中華文化叢書》系列之一，臺北：中央文物供應社，1982年6月，頁99。此說亦見載於氏著，《中國婚姻習俗之研究》，臺北：臺灣省立博物館出版部，1989年5月，頁24。
〔註291〕陳顧遠，《中國婚姻史》，臺北：臺灣商務印書館，1992年9月臺一版8刷，頁155。
〔註292〕蘇冰、魏林合著，《中國婚姻史》，臺北：文津出版社，1994年4月，頁29。
〔註293〕陳鵬《中國婚姻史稿》，北京：中華書局，2005年1月，頁207。
〔註294〕林明義編，《臺灣冠婚葬祭家禮全書》，臺北：武陵出版社，1995年12月，頁140。
〔註295〕李師豐楙，《慶典禮俗》，臺北：國立空中大學，2010年8月，頁108。
〔註296〕錢玄，《三禮通論》，江蘇：南京師範大學出版社，1996年10月，頁576。
〔註297〕錢玄、錢興奇編著，《三禮辭典・士昏禮》，南京：江蘇古籍出版社，1998年3月第1版2刷，頁74。

興平身四拜，乃親迎。」〔註298〕郭興文《中國傳統婚姻風俗》言：「由新郎率人去女方家迎娶新娘。」〔註299〕馬之驌《中國的婚俗》言道：「古人重視婚禮，所以男子必須親至女家以禮相迎，故曰『親迎』。」〔註300〕

書影 3-2：婚禮親迎之圖

（引自〔明〕馮善編集《家禮集說》，明成化己亥 15 年（1479）刊本，頁 50）

〔註298〕〔明〕章潢，《圖書編》卷 109〈婚禮敘〉，《文淵閣四庫全書本‧子部》，972 冊，臺北：臺灣商務印書館，1986 年 7 月，頁 334～335。
〔註299〕郭興文，《中國傳統婚姻風俗》，西安：陝西人民出版社，1994 年 7 月，頁 238。
〔註300〕馬之驌，《中國的婚俗》，臺北：經世書局，1981 年 12 月，頁 13。

　　楊炯山編《結婚禮儀》載記:「不論用何種方式結婚,男方必須親至女家迎娶,並向女方『辭祖』,也拜別女方尊長。……當請期時,男方已託媒人徵詢女方,親友伴嫁人數及其他應行注意之禮俗及儀節。」〔註301〕阮昌銳《中外婚姻禮俗之比較研究》言述:「迎親過程為結婚之日,新郎受父母之命,先往女家,女父親迎於門外,望女家廟堂,拜奠雁,後乘新婦車,在門外等候,新婦出來,新郎請新婦上車,載回家成親。」〔註302〕陳顧遠《中國婚姻史》則載書:「所謂親迎者,謂壻承父命而至女家迎婦。……簡言之,即壻於昏時親往女家迎婦而歸是也。」〔註303〕蘇冰、魏林《中國婚姻史》則稱:「子承家長之命往迎新人。」〔註304〕陳鵬《中國婚姻史稿》則道:「親迎,謂吉期既至,壻親往女家迎新婦也。」〔註305〕林明義編《臺灣冠婚葬祭家禮全書》則言:「『親迎』是新郎本身乘轎到女家去迎娶新娘。」〔註306〕茲就婚禮「六禮」意涵的各家說法表列如下:

表3-4:婚禮「六禮」意涵各家說法

1	2	3	4	5	6	出　處
納采	問名	納吉	納徵(納幣)(納成)	請期	親迎	
將欲與彼合昏姻,必先使媒氏下通其言,女氏許之,乃後使人納其采擇之禮(言納者,以其始相采擇,恐女家不許,故言納)	問女之姓氏,將歸卜其吉凶(女氏已許,故不言納也)	歸卜於廟,得吉兆,復使使者往告,昏姻之事於是定(男家卜吉,往與女氏,復恐女家翻悔不受,故更言納)	徵,成也,使使者納幣以成昏禮,用玄纁者,象陰陽備也(納幣帛,則昏禮成,復恐女家不受,故更云納)	請期,主人辭者,陽倡陰和,期日宜由夫家來也。夫家必先卜之,得吉日,乃使使者往辭,即告之(納幣則昏禮已成,女家不得移改,故不言納)	夫家欲迎婦之時,豫陳同牢之饌也。(納幣則昏禮已成,女家不得移改,故不言納)	《儀禮‧士昏禮》,漢‧鄭玄注;唐‧賈公彥疏,頁39~42

〔註301〕楊炯山編,《結婚禮儀》,新竹:竹林書局,2001年7月再版,頁29。

〔註302〕阮昌銳,《中外婚姻禮俗之比較研究》,《中華文化叢書》系列之一,臺北:中央文物供應社,1982年6月,頁99。

〔註303〕陳顧遠,《中國婚姻史》,臺北:臺灣商務印書館,1992年9月臺一版8刷,頁156。

〔註304〕蘇冰、魏林合著,《中國婚姻史》,臺北:文津出版社,1994年4月,頁29。

〔註305〕陳鵬《中國婚姻史稿》,北京:中華書局,2005年1月,頁208。

〔註306〕林明義編,《臺灣冠婚葬祭家禮全書》,臺北:武陵出版社,1995年12月,頁143。

1	2	3	4	5	6	出　處
納　采	問　名	納　吉	納徵（納幣）（納成）	請　期	親　迎	
謂采擇之禮，故昏禮云：下達。	問其女之所生母之姓名，故昏禮云：謂誰氏言母之女何姓氏也，此二禮（案指納采與問名）一使而兼行之。	謂男家既卜得吉，與女氏也。	納，聘財也；徵，成也；先納聘財，而後昏成；《春秋》則謂之納幣。其庶人則緇帛五兩；卿大夫則玄纁，玄三纁二，加以儷皮；及諸侯，加以大璋；天子加以穀圭。	謂男家使人請女家以昏時之期，由男家告於女家。何必請者，男家不敢自專，執謙敬之辭，故云請也，女氏終聽男家之命乃告之。	父親醮子而命之迎者，謂壻父身親以酒醮子而命之親迎也。	《禮記‧昏義》，〔唐〕孔穎達《疏》，頁 1000
	男女非有行媒，不相知名					《禮記‧曲禮上》頁 37
謂始與言采擇可不。	謂問女名目，將卜之也。	謂卜得吉，往告之也。	謂婚姻禮成也。	娶婦日也。		〔唐〕杜佑原著《通典》，民國‧王文錦、王永興、劉俊文、徐庭雲、謝方點校，頁 1633
古者，結婚始用行人，告以夫家采擇之意，謂之納采。	問女之名，歸卜夫廟。	問女之名，歸卜夫廟，吉，以告女家，謂之問名、納吉。	若納成，則既有進財。	請期則有司擇日。		《宋史‧禮志》卷 115，頁 2732
「納其采擇之禮。」		「歸卜得吉兆，復使使者往告婚姻之，於是定計，納采之前已卜矣，於此告女家以成六禮也。」	「徵，成也，使者納幣以成婚禮。」	「夫家卜得吉日，使使者往告之。」		〔宋〕司馬光，《溫公書儀‧婚儀上》卷 3，頁 2a～5a
「納其采，擇之禮，即今世俗所謂言定也。」			「古禮有問名、納吉，今不能盡用，止用納采、納幣，以從簡便。」			〔宋〕朱熹撰，《家禮‧昏禮》卷 3，南宋淳祐 5 年（1245年）五卷加附錄本，載《孔子文化大全》，頁 655～659

1	2	3	4	5	6	出　處
納采	問名	納吉	納徵（納幣）（納成）	請期	親迎	
納采是男家向女家送禮，表示求親。	（男方）使者行納采之禮畢，出門未返，即在門外，執鴈請問（女）名。主人許，使者乃受命回告，男方將加諸卜。	卜得吉兆，（男方）使者來告。	致送聘禮。	告知結婚日期。	婿至婦家迎娶。	錢玄，《三禮通論》，頁574～576
男方事先已由媒氏向女方表示結為婚姻之意，經女方同意，男方乃使使者至女方行納采之禮。	男方使使者至女方問女之名，以備占卜吉凶。女方主人禮使者，敬醴酒，薦脯醢。	向女方告知卜吉。	向女方送聘禮。玄纁束帛儷皮，即五疋黑綢，兩張鹿皮。	向女方告知迎娶日期，徵求同意。	婚禮之日，初昏，新郎服爵弁服乘車，從車二乘，又婦之車，至女家親迎。執鴈拜見岳父。新婦登車後，新郎駕車先導，至家。	錢玄、錢興奇編著，《三禮辭典·士昏禮》，頁74
既已問名約日，方行納采之禮，即今所謂定親也。	媒氏通言，女氏許之，始行問名之禮，即世俗所謂過庚帖，約定親之日也。		既已約日迎娶，方行納徵之禮，即世俗所謂下衣也。		前期一日，女氏使人張陳壻室（俗謂鋪房）。厥明，壻家設位於中堂，置合巹，立贊者，女家設次於外。主人率子告祠堂，醮子，詣醮席，鞠躬再拜平身。執事者酌酒，詣醮席前，受酒，跪，祭酒，飲醮酒興，鞠躬再拜平身。詣父座前，跪，聽戒訓，俯伏興平身四拜，乃親迎。	〔明〕章潢，《圖書編》卷109婚禮敍〉，頁334

1	2	3	4	5	6	出　處
納采	問名	納吉	納徵（納幣）（納成）	請期	親迎	
發動婚議，訂婚的第一步。	遣媒人問女方姓名及女生之母名氏，回來後占卜定吉凶。	在宗廟卜吉兆，再遣媒人告知女家，婚姻即基本議定。	納幣以為婚姻之証也。由男家出具財物聘禮，遣媒人送往女家。隨商品經濟發展，普遍直接採用貨幣形式行納徵禮，漢代注《儀禮》《禮記》時，逕稱納幣。	男家選擇迎娶吉日良辰，再通知女家，讓女家作嫁女準備。	由新郎率人去女方家迎娶新娘。	郭興文，《中國傳統婚姻風俗》，頁236～238
後人稱「納采」為合婚，或謂說媒，先由媒人往述男家求婚之意，問明待字之女的年歲屬肖，找一個算命卜卦的術士來合婚。	古禮「問名」相當於近代之「訂婚」，俗稱「小定」、「大定」，或「換龍鳳帖」——即庚帖，主要儀文是雙方交換正式年庚，其效力等於現在訂婚的證書。」	「納吉」在古時為卜吉，是向宗廟問卜於祖先，以決其適當與否，後來就演變成「小聘」了。……女方既已「納吉」，則必答以冠履及文房用品之屬，婚約即告完成。	晚近以來，對「納徵」、「納幣」一般都取通俗之義，而改稱「下財」、「聘禮」，或「過大禮」。就是男家依照論婚時所議定的……在迎娶之前數日，盛飾儀仗送到女家。	近代的「催粧」，等於古代的「請期」，就是男家擇定迎娶吉日，照會女家。	古人重視婚禮，所以男子必須親至女家以禮相迎，故曰「親迎」。	馬之驌，《中國的婚俗》，頁10～13
采，擇也。由媒人代表男方到女家，向女方表達求婚的意思，徵求女方之意願，亦即提親之意。	男方託媒人到女方家討女方出生年月日時，以六版文為庚書或鸞書，男為乾造、女為坤造，要湊成十二字或十六字為吉。	媒人將女子之名回報男家，男家在其家廟卜問吉凶，若得到吉禮徵兆，則選一個早晨，再請媒人向女方家長通報。婚姻之事，到此已有定案。	男方備聘金及禮物，由媒人居間致送女方之行為，俗稱「行聘」，也就是「訂婚」的意思。	俗稱「送日頭」、「送日課」，亦稱「報日」，昔稱「乞日」。男方事先決定一個黃道吉日，託媒人將日課表及湯圓糖米等（或現金）送到女方家，徵求女方同意。	不論用何種方式結婚，男方必須親至女家迎娶，並向女方「辭祖」，也拜別女方尊長。……當請期時，男方已託媒人徵詢女方，親友伴嫁人數及其他應行注意之禮俗及儀節。	楊炯山編《結婚禮儀》，頁24～29

1	2	3	4	5	6	出　處
納采	問名	納吉	納徵（納幣）（納成）	請期	親迎	
納采即後人所謂「合婚」或「說媒」，若兩家條件都不相上下，所謂「門當戶對」，先請媒人前往女家，替男家前往說媒，若可，則用雁爲禮。	納采禮完成之後，女家既然同意，則再執鴈問名。	問名之後，取得女方八字……以便卜問祖先，以示婚姻之凶吉，吉則繼行納吉禮。……近世所謂「傳庚」、「定親」、「換帖」皆屬納吉範圍，亦即正式訂約。	納徵指納聘財也，徵，成也；先納聘財，而後婚成，春秋則謂之納幣。……納徵禮品，歷代皆有變遷。……近世稱之爲「下禮」、「過定」都是納徵禮。	男家具婚期吉日書，備禮物告訴女家，女家受禮，確定結婚日期。	迎親過程爲結婚之日，新郎受父母之命，先往女家，女父親迎於門外，望女家廟堂，拜奠雁，後乘新婦車，在門外等候，新婦出來，新郎請新婦上車，載回家成親。	阮昌銳《中外婚姻禮俗之比較研究》，頁92～100
「納采即後人所謂『合婚』或『說媒』。」		「近世所謂『傳庚』、『定親』、『換帖』皆屬納吉範圍。」		「男家具婚期去日書，備禮物告訴女家，女家受禮，便定結婚日期。」		阮昌銳，《中國婚姻習俗之研究》，頁21～24
納采即言定，當含問名。			納徵即納幣。與納采、親迎在婚禮中最重要，餘者或已減省。			王三慶，〈敦煌寫卷記載的婚禮節目與程序〉，頁535
男方將欲與女方合婚姻，使媒氏下通其言，苟可有望，然後以鴈爲贄，正式行采擇之禮。	問女之所生母之姓名，及本身名次，並出生年月日時，以卜其吉凶。	唐律所謂『報婚書』，即納吉而女家答書許訖之謂。宋俗所謂『過細帖』、『相親』、『插釵』皆屬其事。近世所謂『傳庚』、『定親』、『換帖』均然，蓋正式訂約也。惟《家禮》則以之入於納徵中，乃指卜吉則隨之而納其幣。	或曰《春秋》文質，故稱納幣。或曰士禮與諸侯禮不同，於士曰納徵，於侯曰納幣。或又曰納幣以物言，納徵以義言，諸侯納徵，以其幣多，故指幣云云。……宋因諱，改納徵爲納成或納財，司馬《書儀》遂曰納幣，《（大清）通禮》因之。	陳顧遠《中國婚姻史》載書：「所謂請期者，男家使人請女家以婚時之期。」		陳顧遠，《中國婚姻史》，頁153～156

1	2	3	4	5	6	出 處
納 采	問 名	納 吉	納徵（納幣）（納成）	請 期	親 迎	
「男家派媒使持雁爲禮，往女家表示求婚意向。女家收禮或拒收以示可否。」	「男家使者持雁詢問女子所出及出生年月。」	「問名之後，歸卜於廟，看是否吉利。」	「卜而得吉，使媒約告女家，並致聘禮。女家收禮，婚約成立。」	「納徵之後，男家欲娶，卜得吉日，具書使媒攜雁往女家告請，女家收禮爲允諾。」	「子承家長之命往迎新人。」	蘇冰、魏林，《中國婚姻史》，頁 28～29
「納采，謂采納擇之禮也。」	「即納采禮畢，使者出而復返，向主人問女之名也。」	「乃問名之後，男家以女之名，及年月日，歸卜於廟，得吉，復以告於女家也。」	「納聘幣也，故春秋又稱『納幣』。」	「男家擇定結婚吉日，以告於女家之禮也，其儀與納徵同。」	「謂吉期既至，婿親往女家迎新婦也。」	陳鵬，《中國婚姻史稿》，頁 200～208
「『納采』就是接受『聘金』的儀式，又稱『完聘』、『大聘』，也就是聘金已付的意思。」	「問名也稱『生庚』，俗稱『八字』，又稱『字仔』、『婚仔』（女的八字），男方如果認爲女方符合他們的條件，就請媒人探詢女方意見，讓兩方進行會談，並交換『八字』。」		「『納幣』是『請期』前的儀式，從前男方以種種禮物贈與女家，女家也以嫁粧回贈，現在則將其省略，『納幣』或與『納采』同時進行，或出嫁時進行。」	「『請期』又稱『送日頭』，就是決定好結婚日期後，通知女家。」	「『親迎』是新郎本身乘轎到女家去迎娶新娘。」	林明義，《臺灣冠婚葬祭家禮全書》，頁 131～143
「納采，就是接納探擇，男方向女方表明相互接納採擇之意。」	「『問名』爲納采之後的一個儀節，都在同一日舉行……主要的原因就是問明生出之後父母所取之名。」	「『納吉』是使者將女子之名取回後，男方於家廟占卜得到吉兆，就可派使者玄端禮服再到女家通報好消息。」	「『納徵』也稱『納幣』，後來通稱爲『文定』。」	「男方再派使者向女方表示親迎的日期，即是納幣之後男方既以卜得吉日，乃徵求女方的同意。」		李師豐楙，《慶典禮俗》，頁 103～109

資料來源：本論文整理製表。

　　上述「六禮具備，婚姻關係始告成立。」〔註307〕唯婚禮主要禮節，除

納采、問名、納吉、納徵、請期、親迎外,「成婚之後,婦至壻家,尚有同牢、見舅姑、醮婦及廟見諸禮,諸禮悉具,而後稱成婦焉。」〔註308〕攸關婚後行儀節次將於第六章第一節詳加說明,請參閱該章該節!

2. 六禮的因革

談及我國傳統的婚禮,不由令人思維到「三書六禮」,所謂「三書」,指的是聘書、禮書、迎親書;所謂「六禮」,乃指《儀禮‧士昏禮》所載的納采、問名、納吉、納徵、請期、親迎六個禮節過程的名稱。〔註309〕

據《詩經》〈大雅‧大明〉章載錄:「文定厥祥,親迎於渭。」〔註310〕〔唐〕杜佑,《通典‧嘉禮三》卷五十八亦云:「周制,限男女之歲,定婚姻之時。親迎於戶。六禮之儀始備。」原注云:「一曰納采,用鴈,謂始語言采擇可不。二曰問名,用鴈,謂問女名目,將卜之也。三曰納吉,用鴈,謂卜得吉,往告之也。四曰納徵,用束帛,徵,成也,謂婚姻禮成也。五曰請期,用鴈,娶婦日也。六曰親迎,用鴈。」〔註311〕知見文王之世,「六禮」已肇其端,〔註312〕至「漢平帝元始三年(公元21年)詔劉歆等雜定婚禮」〔註313〕後,遂使「六禮」益趨完備。衡諸婚姻「六禮」係漢代以前貴族士大夫階層的婚禮儀式規範,其儀程並在往後兩千多年封建社會裡普遍被宗法而不悖。唯因時異俗遷、潮流遞嬗緣由,「六禮」的儀次已時有損益:或配合時代所需而簡化程序;或順應庶民所需加增民間風俗內容……等,各代皆有所不同:〔註314〕

漢代時,全面推行婚姻六禮,即完全採用納采、問名、納吉、納徵、請

〔註308〕陳鵬《中國婚姻史稿》,北京:中華書局,2005年1月,頁200。

〔註309〕參見李日斌,〈生命的樂章——傳統生命禮俗〉,大安社區大學,http://www.wretch.cc/blog/網站。

〔註310〕〔清〕阮元等校勘,《十三經注疏——毛詩》卷16,(重刊宋本);〔漢〕毛公傳,鄭玄箋;〔唐〕孔穎達等正義,臺北:藝文印書館,1976年5月6版,頁541。

〔註311〕〔唐〕杜佑,《通典‧嘉禮三》,卷58,第2冊,杭州:浙江古籍出版社,2000年1月第2版1刷,頁1632〜1633。

〔註312〕陳顧遠,《中國婚姻史》,臺北:臺灣商務印書館,1992年9月臺一版8刷,頁151。

〔註313〕陳顧遠,《中國婚姻史》,臺北:臺灣商務印書館,1992年9月臺一版8刷,頁152。

〔註314〕郭興文,《中國傳統婚姻風俗》,西安:陝西人民出版社,1994年7月,頁238〜239。

期、親迎等整套六禮儀序。魏晉南北朝時，由於國家戰亂分裂，社會動盪不安，導使門閥士族已難遵循傳統六禮舉行婚姻嫁娶，故婚禮一般從簡；當時甚而普遍盛行「拜時婚」風俗，往往用一條紗縠把女子頭一蒙，後由丈夫揭去，兩人再「同拜舅姑，便成婦道」〔註315〕。

　　唐代之時，婚禮程序基本仍依六禮行儀，據《大唐開元禮》卷一二五〈嘉禮・六品以下婚〉曰：「納采、聞名、納吉、納徵、請期、親迎。」〔註316〕《唐會要・嫁娶》卷八十三云：「士庶親迎之禮，備諸六禮。」〔註317〕姜伯勤《敦煌社會文書導論》因云：「《大唐開元禮》規定了『六禮』程序，即納采、問名、納吉、納徵、請期、迎親（案親迎）。這是唐時士大夫婚禮不可少的六個程序。」〔註318〕姜氏《敦煌藝術宗教與禮樂文明》又云：「古來雖有『禮不下庶人』的說法，中古禮也確實是一種『士大夫風範』，但是，如唐禮中常見『百官一品以下盡九品庶人並附』、或『四品以下至庶人附』的附言，說明中古禮制其實也以禁制或規制的形式涉及到庶人。」〔註319〕陳顧遠《中國婚姻史》更直言：「隋唐以後……婚禮亦皆以六禮為歸依。」〔註320〕因此，「唐代婚俗基本上沿襲漢代以來的婚姻禮俗，即『六禮』聘娶。……在唐人心目中，只有正式履行了『六禮』的婚姻，才算是嚴肅、合法的婚姻。」〔註321〕從而

〔註315〕〔唐〕杜佑，《通典》卷59，第2冊，〈禮19・沿革19・嘉禮4・男女婚嫁年幾議〉，杭州：浙江古籍出版社，2000年1月第2版1刷，頁1682，曰：「以紗縠懷女氏之首，而夫氏發之，因拜舅姑，便成婦道。六禮悉捨，合巹復乖，鸞政教之大方，成容易之弊法。」

〔註316〕〔唐〕蕭嵩等奉敕撰，《大唐開元禮》，東京大學東洋文化研究所大木庫本，光緒12年（1886年）氏公善堂校刊本，北京：民族出版社，2000年5月，頁593。

〔註317〕〔宋〕王溥，《唐會要・嫁娶》卷83，記太極元年（712），左司郎中唐紹上表，稱「士庶親迎之禮，備諸六禮」，《文淵閣四庫全書本・史部》607冊，臺北：臺灣商務印書館，1986年7月，頁258。另《通典》卷58，第2冊，亦有：「周制，限男女之歲，定婚姻之時，親迎於戶，六禮之儀始備」類似之說，杭州：浙江古籍出版社，2000年1月第2版1刷，頁1632～1633。

〔註318〕姜伯勤，《敦煌社會文書導論》，臺北：新文豐出版公司，1992年12月臺一版，頁13。

〔註319〕姜伯勤，《敦煌社會文書導論》，臺北：新文豐出版公司，1992年12月臺一版，頁（引言）1。

〔註320〕陳顧遠，《中國婚姻史》，臺北：臺灣商務印書館，1992年9月臺一版8刷，頁152。

〔註321〕段塔麗，〈唐代婚姻習俗與婦女地位探析〉，《陝西師範大學學報》31卷2期，2002年3月，頁82。

見知六禮自周代創立後，至漢代而完備，至唐代而普遍依循。

　　宋代之季，士庶人系譜以六禮程序繁重，而將婚儀六禮進行了省略與合併。〔註322〕《宋史・禮志》卷一一五云：「士庶人婚禮，并問名於納采，并請期於納成（案納徵）。其無鴈奠者，三舍生聽用羊，庶人以雉及雞鶩代。」〔註323〕即將六禮併成納采、納吉、納徵、親迎四禮。朱熹《朱子家禮》認為得吉即送禮幣，不必於納徵以先，再有納吉之程序，遂將納吉刪去，只存納采、納徵、親迎三禮；〔註324〕因就朱熹撰，南宋淳祐5年（1245年）五卷本加附錄一卷本的《家禮》，僅描記議婚、納采、納幣、親迎諸儀序而已。〔註325〕故是，楊志剛，〈《司馬氏書儀》和《朱子家禮》研究〉載言：「（朱子）《家禮》對婚禮的最大變革，是把『六禮』省併為納采、納幣、親迎『三禮』，這在一定程度上影響了後世的婚姻禮制。」〔註326〕元代，則較《朱子家禮》多議婚一目。〔註327〕

　　明代，章潢《圖書編》云：「洪武五年，詔定官民婚禮，禮部議納采、問名、納吉、納徵、請期、親迎儀物，自公僕品官，一品至九品各有等差，納采、問名總一禮。庶人納采、問名、納吉總一禮，五品以下，不行請期禮。」〔註328〕《明史・禮志・庶人婚禮》刊記：「《朱子家禮》無問名、納吉，止納采、納幣、請期。（明太祖）洪武元年（1368年）定制用之。」〔註329〕之後，「明（世宗）嘉靖十年（1531年），再次強調士庶婚禮，問名、納吉久已

〔註322〕陳顧遠，《中國婚姻史》，臺北：臺灣商務印書館，1992年9月臺一版8刷，頁152。

〔註323〕〔元〕脫脫等奉敕撰，《宋史・禮志》卷115，〈志第68・禮18・嘉禮6〉，楊家駱主編《中國學術類編・新校本宋史并附編三種》，臺北：鼎文書局，1980年5月再版，頁2740。

〔註324〕陳顧遠，《中國婚姻史》，臺北：臺灣商務印書館，1992年9月臺一版8刷，頁152。

〔註325〕〔宋〕朱熹撰，《家禮》卷3，南宋淳祐5年（1245年）五卷本加附錄一卷，載《孔子文化大全》，山東：友誼書社，1992年11月，頁653～660。

〔註326〕楊志剛，〈《司馬氏書儀》和《朱子家禮》研究〉，《浙江學刊》第1輯（總第78期），1993年1期，頁111。

〔註327〕陳顧遠，《中國婚姻史》，臺北：臺灣商務印書館，1992年9月臺一版8刷，頁152。

〔註328〕〔明〕章潢，《圖書編》卷109〈婚禮敘〉，《文淵閣四庫全書本・子部》972冊，臺北：臺灣商務印書館，1986年7月，頁333。

〔註329〕〔清〕張廷玉等，《明史・禮志》卷55，臺北：鼎文書局，1980年1月第3版，頁1403。

不行，故只仿照《朱子家禮》規定的納采、納幣、親迎等禮行之。」〔註330〕因得吉即送聘禮，故不必在納徵前再多納吉程序，六禮至此只餘納采、納徵、親迎三禮。〔註331〕

　　清代，《欽定大清通禮・嘉禮》卷二十四論述婚禮節次爲議婚、納采、納幣、請期、親迎等五禮。〔註332〕若探究六禮的實質意涵，只有訂婚之禮和成婚之禮兩種而已，其中「訂婚之禮」含括納采、問名、納吉、納徵四項儀程，「成婚之禮」則包括請期與親迎兩項儀程。〔註333〕至於「民國以來，政府提倡新式婚儀，至多僅有定婚與結婚等兩儀節，但鄉村民間仍多照舊俗舉行婚禮。」〔註334〕

書影 3-3：《儀禮・士昏禮》儀節流變圖

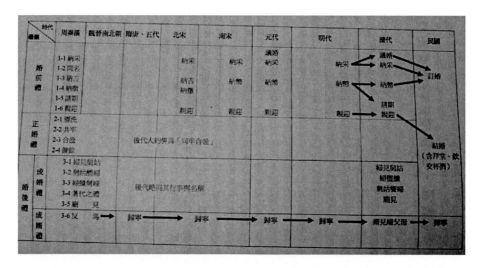

（引自李師豐楙《慶典禮俗》，臺北：國立空中大學，2010 年 8 月，頁 100）

〔註330〕郭興文，《中國傳統婚姻風俗》，西安：陝西人民出版社，1994 年 7 月，頁 239。此說亦見於陳顧遠，《中國婚姻史》，臺北：臺灣商務印書館，1992 年 9 月臺一版 8 刷，頁 152。

〔註331〕郭興文，《中國傳統婚姻風俗》，西安：陝西人民出版社，1994 年 7 月，頁 239。

〔註332〕〔清〕來保、李玉鳴等奉敕撰，《欽定大清通禮》，《文淵閣四庫全書本・史部》655 冊，臺北：臺灣商務印書館，1986 年 7 月，頁 315～317。

〔註333〕郭興文，《中國傳統婚姻風俗》，西安：陝西人民出版社，1994 年 7 月，頁 239。

〔註334〕阮昌銳，《中外婚禮俗之比較研究》，《中華文化叢書》系列之一，臺北：中央文物供應社，1982 年 6 月，頁 102。另見陳顧遠，《中國婚姻史》，臺北：臺灣商務印書館，1992 年 9 月臺一版 8 刷，頁 153 亦言：「現代新式嫁娶，至多僅有定婚與結婚兩儀式耳。」。

　　六禮中的前五禮，係由媒人代表執行，且皆在早晨進行，而親迎則於黃昏舉行，故稱「昏禮」。〔註335〕王三慶〈敦煌寫卷記載的婚禮節目與程序〉亦言：「納采、問名用昕，親迎用昏。納吉、納徵、請期雖然不及，時間應與納采、問名同。」〔註336〕茲就歷代六禮的行使儀節，與現今六禮的相關儀稱表列如下：

表 3-5：歷代婚禮「六禮」的行儀及對應現代的各式儀稱

六禮	1	2	3	4	5	6	出　　處
稱名	納采	問名	納吉	納徵（納幣）（納成）	請期	親迎	
舉行時間	早晨	早晨	早晨	早晨	早晨	黃昏	楊炯山編《結婚禮儀》，頁 24
	用昕	用昕	用昕	用昕	用昕	用昏	王三慶〈敦煌寫卷記載的婚禮節目與程序〉，頁 535
贄禮用物	用鴈	用鴈	用鴈	不用鴈（以其自有幣帛可執故也）	用鴈	用鴈	《儀禮・士昏禮》卷 4，頁 39
	用鴈	用鴈	用鴈	以有幣	用鴈	用鴈	《禮記・昏義》卷 61，頁 1000
	用鴈	用鴈	用鴈	用玄纁，不用雁也	用鴈	用鴈	〔漢〕班固原著；〔清〕陳立疏證，《白虎通・嫁娶》卷 10，頁 542
	用鴈	用鴈	用鴈	用束帛	用鴈	用鴈	〔唐〕杜佑原著《通典・嘉禮 3》，卷 58，第 2 冊，民國・王文錦、王永興、劉俊文、徐庭雲、謝方點校，頁 1633
周代	納采	問名	納吉	納徵	請期	親迎	《儀禮・士昏禮》卷 4，頁 39
周代	納采	問名	納吉	納徵	請期	親迎	〔唐〕杜佑原著《通典・嘉禮 3》，卷 58，第 2 冊，民國・王文錦、王永興、劉俊文、徐庭雲、謝方點校，頁 1633

〔註335〕楊炯山編，《結婚禮儀》，新竹：竹林書局，2001 年 7 月再版，頁 24。
〔註336〕王三慶，〈敦煌寫卷記載的婚禮節目與程序〉，《潘石禪先生九秩華誕敦煌學特刊》，1996 年 9 月，頁 535。

六禮	1		2	3	4	5	6	出　處
秦漢	納采		問名	納吉	納徵	請期	親迎	李師豐楙，《慶典禮俗》，頁 100
漢	納采		問名	卜吉	納徵	請期	親迎	郭興文《中國傳統婚姻風俗》頁 238
東漢末至魏晉南北朝	無		無	無	無	無	無	1.〔唐〕杜佑，《通典‧嘉禮》卷 59，第 2 冊，〈男女婚嫁年幾議〉，頁 1682 2.郭興文《中國傳統婚姻風俗》頁 238
	因戰亂，社會動盪不安，皇室親王及百姓，常未依六禮嫁娶。又有「拜時婚」風俗：往往用一條紗縠把女子頭一蒙，後由丈夫揭去，兩人再同拜舅姑，便成婦道。限於國有凶荒，或有災禍時多舉行。							
唐代	納采		問名	納吉	納徵	請期	親迎	郭興文《中國傳統婚姻風俗》頁 239
宋代	納采		無（并於納采）	納吉	納成	無（并於納成）	親迎	〔元〕脫脫等奉敕撰，《宋史‧禮志》卷 115，頁 2740
宋代	納采		無（并於納采）	納吉	納徵	無（并於納徵）	親迎	郭興文《中國傳統婚姻風俗》頁 239
《朱子家禮》	議婚	納采	無	無	納幣	無	親迎	〔宋〕朱熹撰，《家禮》，南宋淳祐 5 年（1245年）五卷本加附錄一卷，載《孔子文化大全》，頁 653～660
《朱子家禮》	納采		無	無	納幣	請期	親迎	〔清〕張廷玉等，《明史‧禮志》卷 55，頁 1403
《朱子家禮》	納采		無	無（因得吉即送聘禮，故省略納吉）	納徵	無	親迎	郭興文《中國傳統婚姻風俗》頁 239
《朱子家禮》	納采		無	無（因得吉即送禮幣，不必於納徵以先，再有納吉之程序	納徵	無	親迎	陳顧遠《中國婚姻史》，頁 152
《朱子家禮》	納采		無	無	納幣	無	親迎	楊志剛〈《司馬氏書儀》和《朱子家禮》研究〉，頁 111

六禮	1	2	3	4	5	6	出　處
元代	議婚 納采	無	無	納幣	無	親迎	《沈刻元典章·附陳氏校補校例》，禮部卷之3，禮制3婚禮，頁462～463
元代	議婚 納采	無	無	納徵	無	親迎	陳顧遠《中國婚姻史》，頁152
明代	納采	無	無	納徵	無	親迎	〔明〕章潢《圖書編》卷109，頁333：「洪武5年，詔定官民婚禮，禮部議納采、問名、納吉、納徵、請期、親迎儀物，自公僕品官，一品至九品各有等差，納采、問名總一禮。庶人納采、問名、納吉總一禮，五品以下，不行請期禮。」
明代	有	無	無	有	無	有	《明集禮》
明代	納采	無	無	納幣	請期	親迎	〔清〕張廷玉等，《明史·禮志》卷55，頁1403：「洪武元年（1368）定制用之（《朱子家禮》）。」
明代	納采	無	無	納幣	無	親迎	郭興文，《中國傳統婚姻風俗》，頁239：明嘉靖10年（1531）仿照《朱子家禮》行納采、納幣、親迎三禮
清代	議婚 納采	無	無	納幣	請期	親迎	《欽定大清通禮·嘉禮》卷24，頁315～317：婚禮節次為議婚、納采、納幣、請期、親迎等五禮。
清代	訂婚之禮	訂婚之禮	訂婚之禮	訂婚之禮	成婚之禮	成婚之禮	郭興文《中國傳統婚姻風俗》頁239
清代	議婚 定婚	無	無	有 定婚	有 結婚	有 結婚	婚後：有婦見舅姑、婦盥饋、舅姑饗婦、廟見、婿見婦父母等。
現代	定婚	定婚	定婚	定婚	結婚	結婚	陳顧遠《中國婚姻史》，頁153

六禮	1	2	3	4	5	6	出　處
現代	併納采、納幣為「完聘」	問名	訂盟（俗稱送定）	併納采、納幣為「完聘」	提日	親迎併請期，俗稱「送日頭」	1.國立歷史博物館編輯委員會編，《中華民俗文物特展》，頁49 2.吳瀛濤，《臺灣民俗》，頁125
現代	提親	求婚	占卜和通報	輸送聘禮			蘇冰、魏林，《中國婚姻史》，頁85～87
現代	提親			行聘、訂婚	送日頭、送日課、報日、乞日		楊炯山編《結婚禮儀》，頁24～29
現代	定親	過庚帖		下衣			〔明〕章潢《圖書編》，頁334
現代	合婚、說媒	訂婚、小定、大定、換龍鳳帖（換庚帖）	小聘	下財、聘禮、過大禮	催粧		馬之驌《中國的婚俗》，頁10～13；頁55
現代	合婚、說媒		傳庚、定親、換帖、正式訂約	下禮、過定			阮昌銳《中外婚姻禮俗之比較研究》，頁92～99
現代	合婚、說媒		傳庚、定親、換帖、正式訂約	下財、下財禮、過定、下禮			阮昌銳《中國婚姻習俗之研究》，頁21～24
現代			報婚書、過細帖、相親、插釵、傳庚、定親、換帖、正式訂約	下財、下財禮、過定			陳顧遠《中國婚姻史》，頁154～155
現代	或稱納吉，併納幣二禮稱完聘	議婚	訂盟（俗稱送定）	或稱納幣，併納采二禮為完聘	併入親迎	或稱迎娶	吳瀛濤，《臺灣民俗》，頁125～129。指稱六禮為問名、訂盟、納采（或稱納吉）、納幣（或稱納徵）、請期、親迎。
現代	言定						王三慶，〈敦煌寫卷記載的婚禮節目與程序〉，頁535

六禮	1	2	3	4	5	6	出　處
現代				下茶			馬之驌，《中國的婚俗》，頁 46
現代	議婚	議婚	議婚	定婚	結婚	結婚	黃瓈君《民間習俗諧音現象之研究——以漢族婚俗、年俗為主》，頁 121
現代	議婚	議婚	議婚	大聘（盤擔）小聘（訂盟）	乞日 送日仔 送日課		金門縣《金城鎮志》下冊，頁 946

資料來源：本論文整理製表。

　　攸關「六禮」執雁之說，《白虎通》云：「禮曰：女子十五許嫁，納采、問名、納吉、請期、親迎，以雁為贄，納徵用玄纁，不用雁也。」〔註 337〕〔清〕陳立疏證曰：「納徵，用元纁、束帛、儷皮，如納吉禮，是納徵不用雁也。」〔註 338〕對納徵不用鴈述之甚詳。《宋史・禮志》卷一一五另云：「士庶人婚禮，并問名於納采，并請期於納成。其無鴈奠者，三舍生聽用羊，庶人以雉及雞鶩代。」〔註 339〕則確告庶人婚禮以雉及雞鶩替代鴈之一斑。「後來有的地區雁甚難得，或則代之以鵝，無鵝又改用雞，這都是循古禮而加以改變的。」〔註 340〕

　　古時婚禮舉行最佳時辰在黃昏，新郎、新娘、迎送者，皆以身穿黑服為宜，係為上古掠奪婚姻的遺俗。因隨社會風物習俗的變遷，掠奪式婚姻轉而為有條件的買賣式婚姻，再進化至現今的自由戀愛模式。而黑色的迎親禮服，迄至漢朝逐漸蛻變成代表吉祥、喜慶的紅色新娘衫，至於現在盛行代表「純潔高貴」的白色禮服，則是歐風東漸後的產物。〔註 341〕

〔註337〕〔漢〕班固原著；〔清〕陳立疏證，《白虎通疏證》，臺北：廣文書局，2004年 10 月再版，頁 542。
〔註338〕同註 337。
〔註339〕〔元〕脫脫等奉敕撰，《宋史・禮志》卷 115，〈志第 68・禮 18・嘉禮 6〉，楊家駱主編《中國學術類編・新校本宋史并附編三種》，臺北：鼎文書局，1980年 5 月再版，頁 2740。
〔註340〕馬之驌，《中國的婚俗》，臺北：經世書局，1981 年 12 月，頁 35。
〔註341〕涂順從，《南瀛生命禮俗誌》，臺南：臺南縣文化局，2001 年 5 月，頁 121。

第二節　朱子《家禮》對福建地區的影響

朱熹（1130～1200 年）是中國宋代理學的集大成者，其學說被後世稱爲「朱子學」。朱子學是中國後期封建社會地主階級的正統派思想，同時對日本、朝鮮（今韓國）的思想文化也有深刻的影響。爰此，文豪〈朱熹與龍泉文化發展論壇綜述〉乃言：「中國思想能傳播到各國而成爲統治意識形態的，唯獨朱子學。」〔註342〕

朱子學產生於南宋時的福建，是由地域性的學派發展起來。在宋代理學派中，以江西廬山濂溪周敦頤的濂學；河南洛陽程顥、程頤的洛學；陝西關中張載的關學；和福建朱熹的閩學最爲著名。朱熹學之所以被稱爲閩學，即是因爲朱熹生於福建，受學於福建的理學家，並著述、講學和居住於福建，有以致之。〔註343〕

對於「福建」的稱名，高令印、陳其芳於《福建朱子學》有主力著眼：「福建在戰國以前稱『東越』，戰國時稱『閩越』，秦置『閩中郡』。唐開元二十一年（733 年）置福建經略使，首次出現『福建』名稱。唐大曆十二年（777 年）把『閩』作爲福建的代名詞。」〔註344〕而一般認爲的閩學，乃「指以朱熹爲首，包括其門人在內的南宋朱子學派的思想，以及其後理學家對朱子學的繼承和發展。」〔註345〕而言，亦此見知朱子學對福建地區影響的深邃宏遠。

一、朱子《家禮・昏禮》上承《儀禮》

先秦宗法社會中，《儀禮》所記錄的古代冠、婚、喪等禮儀，主要在王公、諸侯等貴族家族內部施行，同時也應用於各貴族家族間之人際交往，藉以明晰彼此的身分、等級、親疏關係等。《禮記》則是對《儀禮》做更具體詳實的解釋之餘，且明確指向家庭內部，家族成員之間日常生活應遵循的一些原則與具體的指導方法，導使《儀禮》和《禮記》所規範之禮儀制度，一躍成爲往後貴族階層家庭內部遵循的禮儀規範藍本，而被稱爲古禮。〔註346〕

〔註342〕文豪，〈朱熹與龍泉文化發展論壇綜述〉，四川成都巴金文學院舉行「中國朱熹與龍泉文化發展論壇」，2004 年 3 月 19 日，頁 158。

〔註343〕高令印、陳其芳，《福建朱子學》，福州：福建人民出版社，1986 年 10 月，頁 1～2。

〔註344〕高令印、陳其芳，《福建朱子學》，福州：福建人民出版社，1986 年 10 月，頁 2。

〔註345〕同註 344。

〔註346〕羅小紅，《唐代家禮研究》，廣西師範大學中國古代史研究所博士論文，2006 年 4 月，頁 9。

　　東漢以降，舉凡儒家《詩》、《書》、《禮》、《易》……諸經及六藝之學，其學術傳承已由國家學校博士之傳授，漸移爲家族內部世代相襲。魏晉南北朝時際，一些世家大族且開始將其家族內長期遵循儒家禮經《儀禮》及其後的《禮記》之禮儀規範，加以整理修訂，並以文字形式載錄，以傳承子孫後代，以維繫士族門風，以保障家族地位，該些被稱爲「家法」、「家禮」、「家訓」等的禮儀規制，內容更爲具體，操作性亦更強旺。《顏氏家訓》即是保存至今較爲完整，且最早反映士族家庭禮儀規章的文獻。〔註347〕

　　唐代之時，士族公卿以家禮、家訓、家範、家誡、遺訓、書儀等各種形式體現的家族禮儀規範，仍承繼魏晉南北朝世家大族文化傳統的基礎。〔註348〕但因家禮在唐代前期尚以門第祕傳文字居多，須俟中唐之後，惟恐士庶人家祭無定儀，漸有爲一般士庶撰寫可供參考之家內儀文風行，而使書儀流傳較廣。爰隨唐末五代士族門第崩盤，書儀需求銳減，宋代科舉士人且以過往士族所擁有的高層社會位階爲仰羨對象，遂使北宋書儀性質轉向家禮發展，乃使「家禮」成爲各類禮書中，最受宋代士人矚目與投入的場域。〔註349〕

　　《禮記・樂記》曰：「三王異世，不相襲禮。」〔註350〕《禮記・禮器》也言：「禮，時爲大，順次之，體次之，宜次之，稱次之。」〔註351〕現實的社會生活常隨時代遞嬗而變遷，禮自然也會隨時代的更迭而有不同的詮釋，故禮應該隨著時代的腳步而調整。唐代的《開元禮》已不能盡行於宋代，更遑論是年代久遠的《儀禮》。司馬光（1019～1086年）之所以要作《書儀》，與朱子（1130～1200年）之所以要作《家禮》，其理一也；朱子的禮學運用於現實社會生活的，則在《家禮》一書。〔註352〕若論國家禮儀體現更多政治秩序

〔註347〕羅小紅，《唐代家禮研究》，廣西師範大學中國古代史研究所博士論文，2006年4月，頁10。

〔註348〕同註347。

〔註349〕張文昌，《唐宋禮書研究——從公禮到家禮》，國立臺灣大學歷史研究所博士論文，2006年7月，頁363。

〔註350〕〔清〕阮元等校勘，《十三經注疏——禮記》卷37〈樂記〉第19，（重刊宋本），〔漢〕鄭玄注；〔唐〕孔穎達等正義，臺北：藝文印書館，1976年5月6版，頁670。

〔註351〕〔清〕阮元等校勘，《十三經注疏——禮記》卷23〈禮器〉第10，（重刊宋本），〔漢〕鄭玄注；〔唐〕孔穎達等正義，臺北：藝文印書館，1976年5月6版，頁450。

〔註352〕高明撰，《朱子的禮學》，載《輔仁學誌》（文學院之部），臺北：輔仁大學輔仁學誌編輯委員會編輯，1982年6月，頁43。

的建設，家禮則側重於家庭內部的倫理規範，並延展至整個社會，形成社會公認的道德觀念。〔註353〕因此，唐代堪稱是中國禮制發展變化過程中承上啓下的一個重要時期，亦即禮儀制度開始逐漸從士族步入民間普通老百姓的生活，向成為全社會公認道德規範的方向發展，尤其《大唐開元禮》還設置庶人之禮，〔註354〕如「若庶人婚，聽假以絳公服。」〔註355〕即為其例。茲將先秦以來指導家族的主要禮儀規範表述如下：

表 3-6：先秦以來指導家族主要禮儀規範簡表

朝代	家族主要禮儀規範	傳承施行	內　　容	備　　註
先秦	《儀禮》	王公貴族家族內部施行	篇章依士冠禮、士昏禮、士相見禮、鄉飲酒禮、鄉射禮、燕禮、大射、聘禮、公食大夫禮、覲禮、喪服、士喪禮、既夕禮、士虞禮、特牲饋食禮、少牢饋食禮、有司排序	將生命禮儀按冠、昏、喪排序
先秦	《禮記》	王公貴族家族內部施行	篇章依曲禮、檀公、王制、月令、曾子問、文王世子、禮運、禮器、郊特牲、內則、玉藻、明堂位、喪服、大傳、少儀、學記、樂記、雜記、喪大記、祭法、祭義、祭統、經解、哀公問、仲尼燕居、孔子閒居、坊記、中庸、表記、緇衣、奔喪、問喪、服問、間傳、三年問、深衣、投壺、儒行、大學、冠義、昏義、鄉飲酒義、射義、燕義、聘義、喪服四制排序	將生命禮儀按喪、冠、昏排序

〔註353〕羅小紅，《唐代家禮研究》，廣西師範大學中國古代史研究所博士論文，2006年4月，頁（摘要）1。

〔註354〕羅小紅，《唐代家禮研究》，廣西師範大學中國古代史研究所博士論文，2006年4月，頁3。

〔註355〕〔唐〕蕭嵩等奉敕撰，《大唐開元禮》卷3〈衣服〉，東京大學東洋文化研究所大木庫本，光緒12年（1886年）氏公善堂校刊本，北京：民族出版社，2000年5月，頁31。

朝代	家族主要禮儀規範	傳承施行	內　　容	備　　註
東漢	詩書禮易及六藝之學	士家大族內部世代相襲	仍以《儀禮》、《禮記》爲藍本	
魏晉南北朝	家法、家禮、家訓	士家大族內部世代相襲	仍以《儀禮》、《禮記》爲藍本，開始將其家族內長期遵循禮儀規範整理修訂，並以文字記錄傳承	《顏氏家訓》是保存較完整、最早反映士族家庭禮儀規範的文獻
唐前期	家法、家禮、家訓	士族門第祕傳居多	仍以《儀禮》、《禮記》爲藍本，沿襲魏晉南北朝風尚	1.「家禮」與狹義的「家法」在反映唐代家庭禮儀規範、倫理觀念等方面的含義近乎相同。 2.「家訓」是指家族內尊長爲維繫家族傳承，對家族內部成員的訓誡
唐後期	家禮、書儀	士大夫間漸流傳	爲一般士庶撰寫可供參考之家內儀文漸風行（含括寫信格式和範本模式、民間婚喪嫁娶的程序和儀式等）	因盧弘宣等「患士庶人家祭無定儀」而改變
宋代	書儀漸少，家禮漸多	士庶間流傳	指導家庭禮儀活動	因士族門第崩解，書儀需求性銳減，科舉士人仰羨過去士族所擁有的社會地位導致
宋代	司馬光撰《書儀》	士庶間流傳	篇章依表奏、公文、私書、家書、冠儀、婚儀、喪儀排序	將生命禮儀按冠、婚、喪排序
宋代	朱熹撰《家禮》	士庶間流傳	篇章依通禮、冠禮、昏禮、喪禮、祭禮、雜錄排序	將生命禮儀按冠、婚、喪排序

資料來源：

1. 張文昌，《唐宋禮書研究——從公禮到家禮》，國立臺灣大學歷史研究所博士論文，2006 年 7 月，頁 363。
2. 羅小紅，《唐代家禮研究》，廣西師範大學中國古代史研究所博士論文，2006 年 4 月，頁 9～14。

眾所周知，「在宋明理學發展過程中，朱熹的影響最具關鍵地位。朱子

對禮學的重視，在兩宋眾理學家中，亦可說是無出其右。」〔註356〕職是之故，「朱熹是中國後期封建社會儒家的代表者，其地位僅次於前期封建社會中的孔丘。」〔註357〕至於朱熹的生平究竟為何呢？據《同安縣志》卷三十五〈主簿〉載記為：

> 朱熹，字仲晦，婺源人，後居崇安。紹興戊辰進士，二十三年任主簿。莅官以教養為先，務革弊興利，緩急有序。事無大小，必親裁決。賦稅簿籍，逐日點對，以防吏弊。利於民者，雖勞不憚。民欲為僧尼者，禁之。選秀民充弟子員，一時從學者眾。
>
> 建經史閣，作教思堂，訪求名士徐應中、王賓等以為表率，日與講論正學，規矩甚嚴。五載秩滿，士思其教，民思其惠，至今以斯邑為過化之地。其作述、政績之詳，具載於《大同集》。立祠在學宮之東，配以許升、王力行、呂大奎、邱葵、林希元五子，又祀名宦。（閩書舊志）。〔註358〕

另就《同安縣志·人物》卷三十八，載錄朱熹生平事蹟為：

> 朱熹（1130～1200），字元晦，一字仲晦，號晦庵，別稱紫陽、考亭，祖籍徽州婺源（今江西婺源縣），生於福建尤溪縣，徙居建陽。18歲登進士第，為官9年，主張修明政事，立綱紀，屬風俗，設社倉，外抗金兵，內抑豪強。但在仕途上屢遭貶謫，因此將畢生精力用於著書立說，講學授徒，桃李滿天下，是南宋著名哲學家、教育家。他的理學在明、清兩代被提到儒學正宗的地位。
>
> 朱熹初登仕途，任同安縣主簿，為官以教養為先務。他對同安故宰相蘇頌的道德學問深表欽佩，倡建蘇公祠。走遍同安的山山水水，倡導植樹，並留下許多墨跡。日常公務，細緻入微，對賦稅簿籍，逐日點對，以防吏胥從中作弊，凡對百姓有利的事，必恪盡職守，不憚勞累。
>
> 朱熹在同「兼領學事」，直接管理地方教育。他積極擴建縣學，在明

〔註356〕張文昌，《唐宋禮書研究——從公禮到家禮》，國立臺灣大學歷史研究所博士論文，2006年7月，頁30。

〔註357〕高令印、陳其芳，《福建朱子學》，福州：福建人民出版社，1986年10月，頁54。

〔註358〕引錄自《同安縣志》卷35〈主簿〉，臺北：成文出版社，中國方志叢書第八十三號，據民國林學增等修，吳錫璜纂，1929年鉛印本影印，頁1144～1145，案：紹興戊辰為宋高宗18年（1148）；紹興23年為（1153）。

倫堂左邊建教思堂，又增設志道、據德、依仁、游藝四齋，在文廟大成殿後倡建經史閣，多方徵集圖書 900 多卷藏於其中。在城隅隙地開闢射圃。他不辭勞苦，足跡遍金廈，采風勸學。還善於發現人才，重用人才，訪得本縣徐應中、王賓兩位進士善於講學，且德行誠實，就向縣令舉薦，聘二人到縣學任教，同時「選秀民充弟子員，一時從學者眾」。

在學校管理方面，朱熹認爲要以理喻人，他說：「學校之政，不患法制之不立，而患理義之不足以悅其心」。但他對違法亂紀的生員，也決不姑息遷就。他看到有些生員學習不認眞，或投機取巧，或未到散學時間就回家，就專門學了〈同安縣諭學者〉、〈諭諸生〉、〈補試榜諭〉等文告，要大家學習古人「愛日不倦，而竟尺寸之陰」，仿效「君子之學，以誠其身，非特爲觀聽之美而已」，能「致恩於科舉之外」、「使學者有成材，而庠序有實用」，堅決反對「假手程文，以欺罔有司」的市儈作風。

朱熹在同安雖然只有五年，但他的晦人不倦，孜孜以求的治學精神對同安文化卻有極爲深遠的影響。他一生講究讀書方法，曾極有見地的指出：「讀書貪多，最是大病，下梢都理會不得。若到閒時，無書讀時，得一件書看得更仔細。」他培養了許升、王力行等門徒及許許多多的「再傳弟子」。同安縣的講學之風，正是從朱熹簿同才興起的。元至正十年（1350 年）建的「文公書院」供奉著朱子畫像，既是後代傳道授業的場所，也表達了後學對這位先賢的敬仰和懷念。〔註359〕

高令印、陳其芳，《福建朱子學》中亦有如下對朱熹的載述：

朱熹，字元晦，改字仲晦，號晦翁，祖籍徽州（今安徽歙縣）婺源（今屬江西）。朱熹的父親朱松……，南宋高宗建炎四年（1130年），朱熹生於尤溪；寧宗慶元六年（1200 年），朱熹卒於建寧府建陽縣的考亭，年七十一歲，墓在建陽縣的唐石里（今黃坑）大林谷。〔註360〕

〔註359〕引錄自《同安縣志‧人物》卷38，同安縣地方志編纂委員會編，《同安縣志》，北京：中華書局，2000 年 10 月，頁 1424～1425。

〔註360〕高令印、陳其芳，《福建朱子學》，福州：福建人民出版社，1986 年 10 月，頁 35～36。

文內的「元晦」，係其師所命之字，但朱子以元爲善之長，不敢居，自字「仲晦」，然後世無稱仲晦者。〔註361〕除此之外，朱子又先後自稱「雲谷老人」、「滄洲病叟」，死後諡爲「文」，世稱「朱文公」，並曾歷受追封，從祀孔廟，爲士人所景仰欽崇。

論及朱子撰《家禮》的成因，源自唐五代以後，世俗民風多爲釋道二教所浸淫，儒家禮學在民間地位不免深受影響，特別是北宋王安石熙寧變法以經術選士，在三禮中獨尊《周禮》與《禮記》，貶黜《儀禮》，且嚴訂學校士子專用王氏自寫的教材，禁用其他各家儀注的泛政治化作爲，導使《儀禮》在古禮的地位大幅削弱，令在三禮中最尊《儀禮》的朱熹深以爲憂，遂決心編訂一部以《儀禮》爲主導的家禮之作。〔註362〕關於這點，朱子在《朱子大全·民臣禮議》（同安作）中曾言：「禮不難行於上，而欲其行於下者難也。……惟州縣之間，士大夫庶民之家，禮之不可已，而欲行之，則其勢可謂難矣。」〔註363〕朱熹在《家禮·序》中又載：「熹之愚蓋兩病焉。是以嘗獨究觀古今之籍，因其大體之不可變者，而少加損益於其間，以爲一家之書。大抵謹名分、崇愛敬，以爲之本，至其施行之際，則又略浮文、務本實，以竊自附於孔子從先進之遺意。」〔註364〕其中對發想及撰述《家禮》的歷程一目瞭然，明朗易見。

案朱子《家禮·自序》論及《家禮》的寫法，乃是「獨究觀古今之籍，因其大體之不可變者，而少加損益於其間」。所謂「究觀古今之籍」，即在上探禮經——《儀禮》，以窮究古禮之源；近則參酌司馬光（1019～1086 年）、張載（1020～1077 年）及二程（程顥 1032～1085 年、程頤 1033～1107）的禮說。所謂「因其大體」，亦即本諸《儀禮》。所謂「少加損益」，亦即參酌時宜。〔註365〕《宋史紀事本末·道學崇黜》卷八十即言：「論熹本無學術，

〔註361〕陳榮捷，《朱子新探索》，上海：華東師範大學出版社，2007 年 7 月，頁 125。

〔註362〕孫葦，《朱熹《家禮》研究》，浙江大學中國文化史古典文獻學碩士論文，2009 年 5 月，頁 1。

〔註363〕〔宋〕朱熹，《朱子大全·民臣禮議》（同安作）卷 69，《四部備要·子部》（據明胡氏刻本校刊），上海：中華書局，1936 年，頁 15b。

〔註364〕〔明〕楊慎輯，《文公家禮儀節》，明啓禎間（1621～1644 年）刻本，美國：國會圖書館珍藏，

〔註365〕彭美玲計畫主持，黃才容、林碧珠研究助理，《家禮源流群書述略考異》（簡易版），行政院國家科學委員會補助專題研究計畫成果報告，計畫編號 NSC89-2411-H-002-053，臺北：臺灣大學中國文學系，2001 年 10 月，頁 10。

徒竊張載、程頤之緒餘，爲浮誕宗主，謂之道學。」〔註366〕明人邱濬撰《文公家禮儀節序》亦曰：「文公因《溫公書儀》，參以程、張二家之說，而爲《家禮》一書，實萬世人家通行之典也。」〔註367〕清人汪紱撰《六禮或問‧序》也言：「惟我文公朱子，特起於宋，哀禮教之式微，病繁文之寡當，獨任世教，斟酌群書，祖述《儀禮》，參以《司馬書儀》，折衷古今之權，以成《家禮》一書。」〔註368〕皆不約而同檢說朱子祖述《儀禮》，參酌司馬光《書儀》，取折衷易行儀注撰述《家禮》的事實。故是可言「《家禮》是南宋朱熹禮學的代表作，其編訂目的是爲民間習禮用禮者提供一個通俗的家用讀本。」〔註369〕

宋人黃榦是朱熹女婿，及集朱熹學說大成的弟子，其《勉齋集‧書晦菴先生家禮》卷廿二有言：「聖人因人情而制禮，既本於天理之正隆。古之世習俗醇厚，亦安行於是理之中。世降俗末，人心邪僻，天理堙晦，於是始以禮爲強世之具矣。先儒取其施於家者，著爲一家之書，爲斯世慮至切矣。晦菴先生以其本末詳略，猶有可疑，斟酌損益，更爲《家禮》，務從本實以惠後學，蓋以天理不可一日而不存，則是禮亦不可一日而或缺也。」〔註370〕陳來於〈朱子《家禮》眞僞考議〉亦曰：「……黃榦說，司馬氏的《書儀》用意甚好，但朱子以爲詳略取捨不盡恰當，所以以《書儀》爲基礎，加以增刪修正，寫成朱子自己的《家禮》」。〔註371〕即翔實述明朱熹祖《儀禮》、承《書儀》寫作《家禮》的前因與成果。

朱熹之所以參酌眾家說論訂定《家禮》，實因其所尊崇的《儀禮》，「古禮繁縟，後人於禮日益疎略。然居今而欲行古禮，亦恐情文不相稱，不若只就

〔註366〕〔明〕馮琦原編；陳邦瞻纂輯；張溥論正，《宋史紀事本末》下冊，北京：中華書局，1957年7月上海1版2刷，頁680。

〔註367〕〔明〕邱濬撰，〈文公家禮儀節序〉，載汪紱著，《六禮或問》，《叢書集成三編》，臺北：新文豐出版社，1996年，頁82～83。

〔註368〕〔清〕汪紱著，《六禮或問‧序》，載《叢書集成三編》，臺北：新文豐出版社，1996年，頁83。

〔註369〕孫莘，《朱熹《家禮》研究》，浙江大學中國文化史古典文獻學碩士論文，2009年5月，頁1。

〔註370〕〔宋〕黃榦撰，《勉齋集‧書晦菴先生家禮》卷22，《文淵閣四庫全書本‧集部》1168冊，臺北：臺灣商務印書館，1986年7月，頁240。

〔註371〕陳來，〈朱子《家禮》眞僞考議〉，原載《北京大學學報》1989年第3期，收入林慶彰主編《中國經學史論文選集》下冊，臺北：文史哲出版社，1993年3月，頁260。

今人所行禮制中刪修，令有節文制數等威足矣。」〔註372〕再因司馬光、張載、二程諸家各有短長，據《朱子語類·論後世禮書》卷八十四探稱：「橫渠所製禮，多不本諸《儀禮》，有自杜撰處。如溫公卻是本諸《儀禮》，最爲適古今之宜。」〔註373〕《朱子語類》復言：「二程與橫渠多是古禮，溫公則大槩本《儀禮》，而參以今之可行者。要之溫公較穩，其中與古不甚遠，是七八分好。若伊川禮，則祭祀可用，婚禮惟溫公者好。大抵古禮不可全用，如古服、古器，今皆難用。」〔註374〕即清楚明示溫公（司馬光）著錄的《書儀》既依附《儀禮》而寫就，又能從俗從簡地融合當代適切可行的禮儀，較爲穩當易行，亦較爲時人倡揚，因而頗受朱熹推舉，尤其是婚禮儀節朱熹主張司馬光較佳，祭祀禮儀則以程頤爲尚。

《家禮》一書，內容「分通禮、冠禮、婚禮、喪禮、祭禮五卷，傳爲宋朱子所撰。」〔註375〕其中卷首通禮依谷川道雄撰〈六朝士族與家禮——以日常禮儀爲中心〉曰：「朱熹將司馬光《書儀》當中的《居家雜儀》，納入於《文公家禮》卷一〈通禮〉之後，主要的是考量《居家雜儀》乃整個禮儀當中『正倫理、篤恩愛』的基本位元，若能確實獲得實行，則『儀章度數有可觀焉』，否則『節文雖具，而本實無取，君子不貴也。』（《文公家禮》卷一〈通禮〉）故將之列於篇首，使覽者知所先焉。」〔註376〕明人何瑭撰《柏齋集·仇氏祭

〔註372〕〔宋〕黎靖德編，《朱子語類》卷84〈禮一·論考禮綱領〉，收錄於《景印文淵閣四庫全書·子部》701冊，頁774。

〔註373〕〔宋〕黎靖德編，《朱子語類》卷84〈禮一·論後世禮書〉，收錄於《景印文淵閣四庫全書·子部》701冊，頁779。

〔註374〕〔宋〕黎靖德編，《朱子語類》卷84〈禮一·論後世禮書〉，收錄於《景印文淵閣四庫全書·子部》701冊，頁779。另於〔宋〕朱熹撰；〔清〕李光地、熊賜履等奉敕編，《御纂朱子全書·論考禮綱領》卷38亦有類似載記：「二程與橫渠多是古禮，溫公則大槩本《儀禮》，而參以今之可行者。要之溫公較穩，其中與古不甚遠，是七、八分好。若伊川禮，則祭祀可用。婚禮，惟溫公者好。……古禮難行後世。苟有作者，必須酌古今之宜。」

〔註375〕陳來，〈朱子《家禮》眞僞考議〉，原載《北京大學學報》1989年第3期，收入林慶彰主編《中國經學史論文選集》下冊，臺北：文史哲出版社，1993年3月，頁258。

〔註376〕〔宋〕朱子撰，《家禮》，南宋淳祐5年（1245年）五卷本加附錄一卷，載於《孔子文化大全》，山東：友誼書社，1992年11月，頁610：「司馬氏《居家雜儀》，此章本在昏禮之後，今按此乃家居平日之事，所以正倫理篤恩愛者，其本皆在於此。必能行此，然後其儀章度數有可觀焉。不然，則節文雖具，而本實無取，軍子所以不貴也，故亦列於首篇（《通禮》），使覽者知所先焉。」

田記》卷七亦言：「《家禮》之大者，曰冠昏喪祭。冠昏爲人道之始，喪葬爲人道之終，世猶知謹。」〔註377〕根據這裡，乃見「有家日用之禮，莫重於冠婚喪祭。而明、清後續之作大抵沿承其（朱子）規矩，以「家禮」、「四禮」爲名者夥，既呈現禮學史上的自然趨勢，其間實亦不乏朱子《家禮》的影響。」〔註378〕若「就《家禮》之實際影響論之，其書不僅對中國近世民間禮俗具有明顯之指導作用，甚且流播異邦，聲被日、韓，其重要性自毋庸置疑。在本書籠罩之下，明、清時見踵武之作，往往就文公《家禮》爲基礎，斟酌損益，修訂改編，或加注解，或附辨說。」〔註379〕在各種類型的《家禮》相關著作紛然蔚起之下，終於型塑出明、清以來聲勢宏偉的近代家禮學派，而獨樹一幟，而沛然成風。

　　相較於《家禮》之外，鄉約、家訓……等自魏晉南北朝盛行後，依然流傳至宋代。就家訓言之，北齊顏之推《顏氏家訓》提供指導家庭儀節規範堪稱佼佼者之一，對「後世家禮的制定起到了一定的催化作用。該書雖只是一部家訓而非家禮、家儀，但我們透過顏之推的話語，仍可感受到他迫切希望通過這部書來教育子孫應當遵守禮儀的強烈使命感。」〔註380〕因此，盧正言《中國歷代家訓觀止》如是言之：「《顏氏家訓》……內容涉及政治、社會、儒學、宗教、歷史、文學、文字音韻等方面，而其主題在於訓導子孫奉行封建之道，繼承儒家傳統思想，修心求進，立身揚名。在家庭教育原則和方法方面，有許多值得借鑑的地方。……是一部內容比較完備的家訓作品，在歷代家訓中，堪稱承前啓後之作。」〔註381〕

　　至於鄉約方面，明人文林撰，《文溫州文集·溫州重修鄉約序》卷八曰：「鄉約，殆古者教民之遺意也。《周禮》司諫掌糾萬民之德行而勸之，朋友強

〔註377〕〔明〕何瑭撰，《柏齋集·仇氏祭田記》卷7，《文淵閣四庫全書本·集部》1266冊，臺北：臺灣商務印書館，1986年7月，頁572～573。
〔註378〕彭美玲計畫主持，黃才容、林碧珠研究助理，《家禮源流群書述略考異》（簡易版），行政院國家科學委員會補助專題研究計畫成果報告，計畫編號NSC89-2411-H-002-053，臺北：臺灣大學中國文學系，2001年10月，頁10。
〔註379〕彭美玲計畫主持，黃才容、林碧珠研究助理，《家禮源流群書述略考異》（簡易版），行政院國家科學委員會補助專題研究計畫成果報告，計畫編號NSC89-2411-H-002-053，臺北：臺灣大學中國文學系，2001年10月，頁4。
〔註380〕〔日〕谷川道雄撰，〈六朝士族與家禮〉，載《東亞傳統家禮、教育與國法（一）：家族、家禮與教育》論文集，2005年9月初版，頁5～6。
〔註381〕盧正言編，《中國歷代家訓觀止》，上海：上海世紀出版集團，2004年8月1版2刷，頁213。

之道藝巡問觀察而書之。司救掌萬民之衰惡而誅讓之。三讓而罰，三罰而士加明刑焉。周官法度廢弛，天下悵悵然莫之適從。有宋濂洛諸儒輩出，繼絕學，扶人極，以救斯世，然唯以責諸學者而周達于鄉之人，於是藍田有鄉約之作，而晦菴朱子寔增損之，而立意立言不出乎司諫、司救所掌之法，月一舉行，即族師月吉屬民讀邦法之意。」〔註382〕得見朱子對指導家庭禮儀的鄉約亦頗推崇，甚而配合社會所需酌情增減，以達教民導民之目的。因此，朱熹撰《晦菴先生文集‧太孺人邵氏墓表》卷九十明確載稱：「時君遂用法度嚴內外文學，訓子孫立信務典，稱重鄉閭。……具呼家人，與爲條約，親寫刻之屛，使合居有禮。……手書條約之詞：一曰子孫謹守家法，毋違悖。二曰晨興鳴板，長幼詣影堂早參，次會中堂敍揖。三曰男女出入，財貨出紬，僕妾增減，必稟家長。四曰凡爲子婦，毋得蓄私財。五曰奴僕無故不許出中門，蒼頭毋得輒升堂室，入庖廚。」〔註383〕即爲明證。關於朱熹的治禮，錢穆《朱子之禮學》因而註記是「以社會風教實際應用爲主。」〔註384〕易言之，「朱子言義理尊二程，而於溫公與二程兩家所定家禮，則多主從溫公。」〔註385〕前述甚明。

二、朱子《家禮》普及與其特色

　　司馬光撰作之《書儀》，亦稱《司馬氏書儀》，也稱《溫公書儀》，將家庭禮儀依冠、婚、喪條貫排列，是宋代關於家庭禮儀的重要著作。朱熹上承《儀禮》，再在司馬氏《書儀》的基礎上，擬定一套更切合實際之禮節制度，與更完備的有關建設家族組織之總體構想，而紹述《家禮》一書，或稱《文公家禮》，不但成爲中國封建社會後期的民間通用禮，又因宋朝以來後世競相效法，而成家族生活的指導思想與家族組織在理論上的最高權威。〔註386〕同時，通過《家禮》的廣泛傳播，禮制得以前所未有地下滲到民間社會，對民眾生

〔註382〕〔明〕文林撰，《文溫州文集‧溫州重修鄉約序》卷 8，《四庫全書總目》集部 40 冊，頁 349。

〔註383〕〔宋〕朱熹撰，《晦菴先生文集‧太孺人邵氏墓表》卷 90，《宋集珍本叢刊》56 冊，四川大學古籍整理研究所編，北京：線裝書局，2004 年，頁 233。

〔註384〕錢穆，《朱子之禮學》，載於《朱子新學案》第 4 冊，臺北：三民書局，1980 年 9 月，頁 113。

〔註385〕錢穆，《朱子之禮學》，載於《朱子新學案》第 4 冊，臺北：三民書局，1980 年 9 月，頁 114。

〔註386〕楊志剛，〈《司馬氏書儀》和《朱子家禮》研究〉，《浙江學刊》第 1 輯（總第 78 期），1993 年 1 期，頁 108～110。

活給予強勁的規範。〔註387〕

（一）福建朱子學派一支獨秀

　　誠如眾知，「朱熹因生於閩、居於閩、成於閩，其學說學界概稱爲『閩學』。」〔註388〕，又因朱熹晚年定居於建寧府建陽縣的考亭，七十一歲亦亡逝於考亭，故其學說也被稱爲「考亭學派」。〔註389〕綜觀「朱熹的一生中，除三年多出省從政、遊學外，一直在福建從事學術著述和講學教育活動。他在福建各地鼓勵學堂的設置，先後創辦了同安縣學、武夷精舍（武夷紫陽書院）、竹林精舍、滄州精舍（考亭書院）等。他著書立說，編輯教科書，擬定學規，提倡易風俗的社會教育，培養了大批知識分子。因此，在朱子學諸學系中，福建朱子學派最爲強大；朱熹門人，福建籍最多。」〔註390〕因而見知朱熹與福建息息相通，密不可分。

1. 朱門弟子發揚光大

　　「朱子一生七十一歲，除奉詔奏行在，在外作宦，與短期旅遊之外，皆住在福建。」〔註391〕故朱熹的閩學是相對於其他地域性的學派，如濂、洛、關……等學派而言，指以朱子爲首，包括其門人在內的南宋朱子學派的思想，及其後理學家對朱子學的繼承和發展，因朱熹及其門人以福建爲主要活動場域，故其學說概稱閩學。閩學是理學，發端於南宋初年福建理學家楊時、游酢、羅從彥、李侗等人，朱熹通過他們承接周敦頤、程顥、程頤等人的理學思想，而集理學之大成，並建立起龐大完整嚴密的理學思想體系，由此，一般把朱熹視爲閩學的創始者與閩學領袖，又因閩學和朱子學皆是以朱熹爲首的學派，通常將閩學和朱子學等同起來。〔註392〕

〔註387〕楊志剛，《中國禮儀制度研究》，上海：華東師範大學出版社，2001年5月，頁238。

〔註388〕高令印、陳其芳，《福建朱子學》，福州：福建人民出版社，1986年10月，頁2。

〔註389〕高令印、陳其芳，《福建朱子學》，福州：福建人民出版社，1986年10月，頁36。

〔註390〕高令印、陳其芳，《福建朱子學》，福州：福建人民出版社，1986年10月，頁69。

〔註391〕陳榮捷，《朱子新探索·朱子遺跡訪問記》，上海：華東師範大學出版社，2007年7月，頁131。

〔註392〕高令印、陳其芳，《福建朱子學》，福州：福建人民出版社，1986年10月，頁2。

在朱熹生前，朱子學已具備完整的思想體系，形成比較嚴密之學術派別，來自各地的學徒絡繹不絕。朱熹及其門人且多立書院以教，登壇開講，著說立說，從而在全國各地傳播朱子學。朱子學之盛行概由南而北，而至東西，蔚成不同的朱子學系，緣於朱熹一生大都居於福建、活躍於福建，其門人亦以福建居最多數，導使福建朱子學逐成朱子諸多學系中最為強大的臍脈地域。相對地，因朱子學已被奉為當時最高思想殿堂，獨定一尊，對異於自家的其他學說理然排斥，而自陷僵化和停滯。又因朱子已把理學系統推向集大成的形態，難有較大發展的餘地，引致朱熹逝去後，福建朱子學者雖率皆能恪守師訓，遵循師說，卻無較大的創新。〔註393〕南宋滅亡，元朝繼起，因隨朝廷詔令考試以朱子所定「四書」及「四書章句集注」出題，乃使朱子學倡揚全國，一支獨秀。明代之時，朱熹與皇帝同姓，朱子學又被欽定為科舉考試的主軸，朱子學從而大昌。清聖祖康熙年間（1662～1722年），李光地（1642～1718年）奉皇帝之命主編《性理精義》、《朱子大全》等書，宣揚和闡發朱子學。直至近代，辛亥革命前與革命後，朱子學仍有很大的影響。〔註394〕

統言朱子學因其理論價值愈來愈被封建統治者所認識和推崇，遂由原先的地域性學派，晉升為控制整個國家社會意識形態的官方哲學，並成為政治、法律、道德、藝術、教育等各個領域的指導原則，及成為鞏固封建統治秩序的強大精神支柱，其中福建朱子學者在朱子學的形成、完善和發展中興起主導作用，對朱子學的貢獻亦深受肯定。〔註395〕以下略舉朱子學在閩地學術發展上多闡發者，以茲印證：

（1）黃榦（1152～1221年）——南宋閩縣長樂人，號勉齋，學者稱勉齋先生。據《閩中理學淵源考》卷二十六載記：「字直卿……父瑀以篤行直道聞……直卿明睿端莊，造詣甚篤，斯道有望，於直卿者，不輕後，遂以女妻之。」〔註396〕另依《福建朱子學》宣稱：「黃榦為學最守師說，每每稱：『具持師說』、『先師言之詳矣』等。他忠實於朱熹的思想，最得朱子學的眞諦，所以他在朱子學

〔註393〕高令印、陳其芳，《福建朱子學》，福州：福建人民出版社，1986年10月，頁3～12。

〔註394〕高令印、陳其芳，《福建朱子學》，福州：福建人民出版社，1986年10月，頁13～15。

〔註395〕高令印、陳其芳，《福建朱子學》，福州：福建人民出版社，1986年10月，頁15。

〔註396〕〔清〕李清馥，《閩中理學淵源考·文肅黃勉齋先生榦學派》卷26，《文淵閣四庫全書本·史部》460冊，臺北：臺灣商務印書館，1986年7月，頁333～334。

上貢獻最大。」〔註397〕黃榦「在福建籍朱熹門人中居于領袖地位是當時所公認」〔註398〕的。除「最得師傳，以道有體有用之說發展朱子學」〔註399〕，黃榦還「用此觀點解釋《中庸》，強調體用一元，即要從整體上把握理。」。〔註400〕

（2）陳淳（1159～1223年）——南宋龍溪人，「字安卿，號北溪……一生未應科舉，亦未做官，長期從事講學和學術研究活動。……他的代表作《北溪字義》（又稱《四書性理字義》）是闡述程、朱理學的重要著作。」〔註401〕陳淳用性理字義來訓釋朱熹的理，進一步以用見其本的觀點來解釋理，把可望不及的理拉到日常生活中來，成為日常生活中的道德實踐問題，強調用力行道理的修煉來體現理，偏重於理的應用面向。〔註402〕

（3）傅伯成（1143～1226年）——南宋泉州人，字景初，號竹隱，宋孝宗隆興元年（1163年）登進士第。少從學朱熹，剛直敢言，篤信朱子學說，為官有較好的政績，也能為鄉里辦事，有較高的名聲，是地方上頗有影響的人物，與楊炳、李訦被尊為溫陵三大老。〔註403〕

（4）眞德秀（1178～1235年）——字實夫，改字景元，後更景希（或希元），號西山，學者稱西山先生，福建浦城人，宋寧宗慶元五年（1199年）進士。〔註404〕為官不與奸佞同流合污，亦不為名利失節，具有正直不阿的道德

〔註397〕高令印、陳其芳，《福建朱子學》，福州：福建人民出版社，1986年10月，頁74～75。
〔註398〕高令印、陳其芳，《福建朱子學》，福州：福建人民出版社，1986年10月，頁70。
〔註399〕高令印、陳其芳，《福建朱子學》，福州：福建人民出版社，1986年10月，頁12。
〔註400〕同註399。
〔註401〕張品端，〈朱熹與閩南文化〉，收入福建省炎黃文化研究會、中國人民政治協商會議泉州市委員會合編，《閩南文化研究》上冊，福州：海峽文藝出版社，2004年11月，頁535。
〔註402〕高令印、陳其芳，《福建朱子學》，福州：福建人民出版社，1986年10月，頁13。
〔註403〕張品端，〈朱熹與閩南文化〉，收入福建省炎黃文化研究會、中國人民政治協商會議泉州市委員會合編，《閩南文化研究》上冊，福州：海峽文藝出版社，2004年11月，頁536。
〔註404〕參見〔清〕李清馥，《閩中理學淵源考·文忠眞西山先生德秀學派》卷30，《文淵閣四庫全書本·史部》460冊，臺北：臺灣商務印書館，1986年7月，頁372。及高令印、陳其芳合著，《福建朱子學》，福州：福建人民出版社，1999年7月1版第2刷，頁131有類似刊記。唯《閩中理學淵源考》謂眞德秀後更字「景希」，《福建朱子學》則謂更字「希元」。

品質，常用「廉仁公勤」四字督察自己和勉勵部屬。學術淵源於朱熹，且墨守朱熹，是朱熹的再傳，雖未能親炙朱熹而私淑朱熹，爲朱熹的私淑弟子。在宣揚朱熹學說上，儘管沒能跳出朱熹範圍，但亦有發展，也興起大作用，是朱熹後學中較有影響之人物，他的學說是朱子學的正宗，是正統有代表性的福建朱子學者。〔註405〕

（5）楊復（生卒年待考證）——南宋人，據《閩中理學淵源考》卷二十七載記：「字志仁，福州長溪人，朱子門人，後又受業於黃勉齋，勁特通敏，考索最精，見者無不嘆服。陳師復稱其學問精深，服膺拳拳，眞西山知福州，即郡學，創貴德堂以處之。著《祭禮圖》十四卷、《儀禮圖解十七卷》，又有《家禮雜說附註》二卷，學者稱信齋先生。」〔註406〕

（6）邱葵（1244～1333年）——宋末元初同安縣小嶝人，字吉甫，號釣磯，是朱熹四傳弟子，一生未仕宦，以朱子學爲依歸，杜門勵學，著有《易解義》、《春秋通義》和《四書日講》等。〔註407〕

（7）熊禾——宋末元初福建建陽人，字位辛，又字去非、退齋，號勿庵、勿軒，學者稱勿軒先生，南宋度宗咸淳十年（1274年）進士，是朱熹的三傳弟子。因有強烈民族大義，入元後誓不仕宦，自稱「宋之義士，元之頑民」，在元朝生活三十三年始終批元頌宋，特別表彰宋儒，從事講學、著述和刻書，研究傳播朱子學和其他儒家典籍，不僅是元代著名朱子學家，亦是著名經學家和教育家，在朱子學、經學與教育上卓有貢獻。還把朱熹章句集注「四書」和孔子整理「六經」並列，儼然視朱熹爲孔子後第一人，爲爾後朱熹在儒家中之崇高地位奠定基礎。〔註408〕

（8）陳眞晟（1411～1474年）——明代泉州人，後遷居漳浦縣鎮海，字剩夫，自號漳南布衣。未應科舉，不願做官，貧窮治學，一生用力于理學研

〔註405〕高令印、陳其芳合著，《福建朱子學》，福州：福建人民出版社，1999年7月1版第2刷，頁133～134。

〔註406〕〔清〕李清馥，《閩中理學淵源考・文簡劉晦伯先生綸學派》卷27，《文淵閣四庫全書本・史部》460冊，臺北：臺灣商務印書館，1986年7月，頁346。

〔註407〕張品端，〈朱熹與閩南文化〉，收入福建省炎黃文化研究會、中國人民政治協商會議泉州市委員會合編，《閩南文化研究》上冊，福州：海峽文藝出版社，2004年11月，頁539。

〔註408〕高令印、陳其芳合著，《福建朱子學》，福州：福建人民出版社，1999年7月1版第2刷，頁178～179。

究，把理、氣、心、性等範疇揉合爲更加切實致用的嚴密思想體系，把朱子
學概括爲治心之學，發揚朱子學踐履之義。〔註409〕

（9）蔡清（1453～2508 年）——明代晉江人，字介夫，號虛齋，明憲
宗成化二十年（1484 年）中進士，歷官吏部主事、禮部主事、南京文選郎中、
江西提學副使。「是朱子學發展史上的重要學者，他的學說出現于朱子學的
發展由獨盛到稍衰的轉變時刻。……是前期福建朱子學說發展的高峰和總
結，在福建朱子學發展史上確實有繼往開來、振落扶衰的作用。」〔註410〕
蔡清深研朱熹的四書學和易學，著有《四書蒙引》、《易經蒙引》和《太級圖
解》等。他的理氣合一說、知行統一觀，是對朱熹學說的繼承和發展。當他
患病居家時，在泉州水陸寺設講堂，從學者眾。〔註411〕略而言之，「蔡清在閩
地學術上的重要代表性，跨越明清兩代，成爲閩地士人的共同典範。」〔註412〕

（10）黃道周（1585～1646 年）——明代漳浦縣銅山人，字幼元，號石
齋，學者稱「石齋先生」。一生仕途坎坷，畢生致力於授業講學和學術研究。
受朱子學象數派思想影響，提出天命爲理、氣數爲數的命題，並偏向修己以
敬、躬行履踐工夫，是知行一致的朱子學者，他的思想對閩南地區學人影響
很大。著有《六十四卦要說》、《易象王》、《三易洞玑》、《儒行集》和《春秋
軌》等，以及《詩序正》、《詩撰》、《詩表》等解《詩經》的著作，成爲明代
全爲聞名《詩》學研究家之一。〔註413〕

（11）李光地（1642～1718 年）——清代福建安溪人，字晉卿，號榕村。
一生篤信朱子學說，是清初著名理學家。他據清聖祖康熙御旨，主編《性理精

〔註409〕張品端，〈朱熹與閩南文化〉，收入福建省炎黃文化研究會、中國人民政治協
　　　　商會議泉州市委員會合編，《閩南文化研究》上冊，福州：海峽文藝出版社，
　　　　2004 年 11 月，頁 539～540。
〔註410〕高令印、陳其芳合著，《福建朱子學》，福州：福建人民出版社，1999 年 7 月
　　　　1 版第 2 刷，頁 278。
〔註411〕張品端，〈朱熹與閩南文化〉，收入福建省炎黃文化研究會、中國人民政治協
　　　　商會議泉州市委員會合編，《閩南文化研究》上冊，福州：海峽文藝出版社，
　　　　2004 年 11 月，頁 540。
〔註412〕王一樵，《從「吾閩有學」到「吾學在閩」：十五至十八世紀福建朱子學思想
　　　　系譜的形成及實踐》，國立臺灣師範大學歷史學系碩士論文，2006 年 6 月，
　　　　頁 3。
〔註413〕張品端，〈朱熹與閩南文化〉，收入福建省炎黃文化研究會、中國人民政治協
　　　　商會議泉州市委員會合編，《閩南文化研究》上冊，福州：海峽文藝出版社，
　　　　2004 年 11 月，頁 540～541。

義》、《朱子大全》和《周易折中》，自撰《周易通論》等著作，使朱子學成爲清代的統治思想。在學術思想上，他並不完全固守朱熹舊學，如他即不同意朱熹改本的《大學》和增加《格物補傳》，而仍沿用古本《大學》。在《性理精義》書中，特將朱熹的《易學啓蒙》收編入書並加以評論，提出他自己創新的一些新觀念。又主張經世致用，注意使朱子學研究能與當時社會實際結合，反對空言性理之士的浮躁學風，此般學以致用觀點即深得康熙帝的讚揚。〔註414〕

（12）蔡世遠（1681～1734 年）——清代漳浦縣梁山人，字聞之，號梁村，學者稱梁山先生，爲李光地的高第門人，曾和李光地一起參與御纂《性理精義》。主張以立志爲始，以孝悌爲基，以讀書窮理、克己躬行爲終，形成以誠義爲主幹的志氣學說。著有《朱子家禮自纂要》、《古文雅正》等。

（13）藍鼎元（1680～1733 年）——清代漳浦縣長卿里人，字仁庵，號鹿洲，也注重反身切己，學以致用。提出理產生天地民物，並用天地民物是理氣相結合的觀點來說明人性問題。主要哲學著作爲《棉阻學准》，與李光地、蔡世遠皆爲清初朱子學的復興者。〔註415〕

2.《家禮》受官方與民間力挺

《家禮》既作，其規定在朱熹的家庭活動中基本上得到了實現，證實朱熹不僅是一位注重家禮禮文條貫與行爲設計的傑出家禮理論探索者，而且是一位言行相顧的堅決實踐者。〔註416〕《朱子語類》云：「禮，時爲大。使聖賢有禮，必不一切從古之禮，疑只是以古禮減殺，從今世俗之禮，令稍防範，節文不至太簡而已。」〔註417〕對於普通社會家庭冠婚喪祭等常規的人道禮儀問題，朱熹特別提出因時立制、從俗從簡的看法，〔註418〕還能體察唐宋禮典與禮書之發展趨勢，結合科舉士人與庶民之需求，再從禮經與國家禮典中，

〔註414〕張品端，〈朱熹與閩南文化〉，收入福建省炎黃文化研究會、中國人民政治協商會議泉州市委員會合編，《閩南文化研究》上冊，福州：海峽文藝出版社，2004 年 11 月，頁 541。

〔註415〕張品端，〈朱熹與閩南文化〉，收入福建省炎黃文化研究會、中國人民政治協商會議泉州市委員會合編，《閩南文化研究》上冊，福州：海峽文藝出版社，2004 年 11 月，頁 542。

〔註416〕粟品孝，〈文本與行爲：朱熹《家禮》與其家禮活動〉，《安徽師範大學學報》第 32 卷第 1 期，2004 年 1 月，頁 104。

〔註417〕〔宋〕黎靖德編，《朱子語類》卷 84，〈禮一・論考禮綱領〉收錄於《景印文淵閣四庫全書》701 冊，收錄於《景印文淵閣四庫全書》，頁 775。

〔註418〕安國樓，〈朱熹的禮儀觀與《朱子家禮》〉，《鄭州大學學報》第 38 卷第 1 期，2005 年 1 月，頁 144。

挑選出適用士庶的禮儀項目，〔註419〕使得「《朱子家禮》之內容體現古今變通的禮制思想」〔註420〕，又能於先秦古禮有很大程度上的約省，對民間習俗也有有限度的接受，且基本精神仍屬於正統的儒家思想，因而逐漸被儒家知識分子所接收，更隨朱子學說的流傳，而愈益普及。〔註421〕

不容諱言，學者的倡導確有助於擴大朱子《家禮》的影響力，但在元、明、清時期，官方的大力昭告倡導，無疑是讓《家禮》蓬勃發展的歷史動因。若就民間學者大量刊布有關《家禮》的注本和傳本言之，或對《家禮》進行注釋者；或對《家禮》加以損益、易以淺近語彙者；或對《家禮》加諸插圖者……藉由此類印行、流傳眾多的家禮著作，導使《家禮》一書傳播廣大，遠近皆知，而成家喻戶曉的民間通用禮書。〔註422〕南宋時期的《家禮》注本有楊復附注、劉垓孫補注與劉璋增注，及常被後人置放《家禮》正文末的周復撰寫的〈家禮附錄〉。明代之時，因隨官方和民間相繼尊崇《家禮》所致，對《家禮》的注本和傳本達到顛峰，丘濬《家禮儀節》堪稱其中佼佼者。迨至清代，參與《家禮》的編注雖已大幅銳減，但憑藉《家禮》自身的諸多長處、文人儒士的大量宣傳推展，及官方公權力的介入，《家禮》的地位和影響依然隆盛如前。〔註423〕

若就官方倡揚《家禮》言之，首先，元仁宗皇慶二年（1313年）十一月，下詔曰：

> 若稽三代以來，取士各有科目，要其本末，舉人宜以德行爲首，試藝則以經術爲先，詞章次之。浮華過實，朕所不取。爰命中書，參酌古今，定其條制。……科場，每三歲一次開試。舉人從本貫官司於諸色戶內推舉，年及二十五以上，鄉黨稱其孝悌，朋友服其信義，經明行修之士，結罪保舉，以禮敦遣。……考試程式：蒙古、色目人，第一場經問五條，《大學》、《論語》、《孟子》、《中庸》內設問，

〔註419〕張文昌，《唐宋禮書研究──從公禮到家禮》，國立臺灣大學歷史研究所博士論文，2006年7月，頁364。

〔註420〕安國樓，〈朱熹的禮儀觀與《朱子家禮》〉，《鄭州大學學報》第38卷第1期，2005年1月，頁145。

〔註421〕陳彩雲，〈朱子《家禮》中的禁奢思想及對後世的影想〉，載《孔子研究》第4期，2008年，頁105。

〔註422〕楊志剛，〈《朱子家禮》：民間通用禮〉，《傳統文化與現代化》，1994年12月第4期，頁45。

〔註423〕楊志剛，〈《朱子家禮》：民間通用禮〉，《傳統文化與現代化》，1994年12月第4期，頁45～46。此說又見氏著〈論《朱子家禮》及其影響〉，《朱子學刊》（總第6輯），黃山書社出版，1994年12月，頁13～14。

用朱氏章句集註……漢人、南人，第一場明經經疑二問，《大學》、《論語》、《孟子》、《中庸》內出題，並用朱氏章句集註……《詩》以朱氏爲主，《周易》以程氏、朱氏爲主。」〔註424〕

詔令全國以朱子《四書集註》作爲科舉考試範本。又於《大元通制條格》卷三〈戶令・婚姻禮制〉中明定：「（元世祖）至元八年（1271 年）九月……據漢兒人舊來體制，照得朱文公《家禮》內婚禮，酌古准今，擬到各項事理。」〔註425〕即明確規定婚禮按照《文公家禮・昏禮》儀式作爲法定儀式。繼續，由明太祖「洪武元年（1368 年），拜禮部尙書，凡禮儀、祭祀、宴享、貢舉諸政，皆專屬禮官。」〔註426〕同年，再詔令全國「定制（案：指庶人婚禮）依朱子《家禮》。」〔註427〕率先將古禮婚儀由「六禮」調簡成「無問名、納吉，止納采、納幣、請期。下令禁指腹、割衫襟爲親者。庶人娶婦，男年十六，女年十四以上，並聽婚娶。常服或假九品服，婦服花釵大袖，其納采、納幣、請期略倣品官之儀，有媒無賓，詞亦稍異。親迎前一日，女氏使人陳設於婿之寢室，俗謂之鋪房。至若告祠，醮戒奠雁，合巹並如品官，儀見祖禰舅姑，舅姑醴婦亦略相準。」〔註428〕以使婚嫁禮儀更吻合當代社會需求，「以遏制民間奢侈風氣的蔓延」〔註429〕。

接著，「（明太祖洪武）二年（1369 年），詔諸儒臣脩禮書，明年（1370年）告成，賜名《大明集禮》（五十卷）。」〔註430〕《大明令》更直接了當註記「凡民間婚娶，並依文公家禮。」〔註431〕洪武三年（1370 年），「修成《明

〔註424〕〔明〕宋濂、王禕等奉敕撰，《元史》卷 81〈志三十一・選舉一〉，臺北：鼎文書局，1981 年 3 月 3 版，頁 2018～2019。

〔註425〕郭成偉點校，《大元通制條格》卷 3〈戶令・婚姻禮制〉，北京：法律出版社，2000 年 1 月，頁 36。

〔註426〕〔清〕龍文彬纂，《明會要》卷 6〈禮一・吉禮錢用壬傳〉，楊家駱主編《中國學術名著》第二輯，歷代會要第一期書第九冊。臺北：世界書局，1972 年 10 月第 3 版，頁 78。

〔註427〕〔清〕乾隆官修，《續通典》卷 58・禮 14，浙江：古籍出版社，2000 年 1 月，頁 1487。

〔註428〕同註 427。

〔註429〕陳彩雲，〈朱子《家禮》中的禁奢思想及對後世的影想〉，載《孔子研究》第 4 期，2008 年，頁 105。

〔註430〕〔清〕龍文彬纂，《明會要》卷 6〈禮一・吉禮〉，楊家駱主編《中國學術名著》第二輯，歷代會要第一期書第九冊。臺北：世界書局，1972 年 10 月第 3 版，頁 76。

〔註431〕〔明〕章潢，《圖書編》卷 109〈婚禮敍〉，《文淵閣四庫全書本・子部》972

集禮》，其中多處採納《家禮》的內容。」〔註432〕即將《文公家禮》儀制編列《大明集禮》中，以國家禮典方式彰顯《文公家禮》，俾使全國人民一切生活禮儀有所遵循，並導正社會浮誇靡奢的不良風尚。之後，至「（明成祖）永樂中（1403～1424年），頒《文公家禮》於天下。」〔註433〕

有清一代，據李清馥《閩中理學淵源考・文公朱晦菴先生學派》卷十六載稱：「按周、程、張、朱五子從祀，定於宋理宗淳祐元年（1241年），自此之後，國無異論，士無異習。宋史言後世有以理學復古帝王之治者，考論匡直輔翼之功，實自理宗始。自元迄明，宗仰專師，風同道一。迨我朝推崇特厚，至表章朱子典禮，尤超越前代，康熙五十二年（1713年），御纂《朱子全書》告竣，刊布天下。」〔註434〕當可見知朱子《家禮》俟到清朝，受到薦舉推廣，愈益增加。至此，《家禮》乃一改私人編撰的家禮著作性質，而躍居為官方認同、體現官方禮制的禮典，而成為有明一代舉國上下風行踐履的家庭禮儀寶典。

除開官方的極力推崇並詔告通行之外，民間士儒的大力舉薦亦是朱子《家禮》盛行的一大功臣。明儒章潢《圖書編》即曰：「冠婚喪祭有家日用，乃古意無復有存，尤有不可不亟講者。夫人生一冠一婚耳，三加之儀，古非難行也，而何以必違股論財之道，元魏自始也，而何以必從魏……故謂宜倣朱子家禮，及丘文莊公儀節，損益行之，以為齊民表行於家，興於鄉，漸於邑，達於天下。」〔註435〕明儒薛應旂《方山先生文錄・涇野先生傳》卷十四也曰：「（涇野先生）謫判解州，至則贊州長以政教勸，率士民酌取藍田呂氏之規以行鄉約，刊訂《朱子家禮》以正習俗，儒生學子群至受業。」〔註436〕清人陳宏謀撰，華希閔補輯，《訓俗遺規・陸桴亭（世儀）思辨錄》卷二再曰：「教家之道，第一以敬祖宗為本。敬祖宗在修《祭法》。《祭法》立，則《家禮》行。《家禮》行，則百事舉矣。」

　　　　冊，臺北：臺灣商務印書館，1986年7月，頁333。
〔註432〕楊志剛，〈《朱子家禮》：民間通用禮〉，《傳統文化與現代化》，1994年12月
　　　　第4期，頁45。
〔註433〕〔清〕龍文彬纂，《明會要》卷6〈禮一・吉禮〉，楊家駱主編《中國學術名
　　　　著》第二輯，歷代會要第一期書第九冊。臺北：世界書局，1972年10月第3
　　　　版，頁80。
〔註434〕〔清〕李清馥，《閩中理學淵源考・文公朱晦菴先生學派》卷十六，《文淵閣
　　　　四庫全書本・史部》460冊，臺北：臺灣商務印書館，1986年7月，頁232。
〔註435〕〔明〕章潢，《圖書編》卷108〈四禮總敘〉，《文淵閣四庫全書本・子部》972
　　　　冊，臺北：臺灣商務印書館，1986年7月，頁314。
〔註436〕〔明〕薛應旂撰，《方山先生文錄・涇野先生傳》卷14，《四庫全書總目》集
　　　　部102冊，頁368。

〔註437〕在在顯現諸儒推舉朱子《家禮》之一斑。

　　承上所述，得見朱子《家禮》之所以自宋朝以來，至今仍盛行不輟，原因無他，在於官方和民間皆極力推崇踐履所致；而官方和民間願意大力推行，原因無他，朱子《家禮》改良《儀禮》的繁文縟節，又能切合當時社會情況所致。

（二）朱子《家禮》重冠婚喪祭特色

　　論及朱子理學的內涵，高明曾言：「朱子曾有〈乞修三禮箚子〉，說《周禮》一書是禮之綱領……可見朱子也精研《周禮》，只是他所重視的是禮的義理與儀文，換言之，只是與《禮記》、《儀禮》相通貫的部分而已。」〔註438〕高氏又言：「朱子是一個很注意社會生活規範的人，他認爲社會的動亂與不安，是由於社會道德的敗壞；而社會道德的敗壞，又由於社會生活規範的未能樹立起應有的權威。因此朱子曾一再地申請政府頒降禮書與增修禮書（詳見《朱文公文集》卷二十有〈乞頒降禮書狀〉與〈乞增修禮書狀〉）。他〈跋三家禮範〉，極力推崇司馬光的《書儀》，他撰有一部《家禮》，又撰《儀禮經傳通解》一書，大抵以《儀禮》爲經，取《禮記》及諸經史雜書有涉及於禮的，皆附經文之下，《三禮注疏》中所引諸儒的說解也都備列，他是企圖將社會的生活規範以及那些規範的儀節所依據的義理綜合而爲一，使讀這書的人對社會的生活規範能有充分的理解，而增加其實踐的決心。」〔註439〕

　　據此乃見朱子引領撰次《家禮》的脈絡及目的，「熹嘗欲因司馬氏之書，參考諸家之說，裁訂增損，舉綱張目，以附其後，使覽之者得提其要以及其詳，而不憚其難。」〔註440〕正是朱子自述因襲司馬光《書儀》的剖白。錢穆也言：「朱子言義理尊二程，而於溫公與二程兩家所定家禮，則多從溫公。」〔註441〕義蘊不謀而合。「是書之作，無非天理之自然，人事之當然，而不可一日缺也。

〔註437〕〔清〕陳宏謀撰，華希閎補輯，《訓俗遺規・陸桴亭（世儀）思辨錄》（北京圖書館分館藏清乾隆55年（1790年）含英閣刻道光增補本）卷2，《四庫全書存目叢書・子部》158冊，臺南：莊嚴出版社，1995年9月，頁657。

〔註438〕高明，《朱子的禮學》，載《輔仁學誌》（文學院之部），輔仁大學輔仁學誌編輯委員會編輯，臺北新莊：輔仁大學，1982年6月，頁35。

〔註439〕高明，《朱子的禮學》，載《輔仁學誌》（文學院之部），輔仁大學輔仁學誌編輯委員會編輯，臺北新莊：輔仁大學，1982年6月，頁35～36。

〔註440〕〔宋〕朱熹撰；郭齊、尹波點校，《朱熹集・跋三家禮範》卷83，四川：四川教育出版社，1997年5月第1版第2刷，頁4284～4285。

〔註441〕錢穆著，《朱子新學案》，臺北：三民書局印行，1980年9月初版，頁114。

見之明、信之篤、守之固。禮教之行，庶乎有望矣。」〔註442〕亦正是朱熹弟子
兼女婿的黃榦對《家禮》的忠實揭言。今就朱子《家禮》特色提出說明：

1. 朱熹依名分愛敬根本撰述《家禮》

《朱子語類》曰：「及某年十七、八，方考訂得諸家禮，禮又稍備。」
〔註443〕據錢穆考證：「是朱子在免其父韋齋先生喪後，十七、八歲時，即已
有考訂諸家禮之事。」〔註444〕至若朱熹撰述《家禮》的原則，就高明闡釋
約為下列三端：〔註445〕

（1）依禮的根本制作禮儀

中華民族素有「禮儀之邦」稱名，中國傳統文化素以禮教為依歸，自不
殆言。唯「禮之難行，不外兩事。一則泥古而不適時，一則古今累積，卒至
於日繁而不勝舉。」〔註446〕有鑑於此，朱熹在〈家禮序〉開宗明義即云：「凡
禮有本有文，自其施於家者言之，則名分之守，愛敬之實，其本也。」〔註447〕
又於〈家禮序〉中曰：「大抵謹名分，崇愛敬，以為之本。」〔註448〕據上映照
朱子制定《家禮》作為家庭生活的規範，即要求應「盡到名與分的職守，發
揮愛與敬的精神」為其根本。大抵言之，夫婦的結合既是撐持家庭的生命圖
景，既有「夫」的名稱，當要盡到「夫」的本分；既有「婦」的名稱，當要
盡到「婦」的本分。夫婦之間，彼此相「愛」而關切對方，又彼此相「敬」
而尊重對方，和樂美滿家庭生活自然顯現，夫復何求？〔註449〕

〔註442〕黃榦著，《家禮後》，載《家禮》（宋刻本），南宋淳祐5年杭州刻（1245年）
　　　　五卷本加附錄一卷，頁573～577。
〔註443〕（宋）黎靖德編，《朱子語類》卷90〈禮七‧祭〉，收錄於《景印四庫全書‧
　　　　子部》701冊，臺北：臺灣商務印書館，1986年7月，頁888。
〔註444〕錢穆，《朱子之禮學》，載於《朱子新學案》第4冊，台北：三民書局，1980
　　　　年9月，頁171。
〔註445〕高明，《朱子的禮學》，載《輔仁學誌》（文學院之部），輔仁大學輔仁學誌編
　　　　輯委員會編輯，臺北新莊：輔仁大學，1982年6月，頁43～45。
〔註446〕錢穆著，《朱子新學案‧朱子之禮學》，臺北：三民書局，1980年9月初版，
　　　　頁115。
〔註447〕朱熹著，《家禮序》，載《家禮》（宋刻本），南宋淳祐5年杭州刻（1245年）
　　　　五卷本加附錄一卷，頁587。
〔註448〕朱熹著，《家禮序》，載《家禮》（宋刻本），南宋淳祐5年杭州刻（1245年）
　　　　五卷本加附錄一卷，頁589。
〔註449〕高明，《朱子的禮學》，載《輔仁學誌》（文學院之部），輔仁大學輔仁學誌編
　　　　輯委員會編輯，臺北新莊：輔仁大學，1982年6月，頁43～44。

（2）依綱紀詳訂禮的儀文

前述根本已然確立，儀文的詳訂理然緊跟其後。朱子任同安主簿時，於〈民臣禮議〉文中曾說：「禮不難行於上，而欲其行於下者難也。」〔註450〕因此，對於禮書的纂錄之餘，除強調各種儀節的運用與推廣，朱子還特別提出相當詳實的步驟與作法，俾使依循。由〈家禮序〉朱熹曰：「冠、昏、喪、祭，儀、章、度、數者，其文也。……其文又皆所以紀綱人道之始終。雖其行之有時，施之有所，然非講之素明，習之素熟，則其臨事之際，亦無以合宜而應節，是亦不可以一日而不講且習焉者也。」〔註451〕即不難見出端倪，無怪乎錢穆有感而稱「朱子重今禮尤甚於古禮。重行禮尤重於考禮。」〔註452〕

蓋人的一生中，由誕生、而成年、而成婚、而與人交往、而喪葬、而祭祀，莫不依禮而行，是以朱子「考禮，有考之夷虜苗徭者，有考之窮鄉僻土者。所謂禮失求諸野，不僅注意當前社會而已。又考禮必通其情。……是則考古禮，當重其於今可行否，而尤貴能加以變通也。」〔註453〕故在《家禮》書中，朱熹尤重冠、婚、喪、祭四禮，主張從人生的始終，來詮釋生活的規範，且能熟習遵行，蔚成風氣，則其他禮儀，自不難踐行。〔註454〕

（3）依古今斟酌適合禮的施行

《御纂朱子全書・論考禮綱領》卷三十八曰：「禮時為大。……古禮繁縟，後人於禮日益疎略。」〔註455〕〈家禮序〉也云：「三代之際，禮經備矣。然其存於今者，宮廬器服之制、出入起居之節皆已不宜於世。」〔註456〕，足見

〔註450〕〔宋〕朱熹撰；郭齊、尹波點校，《朱熹集・雜著》卷69〈民臣禮議〉，四川：四川教育出版社，1997年5月第1版第2刷，頁3628。

〔註451〕朱熹著，《家禮序》，載《家禮》（宋刻本），南宋淳祐5年杭州刻（1245年）五卷本加附錄一卷，頁587～588。

〔註452〕錢穆著，《朱子新學案・朱子之禮學》，臺北：三民書局，1980年9月初版，頁116。

〔註453〕錢穆著，《朱子新學案・朱子之禮學》，臺北：三民書局，1980年9月初版，頁125～126。

〔註454〕高明，《朱子的禮學》，載《輔仁學誌》（文學院之部），輔仁大學輔仁學誌編輯委員會編輯，臺北新莊：輔仁大學，1982年6月，頁44。

〔註455〕〔宋〕朱熹撰，〔清〕李光地、熊賜履等奉敕編，《御纂朱子全書・論考禮綱領》卷38，《文淵閣四庫全書本・子部》721冊，臺北：臺灣商務印書館，1986年7月，頁138。

〔註456〕朱熹著，《家禮序》，載《家禮》（宋刻本），南宋淳祐5年杭州刻（1245年）

朱熹認爲古禮中有諸多儀文已不合當代所須，無法再承襲沿用，不得不「酌以古今之變，更爲一時之法」〔註457〕，甚或「因其大體之不可變者，而少加損益於其間」〔註458〕，以求「略浮文、敦本實」〔註459〕，而能確實編纂一部適用於宋代的家禮張本，比較當時一般士儒「或遺其本而務其末，緩於實而急於文。自有志好禮之士，猶或不能舉其要，而困於貧寠者，尤患其終不能有以及於禮也。」〔註460〕的社會風氣，朱子的用心，於焉得見；《家禮》得以普及，亦於焉得見。

2、朱熹《家禮》集家禮眾著大成

　　《家禮》問世之後，人們莫不奉爲封建家禮的圭臬，原因無他，在其能將中國古代的家禮進一步臻於完備，因此，楊志剛比較於宋代其他的家禮著述，提出《家禮》三項特點：〔註461〕

（1）綱目清晰而完備

　　《家禮》分〈通禮〉、〈冠禮〉、〈昏禮〉、〈喪禮〉、〈四時祭禮〉五部分，正文前有黃幹〈家禮後〉序與潘仲善〈家禮大義〉，正文末有〈家禮附錄〉，體例周備，條貫明晰。〈通禮〉含括〈祠堂〉、〈深衣制度〉、〈司馬氏居家雜儀〉三節，統領全篇。〈冠禮〉分〈冠〉、〈笄〉兩節。〈昏禮〉分〈議婚〉、〈納采〉、〈納幣〉、〈親迎〉、〈婦見舅姑〉五節。〈喪禮〉分〈初終〉、〈沐浴襲奠爲位飯含〉、〈靈座魂帛銘旌〉、〈小斂〉、〈大斂〉、〈成服〉、〈朝夕哭奠——上食〉、〈弔奠賻〉、〈聞喪——奔喪〉、〈治喪〉、〈遷柩——朝祖——奠賻——陳器——祖奠〉、〈遣奠〉、〈發引〉、〈及墓下棺祠后土題木主成墳〉、〈反哭〉、〈虞祭〉、〈卒哭〉、〈小祥〉、〈大祥〉、〈禫〉和〈居家雜儀〉廿一節。〈四時祭禮〉分〈初祖〉、〈先祖〉、〈禰〉、〈忌日〉、〈墓祭〉五節，切近生活，進階發展，一目瞭然。

　　全篇文字分正文和注兩種，正文不訂「廳寢戶牖」、「庭階升降」的繁禮

　　　　五卷本加附錄一卷，頁588。

〔註457〕同註456。

〔註458〕朱熹著，《家禮序》，載《家禮》（宋刻本），南宋淳祐5年杭州刻（1245年）
　　　　五卷本加附錄一卷，頁589。

〔註459〕同註458。

〔註460〕朱熹著，《家禮序》，載《家禮》（宋刻本），南宋淳祐5年杭州刻（1245年）
　　　　五卷本加附錄一卷，頁588～589。

〔註461〕楊志剛，〈論《朱子家禮》及其影響〉，《朱子學刊》（總第6輯），黃山書社出
　　　　版，1994年12月，頁2～3。此說亦見於氏著，〈《朱子家禮》：民間通用禮〉，
　　　　《傳統文化與現代化》，1994年12月第4期，頁40～41。

縟文，僅記敘禮儀的主體過程。一則得使語言簡潔扼要，易窺堂奧；禮儀安排也相對講求緊湊、連貫，方便行禮者記誦和操作，發揮對現實生活的指導作用。再則，也為平民百姓的參考使用存留較大的生命地圖，可以因人、因時、因地、因物而制宜。〔註462〕

（2）強大自識更新傳統禮儀

朱熹〈跋古今家祭禮〉言：「以古今異便，風俗不同，雖有崇儒重道之君，知經好學之士，亦不得盡由古禮，以復於三代之盛。」〔註463〕《朱子語類》也曰：「大底古禮不可全用，如古服、古器，今皆難用。」〔註464〕清儒李光地、熊賜履等奉敕編《御纂朱子全書·論考禮綱領》卷三十八又云：「古禮難行後世。苟有作者，必須酌古今之宜。」〔註465〕爰此乃見配合時宜、因應需求正是朱熹修訂禮書的主要驅力。因三代之時，禮經雖已具備並行，但距今年代久遠，許多宮廬器服的定制與出入起居的儀次，早已不符合當代社會趨勢，〔註466〕加以變革改易，以求契合時代脈動，以應人民生活所須，誠屬必要。

基於「古禮於今實難行，嘗謂後世有大聖人者作，與他整理一番，令人甦醒，必不一一盡如古人之繁。但做古之大意」〔註467〕之思，以及「古禮難行後世，苟有作者，必須酌古今之宜。若是古人如此繁縟，如何教令人要行得」〔註468〕之意，於是朱熹將古禮程序予以省略或刪減，抑或將古禮所用部分器物屏棄不用，抑或將古禮器物改以當時通用之物取代……等，充分表現從俗和從眾的變通精神。譬如終身大事的納采、問名、納吉、納徵、請期、

〔註462〕楊志剛，〈論《朱子家禮》及其影響〉，《朱子學刊》（總第6輯），黃山書社出版，1994年12月，頁2。此說亦見於氏著，〈《朱子家禮》：民間通用禮〉，《傳統文化與現代化》，1994年12月第4期，頁40。

〔註463〕〔宋〕朱熹撰；陳俊民校編，《朱子文集·跋古今家祭禮》卷81，臺北：財團法人德富文教基金會，2000年2月，頁3993。

〔註464〕〔宋〕黎靖德編，《朱子語類》（收錄於《景印文淵閣四庫全書》卷八十四），頁779。

〔註465〕〔宋〕朱熹撰，〔清〕李光地、熊賜履等奉敕編，《御纂朱子全書·論考禮綱領》卷38，《文淵閣四庫全書本·子部》721冊，臺北：臺灣商務印書館，1986年7月，頁137。

〔註466〕朱熹著，《家禮序》，載《家禮》（宋刻本），南宋淳祐5年杭州刻（1245年）五卷本加附錄一卷，頁588。

〔註467〕〔宋〕黎靖德編，《朱子語類·禮》，《文淵閣四庫全書》子部，臺北：臺灣商務印書館，1986年7月初版，頁775。

〔註468〕〔宋〕黎靖德編，《朱子語類·禮》，《文淵閣四庫全書》子部，臺北：臺灣商務印書館，1986年7月初版，頁775。

親迎之婚姻「六禮」，朱熹即加以簡化成納采、納幣、親迎「三禮」，「刪去問名、請期、納吉等環節，行文更加簡練。」〔註469〕又雖承襲司馬光《書儀》鋪房、婿親迎乘馬、婿婦交拜等新設的儀節，卻蛻改納采前一日告祖爲納采當日清晨「告于祠堂。」將三月廟見和拜先靈，折衷親迎後三日「主人以婦見于祠堂」的變革，影響後世婚姻禮制，〔註470〕意義格外重大。

（3）匯聚眾說，擇優採行

繼「書儀」之後，「家禮」儼然已成家庭禮儀的重要規範，據劉欣對「家禮」的定義，認爲「是一種規範家族成員之間彼此活動交際的行爲準則，包括婚、喪、冠、祭等內容，它貫穿著親親、尊尊、長長的等級思想，其核心觀念是『孝道』。……宋代的『家禮』建設主要包括祠堂制的建設、宗子制的確立及『孝道』的推行。」〔註471〕在講究窮理盡性、躬行踐履，暨強調修身、齊家以提高個人道德，及提昇社會道德水平的流風所及，宋儒多數投身家族活動的倡導，賣力推廣理學的道德說教，並積極參與家禮的編訂，質是之故，程頤、程顥、張載……等宋代大儒都曾編過「家禮」，〔註472〕冠絕一時又「於禮特所重視」〔註473〕的朱熹自不例外。

朱子對《家禮》的編訂，清人鄭士範《朱子年譜》云：「參酌古今，咸盡其變，因成喪、祭禮。又推之於冠、婚，共爲一編。」〔註474〕清儒王懋竑編《朱子年譜考異》也有類似之說：「《家禮》附錄李氏方子曰，乾道己丑五年（1169年）九月，先生丁母祝令人憂，居喪盡禮，參酌古今，因成喪葬祭禮，又推之於冠昏，共爲一編。」〔註475〕錢穆亦曰：「《家禮》乃修定之書，主要

〔註469〕孫革，《朱熹《家禮》研究》，浙江大學中國古典文獻學碩士論文，2009年5月，頁86。

〔註470〕楊志剛，〈《司馬氏書儀》和《朱子家禮》研究〉，《浙江學刊》第1輯（總第78期），1993年1期，頁111。

〔註471〕劉欣，〈宋代《家禮》：文化整合的一個範式〉，載《河南理工大學學報》（社會科學版），第7卷第4期，2006年11月，頁332～336。

〔註472〕楊志剛，〈論《朱子家禮》及其影響〉，《朱子學刊》（總第6輯），黃山書社出版，1994年12月，頁2～3。此說亦見於氏著，〈《朱子家禮》：民間通用禮〉，《傳統文化與現代化》，1994年12月第4期，頁41。

〔註473〕錢穆，《朱子新學案》第4冊〈朱子之禮學〉，臺北：三民書局，1980年9月，頁112。

〔註474〕鄭士範編，《朱子年譜·注》，載錄於于浩輯《宋明理學家年譜》，北京：北京圖書館出版社，2005年4月，頁591～592。

〔註475〕〔清〕王懋竑編，《朱子年譜考異》，清道光光緒間刻本，于浩輯《宋明理學

采溫公、伊川兩家，加以增損，求其可行。」〔註476〕由是知曉朱熹早前先作喪、祭禮，之後再推及冠、婚禮。而當朱熹潛研喪、祭禮儀之書時際，之所以對冠、昏（即婚）禮儀注意加考，尚有一段小插曲，即宋孝宗淳熙元年甲午（1174年）來，因操心其長子朱塾婚事，引以致之。〔註477〕而這種將冠、婚、喪、祭四分的家禮格局，正是司馬光《書儀》初步型塑相對完整的家庭禮儀系統，爲後世家庭禮儀發展奠定基礎，〔註478〕另方面亦見證《書儀》對後世家禮的影響。

先於《家禮》的《祭儀》之作，朱子係「嘗因程氏之說，草其祭寢之儀，將以行於私家。」〔註479〕在〈與蔡元定書〉中朱子曾言：「《祭儀》，只是溫公《書儀》內少增損之。」〔註480〕錢穆《朱子之禮學》亦載：「朱子告葉味道，謂某之祭禮不成書，只是將溫公書減却幾處。其告陳安卿，謂某修祭禮，只將溫公儀中行禮處分作五、六段。」〔註481〕後因「（二）程、張（載）之言，猶頗未具。」〔註482〕遂於再三比較後改變初衷，認爲「橫渠所製禮，多不本諸《儀禮》，有自杜撰處。如溫公卻是本諸《儀禮》，最爲適古今之宜。」〔註483〕朱子又言：「二程與橫渠多是古禮，溫公則大槩本《儀禮》，而參以今之可行者。要之溫公較穩，其中與古不甚遠，是七八分好。」〔註484〕幾經思量，

家年譜》，北京：北京圖書館出版社，2005年4月，頁69〜85。
〔註476〕錢穆，《朱子之禮學》，載於《朱子新學案》第4冊，臺北：三民書局，1980年9月，頁168〜169。
〔註477〕束景南，〈朱熹《家禮》眞僞考辨：從《祭儀》到《家禮》〉，載束景南編著《朱熹佚文輯考》，江蘇：古籍出版社，1991年12月，頁679。
〔註478〕王立軍，〈宋代的民間家禮建設〉，《河南社會科學》第10卷第2期，2002年3月，頁76。
〔註479〕〔宋〕朱熹撰；郭齊、尹波點校，《朱熹集·答汪尚書書論家廟（癸巳）》，四川：四川教育出版社，1997年5月第1版第2刷，頁1284。
〔註480〕〔清〕紀昀，《欽定四庫全書總目》卷22，〈經部22·禮類4·書儀〉（武英殿版），臺北：藝文印書館，1997年9月初版7刷，頁468，
〔註481〕錢穆，《朱子之禮學》，載於《朱子新學案》第4冊，台北：三民書局，1980年9月，頁170。
〔註482〕〔宋〕朱熹撰，陳俊民校編，《朱子文集·跋三家禮範》卷83，財團法人德富文教基金會出版，2000年2月，頁4109〜4110。此篇章亦見於氏著《朱熹集·跋三家禮範》卷83，四川：四川教育出版社，1997年5月第1版第2刷，頁4284〜4285。
〔註483〕〔宋〕黎靖德編，《朱子語類》，收錄於《景印文淵閣四庫全書》卷84，頁779。
〔註484〕〔宋〕黎靖德編，《朱子語類》，收錄於《景印文淵閣四庫全書》卷84，頁779。此說另見〔清〕紀昀，《欽定四庫全書總目》卷22，〈經部22·禮類4·

至後朱子終於「獨司馬氏爲成書」〔註485〕，也透視出朱子尊《儀禮》，並博採眾說，因應當時社會所須而制定《家禮》的心路歷程。

　　大抵言之，司馬光的《書儀》雖深受朱熹推崇，朱子《家禮》的文辭且泰半援引自司馬光的《書儀》；《家禮》書內第四卷喪禮之〈居家雜儀〉篇，甚且將司馬光《司馬氏居家雜儀》全文直接搬用，〔註486〕但朱熹在《朱子語類》中仍多次批判司馬氏：「問冠、昏、喪、祭，何書可用？（朱熹）曰：『只《溫公書儀》略可行，亦不備。』」〔註487〕，又嫌其儀節繁瑣與缺乏彈性地道：

　　　　問冠、昏、喪、祭禮。（朱熹）曰：「今日行之正要簡，簡則人易從。
　　　　如《溫公書儀》，人已以爲難行，其殽饌十五味，亦難辦。」舜功云：
　　　　「隨家豐儉。」曰：「然。」〔註488〕

爲求配合當代性與實用性，朱熹特別言明冠、昏之禮應注意是項：「如欲行之，當須使冠、昏之人易曉其言，乃爲有益。如三加之辭，出門之戒。若只以古語告之，彼將何謂何？（朱熹）曰：『只以今之俗語告之，使之易曉乃佳。』」〔註489〕故就朱熹《家禮》冠、婚、喪、祭四大綱目標舉梳理，若冠禮，多取司馬氏，也「最易行」〔註490〕；若「婚禮，惟溫公者好。」〔註491〕但也參酌二程；若喪禮，則本諸司馬氏，至論祔遷，則取橫渠；若祭禮，「伊川禮，則

　　　　書儀〉（武英殿版），臺北：藝文印書館，1997 年 9 月初版 7 刷，頁 468，
　　　　唯「七八分好」紀氏載記「七分好」，僅一字之別。
〔註485〕〔宋〕朱熹撰，陳俊民校編，《朱子文集・跋三家禮範》卷 83，財團法人德
　　　　富文教基金會出版，2000 年 2 月，頁 4109～4110。此篇章亦見於氏著《朱熹
　　　　集・跋三家禮範》卷 83，四川：四川教育出版社，1997 年 5 月第 1 版第 2
　　　　刷，頁 4284～4285。
〔註486〕楊志剛，〈論《朱子家禮》及其影響〉，《朱子學刊》（總第 6 輯），黃山書社出
　　　　版，1994 年 12 月，頁 3。此說亦見於氏著，〈《朱子家禮》：民間通用禮〉，《傳
　　　　統文化與現代化》，1994 年 12 月第 4 期，頁 41。
〔註487〕〔宋〕黎靖德編，《朱子語類》卷 89〈禮六・冠昏喪・總論〉，收錄於《景印
　　　　文淵閣四庫全書》701 冊，頁 850。
〔註488〕〔宋〕黎靖德編，《朱子語類》卷 89〈禮六・冠昏喪・總論〉，收錄於《景印
　　　　文淵閣四庫全書》701 冊，頁 851。
〔註489〕同註488。
〔註490〕原文曰：「古禮惟冠禮最易行」，見〔宋〕黎靖德編，《朱子語類》卷 89〈禮
　　　　六・冠昏喪・總論〉〉收錄於《景印文淵閣四庫全書》701 冊，收錄於《景印
　　　　文淵閣四庫全書》，頁 850。
〔註491〕〔宋〕黎靖德編，《朱子語類》卷 84，〈禮一・論後世禮書〉收錄於《景印文
　　　　淵閣四庫全書》701 冊，頁 779。

祭祀可用」〔註492〕，卻也加取司馬氏等。承上所述，《家禮》承襲《儀禮》等古禮為本，並能依時尚因情循俗，作損益、調變通，得以躍居宋代家禮眾作中的集大成要位，亦得以奠定中華民族封建後期家禮的基本範式。〔註493〕茲將朱熹《家禮》撰作相關經過表列如下：

表 3-7：朱子《家禮》著述相關事例簡表

中　曆	西　曆	著述說明	文　獻　出　處	備註
宋孝宗乾道5年	1169 年	1《祭儀》初稿完成 2《祭儀》一稿完成 3《祭儀》定稿第 1 次修訂	1 束景南《朱熹年譜長編》，頁505～506；頁 422～424 2 束景南，〈朱熹《家禮》真偽考辨：從《祭儀》到《家禮》〉頁 685 3 束景南，〈朱熹《家禮》真偽考辨：從《祭儀》到《家禮》〉頁 676	
宋孝宗乾道5年9月	1169 年	丁母祝夫人憂，居喪盡禮而成《喪葬祀禮》，又推之于冠昏，共為一編，曰《家禮》	朱熹《家禮》，（宋刻本）附錄李方子語，頁 841	
宋孝宗乾道6年正月	1170 年	葬祝孺人，《家禮》成	〔清〕鄭士範編《朱子年譜》，于浩輯《宋明理學家年譜》第2 冊，頁 693	41 歲
宋孝宗乾道9年	1173 年	1《祭儀》修訂完成 2《祭禮儀》第 2 次修訂 3《祭儀》2 稿《家禮》	1 束景南《朱熹年譜長編》，頁505～506；頁 422～424 2 束景南，〈朱熹《家禮》真偽考辨：從《祭儀》到《家禮》〉頁 678 3 束景南，〈朱熹《家禮》真偽考辨：從《祭儀》到《家禮》〉頁 685	
宋孝宗淳熙元年	1174 年	《古今家祭禮》完成	束景南，〈朱熹《家禮》真偽考辨：從《祭儀》到《家禮》〉頁 686	

〔註492〕同註491。
〔註493〕楊志剛，〈論《朱子家禮》及其影響〉，《朱子學刊》（總第 6 輯），黃山書社出版，1994 年 12 月，頁 3～4。此說亦見於氏著，〈《朱子家禮》：民間通用禮〉，《傳統文化與現代化》，1994 年 12 月第 4 期，頁 41。

中　曆	西　曆	著述說明	文　獻　出　處	備註
宋孝宗淳熙 2 年	1175 年	《祭儀》經 3 次修訂最後定稿	束景南，〈朱熹《家禮》真偽考辨：從《祭儀》到《家禮》〉頁 678、684	
宋孝宗淳熙 2 年 9 月～淳熙 3 年 2 月	1175 年～1176 年	1 《家禮》草寫未完稿，由喪祭禮推及冠昏儀。 2 於淳熙 3 年 3 月赴婺源展墓途中，被竊失於僧寺	束景南，〈朱熹《家禮》真偽考辨：從《祭儀》到《家禮》〉頁 684	
宋孝宗淳熙 3 年	1176 年	《家禮》初稿完成	◎粟品孝，〈文本與行為：朱熹《家禮》與其家禮活動〉頁 104 ◎束景南，〈朱熹《家禮》真偽考辨：從《祭儀》到《家禮》〉頁 685，686	
宋寧宗嘉定 9 年	1216 年	《家禮》至遲在此年問世	楊志剛〈《司馬氏書儀》和《朱子家禮》研究〉頁 109	
宋理宗淳佑 5 年	1245 年	南宋周復撰《家禮附錄》，置《家禮》之後一併刊行	楊志剛〈《朱子家禮》：民間通用禮〉頁 45	

資料來源：本論文整理製表。

第三節　金門住民對朱子《家禮》的實踐

　　由於朱熹生前的奮力講學，推廣社教，及其弟子全心全意、任勞任怨的傳承嗣繼，乃使福建朱子學遍布發展於福建地區。金門與福建僅一水之遙，又同屬福建轄境，國共戰爭之前兩岸人民且密切往還，因言深受福建關連自不難推測。

　　《金門縣志》據此有言曰：「昔有元晦（案即朱子），來簿是邑。……流風餘韻，人爭樹立。」〔註 494〕又曰：「自朱子簿邑以來，日以聖賢之學迪諸士……故禮教風行，習俗淳厚去數百餘年，人猶知敬信朱子之學。……居喪

〔註 494〕參見金門縣政府，《金門縣志》上冊，卷 3〈人民志〉，金門：金門縣政府，1999 年初版 2 刷，頁 400。

用淨屠，固有之，但儒者亦多不惑，祭奠俱用朱文公《家禮》。」〔註495〕《金門史蹟源流》亦云：「朱子知漳泉所揭古喪葬嫁娶之儀（朱子《家禮》），迄今八百餘年仍爲金門民間所遵行。」〔註496〕是知金門庶民生活禮儀即以朱子《家禮》爲依循導向，歷年來如此。「朱子主邑簿，採風島上，以禮導民，浯即被化，因立書院於燕南山，自後家絃戶誦，優游正義，涵詠聖經，則風俗一丕變也。」〔註497〕從而得見朱子《家禮》在金門踐行的功效。金門閩南婚俗因承嗣閩南移民而來，而閩南移民又承嗣福建朱子《家禮》的昏禮得之，朱子《家禮》的昏禮又承繼自《儀禮》的昏禮，因此得言金門閩南婚俗即是儒家禮儀，即是朱子《家禮》的昏禮實踐。攸關金門閩南婚俗的儀節，將於接後的第四章（議訂婚）、第五章（合婚成禮）、第六章（婚後行儀規範與特殊婚俗）分別詳加論述，今將整個金門閩南婚俗的程序整理如下表：

表 3-8：金門閩南婚俗程序一覽表

類別	日期	時間	活動項目	地點	六禮	備　註
議訂婚儀行事	不定	上午	說媒	女方家		徵求女方同意
	不定	上午	合八字	命相館或寺廟	納采問名	持男女雙方八字前往
	不定	上午	挑選黃道吉日	命相館或寺廟	納吉	持男女雙方八字前往
	不定	上午	採購訂婚物品	百貨行	納徵	由男方家長陪同兩位當事人前往選購
	數天前	上午	訂製喜糖、喜餅	糕餅店	納徵	先確定所須數量，再前往採購
	當天	上午	訂婚（文定）	女方家		由媒人提兩個三層花籃往女方家訂婚
	當天	上午	吃茶	女方家		由另一男子陪同新郎往女方家吃茶
	當天	下午	宴客	男方家		由新郎攜新娘回男方家宴請賓客
	不定	不定	指腹爲婚	場所不定		由男女雙方家長自行議決

〔註495〕參見金門縣政府，《金門縣志》上冊，卷 3〈人民志〉，金門：金門縣政府，1999 年初版 2 刷，頁 401。

〔註496〕陳昆仁總編輯；李錫回主編，《金門史蹟源流》，金門：金門縣政府，1987 年11 月修訂再版，頁 48。

〔註497〕參見金門縣政府，《金門縣志》上冊，卷 3〈人民志〉，金門：金門縣政府，1999 年初版 2 刷，頁 401。

類別	日期	時間	活動項目	地點	六禮	備 註
合婚成儀前行事	不定	上午	挑選吉日良時	命相館或寺廟	請期	持男女雙方八字前往
	前數日	上午	印製婚束	印刷店		
	不定	不定	裝修新房	男方家		
	6 至 12 日前	不定	安床	洞房內		用俗稱「六寸」磚及壽金墊床腳
	前一天	晚上	翻鋪	洞房內		邀一位眉清目秀男孩與新郎同榻而眠
	前數日	不定	採購結婚用品	百貨行		
	前數日	不定	訂定酒宴	飯店或廚師家		準備各項物品
	6 至 12 日前	上午	搓圓	男方家		請鄰居幫忙
	6 至 12 日前	上午	拜圓	母舅、舅公家		新郎親自前往
	前一天	上午	殺豬公、敬天公、盤擔、挽面	男方家，僅挽面在女方家		送豬肉到女方家，並載回嫁粧
	前一天	晚上	掛母舅聯、新郎燈、新娘燈	男方家		由專人負責
	前一天	上午	租禮服	婚紗攝影店		
婚禮當天行事	當天	上午	準備前往迎娶	男方家	親迎	男女儐相、花童
	當天	上午	準備前往迎娶	男方家	親迎	花轎、喜車
	當天	上午	男方迎娶	女方家	親迎	
	當天	上午	上轎（車）繞行街道	迎娶途中	親迎	
	當天	上午	進門、拜天公、拜王爺	男方家		公公燒香；婆婆為新娘插春、插吉
	當天	中午	進洞房、換圓、換茶	洞房內		象徵團圓同心
	當天	下午	換花舅、送茶	男方家		由新娘弟弟或姪兒為新人送甜茶
	當天	下午	拜宮廟、拜宗祠、拜祖先、拜高堂	宮廟或男方家		

類別	日期	時間	活動項目	地點	六禮	備　　註
	當天	下午	摸箸籠、撈飯、拜灶君、切發粿	男方家		熟悉生活環境
	當天	下午	分相、吃茶	男方家		行分相禮，才須行吃茶禮
	當天	中午	宴客、母舅桌、新娘桌	男方家		昔日婚後第 3 天宴客，新娘桌逕設洞房內
	當天	晚上	鬧洞房	洞房內		知己好友前往鬧洞房
婚後行事	次日	早晨	替公婆送洗臉水	男方家		由新娘為公婆端洗臉水，克盡婦道
	三日起至滿月	上午	歸寧（做客）	女方家		
	冬至	中午或晚上	做「新婚頭」	宗祠內		由新人負責祭祖並宴請族人，聯絡感情
	當天	上午	招贅	女方家		由新郎入贅到女方家
	不定	不定	童養媳	男方家		由新郎父母自幼為新郎準備妻室
	不定	不定	冥婚	女方家		迎娶神主牌位
	不定	不定	續弦、再醮	男方家或女方家		
	不定	不定	分爨	男方家		由母舅主持
	不定	不定	貞烈節孝	貞節牌坊		宏揚貞節觀念

資料來源：據楊天厚、林麗寬《金門婚嫁禮俗》，臺北：稻田出版公司，1998 年元月，頁 4～7，整理製表。

一、金門住民來源及開發

「金門」舊名浯洲、仙洲、浯江、浯島、浯海、滄浯等，位居福建九龍江口，與大陸僅一海之隔。之所以如此稱名，肇始於明太祖洪武二十年（1387年），為防倭寇，築城闢寨，令江夏侯周德興設置守禦千戶所於浯洲（今金門），有感其「固若金湯，雄鎮海門」（即控制澎臺，阻阨閩粵）的特殊海防地理情勢，訂名為「金門城」（即今舊金城聚落），因以「金門」二字泛稱整個金門地區，數百年來沿用至今。〔註498〕

〔註498〕參見金門縣政府，《金門縣志》上冊，卷 2〈土地志〉，金門：金門縣政府，1999 年初版 2 刷，頁 221～222。及陳昆仁總編輯；李錫回主編，《金門史蹟源流》，金門：金門縣政府，1987 年 11 月修訂再版，頁 18。

　　金門坐落在同安縣東南，自大海中崛起，山之形勢自北而南，金門本島形似銀錠，也似啞鈴，東西向長約二十公里，南北向最長約十五點五公里，中部最狹處僅約三公里，故與大陸往來便捷。民國初年，仍隸屬同安縣治，1915 年始劃金門本島、烈嶼、大嶝和小嶝四島，設立金門縣。現今轄區僅含金門、烈嶼、大擔、二擔等十餘座島嶼，已不概括大嶝和小嶝，但仍兼管烏坵島，總面積爲一五○・四五六平方公里。〔註499〕

（一）金門住民來源

　　金門住民，考其先世，率由中原渡江遷入福建，再由福建輾轉遷入金門，其來源，依《金門縣志》卷三〈人門志〉暨《金門史蹟源流》載記，約有下列六端：〔註500〕

　　其一、爲亂世遺民，不甘臣服於異族的統治，避亂遷屣，以金門島作世外桃源而逃隱來定居之人。自東晉五胡亂華伊始，中原板蕩不安，義民隨晉室南渡後，有蘇、陳、吳、蔡、呂、顏六姓人氏逃居至金門，爲金門最早的住民，「時爲晉元帝建武元年（317 年）」〔註501〕。據考古學家莊嚴鑑定，金城鎮賢厝聚落駐軍於 1955 年構築工事掘出的古磚，確定爲上起兩漢、下迄六朝（公元前197～公元618年）的出土古物，莊氏並以爲司馬氏渡江偏安，中原文化南移，天下喪亂之際，中州人士被迫浮家泛海外遷，其中有以金門島爲避亂蓬萊者，則晉世中原氏族移居金門當屬不謬。〔註502〕

　　其二、爲官方派駐金門墾植關場牧馬時，隨帶的民眷。就《新唐書・柳冕傳》卷一三二〈附父柳芳傳後〉曰：「（唐德宗貞元）十三年（797 年），兼御史中丞、福建觀察使。……表累上……會冕奏閩中本南朝畜牧地，可息羊馬，置牧區於東越，名萬安監，又置五區於泉州，悉索部內馬驢牛羊合萬餘

〔註499〕參見金門縣政府，《金門縣志》卷 2〈土地志〉，金門：金門縣政府，1999 年初版 2 刷，頁 222～233。及陳昆仁總編輯；李錫回主編，《金門史蹟源流》，金門：金門縣政府，1987 年 11 月修訂再版，頁 18～19。

〔註500〕攸關金門島民六種來源說法，詳見金門縣政府，《金門縣志》卷 3〈人民志〉，金門：金門縣政府，1999 年初版 2 刷，頁 353～354。及陳昆仁總編輯；李錫回主編，《金門史蹟源流》，金門：金門縣政府，1987 年 11 月修訂再版，頁 30。

〔註501〕陳昆仁總編輯；李錫回主編，《金門史蹟源流》，金門：金門縣政府，1987 年 11 月修訂再版，頁 31。

〔註502〕詳見金門縣政府，《金門縣志》卷 3〈人民志〉，金門：金門縣政府，1999 年初版 2 刷，頁 353。及陳昆仁總編輯；李錫回主編，《金門史蹟源流》，金門：金門縣政府，1987 年 11 月修訂再版，頁 31。

游畜之。」〔註503〕再依《舊唐書・柳冕傳》卷一四九〈附兄柳登傳後〉言：
「(唐德宗貞元)十三年(797年)，兼御史中丞、福州刺史，充福建都團練
觀察使。冕在福州奏置萬安監牧於泉州界，置群牧五，悉索部內馬五千七百
匹，驢騾牛八百頭、羊三千口，以爲監牧之資。」〔註504〕皆可見知唐朝確曾
談述設牧馬區於浯洲(今金門)之事例。唯新、舊唐書兩說撰次爲唐德宗貞
元十三年(797年)，但金門舊志均載錄爲唐德宗貞元十九年(803年)，有六
年的誤差，或言十三年奏置，十九年始奉准設置。另據福建續志及《同安縣
志》刊記唐朝所設牧馬處係在烈嶼(今烈嶼鄉，俗稱小金門)，而非浯洲，則
或是柳冕先擇烈嶼設牧，後再派陳淵來浯洲闢置馬場，亦未可知。〔註505〕

依金門舊志載稱，唐代所設浯洲牧馬場在庵前聚落之豐蓮山一帶，以陳
淵爲牧馬監，跟隨而來的將佐有李俊、魏傑、錢舍人、王舍人，及蔡、許、
翁、李、張、黃、王、呂、劉、洪、林、蕭等十二姓民戶。陳淵與所屬和民
戶協謀併力，化荒墟爲樂土，浯洲自此耕稼漁鹽，生聚日繁。〔註506〕陳淵歿
後，鄉人感念其墾拓建設金門之功，乃於其住處結草爲廬，並塑像奉祀，後
改建廟宇(今牧馬侯祠)，歲時禱祝，金門人尊奉爲「開浯恩主」或「恩主公」，
香火至今鼎盛。〔註507〕

其三、爲遷抵金門開播山海之利的泉屬世家大族後嗣。宋太宗太平興國
元年(976年)，金門住民始輸納戶鈔。宋神宗熙寧至元豐間(1068～1085
年)，金門始立都圖，並隸屬於同安縣綏德鄉翔風里管轄。宋欽宗靖康元年
(1126年)，「靖康之難」發生後，宋室南渡。宋孝宗乾道年間(1165～1173
年)，先有泉州世族梁克家、傅自德，及宋寧宗慶元年間(1195～1200年)
曾從龍兄弟等人，率領眾親渡海來金，設堰築埭，劃海爲田，於是化斥鹵爲

〔註503〕〔宋〕歐陽修、宋祁等，《新唐書・柳冕傳》卷132(附父柳芳傳後)，臺北：
鼎文書局，1979年2月2版，頁4537～4538。

〔註504〕後〔晉〕劉昫等奉敕撰，《舊唐書・柳冕傳》卷149(附兄柳登傳後)，臺北：
鼎文書局，1981年元月3版，頁4032。

〔註505〕金門縣政府，《金門縣志》卷3〈人民志〉，金門：金門縣政府，1999年初版
2刷，頁354。及陳昆仁總編輯；李錫回主編，《金門史蹟源流》，金門：金門
縣政府，1987年11月修訂再版，頁33，皆有此般說論。

〔註506〕參見金門縣政府，《金門縣志》卷3〈人民志〉，金門：金門縣政府，1999年
初版2刷，頁353～354。及陳昆仁總編輯；李錫回主編，《金門史蹟源流》，
金門：金門縣政府，1987年11月修訂再版，頁33。

〔註507〕陳昆仁總編輯；李錫回主編，《金門史蹟源流》，金門：金門縣政府，1987年
11月修訂再版，頁33。

膏腴，金門的農漁於焉倡興。

其四、為來金築場晒鹽的竈戶後裔。元世祖忽必烈至元十四年（1277 年），宋人為避元兵，已有許多逃難到達金門者。元成宗大德元年（1297 年），創建浯洲鹽場之後，接續的明代仍沿續設置，鹽戶竈丁久業於此而留駐金門。

其五、為歷代戍守金門的軍眷子孫。明太祖洪武二十年（1387 年），特派江夏侯周德興屯衛海疆，築城設寨，以防倭寇，而於浯洲（今金門）設置守禦千戶所，曰「金門城」，隸屬永寧衛。又築峰上、田浦、官澳、陳坑（今成功）、烈嶼五處巡檢司城，各派兵戍守。至於駐軍數額及配備，就明人洪受《滄海紀遺》載言：「今考之，旗軍一千五百三十五名，軍器一千七百四十二件，營房八百六十四間，墩臺幾所。」〔註508〕據見守軍久戍金門，成為金門人口來源之一。

其六、為鄰近各郡邑商賈農漁之民，渡海謀求生計，久客定居。清聖祖康熙（1662 年）之後，由金門總兵鎮派駐的官兵中，因久客而留居金門者不乏其人；自內地避難來居金門者也不在少數；由各鄰縣的商賈漁農抵金另闢市場者亦所在多有。螽斯衍慶，而成巨族。

金門住民的六種來源，係地方志書普遍載入的跡證，也普遍為鄉民與學界所認同。但若一九六八年《金門縣志》重修版爬梳，則分為亂世遺民、泉屬世家大族、附近各邑商賈農漁民、戍守軍人的子孫、贅婿等五種之說，前四種與上述所言相同，唯獨第五種的贅婿說法較為特殊，〔註509〕但可因此見知遷居金門人士婚娶當地女子而定居落戶的根植作用。各類移民墾居金門島上，或因血緣而成聚落，或因地緣而為同鄉，或因業緣而成城鎮，經歷漫長歷史積累的定居通婚，互易有無，逐漸泯滅其原始界域；復加島居的自然與人為環境惡劣，或謀生計，或禦盜賊，同舟一命，久而久之，遂成渾然一體，自居為「金門人」，凝聚而為開拓金門的主力。〔註510〕

（二）金門開發簡史

金門位在同安縣東南，自大海中崛起。《滄海紀遺・建置之紀第二》曰：「同安之名，自晉太康（公元 280～289 年間）始也。宋設四鄉、三十里，

〔註508〕〔明〕洪受，《滄海紀遺》，金門：金門縣文獻委員會，1970 年 6 月再版，頁 5。

〔註509〕金門縣文獻委員會，《金門縣志・人民志・氏族》卷 3，重修版，金門：金門縣政府，1968 年 2 月，頁 268。

〔註510〕陳昆仁總編輯；李錫回主編，《金門史蹟源流》，金門：金門縣政府，1987 年 11 月修訂再版，頁 30。

元改爲四十四都，見於《舊志》如此。而浯洲之建置，誌亦略焉。但以『浯洲書院』爲元時司令馬公所建，而宋守眞西山（眞德秀）亦嘗有經略料羅戰船之說，餘無考焉。迨明朝經濟大備，而浯洲有千戶所諸司之設。」〔註511〕現就《金門縣志》民國本〔註512〕的描記，來說解金門的開發沿革：

金門孤懸海外，舊名浯洲，又名仙洲。北有小嶝嶼，西北有大嶝嶼，西南有烈嶼諸島，縱橫錯列。明初始改今名。晉朝中原多戰亂，有蘇、陳、吳、蔡、呂、顏六姓難民逃居於此。唐德宗貞元十九年（803年），閩觀察使柳冕奏置萬安監，滋養馬匹。泉中置五馬區，金門爲其一也，並以陳淵爲牧馬監，當時跟從陳淵來金者有蔡、許、翁、李、張、黃、王、呂、劉、洪、林、蕭等十二姓氏。閩王審知永隆元年（939年）置同安縣，金門屬焉。

宋太平興國三年（978年），（金門）島居者始輸納戶鈔。熙豐間（1068～1085年），始立都圖，都有四，其統圖九，爲翔風里，並統於同安縣綏德鄉。咸淳間（1265～1274年）復稅，弓丈量田畝給養馬。元大德元年（1297年），始建場征鹽。明洪武二十年（1387年），置金門守禦千戶所，及峰上、官澳、田埔〔浦〕、陳坑四個巡檢司。

清順治三年（1646年），爲鄭成功所據。康熙二年（1663年），官軍大蒐金門與廈門兩島，毀其城，遷其民於界內，其地遂墟。十三年（1674年）復爲鄭經所據。十九年（1680年）始平，置金門鎭總兵官，轄中左右三營。雍正元年（1723年）置浯洲場鹽大使。十二年（1734年）移同安縣丞駐金門。乾隆三十一年（1766年）縣丞移灌口，又以晉江縣安海通判移駐。四十一年（1776年）復移通判於馬巷，金門田賦歸馬巷廳分征。四十五年（1780年）復設縣丞。同治七年（1868年）裁金門鎭，改置協副將及中軍都司。

民國三年（1914年）裁撤並廢縣丞，改設分治員，由思明縣派駐理事，於是政務紛馳，盜賊蠭起，迭經僑商黃安基、陳芳歲及士紳林乃斌等，先後呈請改設縣治，福建巡按使許世英據情咨陳，內務部並派現任知事左樹瓊爲金門籌辦設治委員。三年（1914年）七月奉准按照金門島原有區域置縣，定名金門縣，歸廈門道管轄，爲二等要缺。〔註513〕

〔註511〕明，洪受著，《滄海紀遺・建置之紀第二》，金門：金門縣文獻委員會，1970年6月再版，頁5。

〔註512〕《金門縣志》因歷年廣續修訂所致，衍生諸多版本，內容也稍有差異，此處所引用者爲金門縣文獻委員會編印的「民國本」卷1，金門：金門縣政府，1922年2月，頁1～2。

〔註513〕金門縣文獻委員會，《金門縣志》民國本，金門：金門縣政府，1922年2月，

　　為進一步陳述金門歷代疆域變遷，仍依《金門縣志》一九二二年民國本及一九六八年重修版〔註514〕的刊載表列如下：

表 3-9：金門歷代疆域沿革表

朝代	屬　地	疆　域　沿　革
漢代	西漢閩越王國地	漢高帝封勾踐後無諸為閩越王，取其地屬之。武帝元封元年（公元前 110 年），徙其民於江淮間，而墟其地，屬會稽郡，其遺民不聽，徙者聚為冶縣。東漢為侯官縣地，漢光武建武間（公元25～55年間），分為東南二部都尉，而同安為南部地。建安初，以南部置侯官、建安、南平、漢興等五縣，而同安則屬於侯官。
三國	東安縣地	吳永安三年（260），析侯官置建安郡，即清建寧府，領縣九，而同安屬於東安。
晉代	同安縣地	晉武帝太康三年（282），析建安置晉安郡，即清福州府，領縣八，而同安在其中。是年（282）復省入晉安。時中原多故，難民逃居同安縣金門島者，有蘇、陳、吳、蔡、呂、顏六姓，是為金門有人民之始。
南北朝〔宋〕	晉平郡地	宋明帝泰始四年（468），改晉安郡為晉平郡。
南北朝〔齊〕	晉安縣地	考《齊書・武帝紀》，封江陵公子懋為晉安王，則齊時晉平復為晉安。
南北朝〔梁〕	南安郡地	梁武帝天監中（502～519間），析晉平置南安郡，治今南安縣，同安屬焉。
南北朝〔陳〕	南安縣地	陳武帝永定初（557～559），升晉平郡為閩州，領建安、南安二郡。陳廢帝光大元年（567），改為豐州。
隋朝	南安縣地	隋文帝開皇九年（589），改豐州為泉州，南安屬焉。煬帝大業初（605～606），復改閩州。三年（607）復改建安郡，皆治今福州。
唐朝	南安縣大同場地	唐高祖武德初（618～621），改建安郡為建州，五年（622）析置豐州，同為豐州地。太宗貞觀元年（627），州廢。六年（632），復改建州為泉州。中宗嗣聖初（684）析置武榮州，同為武榮州地。十六年州廢，仍屬泉州，皆治今福州，而同安屬焉。武后聖歷二年（699），以故豐州地復置武榮州，三年復廢。允視元

頁 1～2。

〔註514〕《金門縣志》因歷年賡續修訂所致，衍生諸多版本，內容也稍有差異，此處所引用者為金門縣文獻委員會編印的「民國本」卷 1，金門：金門縣政府，1922 年 2 月，頁 1～2。

朝代	屬　地	疆　域　沿　革
		年（700），復置武榮州南安縣東北十五里。睿宗景雲二年（711），改泉州為閩州，即清福州府，而以武榮州為泉州，隸州都督府，即清之泉州也。玄宗天寶元年（742）改泉州為長樂郡，尋改清源郡。肅宗乾元元年（758），復改泉州。德宗貞元十九年（803），析南安縣之西四鄉，置大同場，金門島為萬安監牧馬區。
五代	同安縣地	梁太祖封王審知為閩王，而同安隸於王氏矣。唐天成四年（929），王延鈞既僭稱帝，遂升大同場為同安縣。晉開運間（944～946）南唐李景滅閩，州將留從效自領泉州留後，同安遂屬留氏。漢乾祐間（948～950），南唐升泉州為清源軍，以留從效為節度使。
宋朝	同安縣地	宋太祖建隆初（960～963），留從效稱藩於宋。卒，子紹鈜嗣，其將陳洪進推張漢思為留後，而同安遂屬張氏。乾德元年（963），改清源軍為平海軍，授陳洪進節度使，同安遂屬陳氏。太宗太平興國三年（978），陳洪進納土，同安始屬於宋。
元朝	同安縣地	元世祖至元間（1271～1294）升泉州為泉州路總管府，領縣七，同安屬焉。順帝末為陳友定所陷。
明朝	同安縣地	明洪武元年（1368），命湯和討平陳友定，以同安縣屬泉州府，而總領於福建布政司。
清朝	同安縣地	清仍明舊。
民國	金門縣	民國初，仍屬同安縣。四年（1915）始劃金門、烈嶼、大嶝、小嶝四島，設立縣治。

資料來源有二：本論文整理製表。

1. 金門縣文獻委員會編印，《金門縣志・方域》卷 2，1968 年 2 月重修版，頁 116 ～118。

2. 劉敬纂修，《金門縣誌・方域》卷 1，金門縣文獻委員會印行，1922 年 2 月民國本，頁 8～11。

二、締造「海濱鄒魯」美名

「（宋高宗）紹興十七年（1147 年），（朱熹）年十八貢於鄉，（紹興）十八年舉進士，（紹興）第二十一年，詮授泉州府同安縣主簿。（紹興）二十三年夏，始受學延平李先生之門。秋，七月，赴同安，任蒞事勤敏，職兼學事，整飭風教，選邑之秀民充弟子員，屬以誠敬，開以義理，遠近人士皆竦而尊師之。」〔註515〕是清儒李清馥於《閩中理學淵源考》對朱熹的讚詞，而「在

〔註515〕〔清〕李清馥，《閩中理學淵源考・文公朱晦菴先生熹》卷 16，《文淵閣四庫全書本・史部》460 冊，臺北：臺灣商務印書館，1986 年 7 月，頁 233。

朱子學諸學系中，福建朱子學最爲強大，致使福建歷代有『海濱鄒魯』之稱。」〔註516〕論及「閩南地區的『海濱鄒魯』文化傳播者，首推朱熹。」〔註517〕因爲「朱熹曾任同安主簿，知漳州，留寓泉州，過化閩南，播下了理學的種子，使閩南海濱成爲傳統理學的重要基地之一。」〔註518〕而在意識形態領域下，「所謂『朱子過化』之地，使得閩南人在思想觀念上非常正統地保留了民族的傳統意識，在生活習俗和藝術表現方面，更直接地延續了古代民族的韻味。」〔註519〕易言之，閩南文化傳承於中原文化，以華夏「龍」文化爲母體的本質內涵未變；閩南文化能原始地保留中原河洛的原汁原味，意外地使中原文化得以最原始地存續下來。〔註520〕

摒除上述特指福建爲範疇外，「海濱鄒魯」也多用以指稱泉州：

「素有『海濱鄒魯』之稱的古城泉州是閩南文化的重鎮。」〔註521〕此其一。

「古來泉州的文化界向來自稱泉州爲『海濱鄒魯』。」〔註522〕此其二。

「偏安于祖國東南一隅的泉州，已經成爲『海濱鄒魯』。」〔註523〕此其三。

另外，金門因近臨福建，地理意義上也屬閩南文化的範疇，加之共同具有種種的閩南風俗習慣，構成基本的閩南文化圈，遂亦有「海濱鄒魯」的指

〔註516〕高令印、陳其芳合著，《福建朱子學》，福州：福建人民出版社，1999 年 7 月
1 版第 2 刷，頁 4。

〔註517〕何少川，〈《閩南文化研究》序二〉，載福建省炎黃文化研究會、中國人民政治
協商會議泉州市委員會合編，《閩南文化研究》上冊，福州：海峽文藝出版社，
2004 年 11 月，頁（序 8）。

〔註518〕同註 517。

〔註519〕何少川，〈《閩南文化研究》序二〉，載福建省炎黃文化研究會、中國人民政治
協商會議泉州市委員會合編，《閩南文化研究》上冊，福州：海峽文藝出版社，
2004 年 11 月，頁（序 7）。

〔註520〕同註 519。

〔註521〕傅圓圓，〈《閩南文化研究》序三〉，載福建省炎黃文化研究會、中國人民政治
協商會議泉州市委員會合編，《閩南文化研究》上冊，福州：海峽文藝出版社，
2004 年 11 月，頁（序 12）。

〔註522〕李亦園，〈從「海濱鄒魯」到「海濱中原」：閩南文化的再出發〉，收入福建
省炎黃文化研究會、中國人民政治協商會議泉州市委員會合編，《閩南文化
研究》上冊，福州：海峽文藝出版社，2004 年 11 月，頁 8。

〔註523〕許在全，〈泉州文化在閩南文化中的地位與作用〉，收入福建省炎黃文化研究
會、中國人民政治協商會議泉州市委員會合編，《閩南文化研究》上冊，福州：
海峽文藝出版社，2004 年 11 月，頁 153。

稱，一爲《金門史蹟源流》和《金台史蹟源流考》的載言：

> 南宋高宗紹興二十三年（1153 年），理學大師朱熹官同安主簿，兼
> 辦學事，金門亦屬朱子教化之地，金門既沐教化，民知義理，競以
> 氣節相尚，金門世有「海濱鄒魯」之譽，以區區海隅一嶼況之聖人
> 故里，可見朱子教化之功，故島人於今仍於「浯江書院」中之朱子
> 祠，以諸鄉賢配祀，歲時祭拜。〔註524〕

二爲清儒林焜熿纂修《金門志十六卷》描記：「浯洲（金門）爲泉、漳門戶，地
關民聚；雞犬相聞，縉紳雜遝，號稱海濱鄒魯。」〔註525〕。三爲金門文獻委員
會纂修《金門縣志》民國本云：「金門先受朱文公過化，以故風俗素淳，稱爲海
濱鄒魯。」〔註526〕四爲郭堯齡《朱子與金門》說解：「金門原隸同安，爲朱子
教化之地，自宋以來，家弦戶誦，向有『海濱鄒魯』之稱。」〔註527〕五爲陳卓
凡〈《朱子與金門》金門文獻叢書序〉稱述：「金門一海島耳。始唐陳侯闢土，
而宋朱子被化，自是以還，人材輩出，向稱『海濱鄒魯』。」〔註528〕談及朱子
過化金門一事，緣於「（朱子）登第五十年，仕于外者，僅歷同安簿、知南康軍、

〔註524〕參見陳昆仁總編輯；李錫回主編，《金門史蹟源流》，金門：金門縣政府，
1987 年 11 月修訂再版，頁 33。另見張火木，《金台史蹟源流考》，金門：
金門縣立社會教育館，1997 年 6 月，頁 7，則登載爲「南宋高宗紹興二十
三年（1153 年），理學大師朱熹任官同安主簿，兼辦學事，金門亦屬朱子教
化之地，金門既沐教化，民知義理，競以氣節相尚，自此金門故有『海濱
鄒魯』之稱譽。」

〔註525〕清人林焜熿《金門志十六卷・風尚・士習》卷15，光緒壬午年（1882 年）10
月開雕，版藏浯江書院，頁 8 此處所言，係引述自明代洪受撰《料羅建中軍
議》，唯洪氏該書現已亡佚。之後的林氏《金門志・風俗記・士習》卷 15，
南投：臺灣省文獻委員會，1993 年 9 月重新勘印，頁 393 亦引錄此段。另見
金門縣政府出版之《金門縣志》民國本（卷上）卷 13〈禮俗・士習〉，1922
年 2 月，頁 148；及 1968 年 2 月重修版，卷 3〈人民志・禮俗・風尚〉，頁
286；及 1979 年 6 月重編版，卷 3〈人民志・禮俗・風尚〉，頁 394；及 1999
年初版 2 刷增修版，卷 3〈人民志・禮俗・風尚〉，頁 401，皆有相同的引述。

〔註526〕金門縣文獻委員會纂修，《金門縣志・禮俗・風尚》卷 13，民國本，金門：
金門縣政府，1922 年 2 月，頁 148。此說另見《金門縣志》1968 年 2 月重修
版，卷 3〈人民志・禮俗・風尚〉，頁 287；及 1979 年 6 月重編版，卷 3〈人
民志・禮俗・風尚〉，頁 395；及 1999 年初版 2 刷增修版，卷 3〈人民志・禮
俗・風尚〉，頁 402，皆有相同的引述。

〔註527〕郭堯齡，《朱子與金門》，金門：金門縣政府，2003 年 9 月，頁 30。

〔註528〕陳卓凡，〈《朱子與金門》金門文獻叢書序〉，收入郭堯齡，《朱子與金門》，金
門：金門縣政府，2003 年 9 月，頁 6。不過該書封面印爲《朱熹與金門》，與
內文及版權頁有一字誤差。

提舉浙東常平茶鹽，知漳州、潭州，凡五任九考，及經筵才四十日。」〔註529〕致學界素有朱熹是否來過金門的爭論，茲將相關言詮分舉如下，以見梗概：

（一）贊同朱子來過金門說論

對於朱熹與金門有親自蒞臨的看法者居大多數，今紹述之：

1. 明儒洪受《滄海紀遺》曰：

（1）《滄海紀遺・詞翰之紀第九》載記：

據明代金門所鎮撫解智於成祖永樂十五年丁酉（1417年）所撰的〈孚濟廟誌〉載稱：「太武之陽，有鉅區曰馬坪，有山曰豐蓮。……其左麓爲牧馬王祠，即今『孚濟廟』，歷古所修建以祀勅封福祐聖侯者。侯姓陳，名淵，唐時人。……侯以牧馬蒞茲土，與將佐李俊、衛傑等，協謀併力，化荒墟爲樂土，是後耕稼漁鹽者，生聚蓋日蕃焉。……朱文公簿邑時，有〈次牧馬侯廟詩〉曰：『此日觀風海上馳，慇懃父老遠追隨。野饒稻黍輸王賦，地接扶桑擁帝基。雲樹葱蘢神女室，崗巒連抱聖侯祠。黃昏更上豐山望，四際天光蘸碧漪。』」〔註530〕

（2）《滄海紀遺・山川之紀第一》載記：

「浯洲在縣治（同安縣城）東南，自大海中崛起；……山之形勢，自北而南，以數計之：南北直互三十里，東西橫互十有里許。其盤鬱峻拔而中起者，爲太武山。……其山脈有謂起自仙人旗、歷排頭、嘉禾、烈嶼而過金門。或云由澳頭而過古龍頭（今古寧頭）。一說自秀山發脈，歷鴻漸山、小嶝、角嶼而過青嶼。……且文公嘗至鴻漸，嘆曰：『鴻漸腦已渡江矣。』又曰：『鴻漸反背皆是同，乃向浯也。』則此說爲是。以故浯洲各鄉，凡鴻漸照到者，無不吉利。」〔註531〕

案：明人洪受撰述《滄海紀遺》之〈弁言〉宣稱：「是書（《滄海紀遺》）成於（明穆宗）隆慶戊辰（二年，西曆一五六八），係感於當時之《同安縣志》對於金門地方故實，遺載頗多，摭而記之，故曰紀遺，實爲金門有志之

〔註529〕舒大剛、楊世文主編，《儒藏・史部・歷代學案》卷48《宋元學案・晦翁學案・文公朱晦庵先生熹》，四川：四川大學出版社，2005年5月，頁212。

〔註530〕〔明〕洪受，《滄海紀遺・詞翰之紀第九・解智孚濟廟誌》，金門縣文獻委員會發行，1970年6月再版，頁71～72。此一廟誌亦見於楊天厚、林麗寬合著，《金門寺廟楹聯碑文》，臺北：稻田出版社，1998年11月，頁59～60。

〔註531〕〔明〕洪受，《滄海紀遺・山川之紀第一》，金門：金門縣文獻委員會，1970年6月再版，頁1。

始。」〔註 532〕鑑於上述二則載錄皆直指文公確曾到過金門，還遊「牧馬侯祠」，且登鴻漸山的肯定說法，因此以後的著作如《朱子與金門》、《金門史蹟源流》、《金門縣志》等皆贊同此論。

2. 〔明〕《滄浯瑣錄》曰：

「朱子主邑簿，採風島上，以禮導民，浯既被化，因立書院於燕南山（即今古坵聚落之太文山），自後家弦戶誦，優游正義，涵泳聖經，則風俗一丕變也。」〔註 533〕

3. 林學增等修，吳錫璜纂《同安縣志》曰：

「朱熹……（宋高宗）紹興（十八年）戊辰（1148 年）進士，（紹興）二十三年（1153 年）任主簿，涖官以教養爲先，務革弊興利，緩急有序，事無大小，必親裁決。賦稅簿籍，逐日點對，以防吏弊。利於民者，雖勞不憚。……五載秩滿，士思其教，民思其惠，至今以斯邑爲過化之地。」〔註 534〕

4. 金門縣文獻委員會纂修《金門縣志》曰：

（1）一九二二年民國本：

A「昔朱子主同安簿，觀風海上，金門親沐教化，故文章氣節代有其人。而有明科目之盛，尤甲於上都。降至清季，人逐末利，文教漸微，然自廢書院，變科舉，立學堂，迨民國改縣後，入學者日見其多，又浸浸乎有由衰而盛之象。」〔註 535〕

〔註 532〕〔明〕洪受，《滄海紀遺·弁言》，金門：金門縣文獻委員會，1970 年 6 月再版，頁 3。

〔註 533〕案明代《滄浯瑣錄》爲朱熹到金門之事的最早紀錄，惜現已佚失。唯據其後清代林焜熿《金門志·風俗記·士習》卷 15，南投：臺灣省文獻委員會，1993 年 9 月重新勘印，頁 392～393；及林氏《金門志十六卷·風尚·士習》卷 15，光緒壬午年（1882 年）10 月開雕，版藏浯江書院，頁 7 均有引錄此段。另見金門縣政府出版之《金門縣志》民國本（卷上）卷 13〈禮俗·士習〉，1922 年 2 月，頁 148；及 1968 年 2 月重修版，卷 3〈人民志·禮俗·風尚〉，頁 286；及 1979 年 6 月重編版，卷 3〈人民志·禮俗·風尚〉，頁 394；及 1999 年初版 2 刷增修版，卷 3〈人民志·禮俗·風尚〉，頁 401，皆有相同的引述。又見陳昆仁總編輯；李錫回主編，《金門史蹟源流》，金門：金門縣政府，1987 年 11 月修訂再版，頁 33 亦有轉引該文。

〔註 534〕林學增等修，吳錫璜纂，《同安縣志·循吏錄》卷 35，據民國 18 年鉛印本影印，編入《中國方志叢書》第 83 號，臺北：成文出版社，1967 年，頁 1144～1145。

〔註 535〕金門縣政府出版之《金門縣志·學校》民國本（卷上）卷 9，1922 年 2 月，頁 91。

B「金門先受朱文公過化，以故風俗素淳。」〔註536〕

（2）一九六八年重修本：「《同安縣志》載朱熹以（宋高宗）紹興二十一年（1151年辛未）主簿兼治學事，五年秩滿。則朱子觀風過浯，當在此五年中。燕南即今（古坵聚落）太文山，俗呼燕龍，或巖龍，方音相合，今乃訛爲巖人矣。又按〈解智孚濟廟記〉，朱文公簿邑時，有〈次牧馬祠詩〉，則文公確曾徜徉於太文左右矣。太文即古燕南，良信。」〔註537〕唯此處言朱熹任同安縣主簿的時間點爲宋高宗紹興二十一年（1151年辛未），與《同安縣志》所寫宋高宗紹興二十三年（1153年癸酉）稍有差距。

（3）一九七九年重編本：「《同安縣志》載朱熹以（宋高宗）紹興二十一年（1151年辛未）主簿兼治學事，五年秩滿。則朱子觀風過浯，當在此五年中。燕南即今（古坵聚落）太文山，俗呼燕龍，或巖龍，方音相合，今乃訛爲巖人矣。又按〈解智孚濟廟記〉，朱文公簿邑時，有〈次牧馬祠詩〉，則文公確曾徜徉於太文山左右矣。太文即古燕南，是也。」〔註538〕此則內容與重修版所述大抵雷同，僅有三字之差而已。

5. 陳崑仁總編輯，李錫回主編《金門史蹟源流》曰：

A「南宋高宗紹興二十三年（1153年），理學大師朱熹官同安主簿，兼辦學事，金門亦屬朱子教化之地。」〔註539〕

B「據史載知，宋時金門始科征稅，始立都圖，尤以朱熹敷及文教，眞德秀經營料羅防地，金門乃愈顯重要，故南宋度宗咸淳年間，復丈量田畝、定稅、仍給養馬，有宋一朝實金門開發之關鍵。」〔註540〕

C「朱子於宋（高宗）紹興二十三年（1153年）抵泉州同安主簿任所，時金門亦朱子教化之地，以其知南康、漳州每旬必下鄉視學論，五年之中朱子來金次數必定不少。」〔註541〕

〔註536〕金門縣文獻委員會纂修，《金門縣志・禮俗・風尚》卷13，民國本，金門：金門縣政府，1922年2月，頁148。

〔註537〕金門縣文獻委員會纂修，《金門縣志・政事志・教育》卷4，1968年2月重修本，頁516。

〔註538〕金門縣文獻委員會纂修，《金門縣志・文教志・學校教育》卷5，1979年6月重編本，頁841。

〔註539〕陳崑仁總編輯；李錫回主編，《金門史蹟源流》，金門：金門縣政府，1987年11月修訂再版，頁33。

〔註540〕陳崑仁總編輯；李錫回主編，《金門史蹟源流》，金門：金門縣政府，1987年11月修訂再版，頁33。

〔註541〕陳崑仁總編輯；李錫回主編，《金門史蹟源流》，金門：金門縣政府，1987年

D「朱子當年視學金門，嘗遊孚濟廟，有〈次牧馬王祠詩〉……且嘗告陪同父老：『此日山林，即他年儒林，』預言來日金門文風之盛。」
〔註 542〕

E「故老相傳，朱子採風島上，時值仲夏，見田疇遍植花生、高粱，心憂民數食此二者必多患痲風。及再來金視學，時值初冬，蘿蔔繁生，乃欣然釋慰告之鄉紳，蓋蘿蔔適足解前二者之熱毒也。」
〔註 543〕

F「因朱子過化，民情風俗，向極淳樸。……自宋以來，金門士人論文章氣節，皆以朱子聖賢之學爲宗，宋末小嶝丘葵高風亮節，即朱子四傳弟子，可見其影響深遠。」〔註 544〕

G「金門受朱子教化，再承丘葵高風亮節所激勵，故蒙古入主中原九十載，金門士子未有應科舉，仕元室者，人人退隱海島，深自韜晦，不求聞達。」〔註 545〕

6. 董師金裕《朱熹學術考論》曰：

「（朱子）雖然大部分時間爲閒散官，但由於一則每當他任負實際職事之官時，皆努力施政布教，常至所屬鄉邑視察，以探求民瘼。再則朱熹喜好遊歷，每隨仕宦所至，尋幽訪勝，登臨吟詠，金門景觀兼具山海之勝，宜爲朱熹所注意及之。三爲金門早在唐代已經開發，到南宋時，與內陸的交通往來相當方便頻繁。四爲朱熹在同安任官長達三年整，秩滿之後，以代者不至，直到紹興二十七年（朱熹二十八歲）十月始罷歸，亦即朱熹待在同安，長達四年多。理當有往遊金門的餘暇。由以上四點推斷，朱熹曾經到過金門，應該是可以確定的。」〔註 546〕

---

11 月修訂再版，頁 47。
〔註 542〕陳昆仁總編輯；李錫回主編，《金門史蹟源流》，金門：金門縣政府，1987 年11 月修訂再版，頁 47。
〔註 543〕陳昆仁總編輯；李錫回主編，《金門史蹟源流》，金門：金門縣政府，1987 年11 月修訂再版，頁 47～48。
〔註 544〕陳昆仁總編輯；李錫回主編，《金門史蹟源流》，金門：金門縣政府，1987 年11 月修訂再版，頁 48。
〔註 545〕陳昆仁總編輯；李錫回主編，《金門史蹟源流》，金門：金門縣政府，1987 年11 月修訂再版，頁 49。
〔註 546〕董師金裕，《朱熹學術考論》，臺北：里仁書局，2008 年 12 月，頁 143。另見董師〈朱子與金門的教化〉，《孔孟月刊》第 29 卷第 6 期，1991 年 2 月，頁

7. 郭堯齡《朱子與金門》曰：

A「金門爲文物之邦，自宋朱子教化後，更有鄭成功據守金廈，驅荷復臺。魯王盡節，表達民族正氣。此皆歷代英哲之光，照耀金門所致。」〔註547〕

B「朱子曾任同安主簿，隸屬同安的金門，受其教化，同時開啓文風大門，對金門可說影響至深。」〔註548〕

C「朱子當年視學金門，曾遊唐代開拓金門的陳淵祠，……明永樂十七年（1318年），金門守禦千戶所鎮撫解智的〈孚濟廟記〉，有朱子〈次牧馬王祠詩〉〔註549〕……由這詩看來，文公必來過金門，而且爲地方父老熱烈歡迎，陪同參觀陳淵祠。」〔註550〕

D「朱夫子是孔子以後集儒學大成的一代宗師，他在廿四歲時候，當過泉州同安縣主簿，在任五年中，曾常常來金門講學，立燕南書院，敦化金門。」〔註551〕

28，亦有類似的載記：「（朱子）雖然大部分時間爲閒散官，但每當他任負實際職事之官時，皆努力施政佈教，常至所屬鄉邑視察，以探求民瘼。又朱子喜好遊歷，每隨仕官所至，尋幽訪勝；金門景觀兼具山海之勝，宜爲朱子所注意。而且金門早在唐代已經開發，到南宋時，與內陸的往來已相當方便頻繁。此外，朱子在同安任官長達三年，致滿之後又檄走旁郡數月，其間常折返同安，理當有往遊金門的餘暇。由以上四點推斷，朱子曾經到過金門，應該是可以確定的。」。

〔註547〕李炷烽，〈《朱子與金門》序文〉，收入郭堯齡，《朱子與金門》，金門：金門縣政府，2003年9月，頁2。不過該書封面印爲《朱熹與金門》，與內文及版權頁有一字誤差。

〔註548〕李炷烽，〈《朱子與金門》序文〉，收入郭堯齡，《朱子與金門》，金門：金門縣政府，2003年9月，頁3。不過該書封面印爲《朱熹與金門》，與內文及版權頁有一字誤差。

〔註549〕朱熹視學金門時，遊歷金門恩主公陳淵「牧馬侯祠」後所作之詩曰：「此日觀風海上馳，慇勤父老遠追隨。野饒稻黍輸王賦，地接扶桑擁帝基。雲樹蔥蘢神女室，崗巒連抱聖侯祠。黃昏更上豐山望，四際天光蘸碧漪。」該詩題目〔明〕洪受《滄海紀遺》載爲〈次牧馬侯廟詩〉。《金門縣志》1968年重修本和1979年重編本刊爲〈次牧馬祠詩〉。郭堯齡《朱熹與金門》記爲〈次牧馬王祠詩〉，題名雖異，內容則同。

〔註550〕郭堯齡，《朱子與金門》，金門：金門縣政府，2003年9月，頁34。

〔註551〕金門司令官尹俊上將於1968年12月16日「重建浯江書院的朱子祠」落成慶典致詞，收入郭堯齡，《朱子與金門》，金門：金門縣政府，2003年9月，頁149～150。

8. 陳榮捷《朱子新探索》曰：

A「朱子爲同安縣主簿，（宋高宗）紹興二十三年癸酉（1153 年）七月至同安，二十六年丙子（1156 年）七月秩滿，其間前後只歷三載，秩滿後檄走旁郡數月，間或折道。則其曾到金門，亦是可能。」〔註 552〕

B「總之，朱子曾遊金門，不無可能，朱子逸詩不止一首，以〈次牧馬王祠〉詞之詞氣觀之，或可出于朱子之手。其嘆贊鴻漸山之語，皆據傳說，不見《文集》、《語類》，然此不能遽謂絕無其事。」〔註 553〕

9. 黃振良《金門古蹟導覽》曰：

「（朱熹）宋紹興廿三年任同安縣主簿，任內曾渡海到當時隸屬同安縣所轄的金門，留下不少地方傳說。金門原本讀書風氣很盛，蒙朱子教化後，更是民風淳樸，文風鼎盛，雖生活困苦的農村，而弦歌不輟。明朝二百多年間，金門科第輩出，文章德業，大放異彩，所以有『海濱鄒魯』之稱譽，這些都與朱子教化有密切的關係。」〔註 554〕

10. 楊天厚《金門宗祠祭禮研究——以陳、蔡、許三姓家族為例》曰：

「南宋大儒朱熹出任同安縣主簿，簿同期間曾數度過化金門，金門教化得以大行，禮教得以昌盛，朱熹的倡導教育與《家禮》的普及實功不可沒。」〔註 555〕朱子究竟來過金門否？以上贊同諸說，即爲印證。

（二）否定朱子來過金門說論

誠如前述，明人洪受《滄海紀遺》的〈詞翰之紀第九〉、〈山川之紀第一〉均清楚稱言朱子曾遊歷過金門，但考據書中所載明代金門所鎮撫解智撰述的〈孚濟廟誌〉，其撰作時間爲明成祖永樂十五年（1417 年）；《滄海紀遺》則成書於明穆宗隆慶二年（1568 年），兩者上距朱子之卒（宋寧宗慶元六年，1200 年）已逾二、三百年。且《朱子文集》、《朱子語類》、《朱子行

〔註 552〕陳榮捷，《朱子新探索》，上海：華東師範大學出版社，2007 年 7 月，頁 541。
〔註 553〕陳榮捷，《朱子新探索》，上海：華東師範大學出版社，2007 年 7 月，頁 542。
〔註 554〕黃振良《金門古蹟導覽》，金門：金門縣政府，2008 年 8 月，頁 11。
〔註 555〕楊天厚，《金門宗祠祭禮研究——以陳、蔡、許三姓家族為例》，東吳大學中文研究所博士論文，2011 年 1 月，頁 3。

狀》、《朱子年譜》等攸關朱子生平的著述，皆無此項朱子遊覽金門「牧馬侯祠」，登鴻漸山的載錄，引致朱子有無金門行的疑竇。〔註556〕因此，《朱子新探索》中陳榮捷即云：「事實上，假若他訪問外島，就大有可疑。確實地，沒有一個朱子的門人，是來自外島。」〔註557〕陳氏此般說論對映上述贊同朱子遊金門觀點卻又大相逕庭，顯示陳氏的矛盾，亦顯現否定朱子赴金門說的論據相當薄弱和罕少，無怪乎董師金裕有此一說：「以金門此孤懸海外的區區小島，而能脫除蠻荒之習，蔚為良好的風俗，並培養出許多人才，且在學術上有可觀之成果，雖然不是朱子親自施教所使然，但是間接受到朱子的沾溉，則不容置疑。是朱子對於金門文教之盛，確實有相當程度的關連。」〔註558〕換言之，朱子真否蒞臨金門、教化金門，實非緊要，其於金門島民潛移默化之功方是實質意義；其《家禮》傳著提供庶民婚喪喜慶儀次的準繩，歷來不衰，影響至深且鉅，則是有目共睹。

三、強化宗族禮儀思想及教育

就儒家思想言之，「朱子與孔子是後先相繼的兩位文化巨人」〔註559〕，其對中華文化的貢獻自不殆言。尤其朱子終身定居武夷山五十多年，以儒學為主幹，融合佛、道之學，建立起完整嚴密的新儒學（理學）思想體系，並在閩浙贛間的武夷山一帶形成武夷文化，塑建新的國家文化重心。朱子此舉，堪稱撥亂反正，因得以將中國文化長久以來被佛道主導的權限奪搶歸回，得以重新樹立儒家思想的正宗地位。〔註560〕因此，《宋史》對朱子的評傳疏釋為：

> 「（熹）其為學，大抵窮理以致其知，反躬以踐其實，而以居敬為
> 主。嘗謂聖賢道統之傳散在方冊，聖經之旨不明，而道統之傳始

〔註556〕董師金裕，《朱熹學術考論》，臺北：里仁書局，2008年12月，頁143。另見〈朱子與金門的教化〉，《孔孟月刊》第29卷第6期，1991年2月，頁28。

〔註557〕陳榮捷，《朱子新探索・朱子與書院》，上海：華東師範大學出版社，2007年7月，頁341。

〔註558〕董師金裕，《朱熹學術考論》，臺北：里仁書局，2008年12月，頁143。另見〈朱子與金門的教化〉，《孔孟月刊》第29卷第6期，1991年2月，頁28。

〔註559〕高令印，〈《朱子學研究叢書》序〉，收入傅小凡《朱子與閩學》，湖南：岳麓書社，2010年1月，頁（序1）。

〔註560〕高令印，〈《朱子學研究叢書》序〉，收入傅小凡《朱子與閩學》，湖南：岳麓書社，2010年1月，頁（序1）。

晦。於是竭其精力，以研窮聖賢之經訓。所著書有：《易本義》、《啓
蒙》、《著卦考誤》、《詩集傳》、《大學中庸章句》、《或問》、《論語》、
《孟子集註》、《太極圖》、《通書》、《西銘解》、《楚辭集註》、《辨
證》、《韓文考異》；所編次有：《論孟集議》、《孟子指要》、《中庸
輯略》、《孝經刊誤》、《小學書》、《通鑑綱目》、《宋名臣言行錄》、
《家禮》、《近思錄》、《河南程氏遺書》、《伊洛淵源錄》，皆行於世。
熹沒，朝廷以其《大學》、《語》、《孟》、《中庸》訓說立於學官。
又有《儀禮經傳通解》未脫稿，亦在學官。平生爲文凡一百卷，
生徒問答凡八十卷，別錄十卷。」〔註561〕

陳榮捷《朱子新探索》亦讚云：「朱子思想以理爲主，其生平亦以道義爲指
南。其一生事蹟，並無奇異可言。然其建樹之宏，影響之深，在常人視之，
不能不謂之爲超人。」〔註562〕概宋元以後，朱子開創的理學已然成爲全國
性的學術思想和官方的意識形態也。〔註563〕

朱熹逝後，福建朱子學者紛爲朱子學的確立和發展而努力以赴，加諸
當時朝廷政治形勢的丕變，朱熹至此得獲各朝君王的大力推舉和弘揚：

宋寧宗嘉定二年（1209年），被賜諡曰文。

宋寧宗嘉定五年（1212年），被賜准以其撰作之《四書章句集注》作爲
法定的學宮教科書。

宋理宗寶慶三年（1227年），被改追封爲徽國公，按祭祀孟子禮儀祀拜
朱熹。

元仁宗延祐二年（1315年），詔定以朱熹《四書章句集注》策試士子。

元惠宗至元元年（1335年），詔令興建朱熹祠廟。

明朝詔令全國學宮祭祀朱熹，比照孔子，每年春秋祀拜二次。

清聖祖康熙五十一年（1712年），提升朱熹爲「十哲之次」，配享孔子。
〔註564〕

〔註561〕楊家駱主編，《新校本宋史并附編三種》列傳第188，1980年5月再版，頁
12769。

〔註562〕陳榮捷，《朱子新探索・朱子與書院》，上海：華東師範大學出版社，2007年
7月，頁112。

〔註563〕傅小凡，《朱子與閩學》，湖南：岳麓書社，2010年1月，頁（前言2。）

〔註564〕高令印、陳其芳合著，《福建朱子學》，福州：福建人民出版社，1999年7月
1版第2刷，頁10～11。

　　由此歷史書頁中，不難顯見朱熹學術地位的愈益高漲，及其對人們日常生活網絡的益加縝密，尤其朱子撰寫的《家禮》，「是書以所定儀禮于古有徵而又簡約易行，宋元以來幾乎家有此書。」〔註565〕

（一）崇設宗祠，系聯婚儀

　　祭祀祖先原是我國人民的傳統習慣，在古代自天子至於士皆有家廟，一般人民則只能祀祖禰神主於寢。自秦漢以來，士大夫也同庶人，祀祖禰於寢。魏晉以降，朝廷雖多次令官僚士大夫建立家廟，因無迫切需要而沒能通行於世。南宋以後，因有約束族眾迫切需求，官僚士大夫紛遵循朱熹《家禮》，在正寢之左興建奉祀高、曾、祖、禰四世神主的祠堂，此種祠堂至元明而益多。至於將朱子制定附於居室左側的祠堂搬遷至居室之外，而成為獨立的家廟，則是明代中期之後始漸次普面化。〔註566〕

　　衡諸朱熹《家禮》對日用倫常和禮節制度的重訂，其目的在為中國家族確立一套長幼有序、貴賤有等的理想生活方式，亦即人們的言行舉止均能從規矩，冠、婚、喪、祭皆能由定式，以達到家族和社會的至治。稟此基調，朱子《家禮》不但對冠、婚、喪、祭規制與其他日常生活中各種非禮的景象嚴加批判，且從家庭禮儀立場，特別提出庶民化祠堂的設計，並藉此維繫和強化宗法關係。在《家禮》中，非但突出宗子的崇高地位，充分肯定家長制的專橫統治，還強調宗子對祭祀權和族產的把持，因而在冠禮中，加增祠堂拜祖的儀式；在婚禮中，訂定新婦三日參拜祠堂等與先祖掛起鉤來的重要活動。〔註567〕其中經濟問題對家庭組織的重要性且早被朱子諳知，《家禮》遂有置祭田之制，一則穩定祭祀祖先的經費來源，二則由宗子掌握祭田，以加強宗子對家族的控制。〔註568〕無怪乎清人王懋竑稱言「《家禮》重宗法，此程（頤）、張（載）、司馬氏（光）所未及。」〔註569〕

〔註565〕束景南，〈朱熹《家禮》真偽考辨：從《祭儀》到《家禮》〉，載束景南編著《朱熹佚文輯考》，江蘇：古籍出版社，1991年12月，頁675。

〔註566〕左雲鵬，〈族產、祠堂的出現和祠堂族長的族權的形成〉，《歷史研究》第5～6期，1964年，頁102。

〔註567〕參見楊志剛，〈《朱子家禮》：民間通用禮〉，《傳統文化與現代化》，1994年12月第4期，頁41～43。亦見於氏著，〈論《朱子家禮》及其影響〉，《朱子學刊》（總第6輯），黃山書社，1994年12月，頁4～8。

〔註568〕楊志剛，〈《司馬氏書儀》和《朱子家禮》研究〉，《浙江學刊》第1輯（總第78期），1993年1期，頁111。

〔註569〕〔清〕王懋竑，《白田雜著・家禮考》，《文淵閣四庫全書本》子部，859冊，

據《家禮》所訂制度,「君子將營宮室,先立祠堂於正寢之東。注曰:『祠堂制三間,或一間。』爲四龕以奉先世神主。注曰:『高曾祖考四代各爲一龕,龕中置櫝,櫝中藏主,龕外垂簾,以一長桌共盛之,列龕以西爲上,每龕前各設一桌,或共設一長桌,兩階之間,又通設一香案,上置香爐、香盒之類。』旁親之無後者,以其班祔。置祭田,具祭器,主人晨謁於大門之內。注曰:『主人,謂宗子主祠堂之祭者。』出入必告。正、至、朔、望則參。俗節,則獻以時食。有事則告。追贈。生子見廟。或有水火盜賊,則先救祠堂,遷神主、遺書;次及祭器,然後及家財。易世,則敗題神主而遞遷之。」〔註570〕就中對祠堂的興建與行儀,載述頗詳,亦見之朱子特將祠堂列於卷首的重視,亦是清人陳宏謀《訓俗遺規・陸桴亭(世儀)思辨錄》所謂:「教家之道,第一以敬祖宗爲本。敬祖宗在修《祭法》。」〔註571〕之義。

沿襲閩南習風的金門,宗族社會的慣習與閩南並無多大差異。宗族之下有房派,房派之下又有俗稱「桃」的支派,由疏而親,井然有序。目今金門地區宗族組織以「繼承式宗族」和「依附式宗族」爲大宗,前者以血緣關係爲基準,後者以地緣關係爲礎石;〔註572〕前者血緣聚落且是金門大部分村落的共同樣貌。〔註573〕對金門鄉親個人而言,建宗祠、修祖墳、蓋豪宅、闢私塾乃是生平最重要的四件大事,〔註574〕足見「目前金門庶民社會中,宗族意識仍極爲強烈。」〔註575〕

金門村落率皆以宗祠爲中心而形成,而各村落居民,大皆是聚族而居。

臺北:臺灣商務印書館,1986 年 7 月,頁 662。

〔註570〕 〔明〕楊慎輯,《文公家禮儀節》,明啓禎間(1621~1644 年)刻本,美國:國會圖書館珍藏,頁 1b~12b。

〔註571〕 〔清〕陳宏謀撰,華希閎補輯,《訓俗遺規・陸桴亭(世儀)思辨錄》(北京圖書館分館藏清乾隆 55 年(1790 年)含英閎刻道光增補本)卷 2,《四庫全書存目叢書・子部》158 冊,莊嚴出版社,1995 年 9 月初版一刷,頁 657。

〔註572〕 楊天厚,《金門宗祠祭禮研究——以陳、蔡、許三姓家族爲例》,東吳大學中文研究所博士論文,2011 年 1 月,頁 113。

〔註573〕 楊天厚,《金門宗祠祭禮研究——以陳、蔡、許三姓家族爲例》,東吳大學中文研究所博士論文,2011 年 1 月,頁 114。

〔註574〕 楊天厚,《金門宗祠祭禮研究——以陳、蔡、許三姓家族爲例》,東吳大學中文研究所博士論文,2011 年 1 月,頁 116。

〔註575〕 楊天厚,《金門宗祠祭禮研究——以陳、蔡、許三姓家族爲例》,東吳大學中文研究所博士論文,2011 年 1 月,頁 116。

凡屬同一姓氏、同一支派所傳而聚族住居於一處之村莊，均建有宗祠以奉祀先人。同一姓氏而不同支派之村莊，雖屬同本同源之氏族，因其族眾人多，除開全鄉合建其始祖廟（俗稱大宗）外，又另以分世或分房各建其宗祠（俗稱小宗）。〔註576〕

　　金門的宗祠主要在供奉祖先靈位，亦是同族人的公共活動中心。每逢歲時忌辰，伏臘拜祭，祖宗歆祀於上，子孫享禮於下；敦倫理，序昭穆，別尊卑，老少咸集，長幼有序，濟濟一堂，或說祖先之歷史，或敘天倫之樂事，祭餘族眾齊聚共餐，儼然古時鄉飲酒之義，因言宗祠不僅合祭亡者，亦所以聚合生者，實具闡揚孝道，光前裕後的雙重意義。〔註577〕同時，「為團結族親，增強宗族力量，許多宗族都會成立社團法人或財團法人，凝聚族親間的力量，將敬宗、收族的固有傳統作更具體發揮。」〔註578〕

　　基此，朱子撰作《家禮》，主要目的除為提振庶民合宜易行的禮學，興革宋代理學家輕禮儀、重義理的陋習，更特別針對傳統古禮加以改易，將納采、問名、納吉、納徵、請期、親迎「六禮」，刪除問名、納吉、請期三禮，留存納采、納徵、親迎三禮。〔註579〕強調人為的禮制、禮文、禮器可因時、因地而制宜，並非如人倫、天理般不可變易，且針對婚禮的「納采」、「親迎」、「廟見」三項重要儀節，強調納入「宗祠」活動之中：

　　　　「納采：主人具書，夙興奉以告于祠堂。」〔註580〕

　　　　「納采：乃使子弟為使者，如女氏，女氏主人出見使者，遂奉書

　　　　以告于祠堂。」〔註581〕

　　　　「納采：出以復書授使者，遂禮之。使者復命壻氏，主人復以告

〔註576〕陳昆仁總編輯；李錫回主編，《金門史蹟源流》，金門：金門縣政府，1987年
　　　　11月修訂再版，頁100。

〔註577〕陳昆仁總編輯；李錫回主編，《金門史蹟源流》，金門：金門縣政府，1987年
　　　　11月修訂再版，頁103。

〔註578〕楊天厚，《金門宗祠祭禮研究——以陳、蔡、許三姓家族為例》，東吳大學中
　　　　文研究所博士論文，2011年1月，頁116。

〔註579〕孫華，《朱熹《家禮》研究》，浙江大學中國古典文獻學碩士論文，2009年5
　　　　月，頁86。

〔註580〕〔宋〕朱熹撰，《家禮·昏禮·納采》卷3，南宋淳祐5年（1245年）五卷本
　　　　加附錄一卷，載《孔子文化大全》，山東：友誼書社，1992年11月，頁656。

〔註581〕〔宋〕朱熹撰，《家禮·昏禮·納采》卷3，南宋淳祐5年（1245年）五卷本
　　　　加附錄一卷，載《孔子文化大全》，山東：友誼書社，1992年11月，頁657
　　　　～658。

于祠堂。」〔註582〕

「親迎：女家設次于外。初昏，婿盛服。主人告于祠堂。」〔註583〕

「親迎：婿出乘馬。至女家，俟于次。女家主人告于祠堂。」

〔註584〕

「廟見：三日，主人以婦見於祠堂。」〔註585〕

總計「納采」共告於祠堂三次；「親迎」共告於祠堂兩次；「廟見」告於祠堂一次，導使婚禮與宗祠自此得以密切系聯，亦是朱子《家禮》切合當時民間時宜的通用今禮之明證。

（二）深化培育人才

南宋朱子是祠堂的大力支持與推崇者，有關祠堂的效能，其於《家禮》中載述甚多且詳盡。大體言之，「臺灣之漢人移民社會，其祠堂的形成與功能，和傳統中國社會並無二致，族人經由興建祠堂以顯耀祖先並增加族人之團聚力。」〔註586〕因此，「祠堂不但具有祭祖之宗法功能，亦有行政和教育族人等功能，對於凝聚族眾有極大作用。」〔註587〕關於此部分，《金門史蹟源流》亦言：「往昔金門各姓祠堂皆供做開設村塾之所，此各祠堂中並供文昌帝君之因；即令民國以來，新制小學成立之初，其校舍亦就原有之祠堂為用，故民國三十八（1949年）之前，宗祠尚兼負教育之任，其意義更深遠。」〔註588〕金門地區明、清兩代科舉功名得以揚名立萬，成

〔註582〕〔宋〕朱熹撰，《家禮·昏禮·納采》卷3，南宋淳祐5年（1245年）五卷本加附錄一卷，載《孔子文化大全》，山東：友誼書社，1992年11月，頁658～659。

〔註583〕〔宋〕朱熹撰，《家禮·昏禮·納采》卷3，南宋淳祐5年（1245年）五卷本加附錄一卷，載《孔子文化大全》，山東：友誼書社，1992年11月，頁662～663。

〔註584〕〔宋〕朱熹撰，《家禮·昏禮·納采》卷3，南宋淳祐5年（1245年）五卷本加附錄一卷，載《孔子文化大全》，山東：友誼書社，1992年11月，頁664～665。

〔註585〕〔宋〕朱熹撰，《家禮·昏禮·納采》卷3，南宋淳祐5年（1245年）五卷本加附錄一卷，載《孔子文化大全》，山東：友誼書社，1992年11月，頁673。

〔註586〕侯瑞琪，《從宗法制度看臺灣漢人宗族社會》，國立臺灣師範大學國文研究所碩士論文，1997年1月，頁93。

〔註587〕侯瑞琪，《從宗法制度看臺灣漢人宗族社會》，國立臺灣師範大學國文研究所碩士論文，1997年1月，頁93。

〔註588〕陳昆仁總編輯；李錫回主編，《金門史蹟源流》，金門：金門縣政府，1987年

果輝煌，其主因應與利用宗祠閒置空間延師授課，教育族姓子弟有絕大關連。〔註 589〕

　　朱子一生任負官職並不長久，據《朱子新探索》刊載：「曾任福建同安縣主簿，知江西南康軍（今江西星子縣），提督兩浙東路常平茶鹽公事，知福建漳州，知潭州（今湖南長沙）荊湖南路安撫使，共七年六月有餘。」〔註590〕復加「朱子重禮，態度嚴正。」〔註 591〕的為人處世之道，導使朱子終身多從事撰著和講學的學術活動，而且「生平最好講學授徒」〔註 592〕，因此與精舍和書院結下不解之緣。

　　「精舍」一詞，源於《管子》，〔註 593〕原為學者群居講習之所，為儒家的名稱，之後道家亦用此名詞作為養生修行的所在，與儒家用途並不相同。其後為政者乃或就而褒表之，此時基於同為講習地的功能存在，因而「精舍」也可稱為「書院」。在朱子時代，「書院」可私可公，有院主，有正式組織，也有捐贈，初義為一場所，用作保存與編纂書籍。「精舍」則純為私人性質，為隱居之所，單純與某一學者相關連。當「精舍」指涉有如「書院」時，意謂正廳為藏書之所，正式講授與討論也都在正廳舉行。朱子為提供來遊諸門人歇居所需，得覓一處所，因此先後建立「寒泉精舍」（1170 年）、「武夷精舍」（1183 年）和「竹林精舍」（1194 年），其中竹林精舍最為重要，概朱子許多有名弟子皆在此處從遊於朱門。〔註 594〕

　　期間，朱子還重建「白鹿洞書院」（1180 年），因朱子希求「白鹿洞書院」除執行北宋早期書院的講授、保存書冊、祭祀先聖先賢等三種一般功

　　　　11 月修訂再版，頁 103。
〔註 589〕楊天厚，《金門宗祠祭禮研究——以陳、蔡、許三姓家族為例》，東吳大學中文研究所博士論文，2011 年 1 月，頁 116。
〔註 590〕陳榮捷，《朱子新探索·朱子遺跡訪問記》，上海：華東師範大學出版社，2007年 7 月，頁 125。
〔註 591〕陳榮捷，《朱子新探索·朱子之嚴肅》，上海：華東師範大學出版社，2007 年7 月，頁 75。
〔註 592〕陳榮捷，《朱子新探索·朱子遺跡訪問記》，上海：華東師範大學出版社，2007年 7 月，頁 125。
〔註 593〕〔周〕管仲原著；謝浩範、朱迎平編，《管子·內業》卷 49 云：「定心在中，耳目聰明，四枝堅固，可以為精舍。」臺北：臺灣古籍出版社，2000 年 4 月初版，頁 845～846。
〔註 594〕陳榮捷，《朱子新探索·朱子與書院》，上海：華東師範大學出版社，2007年 7 月，頁 321～326。

能之外，能再具更廣泛、更多種的效益。當重建「白鹿洞書院」落成之日，朱子尚祭告先聖，並在他的精舍供奉孔子，強調供奉孔子在教育上的非凡意義。又特別輯成《揭示》（通稱為學規），以使白鹿洞諸生講明義理，以修其身，以推及人。〔註595〕接後，再重建「嶽麓書院」（1194年），並「揭示白鹿洞書院學規，作為培養嶽麓諸生的德行。」〔註596〕由此據見「宋儒講求窮理盡性、躬行踐履，強調由修身、齊家達到道德的自我完善和社會道德水平的提高，因此，許多人都非常重視倡導家族活動，積極編訂家禮，以此規推廣理學的道德說教。」〔註597〕亦此鑑知朱子深化教育的遠見。郭堯齡《朱子與金門》遂有感而道：「朱子個人心目中的理想的學校制度，則為小學、大學兩級制，而學校的教育，要以德育為主。」〔註598〕亦即「朱子以為教育的最高目的在於培養聖賢」〔註599〕。金門既深受朱子教化，看重教育，培育人才，自是理所當然。

　　誠上所述，「朱子曾築精舍，並重建白鹿洞、嶽麓兩書院，然未曾建立書院。門人創設或掌教書院者不少，然未聞與燕南有關者。」〔註600〕明人戴銑（～1508年）所編《朱子實紀》卷七〈廟宅・書院〉中，分別羅列與朱子有關眾多書院，計有白鹿洞、武夷、考亭、紫陽、晦庵、建安、同文、雲谷、湛盧、星溪、大同、泉山、石井、龍江、蔪江、泰亨、南溪、宗晦、石門、獨峰、美化、稽山、鄞山、文公、嶽麓、東山、鵝湖等書院，其中並無「燕南書院」之名。〔註601〕又查閱《朱子文集》和《朱子語類》中亦未提及「燕南書院」，在在透顯朱子與「燕南書院」並無絕對關係，易言之，朱熹建立「燕南書院」之事仍待查證。

〔註595〕陳榮捷，《朱子新探索・朱子與書院》，上海：華東師範大學出版社，2007年7月，頁326～334。

〔註596〕陳榮捷，《朱子新探索・朱子與書院》，上海：華東師範大學出版社，2007年7月，頁336～337。

〔註597〕楊志剛，〈論《朱子家禮》及其影響〉，《朱子學刊》（總第6輯），黃山書社出版，1994年12月第1刷，頁8。

〔註598〕郭堯齡，《朱子與金門》，金門：金門縣政府，2003年9月，頁63。

〔註599〕郭堯齡，《朱子與金門》，金門：金門縣政府，2003年9月，頁57。

〔註600〕陳榮捷，《朱子新探索・朱子與金門》，上海：華東師範大學出版社，2007年7月，頁541。

〔註601〕〔明〕戴銑編，《朱子實紀》一書，收入岡田武彥主編；福田殖解題，（和刻影印）《近世漢籍叢刊思想》初編第22，臺北：中文出版社，1972年5月，頁376～387。

書影 3-4：朱熹白鹿洞講學與入對便殿圖

（引自〔明〕彭濱編，〔明〕余良相刊本，《重刻申閣老校正文公家禮正衡
八卷》卷1，頁4）

　　但據郭堯齡《朱子與金門》載記：「朱子官同安主簿，兼辦學事，曾在
金門立『燕南書院』。」〔註602〕郭氏前揭書又記：「朱夫子……當過泉州同
安縣主簿……曾常常來金門講學，立燕南書院，教化金門。」〔註603〕明代
《滄浯瑣錄》亦云：「朱子主邑簿，採風島上，以禮導民，浯既被化，因立
書院於燕南山。」〔註604〕《金門史蹟源流》亦曰：「因兼辦學事，故《滄浯
瑣錄》載朱子嘗立書院於燕南山（今古坵後之太文山），稱燕南書院，此乃
金門首設書院。」〔註605〕另《金門縣志》重修版、重編版、增修版和96年

〔註602〕郭堯齡，《朱子與金門》，金門：金門縣政府，2003年9月，頁34。

〔註603〕金門司令官尹俊上將於1968年12月16日「重建浯江書院的朱子祠」落成慶
　　　　典致詞，收入郭堯齡，《朱子與金門》，金門：金門縣政府，2003年9月，頁
　　　　149～150。

〔註604〕金門縣文獻委員會，《金門縣志・禮俗》卷十三，民國本，金門：金門縣政府，
　　　　1922年2月，頁148。

〔註605〕陳昆仁總編輯；李錫回主編，《金門史蹟源流》，金門：金門縣政府，1987年
　　　　11月修訂再版，頁48。

續修版也皆引用《滄浯瑣錄》此條,唯據今人陳榮捷考證,「燕南之說最爲可疑,特地設立書院以紀念爲數不少,後人號爲朱子所建,不知燕南書院是否如此。〔註606〕」或可解其疑惑。

自宋以後,漳泉各地爲感朱子教化,或設專祠,或配享學宮,備極尊崇。金門於清代尚未成縣,亦未設明倫堂,直至清高宗乾隆四十五年(1780年)籌建「浯江書院」,其後別立朱子祠,塑朱子像,並配祀金門先賢許升、王力行、呂大奎、丘葵、林希元、許獬等,以弘揚先賢教化之功,〔註607〕以承朱子教育之業。略而言之,姑不論「燕南書院」是否朱子創建,金門自古以來涵詠詩書,多於祠堂開設私塾,以禮、以德教育子弟,應是深受朱子的薰陶引致則不容置疑。

〔註606〕陳榮捷,《朱子新探索·朱子與書院》,上海:華東師範大學出版社,2007年7月,頁540～542。

〔註607〕陳崑仁總編輯;李錫回主編,《金門史蹟源流》,金門:金門縣政府,1987年11月修訂再版,頁48。